HANS-WALTER ARENDS ist e
Mitglied der Scottish Touri
land lernte er schon 1966 k
Edinburgh. Als Reiseleiter st
es leider immer noch nicht genug Hintergrundinformationen
für deutschsprachige Besucher gibt. Somit hat sich *Das
Schottlandbuch*, das ursprünglich schon in zwei Ausgaben
als *Die kleine Schottlandfibel* erschien, in einer nochmals
erweiterten fünften Auflage fast zwangsläufig ergeben.

Der Autor ist entschlossen und sieht es als eine seiner
Hauptaufgaben an, Schottland durch sein Wissen und seine Informationen bekannter zu machen und besonders den
deutschsprachigen Tourismus zu fördern.

Seine Homepage findet der Leser unter:
http://www.schottland.co.uk.

Das Schottlandbuch

oder eine passionierte Schilderung
schottischer Geschichte, Kultur und Natur

Hans-Walter Arends

Luath Press Limited
EDINBURGH
www.luath.co.uk

Erste Ausgabe 2001, Nachdruck 2005
Zweite, erweiterte Ausgabe 2006
Dritte, erweiterte Ausgabe 2010, Nachdruck 2011
Vierte, erweiterte Ausgabe 2012, Nachdruck 2013 und 2014
Fünfte, erweiterte Ausgabe 2015, Nachdruck 2016,
Nachdruck 2017, Nachdruck 2018

ISBN: 978-1-910021-87-3

Gedruckt auf wiederverwertbarem Papier, hergestellt
aus Wirtschaftsholz, säurefreiem, chlorarmem Zellstoff
und aus nachhaltiger Forstwirtschaft unter Verwendung
ausstoßarmer Energien.

Druck und Einband
Bell & Bain Ltd., Glasgow

Karten
Jim Lewis

Illustrationen
Anthony Fury

Umschlagfotos und Fotos im Innenteil
© Hans-Walter Arends

Satz in 10 punkt Sabon und 8.5 punkt Verdana

für Sandra

Inhaltsverzeichnis

Landkarten   xi
  Vorbemerkungen   1
  Schottland – Land unter dem Regenbogen   5

TEIL 1:
Mythen, Klischees und die harte Welt der Fakten   9
  Geografie   10
  Klima   12
  Fauna und Flora   13
  Kultur   22
  Sprache   26
  Rechtssystem   28
  Bildungswesen   30
  Religion   32
  Traditionen: Dudelsack & Co.   33

TEIL 2:
Geschichte   41
  Prähistorisches Schottland   41
  Die Römer in Britannien   43
  Dark Ages – Jahrhunderte der Finsternis?   45
  Die Pikten   48
  Kingdom of Scotia   51
  Wars of Independence: Die Unabhängigkeitskriege 56
  Die Stewarts   61
  Exkurs: Mary Queen of Scots   67
  Union of the Crowns: Bürgerkrieg und
    Killing Times   73
  Exkurs: Das Clanwesen und seine Geschichte   79
  Die Jakobiteraufstände   91
  Die schottische Aufklärung   99
  19. Jahrhundert: Wandel zur
    Industriegesellschaft   101
  20. Jahrhundert Dezentralisierung
    und Neubeginn   105

TEIL 3:

Die Regionen 109

  Einige geografische Superlative 109

  Tiefland – Southern Uplands 112

    Dumfries und Galloway 113

    Ayrshire und die Inseln im Clyde 116

    Bordersregion 118

      Exkurs: Textilgeschichte der Borders 122

  Central Lowlands 125

    Die Lothians 126

    Edinburgh 128

      Old Town 132

      New Town 146

      Leith – der Hafen von Edinburgh 150

    Stirlingshire, die Trossachs und Loch Lomond 153

    Glasgow 157

      Exkurs: Charles Rennie Mackintosh –
          Architektur im schottischen Jugendstil 165

  Die Ostküste und das Herz Schottlands 168

    Angus und Dundee 172

    Perthshire 174

  Hochland 179

    Grampians und Aberdeenshire 183

    Aberdeen 184

    Der Royal Dee 189

      Exkurs: Dem Whisky auf der Spur 196

    Speyside 199

    Das große Tal – the Great Glen 202

  Die Nordostküste 208

    Inverness 214

  Der Norden

    Caithness und Sutherland 219

  Die Westküste 240

  Schottlands Inselreichtum

    Westliche Inseln 250

    West Highland Route und Innere Hebriden 252

    Skye 255

Argyll und südliche Innere Hebriden 264
Äußere Hebriden – Inseln im Atlantik 271
Nördliche Inseln 273
   Orkney 274
   Shetland 278

TEIL 4:
Anhang 281
Die schottische Geschichte auf einen Blick 281
Literaturhinweise für Lesehungrige 303
Schottland von A – Z 305
   Antiquitäten 305
   Apotheken 305
   Ärzte und Behandlungen 305
   Baden 306
   Banken 306
   Behinderte 307
   Botschaften und Konsulate 307
   Fähren 308
   Feiertage 309
   Festivals 309
   Führungen 310
   Geschäftszeiten 311
   Getränke 311
   Highland Games 313
   Kleidung und Ausrüstung 314
   Maße und Gewichte 315
   Mücken 315
   Natur- und Denkmalschutz 315
   Notfälle 317
   Edinburgh 318
   Glasgow 318
   Öffentliche Verkehrsmittel 318
   Post 319
   Presse 319
   Sehenswürdigkeiten 319
   Schottische Küche 320
   Souvenirs und Shopping 323
   Strom 323

Telefonieren   323
Touristeninformation   324
Trinkgeld   324
Unterkunft   325
Unterhaltung   326
Verkehr   326
Währung   328
Websites – Internetseiten   329
Wetter   330
Wolle   330
Zeit   332

Register   333

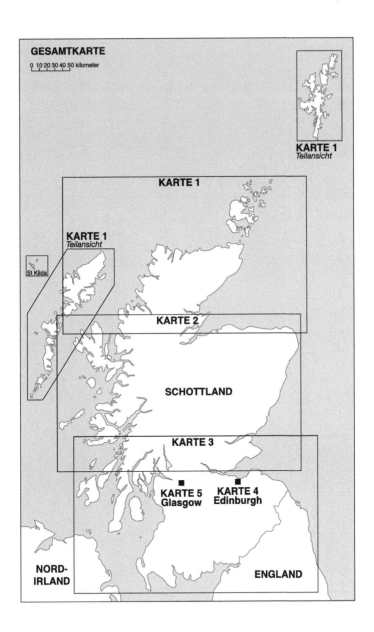

GESAMTKARTE

0 10 20 30 40 50 kilometer

KARTE 1
Teilansicht

KARTE 1

KARTE 1
Teilansicht

St Kilda

KARTE 2

SCHOTTLAND

KARTE 3

KARTE 5
Glasgow

KARTE 4
Edinburgh

**NORD-
IRLAND**

ENGLAND

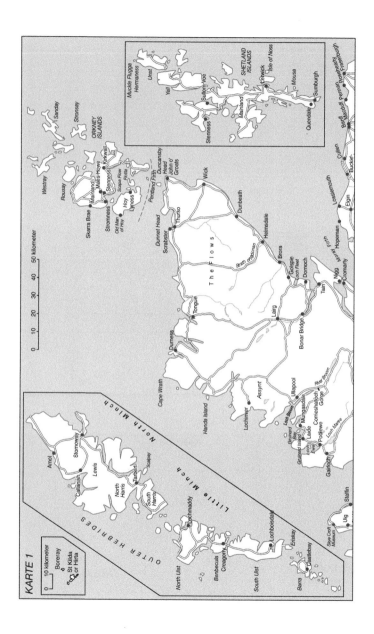

KARTE 1

SHETLAND ISLANDS

Muckle Flugga
Hermaness
Unst
Yell
Mainland
Sullom Voe
Lerwick
Isle of Noss
Stenness
Mousa
Quendale
Sumburgh

Sanday
Stronsay
Westray
Rousay
ORKNEY ISLANDS
Maes Howe
Stenness
Mainland
Kirkwall
Skara Brae
Stromness
Scapa Flow
Hoy
Rosta
Old Man of Hoy
Lyness

Banff
Macduff
Pennan
Rosehearty
Fraserburgh
Cullen
Buckie
Lossiemouth
Elgin
Hopeman

Duncansby Head/John o' Groats
Pentland Firth
Durness
Wick
Durnet Head
Scrabster
Thurso
Dunbeath
Strath Halladale
Helmsdale
Brora
Golspie
Loch Fleet
Dornoch
Tain
Nigg
Moray Firth
Cromarty

The Flows

Tongue
Lairg
Bonar Bridge

Cape Wrath
Handa Island
Assynt
Lochinver
Ullapool
Fiva Broon
Loch Broom
Gruinard Island
Gruinard Bay
Aultbea
Mungasdale
Loch Ewe
Poolewe
Corrieshalloch Gorge
Laide
Gairloch
Loch Maree

NORTH MINCH
North Minch

0 10 kilometer
Boreray
St Kilda or Hirta

OUTER HEBRIDES

Arnol
Callanish
Stornoway
Lewis
North Harris
Tarbert
Scalpay
South Harris

North Uist
Lochmaddy
Benbecula
Creagorry
Lochboisdale
Eriskay
Castlebay
South Uist
Barra

Little Minch

Skye Croft Museum
Uig
Staffin

0 10 20 30 40 50 kilometer

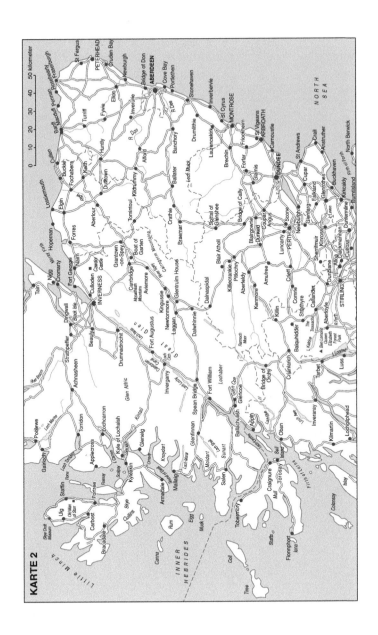

KARTE 2

xiii

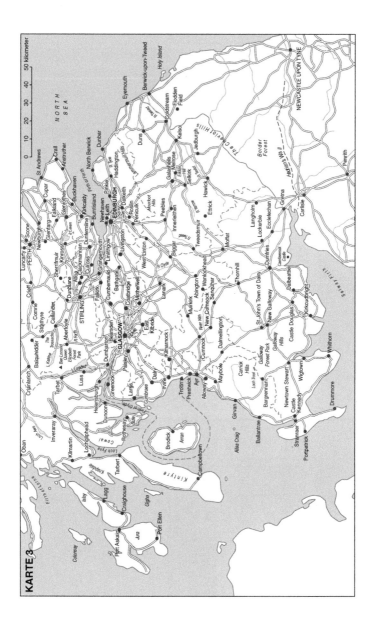

KARTE 3

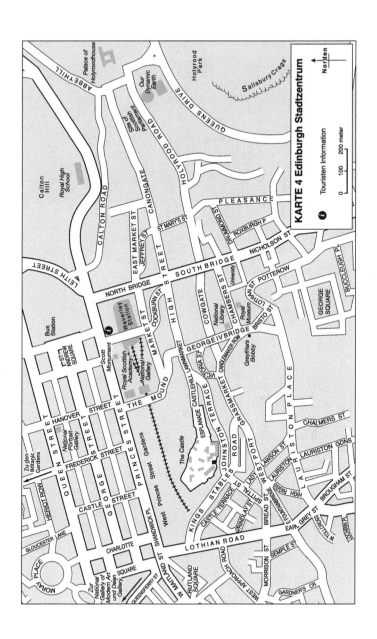

KARTE 4 Edinburgh Stadtzentrum

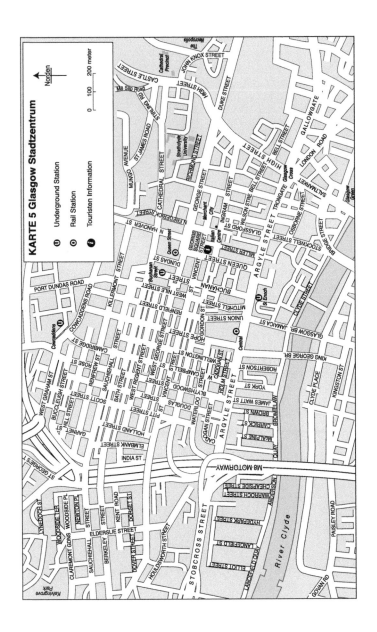

KARTE 5 Glasgow Stadtzentrum

Ⓤ Underground Station
⊙ Rail Station
🛈 Touristen Information

Norden

0   100   200 meter

Vorbemerkungen

BEKANNTLICH UNTERLIEGT unser blauer Planet einer langsamen aber konstanten Veränderung und oft wird Gewesenes wieder zu Tage gebracht. Auch in Schottland, als nur kleiner Teil dieses Erdballs, ist das nicht anders. Seit Erscheinen der ersten beiden Ausgaben der *kleinen Schottlandfibel*, die offensichtlich und erfreulicherweise eine Marktlücke füllten, hat Schottland tiefgreifende Änderungen erfahren. Nach fast 300 Jahren bekam das Land wieder ein Parlament und – sei es auch nur zu einem Großteil – seine Unabhängigkeit. All das wurde zwar der Welt in Teilen bekannt gemacht, oft ist viel davon aber in der Schnelllebigkeit unserer Zeit schon wieder vergessen worden oder gar nicht richtig einzuordnen gewesen.

In der gar nicht so fernen Vergangenheit war dieses Land am Rand Europas für viele Besucher fast so exotisch wie eine der sehr viel weiter entfernt liegenden Ecken dieser Welt. Zum Glück hat sich das etwas geändert. Über Schottland wurde in den letzten Jahren sehr viel geschrieben und das Land ist in einer ganzen Reihe von Dokumentar- und Unterhaltungsprogrammen im Fernsehen und in anderen Medien vorgestellt worden.

Mit diesen Veröffentlichungen ist das Interesse an allem, was britisch und insbesondere schottisch ist, auch international derart stark gewachsen, dass der Duden inzwischen *anglophil* als ein neues Wort aufnahm. Mit einiger Sicherheit ist dieser wachsende Besucherstrom aber auch einem veränderten Währungswechselkurs zu verdanken. Somit wundert es nicht, wenn der Tourismus inzwischen mit über £4 Mrd. die vierte Stelle in der schottischen Wirtschaft einnimmt.

Viele deutschsprachige Besucher werden vielleicht den ersten persönlichen Kontakt mit Schottland im Rahmen einer Gruppenreise suchen. Überraschend viele Besucher kommen aber wieder und erkunden das Gesehene und das noch Unbekannte dann mehr im Detail. Andere wiederum werden durch die enthusiastischen Berichte der Zurückkehrenden zu einem Besuch dieses Landes am nordwestlichen Rand Europas inspiriert.

Trotzdem sind mit dem Begriff Schottland leider immer noch eine ganze Reihe von Klischees verbunden und von weitverbreiteten Landeskenntnisse kann auch noch keine Rede sein. Als Reiseleiter führe und begleite ich seit 1995 Besucher dieses Landes. Sehr bald fiel mir das große Interesse an Schottland und alles, was damit zusammenhängt, auf. Viele Fragen wurden und werden immer wieder gestellt, die Antworten möglicherweise bald aber oder bis zum nächsten Mal vergessen. Aus diesem Grund habe ich mit dem vorliegenden Buch versucht, einige dieser Antworten aufzuzeichnen oder wieder in Erinnerung zu rufen. Zuvorderst ist es aber für die Interessierten gedacht, die zum ersten Mal schottischen Boden betreten.

Die aufgeführten Fakten sind aus vielen Quellen zusammengetragen und so weit wie möglich recherchiert worden. Sie erheben jedoch keinen Anspruch auf Vollständigkeit. Historische Quellen sind manchmal recht widersprüchlich und aus den meines Erachtens wichtigsten Ereignissen musste eine Auswahl getroffen werden, da sonst die schiere Faktenfülle den Rahmen des Buchs gesprengt hätte. Für hinter Personennamen angeführte Daten gilt durchweg: Bei Königen handelt es sich grundsätzlich um Herrscherjahre, bei allen übrigen Personen bezeichnen diese das Geburts- und Todesjahr. Was den Namen der Stewart-Dynastie angeht, habe ich mich für die ursprüngliche, ältere Schreibweise entschieden, obwohl die französische Form (Stuart) für die Zeit nach Mary Queen of Scots ebenso gebräuchlich ist.

Für den einen oder anderen Leser sind einzelne Themen sicherlich nicht ausführlich genug behandelt. Es seien daher die Literaturhinweise am Ende des Buchs erwähnt.

Mein besonderer Dank gilt an dieser Stelle Sarah Fißmer, die mir mit ihrem Wissen und unendlicher Geduld zur Seite stand und das Buch redigierte. Gleiches und mehr gilt aber meinem Verleger Gavin MacDougall, der auch diesmal mit seinen professionellen Ratschlägen einen wesentlichen Teil zur Gestaltung beigetragen hat. In besonderem Maße hat das zurückliegende Referendum ihn darin bestärkt, noch einmal eine Edition heraus zu bringen und somit ist dies die fünfte Ausgabe des Buches.

War es zunächst eine nicht zu unterschätzende Pioniertat Gavins dieses Buch in Schottland in deutscher Sprache herauszugeben, so sind die darauf folgenden Ausgaben innerhalb der vergangenen 14 Jahre dank ihm zu einem beachtenswerten Erfolg gebracht geworden.

Bleibt hier abschließend nur dieses Zitat eines leider Unbekannten:

Schottland – dieses herrliche Muss –
verborgen liegt es in den Tiefen wohl vieler Herzen.
Bleibt die Frage, wann Du es Dir erfüllst.
(Unbekannt)

Fàilte! Willkommen!
Hans Walter Arends
Edinburgh, im März 2015

Schottland –
Land unter dem Regenbogen

IM NORDWESTZIPFEL EUROPAS GELEGEN, ist Schottland für viele Reisende ein einzigartiges Ziel. Der Einzelne ist trotz der vielen Bilder und Beschreibungen, die wahrscheinlich seinem ersten Besuch vorausgingen, immer wieder überrascht und von der Schönheit des Landes beeindruckt.

Der Variantenreichtum der Landschaften Schottlands auf dem vergleichsweise kleinen Raum sucht weltweit seinesgleichen. Die Skala reicht denn auch von sanft bis urwüchsig und ähnlich sind auch das Klima und das Wetter: Selten ist es rau, meistens ist es mild und oft, so unglaublich es auch klingen mag, sogar sehr schön. Bekanntlich gibt es gerade darüber und zu Unrecht im deutschsprachigen Raum immer noch Voreingenommenheit. Fakt ist, dass die fast permanenten Wetterwechsel eine buchstäblich heilsame Atmosphäre und dazu in jeder Jahreszeit die breiteste Palette klarer, harmonierender Farben schaffen. Das kommt besonders am von Sternen übersäten Nachthimmel ausserhalb der Städte zum Ausdruck. Es ist diese Verbindung von offenem Raum, der Natur in den verschiedenen Jahreszeiten, reiner Luft und der Wolken, die dem Betrachter nicht selten dieses traumhafte Gefühl vermittelt, alles schon einmal gesehen und eine Ewigkeit vermisst zu haben.

Schottland ist wirklich nicht groß. Es ist aber in seiner Geografie recht eindeutig gegliedert, so dass jeder Besucher von Großstadt bis Einsamkeit leicht das findet, was er sucht. Viele möchten das alte Schottland mit den zahllosen Burgen, Klöstern, Kirchen und den anderen historischen Gebäuden sehen, die an die ereignisreiche Vergangenheit des Landes erinnern. Doch Schottland ist sehr vielseitig und damit ein Land für fast jeden Geschmack. Zu der sehr speziellen Geologie und hochinteressanten Geografie gesellen sich die turbulente und nicht selten gewalttätige Geschichte seines Volkes, dessen Kultur und eine eng damit verbundene Entwicklung von Wirtschaft, Wissenschaft und Technik. Schottlands Wirtschaft hat in den letzten zwei Jahrzehnten eine drastische Veränderung erlebt. Das steht einmal in direkter Beziehung zu den Ölfunden, hängt andererseits aber mit der verbesserten allgemeinen wirtschaftlichen Situation in Großbritannien zusammen. Hinzu kommt noch der Strukturwandel von der Schwer- zur Elektronikindustrie und trotz seiner bedeutsamen Schwierigkeiten der Finanzsektor und ein Großteil der Serviceindustrie. Auch die weitreichende Unterstützung der EU, die Schottland sehr geholfen hat, spielt eine Rolle.

Nach fast 300 Jahren der politischen Vereinigung hat in der Geschichte dieses Landes erst vor wenigen Jahren ein neues Kapitel begonnen. Seit dem 1. Juli 1999 hat Schottland nach einer Devolution vom Britischem Parlament wieder ein eigenes Parlament.

Trotz dieses ersten Dezentralisierungsschritts war der Drang nach völliger Unabhängigkeit aber immer noch so sehr mit der Landesgeschichte verwurzelt, dass die Scottish National Party (SNP) – als Regierungspartei des 2011 gewählten Parlaments – beschloss, am 18. September 2014, ein Referendum zur Frage der Unabhängigkeit Schottlands abzuhalten. Über seine gesamte Laufzeit, vom Entschluss bis zum Wahltermin, war dieses Referendum ein hitziger und letztendlich folgenreicher Diskussionspunkt zwischen den Regierungen in London und Edinburgh und ganz besonders unter den Parteien des Schottischen Parlaments und der Bevölkerung Schottlands. In diesen Auseinandersetzungen, die ein gewaltiges Spektrum von neuen Fragen beinhalteten, waren dabei zwei der wichtigsten: die wirtschaftliche Machbarkeit und die politischen Folgen innerhalb des Vereinigten Königreichs und der EU.

Die ab 16 Jahren wahlberechtigte schottische Bevölkerung wurde gefragt: ‚Soll Schottland ein unabhängiges Land sein? Ja oder Nein?' Nach einer extrem leidenschaftlich geführten Wahlkampagne und einer Beteiligung von über 85% wurde diese Frage schließlich von 55% mit einem klaren Nein beantwortet.

Nach den Versprechungen der Unions Parteien, die letztlich das Referendum zu diesem Ergebnis führten, bekommt Schottland tatsächlich wesentlich erweiterte Rechte für das

Schottische Parlament und seiner Regierung. Zukünftig bestimmt Schottland die Höhe der Einkommenssteuer und einen Großteil seiner Sozialbereiche selbst. Besonders diese Selbstbestimmung seiner Einkommen und Finanzen und auch mit Hinsicht auf die Energieversorgung könnte diese Eigenständigkeiten das Startzeichen dafür sein, dass Schottland eine wesentlich bedeutsamere Rolle innerhalb des Vereinigten Königreichs und damit auch der EU zugesprochen wird.

Wie immer sich auch die Realitäten in der Zukunft entwickeln werden, ist in jedem Fall das Motto der größten Stadt dieses Landes – Glasgow – auch auf Schottland angebracht:

‚Lass Schottland erblühen'

TEIL I

Mythen, Klischees und die harte Welt der Fakten

VON DEN MYTHEN UND KLISCHEES halten sich nach wie vor die altbekannten und stereotypen Vorstellungen: Männer in Röcken, Whisky, dazu der eigenartige Klang des Dudelsacks, und das ebenso geheimnisvolle wie liebenswerte Monster Nessie. Das aber wohl bekannteste und doch höchst unzutreffende Klischee ist leider der Geiz, der den Schotten nachgesagt wird. Dann gibt es noch die Frage, was der Schotte wohl unter dem Kilt (Schottenrock) trägt und den Witz, dass viele beim Weltuntergang am liebsten in Schottland sein wollen – weil dort alles erst einhundert Jahre später passiert.

Männer in Kilts gehören tatsächlich zum schottischen Alltagsbild. Die Frage, was der Schotte wohl darunter trägt, wird allerdings so gut wie nie verbal beantwortet, allenfalls demonstriert – in Ausnahmefällen. Auch die Frage nach dem besten Whisky wird sich nicht endgültig klären lassen. Und Nessie? Wer wagt es denn, ihre Existenz zu bestreiten? Kaum jemand! Die Beweise liefern viele Besucher selbst. Während einer Fahrt entlang Loch Ness halten sie mit ihren Blicken auf den See die Existenz des Monsters für vielleicht doch nicht ganz abwegig?

Tatsächlich sind die Menschen in Schottland – wie überall – durch Umwelt und geografische Gegebenheiten, soziale, geschichtliche und religiöse Hintergründe geprägt. Längst kommt heute aber der alte schottische Gegensatz zwischen der zurückschauenden und in einer Traumwelt lebenden, gälischen Hochlandbevölkerung und den sich der harten Realität stellenden und mehr pragmatischen Menschen der Lowlands nicht mehr so zum Ausdruck wie in der Vergangenheit. Wo immer die Schotten auch leben, wie aufgeschlossen oder wortkarg sie auch sein mögen, eines ist ihnen allen gemein: Besuchern begegnen sie mit Warmherzigkeit und Gastfreundschaft. Besonders im Hochland haben die Menschen zu lange unter kargen Verhältnissen leben müssen. Schon allein deswegen zeugt der Gebrauch des Klischees der geizigen und zurückgebliebenen Schotten nicht unbedingt von der Kenntnis dieses Landes und seiner Bewohner. Vielmehr ist zu bedenken, dass die schottische Wirtschaft in Europa nicht ohne Grund einen verhältnismäßig hohen Rang einnimmt. Trotz des Rückgangs der Schwerindustrie ist Schottland noch eines der industrialisiertesten Länder und ist in den letzten Jahren u.a. ein Zentrum der Elektronikindustrie geworden. Die Pioniertaten und Entdeckungen durch schottische Wissenschaftler, Mediziner und Ingenieure waren nicht nur Merkmale des 18., 19. und 20. Jahrhunderts. Auch im Schottland unserer Zeit werden sie – und nicht selten – vollbracht, selbst wenn die Ergebnisse nicht immer so spektakulär sind wie das geklonte Schaf Dolly.

Der aufmerksame Besucher möge bedenken, dass das Nationalgefühl der Schotten tief in ihrer Geschichte verwurzelt ist: Sie sind – egal ob in den Highlands oder den Lowlands – Schotten, gegebenenfalls noch Briten, aber nie Engländer.

Geografie

Während seiner geologischen Geschichte von rund 3,5 Milliarden Jahren war Schottland bis vor ca. 380 Millionen Jahren noch Teil des heutigen Nordamerika. Schon davor begann die Landmasse, als Teil eines Riesenkontinents, zu wandern. Der Weg führte über rund 80 Breitengrade mit den entsprechenden Klimazonen: vom 30. Breitengrad südlich des Äquators, ungefähr des jetzigen Breitengrades von Argentinien, bis in die heutige Position ca. 55° – 61° nördlicher Breite. Im Laufe seiner langen Entstehungsgeschichte hat das Land dadurch eine der komplexesten geologischen Formationen in Europa erhalten.

Sehr vereinfacht ausgedrückt, wurde die tektonische Platte, auf der Schottland sich einst befand, durch den ständigen Ausbruch am atlantischen Rücken durchtrennt. Der gewaltige und andauernde Druck presste das heutige Schottland mit Nordirland auf andere Teile Europas. Die metamorphen und die magmatischen Gesteine im Norden Schottlands gehören der sogenannten kaledonischen Faltungsära des Erdaltertums an. In dieser Zeit wurden die auch heute noch sehr markanten Gebirgszüge geformt. Die Berge bilden eine Fortsetzung des sich diagonal von Nordosten nach Südwesten durch ganz Schottland ziehenden skandinavischen Gebirgssystems. Nach Südwesten setzt sich dieses sogar noch in die Berg- und Hügelregionen Nordirlands fort. Darüber hinaus besteht auch zwischen den Bergen in Cumbria im englischen Lake District und Nordwales und dieser Bildungsphase ein Zusammenhang.

Die einst zahlreichen aktiven Vulkane in Schottland sind vor ca. 80 bis 300 Millionen Jahren erloschen und natürlich gibt es hier und jetzt keine Eiszeiten und keine Gletscher mehr.

Vom rund 2.5 Milliarden Jahre alten *Lewisian Gneiss* (Gneis) bis hin zum ,nur' 80 Millionen Jahre alten Vulkangestein ist in den drei Hauptgebieten des Landes ein beeindruckendes Spektrum an Gestein zu finden. Viele Geologen der Welt kommen allein deshalb zu Studienzwecken nach Schottland.

An drei Seiten ist das Land von Meer umgeben: im Osten von der Nordsee, im Westen und Norden vom Atlantischen Ozean. Im Südwesten wird es durch den Nordkanal von Nordirland getrennt. Kaum ein Punkt des Landes ist weiter als 65 km ist vom Meer entfernt. Schottland, und das kommt dazu, ist deutlich erkennbar in drei Hauptgebiete unterteilt:

- das **südliche Hochland (Southern Uplands)** mit den beiden Regionen **Borders** und **Dumfries und Galloway**
- den Graben des **Central Belt** oder des zentralen Gürtels Mittelschottlands, in dem die beiden großen Städte Edinburgh und Glasgow liegen und
- das **Hochland** (Highlands) und die **Inseln** im Norden und Westen.

Dieser Hochland- und Inselbereich umfasst alles, was nördlich der sogenannten Hochlandbruchlinie liegt. Sie ist eine markante Berg- und Hügelkette, die sich von Helensburgh im Südwesten bis Stonehaven im Nordosten diagonal durch ganz Schottland zieht. Politisch, geschichtlich und wirtschaftlich ist entlang dieser *Highland Boundary Fault* schon seit dem frühen Mittelalter eine soziale, kulturelle und später auch wirtschaftliche Trennlinie zwischen Hoch- und Tiefland gezogen worden. *Lowlands* heißt jedoch nicht unbedingt, dass diese Region ein geologisches Flachland ist; manche Gegenden sind ebenso hügelig und unwegsam wie der Norden des Hochlandes. Das Tiefland ist aber wesentlich fruchtbarer und reicher an Bodenschätzen. Folglich entwickelte es sich im Laufe der Geschichte des Landes wirtschaftlich bedeutsamer und in vielen Bereichen deutlich einflussreicher als das Hochland.

Klima

An der Westküste und auf den Inseln macht sich der warme **Golfstrom** bemerkbar, der sogar das Wachstum von Palmen und anderen subtropischen und gar tropischen Pflanzen ermöglicht.

Reisezeit

Die besten Reisemonate sind Mai und Juni, allein schon wegen der Farbenpracht des Rhododendrons und des Ginsters und der oft bereits sehr angenehmen Temperaturen. Doch Schottland ist zu jeder Jahreszeit mit brillanten Farben gesegnet. Besonders gilt das im Sommer, wenn die blühende Heide die unzähligen Hügel und die weiten Landschaften mit einem violetten Teppich überzieht. Der Herbst bringt dann in seiner klaren Luft die Farben der Wälder vor der Kulisse der schneegepuderten Bergspitzen und des blauen Meeres zum Leuchten.

Von Frühsommer bis Herbst wehen aus westlicher Richtung jedoch kühle und meistens feuchte Winde, die für häufig starken Regen in den Bergen sorgen. Im Spätherbst und im Winter dagegen sind es eher trockene Nordwinde, die das Thermometer aber selten unter -7°C fallen lassen. Traumhafte Sandstrände laden verlockend oft zum Baden ein, was jedoch ausschließlich und das ganze Jahr hindurch nur abgehärteten Zeitgenossen zu empfehlen ist. Die durchschnittlichen Wassertemperaturen liegen im Sommer um 13°C! Bei Lufttemperaturen um 20°C können daher die meisten Sommerurlauber höchstens ein ausgiebiges Sonnenbad genießen. Wie sich das Klima Schottlands durch den weltweiten Treibhauseffekt verändern wird, bleibt noch abzuwarten.

Möglicherweise werden die Sommer länger und wärmer – aber auch nasser.

Fauna und Flora

Schafe in ihrer großen Zahl fallen als erstes ins Auge – so ist es verständlich, dass die ersten Fragen das Land betreffend sich fast immer um diese genügsamen Tiere drehen. Ideal geschaffen für das karge Land leben sie das ganze Jahr über auf den Weideflächen der kahlen Höhen. Felsen und Büsche oder die wenigen vereinzelten Bäume geben dort nur einen geringen Wind- und Regenschutz. In einen Stall kommen sie nur bei extremen Wetterverhältnissen und wenn sie lammen. Die verbreitetsten Rassen sind die Blackface-Schafe mit der charakteristischen schwarzweißen Färbung am Kopf und das robuste weiße Cheviot Schaf mit der markanten römischen Nase.

Vorsicht – Schafe

Schafe haben ausser Fressen scheinbar nicht viel im Sinn. Häufig stehen sie gedankenverloren mitten auf der Straße oder überqueren diese unerwartet. Vorsicht ist daher bei der Autofahrt durch Schottland ständig geboten – ganz besonders gilt das im Frühjahr und Frühsommer, wenn die Muttertiere mit ihren Lämmern unterwegs sind!

Gemütlich und knuddelig sieht es aus, das rötlich-braune bis schwarze **Hochlandrind** oder *Highland Cattle*. Im Allgemeinen sind diese Tiere mit dem charakteristischen zotteligen Langhaarfell friedlich. Die Kühe mit ihren Kälbern werden allerdings sehr unruhig, wenn sie sich gestört fühlen. Äußerste Vorsicht ist dann geboten, denn sie können blitzschnell sein und die geschwungenen Hörner sind unangenehm spitz!

Zu den klimatisch besonders angepassten Rinderrassen zählen auch die schwarzweiß gestreiften *Belties* und die ursprünglich aus dem Süden Schottlands stammenden *Galloways*. Deren Haut ist so dick und wirkt so isolierend, dass, so wird gesagt, noch drei Tage nach dem letzten Schneefall, Schnee auf ihren Rücken zu finden ist.

In der Frühgeschichte Schottlands gab es **Rentiere, Luchse, Biber, Wölfe, Wildschweine** und **Bären**. Die meisten Tierarten sind mittlerweile bis auf die wieder eingebürgerten Rentiere verschwunden. Doch nach neusten Nachrichten werden versuchsweise auch wieder Biber aus Norwegen eingeführt. Weiterhin schließt die immer noch relativ artenreiche schottische Tierwelt **Rotwild, Füchse, Dachse, Kaninchen, Marder** und **Wildkatzen** ein. Besonders im Winter, wenn der Schnee die Tiere von den Höhen in die Flussniederungen treibt, ist Rotwild gut von der Straße aus zu sehen. Zur Erhaltung der Artenvielfalt und zur Förderung der natürlichen Auslese will die Organisation Scottish Natural Heritage auch Wölfe wieder einführen. Dagegen gibt es allerdings durch verschiedene Interessengruppen vehemente Proteste. Selbst in den abgelegensten Regionen wird gejagt, deshalb ist bei Wanderungen durch unmarkierte Gebiete während der Jagdsaison auch Vorsicht geboten! Dachse und Füchse sind im ganzen Land zu finden. Die Tollwut ist durch die einst strikten Quarantänebestimmungen von der Insel ferngehalten worden, somit ist die Verbreitung des Fuchses auch in Stadtgebieten keine Seltenheit und eine Begegnung mit ihm stellt normalerweise keine Gefahr dar.

Die Heidegebiete sind der bevorzugte Lebensraum der **Kreuzotter,** der einzigen Giftschlange in Großbritannien. Meistens wird sie verschwinden, wenn Menschen in die Nähe kommen, doch Unfälle sind in der Einsamkeit der kahlen Hügel schon vorgekommen und nicht ungefährlich.

Zerfranste und von zahllosen Löchern durchsiebte Grashügel weisen auf Kaninchen hin. Zu Hunderten sind sie oft besonders in den frühen Morgen- und Abendstunden zu sehen. Sie sind zur Plage für viele Bauern und auch Archäologen geworden, denn Kaninchen unterhöhlen viele historische Stätten, so dass diese letztlich zerstört werden können. Aber diese Kaninchenpopulationen sichern auch den Fortbestand vieler Raubvögel und so sind heute u.a. in Schottland wieder **Steinadler** (*Golden Eagle*), **See-** und **Fischadler, Bussarde,**

Turm- und **Wanderfalken, Milane** und **Kolkraben** zu sehen. Zum Glück sind alle diese Raubvögel heute geschützt, aber es gibt leider immer noch Frevler, die ihre Gelege plündern oder versuchen sie durch Giftköder auszurotten. Neben Raub- und Greifvögeln sind in den verschiedenen Regionen Schottlands **Singvögel, Raufußhühner** und besonders eine Fülle von Seevögeln an den Küsten zu finden. Das **Birk-** und **Schneehuhn,** sowie das **Moorhuhn** (*Grouse*) zählen zu den Hühnervögeln. Diese werden von den Landbesitzern ebenso eifrig gejagt wie das Rotwild. Der riesige, spektakuläre und wieder eingebürgerte **Auerhahn** (gälisch *Capercaillie* für Waldpferd) ist zum Glück ebenfalls vor Jägern geschützt. Damit ist hoffentlich sichergestellt, dass das eigentümliche Klick-Klock seines Rufes auch in Zukunft zu hören sein wird. Zwei der interessantesten Jahreszeiten sind der farbenprächtige Herbst und das frühe Frühjahr, wenn riesige Schwärme von **Zugvögeln** überall in Schottland auf abgeernteten Feldern, Wiesen und an den Seen Zwischenstation machen, bevor sie weiterfliegen. Inzwischen werden die betroffenen Bauern mit bis zu zehn Pfund pro Gans subventioniert, damit sie für die Tiere genügend Restgetreide auf den Feldern lassen, die von ihnen als Rastplätze ausersehen werden. Manche Bauern sollen sich inzwischen tatsächlich überlegen, ob sie Schafe halten oder sich nicht lieber auf diese Zugvögel konzentrieren sollten. Von Island und aus den nordischen Regionen kommen zahlreiche Seevögel teils zum Überwintern, teils zur Brutzeit in die Küstengebiete und auf die vorgelagerten Inseln im Westen. Für Besucher mit einem Faible für diese Tiere bieten sie ein immer wieder eindrucksvolles Schauspiel. So findet der interessierte Vogelbeobachter von den 28 verschiedenen Arten der an Großbritanniens Küsten brütenden Zug- und einheimischen Vögel allein an den schottischen Küsten **Silber-, Dreizehen-** und **Raubmöwen, Brand-, Fluss-** und **Küstenschwalben, Pfeif-, Spieß-** und **Krickenten,** verschiedene **Wildgänse, Sturmtaucher, Trottellummen, Basstölpel, Tordalke, Kormorane, Eissturmvögel** und **Strandläufer** und die immer beliebten **Papageientaucher** u.v.m. Großbritanniens Küsten sind die Winterheimat von über 1.5 Millionen Watvögeln. Viele Inseln und Orte der Hebriden, auf Orkney und Shetland sowie an verschiedenen Küsten des Festlandes wurden zu Vogelschutzgebieten erklärt. Besonders erwähnenswert sind an dieser Stelle St. Kilda, die Fair Isles, St. Abb's Head, Canna und Unst, die sich alle im Besitz des National Trust for Scotland befinden. Auf diesen Inseln und an zahlreichen Küstenplätzen allein leben schätzungsweise 915000 Vögel in oft riesigen Kolonien an meist steil aus dem Meer aufragenden Felsen.

Vogelkolonien

Die sehr schwer zugängliche Gruppe der felsigen St. Kilda-Inseln, die rund 70 km westlich von North Uist (Äußere Hebriden) im Atlantik gelegenen ist, bietet mit ca. 617 000 Seevögeln verschiedener Arten die größte Kolonie. Unter ihnen sind auch die flinken und putzigen Papageientaucher (Puffins) zu finden. Diese sehr exotisch aussehenden, farbenprächtigen Seevögel nisten allerdings schon im Mai/Juni mit ihrem einzigen Jungen in Erdhöhlen und ziehen nach vollendetem Brutgeschäft hinaus aufs Meer. Nachdem er in den 1950er Jahren verschwunden war, zählt auch der Fischadler (Osprey), von dem es jetzt wieder über 100 Paare in Schottland gibt, zu den geschützten Vögeln. Bei Boat of Garten und Dunkeld (Loch of Lowes Naturreservat) hat die Royal Society for the Protection of Birds (RSPB) Unterstände eingerichtet, von denen diese seltenen Vögel mit Feldstechern und per Video am Brutplatz beobachtet werden können. Noch strenger geschützt werden allerdings die vor wenigen Jahren wieder eingeführten Weißschwanz Seeadler. Dieser mit 2,5 Metern Spannweite größte Vogel Schottlands ist gelegentlich majestätisch kreisend an den Küsten zu sehen.

In abgelegenen und kaum besuchten Buchten halten **Seehunde** (*North Atlantic Grey Seal* und *Common Seal*) ihr faules Mittagsschläfchen. Von diesen Tieren gibt es an den Küsten Schottlands z. Zt. rund 105 000.

Vor den Küsten tummeln sich **Delfine** und **Wale**. Sie ziehen zur Geburt und Aufzucht ihrer Jungen die Westküste entlang und entweder hinunter in den Atlantik oder in die andere Richtung nach Norden zu ihren Futtergebieten. **Buckel-** und sogar **Pottwale** sind auch im Firth of Forth vor Edinburgh gesichtet worden. Mit etwas Glück lässt sich an der Westküste einer der größten Fische der Welt sehen: Der bis zu 13m lange, friedliche, planktonfressende **Riesenhai** (*Basking Shark*) zieht im Frühjahr auf seinem Weg hinüber nach Norwegen durch die Irische See und die Westküste hinauf. Mit noch mehr Glück lässt sich vielleicht in einem der Sealochs der Westküste ein Otter sehen. Erfreulicherweise steigt die Zahl dieser einst in Schottland vom Aussterben bedrohten Küstenbewohner und heute gibt es in Großbritannien schätzungsweise wieder 6500 Tiere. An der Südküste Skyes schloss der Autor Gavin Maxwell wunderbare Freundschaften mit einigen dieser Tiere. Sein Buch *Ring of Bright Water* wurde ein weltweiter Erfolg, verfilmt und mit einem Oscar ausgezeichnet.

Nachrichten tauchen hin und wieder auf, dass es daneben auch andere Lebewesen in Schottland und in anderen Teilen Großbritanniens gibt, die nicht unbedingt zur ursprünglich einheimischen Tierwelt zählen. Diesmal ist aber nicht Nessie damit gemeint, sondern größere, katzenartige Tiere– wahrscheinlich Pumas oder Panther. Sie sind in mehreren Gegenden Großbritanniens gesichtet worden und haben nach Aussagen von Bauern im schottischen Hochland schon Viehschaden angerichtet.

Angesichts der vielen kahlen Berge und Hügel ist es vielleicht unvorstellbar, dass Schottland einmal mit dichtem **Wald** bedeckt war. Der einstige Urwald, der nach der letzten Eiszeit fast ganz Schottland bedeckte, wurde in Teilen zunächst durch klimatische Veränderungen dezimiert. Die wachsende Bevölkerung trug ihren Teil dazu bei: Auf brauchbarem gerodeten Terrain wurden schon im Mittelalter Felder angelegt. Aus den verschiedensten Gründen wurden aber vom 18. Jahrhundert an Schottlands Wälder immer weiter abgeholzt. Der Schiffbau hatte schon vorher große Mengen Holz verschlungen und hinzu kam, dass für kleinere und größere Eisenschmelzen im Hochland riesige Waldflächen zu Holzkohle verarbeitet wurden. Viel Wald musste auch noch der weiter wachsenden Bevölkerung Platz machen. Die neuen Landbesitzer änderten die Situation auch nicht, ganz im Gegenteil, sie machten ihren Wald zu Kapital.

Auf dem harten Granit und Schist entstanden kahle Moorflächen. Glücklicherweise dachten aber nicht alle Landbesitzer so: Schon im späten 18. Jahrhundert erkannte z. B. der Herzog von Atholl den Wert der Wälder. In seinen Besitztümern und anderswo wurden viele Millionen Bäume gepflanzt. Doch vom einstmals berühmten **Kaledonischen Wald,** der zu einem Großteil aus einheimischem Nadelbaum, der **Schottischen Kiefer** (*Scots Pine*), bestand, ist heute nur noch ein winziger Bruchteil erhalten. Der Bestand kann sich aber leider nicht von selbst erholen. Schafe und Rotwild fressen die Schösslinge immer wieder ab. Jetzt wird das Wild durch Zäune von den Bäumen ferngehalten. So sind vom alten Kiefernwald und dem gesamten historischen Mischwaldgebiet in Schottland gerade einmal noch 90 000 ha (900 km²) vorhanden.

In Großbritannien hat inzwischen ein Umdenken stattgefunden. Die **Forstkommission** (Forestry Commission) entwickelt seit den 1920er Jahren Programme zur Aufforstung des Waldbestandes. Diese Initiativen sind später auch von privaten Grundeigentümern und Investoren aufgegriffen worden. Im Vordergrund stand dabei in erster Linie die Schaffung von Wirtschaftsholz durch schnell wachsende Monokulturen von Nadelbäumen. Dazu kamen aber bald andere Aspekte wie der Schutz des Bodens vor Erosion und die Schaffung von Arbeitsplätzen in der Wald- und Holzwirtschaft. Auf diese Weise ist so in Schottland und dem übrigen Großbritannien der größte von Menschenhand gepflanzte Wald der Welt entstanden. Heute sind mit etwas über einer Million Hektar knapp 15% der Landfläche Schottlands bewaldet. Davon wird wiederum etwas mehr als die Hälfte durch die Forestry Commission bewirtschaftet. Diese Forstverwaltung beschäftigt in ganz Großbritannien rund 15 000 Mitarbeiter und produziert rund 3,5 Millionen Kubikmeter Holz pro Jahr. Neben **Sitkafichten** und **Norwegischen Fichten** werden **Lärchen, Blau-** und andere **Tannen** sowie **Kiefern** gepflanzt, leider aber oft nur unter dem wirtschaftlichen Aspekt der Holzgewinnung. Das wird heute aus ökologischen Gründen zunehmend kritischer gesehen. Monokulturen dieser

Art sind meistens nicht besonders schön anzusehen, weil viele Täler und Höhen des Hochlands durch diese Anpflanzungen ihren besonderen Charakter verlieren. Sie sind darüber hinaus auch sehr anfällig gegen Schädlinge. Die Forstverwaltung ist inzwischen klüger geworden und hat aufgrund ihrer neuen Erkenntnisse an den Rändern dieser Gebiete Laubbäume wie **Birken, Eichen, Erlen** und **Haselnusssträucher** gepflanzt und damit teilweise auch Neuanpflanzungen von koniferen Wäldern gemischt.

Große schottische Waldgebiete sind u. a. der **Galloway Forest Park,** der **Border Forest** im Grenzgebiet zwischen Schottland und England in den Cheviot Hills und der **Queen Elizabeth Forest** in den Trossachs.

Die Baumgrenze der Aufforstungen liegt in Schottland im Durchschnitt zwischen 550 und 600 m über dem Meeresspiegel. Das ist unterschiedlich und richtet sich nach den Temperaturen, dem Boden und natürlich auch nach der Richtung und Stärke des Windes. Im offenen, windigen Norden und auf den windzugekehrten Seiten der Inseln haben es Bäume natürlich besonders schwer. Auf den windexponierten Flächen im Westen in Atlantiknähe sinkt die Grenze fast bis auf Meereshöhe ab.

Die Vegetation lässt sich am besten anhand der Höhenstufung darstellen. Vom Wetter und von den Einflüssen des Atlantiks abhängig variieren die Stufen erheblich, können aber leicht erkannt werden: In den Lowlands, den Küstenebenen, den Southern Uplands und den östlichen und südwestlichen Highlands wächst **Eichenwald** bis etwa 200-250 m über dem Meeresspiegel. Vor allem in diesen letzteren Gebieten finden sich noch kleine Reste des einstigen Naturwaldes. Der ist nach Jahrhunderten der Abholzung in den letzten Jahrzehnten durch meist großflächige Aufforstungen mit Nadelhölzern ersetzt worden. In der östlichen Küstenebene wird das fruchtbare Land durch Ackerbau genutzt. Dazu kommt in diesen Regionen Grasland für die Viehwirtschaft in den Uplands und den östlichen Grampian Mountains. Im nassen Westen dagegen gedeihen üppige **Rhododendronhecken** und **Ginsterbüsche.** Vielerorts wachsen sie im Überfluss und oft entlang der Straßenränder. Dieses Gebüsch hat sich inzwischen auf dem sauren Boden wild vermehrt und ist bei Naturschützern und Waldbesitzern gar nicht gern gesehen, darum werden heute Teile der Wälder und Flächen wieder davon gerodet. Rhododendron wurde im vorletzten Jahrhundert eingeführt und in vielen Gärten und Parks in zahllosen Varianten kultiviert. So sind der Royal Botanical Garden in Edinburgh und der Inverewe Garden an der Westküste nur zwei von zahlreichen Gärten, die für ihre riesigen, farbenprächtigen Rhododendronbestände bekannt sind.

Geschützte Pflanzen

Die Schönheit und Vielfältigkeit der Pflanzenwelt ist von hohem biologischen und wirtschaftlichen Wert und darüber hinaus im wahrsten Sinne des Wortes eine Augenweide. Der Reisende möge daher bitte bedenken, dass sich alle Menschen an der Vielzahl der Pflanzen erfreuen möchten, die meistens geschützt sind, und das Ausreißen oder -graben von wildwachsenden Pflanzen jeder Art schlichtweg verboten ist.

Kiefern- und **Birkenwald** (zwischen 200-250 und 400-600 m über dem Meeresspiegel) wächst besonders in den mittleren Höhenlagen der Grampians. Überwiegend ist das aber auch Weideland für Schafe und Naturgrasland, sogenannte *rough pastures*. Der Wald ist bis auf geringe Reste verschwunden und auf dem kargen, sauren Boden hat sich Heide ausgebreitet. Im Grasland gedeiht meist **Borstengras** und je nach Untergrund und Feuchtigkeit **Heidekraut, Ginster, Beeren** und **Farne**. Vor allem wuchert **Adler-** oder **Königsfarn** (*Bracken*) oft weitflächig, wo die Heide nicht bewirtschaftet werden kann. **Besen-** und **Stechginster** gedeihen auf Basalt, einem Gestein, das in weiten Teilen Schottlands buchstäblich die Basis bildet, einen kargen Boden hervorbringt und das nach dieser genügsamen Pflanze mit dem einheimischen Namen *Whinstone* benannt wurde. An den Ufern flacher Süßwasserseen (*Lochs*) wachsen **Thymian,** gelbblühende **Iris, Wicke** und **Glockenblume,** während in anderen auch **Seerosen** blühen. **Lobelien** wachsen im Inland auf den oft morastigen Flächen und Hängen.

Strauchheiden und **Moore** sind von 300 bis 650 m über Null im Westen zu finden. Früher gediehen in diesen Landschaften Kiefern- und Birkenwälder, jetzt herrschen oft nasse Heideflächen (*wet heath*) und Hochmoore (*Raised Bogs*) vor. In diesen Regionen ist fast überall die in Deutschland ebenfalls bekannte **Erika** zu finden. Moore überziehen ganze Landstriche an Hängen und auch als weitflächige Deckenmoore (*Blanket Bogs*). Diese Moore werden durch starke Niederschläge auf undurchdringlichem Untergrund (Fels) gebildet. Sie werden ausschließlich von weitgehend anspruchslosen Pflanzen besiedelt, die beim Absterben eine sauerstofflose Torfschicht entstehen lassen. Typische in diesen Mooren vorkommende Pflanzen sind: **Sauer-** und **Binsengräser, Schilfrohr, Wollgras, Fingerkrautarten,** verschiedene Arten von **Torfmoosen, Sonnentau** und sogar einige **Orchideenarten.** Diese Pflanzenvielfalt zeigt dann an, dass es sich hier oft um Flachmoore (*bogs*) mit einem guten Nährstoffangebot handelt. Bei Hochmooren schließen meist mächtige Torfdecken jeden Kontakt zum nährstoffhaltigen Grundwasser aus. So ist die typische Moorpflanze das **Spagnummoos.** Als einfacher Brennstoff ist Torf in den ländlichen Regionen auch heute noch gebräuchlich. Die Nutzung von Torf als Gartenmaterial hat allerdings auch in Schottland dazu beigetragen, dass Moore trockengelegt wurden, was zur Verödung einiger Landstriche führte. Neuerdings werden daher Teile der ehemaligen Moore wieder bewässert und kultiviert. Ein anderer Grund für die Rekultivierung ist die inzwischen gewonnene Erkenntnis über den ökologischen Wert der Moore: Die dort wachsenden Pflanzen binden große Mengen von Kohlenstoff und tragen damit ganz erheblich zur Reduktion des Treibhauseffektes bei. Im Gegensatz zu den Mooren bergen die Äußeren Hebriden auf ihren meist kargen Inseln mit ihren **Machairs** einen einzigartigen Pflanzenschatz. Diese nur dort wachsenden Küstenwiesen sind reich an seltenen Blumen und kleinen Orchideen wie dem **Knabenkraut.** Der saure Boden der Moore über dem harten Lewis Gneis wird vom Flugsand des davorliegenden Strandes überweht. Das dadurch entstehende Bodengemisch ist die fruchtbare und ideale Basis für die

Machair, ein Grasland voller **Strandbeifuß, Seapinks,** rosablühendem Klee, kleiner Orchideen, **Dotter-** und anderer Blumen.

Die Berge der Grampians und das nordwestliche Hochland sind bis zur Höhe von etwa 900 m – auf den Hebriden bereits ab etwa 550 m über dem Meeresspiegel – meist von kargem **arktisch-alpinem Grasland** bedeckt. Selbst für die genügsamen Schafe lässt sich das nicht mehr nutzen, und so wachsen auf den Plateaus und Gipfelregionen der Cairngorms vorwiegend **Moose** und **Flechten.**

Kultur

An dieser Stelle die gesamte kulturelle Vielfalt Schottlands zu schildern, würde den Rahmen des Buches sprengen. So bleibt eigentlich nur eine relativ kurze Aufzählung der wichtigsten Institutionen und Persönlichkeiten, sowie der Hinweis auf die entsprechende Fachliteratur, um dem Leser einen Überblick zu geben.

Der Name **William Bruce** (1630-1710) ist den meisten europäischen Besuchern sicher unbekannt. Dieser Architekt der frühen Neuzeit hinterließ dem Land jedoch mit dem Palast von Holyroodhouse, dem Hopetoun House, Prestonfield und seinem eigenen Wohnhaus Kinross House Paläste und Gebäude in einem im wahrsten Sinne nur als großartig zu bezeichnenden Maßstab. Er war es, der mit den ihm folgenden Architekten wie **William Adam** (1689-1748) und dessen Söhnen **Robert** (1728-92) und **James** (1730-94) die schottische Architektur so nachhaltig prägte. Adams georgianischer Baustil der Edinburgher New Town wurde in ganz Großbritannien kopiert und ist auch in St. Petersburg zu sehen. Weiter beeinflusst wurde diese Architektur im 19. und 20. Jh. durch Männer wie **David Bryce, F.T. Pilkington, Alexander 'Greek' Thomson** und **Charles Rennie Mackintosh** (1868-1928), **Robert Lorimer,** sowie **Sir Stirling Maxwell,** deren Bauten noch heute zu sehen und z.T. auch international bekannt sind.

Zu den auch über Schottland hinaus bekanntesten Porträtmalern zählen in jedem Fall die Schotten **Allan Ramsay** der Jüngere (1713-1784), **Sir Henry Raeburn** (1756-1823) und auch **Sir David Wilkie** (1785-1841), der mit seinen sozialkritischen Bildern einen schottisch-historischen Stil schuf. Die National Gallery ist stolz, einige der zahlreichen Porträtwerke dieser Künstler in ihrem Besitz zu haben. Einer der wichtigsten Zeitgenossen Ramsays war der in Rom lebende Doyen der dortigen Maler **Gavin Hamilton** (1727-1798). Er war auch ein persönlicher Freund des Malers **Alexander Runciman** (1736-1785), dessen Werke wiederum durch Macphersons *Ossian* beeinflusst worden sind. Die Landschaftsbilder von **Alexander Naysmyth** (1758-1840) haben für manchen Betrachter gewisse Ähnlichkeiten mit Kasper David Friedrichs Werken. Doch neben zahlreichen anderen schottischen Künstlern wurden vor allem auch die moderneren Maler wie die sogenannten 'Glasgow Boys' **William McTaggart** (1835-1910), **James Guthrie** (1859-1930) und **E.A. Walton** (1860-1922) in Deutschland bekannt. Schließlich waren es aber die vier 'Scottish Colourists' – **S.J. Peploe** (1871-1935), **Leslie Hunter** (1871-1931), **F.C.B. Cadell** (1883-1937) und **J.D. Ferguson** (1874-1961), die mit ihren farbenreichen und kraftvollen Bildern den Beginn und auch international den Ruf der modernen schottischen Malerei begründeten. Diese Art zu malen wird von **John Bellany** (1942-2013), einem der anerkannten großen Maler unserer Zeit, fortgesetzt. In die Kategorie der gegenwärtigen Kunst gehört ebenfalls der in Edinburgh geborene Bildhauer **Sir Eduardo Paolozzi** (1924-2005). Er arbeitete lange Jahre auch in Hamburg, Berlin, München und Köln und galt in der Kunstwelt durch seine surrealen Grafiken als einer der Wegbereiter der Pop Art-Bewegung.

Die Schriftsteller und Dichter **Robert Burns** (1759-96), **Sir Walter Scott** (1771-1832), **Robert Louis Stevenson** (1850-94) und **James Boswell** (1740-1795) haben in den letzten drei Jahrhunderten den Ruf der klassischen schottischen Literatur begründet. Daneben gibt es aber noch eine Reihe anderer, in Deutschland nicht sonderlich bekannter Autoren, die aber nicht unerwähnt bleiben dürfen. Dazu zählt sicherlich **James Macpherson** (1738-1796). Auch wenn ein Teil seiner Werke vom Ursprung her problematisch ist, hat er durch seine (angeblichen) Übersetzungen gälischer Heldenballaden des Ossian – evtl. vergleichbar mit der Nibelungensage – europaweiten Ruhm erlangt. In viktorianischer Zeit wurde **Hugh Miller** (1802-1856) vor allem durch seine Werke zur Geologie und seine religiös-wissenschaftlichen Abhandlungen bekannt. Letztere erschienen sogar drei Jahre vor Darwins umstrittenem Buch *Origin of the Species* (1859) und können sich durchaus mit diesem messen. Weltruhm erlangte des Weiteren der gebürtige Edinburgher **Arthur Conan Doyle** (1859-1930) mit seiner Kriminalbuchreihe von *Sherlock Holmes*. Leider ist auch nur wenig bekannt, dass *Peter Pan*, der Junge, der nie erwachsen werden wollte, von dem Schotten **J.M. Barrie** (1860-1937) erdacht wurde. Der 2004 mit großem Staraufgebot gedrehte Hollywoodfilm *Finding Neverland* erzählt seine Geschichte. Ein weiterer bekannter Kinderbuchautor, der oft irrtümlich für einen Engländer gehalten wird, ist **Kenneth Grahame** (1859-1932). In Deutschland wurde er durch seinen Roman *The Wind in the Willows* (*Der Wind in den Weiden*) (1908) bekannt. Besonders bedauerlich ist es, dass Autoren wie **Hugh MacDiarmid** (1892-1978), der Autor des schottischen Nationalepos *A Drunk Man Looks At The Thisle*, **Edwin Muir** (1887-1959), **Neil M. Gunn** (1891-1974), James Leslie Mitchell alias **Lewis Grassic Gibbon** (1901-1935) sowie die großen Orkadians **Eric Linklater** (1899-1974) und **George Mackay Brown** (1921-1995) im deutschsprachigen Raum nur sehr wenig gelesen werden. Schottische Frauen drängen seit der Nachkriegszeit mehr und mehr an die literarische Front. **Dame Muriel Spark** (1918-2006) ist vielleicht die außerhalb Schottlands bekannteste schottische Autorin. Sie wurde besonders bekannt durch ihren Roman *The Prime of Miss Jean Brodie* (*Die Blütezeit der Miss Jean Brodie*) (1961). Ein auch in Deutschland viel gelesener Autor war der Erzähler und Historiker **Nigel Tranter** (1909-2000). Gegenwärtig machen vor allem Autoren wie **Iain Banks** (1954-2013) und schließlich **Ian Rankin** (1960-) mit seiner Romanreihe des *Inspector Rebus*, **Alexander (Sandy) McCall-Smith** (1948-) u.a. mit den Romanen der *No. 1 Ladies' Detective Agency* und

Irvine Welsh (1958-) mit *Trainspotting* und *Skagboys* vermehrt von sich reden. Ganz besonders trifft das aber auf Joanne K. Rowling (1966-) zu. Sie ist zwar eine gebürtige Engländerin, doch sie lebt in Schottland und schrieb in Edinburgh anfangs unter schwierigen persönlichen Umständen die in den letzten Jahren wohl auch international bekannteste und begehrteste Buchreihe *Harry Potter*.

Musik wird in Schottland nicht nur auf den verschiedenen Arten des Dudelsacks, der großen *Highland Bagpipe* oder der kleineren *Border Bagpipe,* gemacht. Die Familie MacCrimmon brachte über mehrere Generationen (17.-19. Jahrhundert) die herausragendsten Spieler dieses Instruments hervor. Die berühmtesten Musiker des 18. Jahrhunderts waren der Folkmusiker Neil Gow (1727-1807) mit seiner Geige oder *fiddle*, wie sie in Schottland genannt wird, und der Geiger und Komponist William McGibbon (1695-1756). Wer sein Herz für die gälische Kultur und Musik geöffnet hat, kommt nicht umhin, das jährliche Winterfestival im Januar The Celtic Connection und im Laufe des Jahres The National Mod, das seit 1892 an wechselnden Austragungsorten an der Westküste stattfindet, zu besuchen. Die zeitgenössische Schlagzeugerin Evelyne Glennie (1965-), die absolut taub ist, wie auch die trotz ihrer Jugend zu Weltruhm gelangte Violinistin Nicola Benedetti OBE (1987-) sind zwei der größten Musikerinnen, die Schottland je hervorgebracht hat. Zur gereifteren und doch ewig jungen Folkszene zählen Musiker mit dem Format des Akkordeonspielers Jimmy Shand (1908-2000) und Andy Stewart (1933-1994).

International bekannt wurden von den 1960er Jahren an Musiker wie Lonnie Donegan (1931-) und schottische Popstars wie Gerry Rafferty (1947-2011), Rod Stewart, Annie Lennox OBE, Lulu, Sheana Easton. Gleiches gilt für Bands wie die Bay City Rollers, Simple Minds, Capercaillie, Runrig und die jüngeren Bands wie Texas, Travis und Franz Ferdinand und auch Glasvegas.

Filme haben das Bild und die Geschichte Schottlands in die ganze Welt getragen, wobei wohl *Braveheart*, *Rob Roy* und *Trainspotting* zu den bekanntesten Streifen zählen. Deren

Akteure, dazu gehören natürlich besonders der gebürtige Edinburgher **Sir Sean Connery** (1930-) und seit wenigen Jahren auch **Ewan McGregor**, werden weltweit mit dem Land in Verbindung gebracht. Gerade durch sein breites kulturelles Erbe hat Schottland Ende des 20. Jahrhunderts eine besondere Art von neuem Selbstvertrauen gefunden, das auch in der jetzt dezentralisierten schottischen Politik eine große Rolle spielt.

Sprache

Englisch ist seit dem 18. Jahrhundert die Amtssprache in Schottland. Bis dahin wurde in den entlegenen Dörfern des Hochlands **Gälisch** gesprochen und Englisch musste als Fremdsprache erst erlernt werden. In den Lowlands wurden dagegen eine Vielzahl von Dialekten gesprochen, von denen es bis zu 70 gegeben haben soll.

Seit dem 10. Jahrhundert wurde in ganz Schottland Gälisch gesprochen. Später änderte sich das in den südwestlichen Regionen: Dort bildete sich das aus dem Northumbrischen kommende Scots (oder *Lallans*) als eigene Nationalsprache aus, während im Hochland und auf den Inseln aber weiterhin Gälisch vorherrschte.

In den dünnbesiedelten Regionen des Nordwestens und auf den Inseln wird heute das Gälisch wiederbelebt. Mit ca. 58 000 (2011) Menschen, die diese Sprache wieder sprechen, erfährt Gälisch nach Jahren des Verbots und der Unterdrückung (s. a. im Geschichtsteil des Buchs) derzeit eine Renaissance: Gälisch wird jetzt dort an Schulen unterrichtet, Fernsehstationen (z.B. die BBC) strahlen gälischsprachige Sendungen aus und Zeitungen und Magazine werden zweisprachig gedruckt. Straßenschilder sind, je weiter sich der Reisende der gälischsprechenden Region nähert, zweisprachig und erst in Gälisch und dann in Englisch beschriftet. Im neuen Schottischen Parlament gehen Bestrebungen dahin, ganz offiziell neben Englisch auch Gälisch und gelegentlich Scots zu sprechen.

Besuchern begegnen gälische Wörter am häufigsten in Ortsbezeichnungen. Berge heißen auf Gälisch **beinn** (in der anglizierten Form **ben**), z.B. Ben Hope, während **loch** das

Wort für einen See oder eine Meeresbucht ist, z.B. Loch Ness und Loch Linnhe.

Scots hat englische, französische, germanische und skandinavische Einflüsse aufgenommen und war im 16. und 17. Jahrhundert die Sprache am Hofe von James VI. Doch nach dessen Wegzug nach London im Jahr 1603 und der anschließend ins Englische übersetzten und nach ihm benannten Bibel hatte diese Sprache keine Chance mehr, sich auszubreiten. Verstärkt wurde dies noch durch die parlamentarische Union 1707, als Englisch zur Verwaltungssprache in ganz Großbritannien erhoben wurde. Der schottische

Gälisch	Deutsch	Gälisch	Deutsch
achadh	Feld	dubh	schwarz
strath	breites Tal	aon	eins
Alba	Schottland	mhor/mor	groß
ceud	hundert	da	zwei
balloch	Gebirgspass	eilean	Insel
madainn	Morgen	tri	drei
beagh	klein	failte	Willkommen
inver	Flussmündung	deich	zehn
bhafle	Ortschaft	glen	Schlucht
Post Oifis	Post	mile	Tausend
coll	Wald	disathurna	Samstag

Dichter Robert Burns schrieb aber noch gegen Ende des 18. Jahrhunderts die meisten seiner Gedichte und Lieder in Scots – seine Werke sind in der schottischen Tradition heute noch sehr hoch angesiedelt.

Dann ist da noch Aberdeen. Die Menschen in dieser Stadt, die Aberdonier, sprechen heute noch unter sich das **Doric** – eigentlich eine eigene Sprache, die manche als Dialekt abtun.

Die Schotten, wie die Menschen vieler englischsprachiger Länder, haben allerdings ganz offenbar einen Nachholbedarf in Bezug auf Fremdsprachen. Neuere Statistiken belegen, dass nur knapp über 30% der erwachsenen Schotten eine Fremdsprache beherrschen. Dabei ist die Zahl der Schulabsolventen mit einem Fremdsprachenabschluss in den letzten 25 Jahren aber schon um die Hälfte gesunken.

Doch die meisten europäischen Schüler lernen ja Englisch als Zweitsprache, warum sich da also mühen? Das senkt natürlich für britische Schüler die offensichtliche Notwendigkeit noch weiter.

Rechtssystem

Seit dem 17. Jahrhundert bezieht Schottland eine besondere Position in der Rechtswelt, denn es ist auch heute noch kein souveräner Staat. Es ist aber das einzige Land, das sein eigenes, autonomes Rechtssystem mit eigenen Quellen, Gerichtshöfen, Verfahrensabläufen und Berufsständen hat, obwohl es politisch Teil eines anderen Staates ist.

Staat und Justiz

Wissenschaftler der Harvard Universität und der Universität von Chicago haben eine Liste der am ‚besten' und am ‚schlechtesten' regierten Länder der Welt zusammengestellt. Die Kriterien dabei waren Effizienz, persönliche Freiheit und das Maß, bis zu welchem Grad Regierungen einen Einfluss auf die Justiz nehmen. Dabei haben acht der zehn zum Schlusslicht dieser Liste zählenden Länder der Welt Rechtssysteme, die mehr oder weniger ausschließlich auf dem napoleonischen Rechtscode basieren. Die Länder allerdings, die ein Rechtssystem haben, das auf dem englischen Common Law basiert, tendieren dazu, ‚besser' regiert zu sein. Der napoleonische Rechtscode stellt die Rechte des Staats über die des Individuums, während das englische Common Law nach der Verteidigung der Eigentumsrechte strebt. So suchen die Richter in Schottland auch heute noch gerechte Urteile z. T. unter Heranziehung und Interpretation dieser alten angelsächsischen Rechte, durch die von ihren Vorgängern gefällten Urteile (Präzedenzfälle) und anhand der Aufzeichnungen der institutionellen Rechtsverfasser des 17. – 19. Jahrhunderts.

Ein Aspekt des schottischen Rechts ist besonders bemerkenswert. Schottische Gerichte haben drei Urteilsmöglichkeiten und können neben den Urteilen ‚schuldig' und ‚nicht schuldig' seit 300 Jahren noch das rechtmäßige Urteil ‚not proven' (nicht bewiesen) aussprechen. Das ist ein Urteil und ist nicht mit dem deutschen ‚Freispruch aus Mangel an Beweisen' zu verwechseln. Damit unterscheidet sich das nicht nur vom englischen Recht, sondern ist – bis auf die Länder und Gesetzgebungen in Südafrika, Louisiana, Quebec und Puerto Rico – einzigartig in der Welt.

Wie in Deutschland basiert das schottische Recht teilweise auf dem **römischen Recht**. Der Großteil des schottischen Rechtssystems hat seine Wurzeln aber in der Landesgeschichte und anderen Rechtsquellen. Schottland hat ein gemischtes Recht, das von dem römischen Recht, dem englischen **Common Law**, dem **Kirchenrecht** und dem französischen **Code Napoleon** abgeleitet ist.

Schottisches Recht besteht im Grunde aus zwei Teilgebieten: dem **Öffentlichen Recht**, das sich mit den staatlichen Rechten und Pflichten sowie dem Kriminalbereich befasst und dem **Zivilrecht**, das alle weiteren Bereiche einschließt. Beide Bereiche haben ihre eigenen Systeme, Personal und Gerichte, wobei letztere in Schottland nicht so diversifiziert sind wie in Deutschland.

Zivilrechtsfälle beginnen ihren Weg im **Sheriff Court**. Allerdings gehen die wichtigeren Bürgerrechtsfälle gleich vor die nächsthöheren Instanzen des **Court of Session** mit dessen Inner und Outer House. Dieser Court of Session ist schon seit 1532 die höchste schottische Rechtsinstanz. Dagegen ist Londons Westminster mit dem dortigen **House of Lords** z.Zt. noch die höchste Instanz und Berufungsmöglichkeit im zivilrechtlichen Bereich. Das ist einer der großen Unterschiede zum deutschen Recht, wo es keinerlei Verbindung der Justiz zu den gesetzgebenden Organen gibt. Neueste Pläne der britischen Regierung, die allerdings sehr umstritten sind im Schottischen Parlament, sehen in den nächsten Jahren die Schaffung eines Supreme Courts (Oberster Gerichtshof) in England vor.

Der Rechtsweg der Kriminalgerichte beginnt im **District Court** und geht ebenfalls über den Sheriff Court, der aber nur bis zu einer gewissen Höhe Urteile verhängen kann. Allerdings werden schwerere Fälle gleich im **High Court of Judiciary** behandelt. Der wiederum ist aufgeteilt in die Verfahrensinstanzen des Trial Courts und des **Appeal Courts** (Berufungsgericht). Besonders an dieser Institution ist klar erkennbar, dass Unterschiede zwischen England und Schottland, die seit der Union von 1707 in vielen Bereichen aufgehoben erscheinen, sehr wohl existieren.

So sei der Reisende des 21. Jahrhunderts, wenn er die Grenze überschreitet, gewarnt: Manche Gesetze und die Rechtsprechung unterscheiden sich auch heute noch beträchtlich von denen jenseits der Grenze.

Bildungswesen

Die Union mit England unter Queen Anne vollzog sich 1707 unter großem politischen und wirtschaftlichen Druck für Schottland. In den Verhandlungen darüber wurden aber trotzdem einige fundamentale Eigenarten des Landes herübergerettet, die Schottland von England seither deutlich unterscheiden. Neben dem Rechtssystem gehörte dazu auch das Recht, eigene Geldnoten zu drucken und ein selbständiges Schulsystem. John Knox hatte schon Mitte des 16. Jahrhunderts die erste allgemeine Schule gegründet, die zunächst eine rein religiöse Basis hatte. Von da an entwickelte sich das Schulwesen anders als in England. Das gilt bis heute, obwohl der Lehrplan im Großen und Ganzen ähnlich ist.

In Schottland herrscht heute für Kinder zwischen dem fünften und sechzehnten Lebensjahr die allgemeine Schulpflicht. Die Eltern haben von Anfang an oder auch später die Möglichkeit, zwischen der *Public School* (allgemeinen Schule) – in England sind dies paradoxerweise die Privatschulen – oder einer unabhängigen, privaten Schule zu wählen. Diese privaten Schulen und Colleges sind schulgeldpflichtig. Die Schulgebühren schließen nicht die Kosten für Kost und Logis, Uniformen, Bücher und auch nicht die Fahrt- und Reisekosten ein. In Edinburgh sind z. B. Fettes College, die Mary Erskine School, Watson's, George Herriot und das Stewart's Melville College solche Institutionen. Jede Privatschule wird aber im Rahmen des *assisted place scheme* bei der Aufnahme einer bestimmten Anzahl von Schülern aus finanziell schwächer gestellten Familien subventioniert. Für Kinder unter fünf Jahren gibt es die sogenannte **Nursery School** – eine Vorschule. Zwischen dem fünften und dem zwölften Lebensjahr wird die **Primary School** (Grundschule) besucht. Danach ist für mindestens vier Jahre der Besuch der **Secondary School** Pflicht. Der Abgang von der allgemeinbildenden Schule erfolgt danach mit dem sogenannten *Standard Grade*. Die Schüler haben fortan die Möglichkeit, Kurz- oder Vollkurse in berufsausbildenden Schulen zu besuchen. Zwischen dem 16. und 18. Lebensjahr können dann noch individuell ein bzw. zwei Jahre an der **Secondary School** angehängt werden. Der Ausbildungsplan mit einer erweiterten Kursauswahl führt nach dem erfolgreichen Examen im fünften Schuljahr der **Secondary School** zum *SCE Higher Grade*, der Mittleren Reife.

Studiengebühren

Das britische Parlament hat 1998 Verordnungen herausgegeben, die das sogenannte grant system (ähnlich dem BAföG) abschafften und durch ein Darlehenssystem zu günstigen Bedingungen ersetzten. Gleichzeitig wurde eine Studiengebühr von 1000 Pfund pro Studienjahr von den Universitäten erhoben. Diese Darlehenslasten konnten für den Studenten nach vorsichtigen Kalkulationen von Experten auf bis zu 18 000 Pfund anwachsen und waren ein umstrittenes Thema im Wahlkampf und in der ersten Legislaturperiode des neuen schottischen Parlaments. Die linksliberale Regierungskoalition beschloss im Januar 2000 eine tiefgreifende Änderung: Diese Gebühren werden an den schottischen Universitäten abgeschafft. Die Studenten haben dagegen nach Abschluss ihres Studiums und einem Jahresgehalt von mindestens 10 000 Pfund einen Pauschalbetrag von 2000 Pfund in einen Fonds zu zahlen. Doch auch dieses Modell schaffte das Schottische Parlament ab. Während von 2011 an in England die Studiengebühren auf £9000 p.a. angehoben wurden, werden hier für schottische und EU Studenten bis zum BA Abschluss keine Gebühren erhoben.

Der krönende Abschluss einer erfolgreichen Schullaufbahn wird allerdings erst im sechsten Schuljahr, nach dem Examen in mindestens drei oder mehr Fächern, mit dem *Advanced Highers* (entspricht dem Abitur), erlangt. Allein an der Mary Erskine School und am Stewart's Melville College in Edinburgh schlagen fast 90% der 2700 Schüler den weiterführenden Bildungsweg ein. Ähnlich ist es auch an anderen Schulen in Schottland. Eine zeitgemäße und ständige Neuorientierung passt sich diesen Ansprüchen und Herausforderungen an. So wurden die Prüfungen zum Standard Grade durch eine neue Qalifizierung, die *Intermediate 2*, ersetzt.

Mit dem ‚Higher' und mit dem ‚Advanced Higher' hat der Schüler dann die Wahl zwischen einer ganzen Reihe von Weiterbildungsinstitutionen oder Colleges. 2014 gab es in Schottland über 20 Hochschuleinrichtungen, darunter 16 **Universitäten** und drei Institutionen für akademische Ausbildung. Unter den weltweit besten 200 Universitäten sind allein vier in Schottland: University of Edinburgh, University of St. Andrews, University of Glasgow und die University of Aberdeen. Schottische Studenten können sich aber auch in England um einen Platz an einer dortigen Universität bewerben. Die Studienzeit für ein BA oder BSc (Bachelor of Art oder Bachelor of Science) beträgt mindestens drei Jahre. Um aber sein Honours Degree zu erlangen, muss der Student in Schottland vier Jahre studieren. Das Studienjahr ist an den meisten schottischen Universitäten in drei sogenannte *Terms* (Trimester) aufgeteilt. Lediglich an der progressiven Universität Stirling ist das Studienjahr in Semester unterteilt.

Religion

Die **Church of Scotland** ist eine presbyterianische Kirche auf der Basis der calvinistischen Lehre. Sie wurde von John Knox mit der Reformation 1559 in Schottland verbreitet und 1696 endgültig in ihren Dogmen festgelegt. Der Unterschied zur anglikanischen Kirche in England liegt vor allem in der freien und demokratischen Verfassung, die kein Bischofsamt kennt. Stattdessen wählt in Schottland eine Gruppe von Pfarrern und gewählten Gemeindevertretern, während der jährlichen Generalversammlung in Edinburgh, ihr Oberhaupt – den **Moderator of the Church of Scotland.** Die Church of Scotland hatte Mitte des letzten Jahrzehnts rund 770 000 Mitglieder. Sie besteht weitgehend aus selbstverwalteten Gemeinden. Die Kirche ist vollkommen frei in ihrer Doktrin, Ordnung und Disziplin. Unter ihrer presbyterianischen Form der Verwaltung haben alle Pastoren den gleichen Status und jede der rund 1600 Gemeinden hat ihre eigene Administration, die sich aus dem Pastor und den Ältesten zusammensetzt. Dieses Presbyterium schickt dann ausgewählte Pastoren und Laienälteste zur jährlichen Generalversammlung, auf der aktuelle Themen diskutiert werden. Die Königin hat hierauf keinen direkten Einfluss, obwohl Schottland Teil ihres Königreichs und sie das Oberhaupt der anglikanischen Kirche in England ist. Sie wird aber bei der Assembly von einem Vertreter (dem **Lord High Commissioner**) repräsentiert, den sie selbst auswählt. Dieser ist von hohem Rang und residiert für die Dauer der General Assembly der Church of Scotland im Palast von Holyroodhouse.

Nur eine Minderheit von rund 16% (2011) der Bevölkerung gehört heute der römisch-katholischen Kirche an. Sie ist trotzdem die zweitgrößte Kirche in Schottland. Viele katholische Iren haben sich während der Schwerindustriephase im Westen des Landes und besonders in und um Glasgow herum angesiedelt. Dazu kommen viele Katholiken aus Litauen und Polen. Das sind die Hauptgründe für die heutige Position dieser Kirche. Im Hochland und auf einzelnen westlichen Inseln sind aber weitere römisch-katholische Stützpunkte zu finden. Diese Kirche ist in zwei Erzdiözesen und sechs Diözesen gegliedert.

Die kleineren Kirchenorganisationen sind in manchen Regionen Schottlands sehr einflussreich. Zu nennen sind hier die ebenfalls presbyterianische **Free Church of Scotland**, die sich 1843 von der Church of Scotland abspaltete, die **Episcopal Church**, die der anglikanischen Kirche am nächsten kommt, sowie die **Baptisten**, **Methodisten**, **Kongregationalisten** und eine ganze Reihe von anderen Freikirchen. Ca. 40 000 bis 50 000 Mitglieder anderer ethnischer Minderheiten, größtenteils aus den Commonwealth Staaten, sind über Schottland verteilt. Dazu gehören **Muslime** (1.7%), **Hindus**, **Buddisten**, **Sikhs** (0.7%) und **Juden** (rd. 6000). Sie praktizieren ihre Religionen aber hauptsächlich in den größeren Städten. Da es in Großbritannien keine Kirchensteuer gibt, finanzieren sich die religiösen Institutionen durch Gemeindebeiträge und Spenden.

Traditionen: Dudelsack & Co.

Die Schotten haben die Musik im Blut. Auch wenn sie früher hart kämpften, so tanzten und feierten sie doch mindestens ebenso oft. Diese Tradition hat sich fortgesetzt. Schmerz und Freude der Menschen prägten die Kultur und besonders die Musik. Der aufmerksame Zuhörer wird das sehr gut aus den Melodien des Dudelsacks – der gälischen *piob mor* – heraushören. Er ist eines der ältesten Musikinstrumente, wurde früher von Hirten gespielt und kam auch in kriegerischen Auseinandersetzungen zum Einsatz. Der typische und durchdringende Klang ist heute in vielen Orten zu hören, besonders in Städten wie Edinburgh. Dort steht im Sommer zur Freude aller Besucher an fast jeder Straßenecke ein Dudelsackspieler. Neben diesem touristischen Aspekt greifen Schotten fast bei jeder Feier oder auch ganz spontan zum Dudelsack. Das war nicht immer so einfach, denn nach dem letzten Jakobitenaufstand 1746 war u. a. auch das Spielen dieses Instruments 36 Jahre lang verboten. Es wurde als Kriegsinstrument angesehen und ein unglücklicher Musikant in einem Fall sogar mit dem Tod bestraft. Der Dudelsackspieler benötigt drei elementare Voraussetzungen: viel Luft und Kraft, Musikalität und eine angeborene Leidenschaft für dieses Instrument. Es ist nämlich gar nicht so einfach, ihm einen Ton zu entlocken. Der Sack muss über das Mundstück zunächst aufgeblasen und dann fest mit dem Ellenbogen gepresst werden. Der entstehende Luftstrom erzeugt die gleichbleibenden Tenor- und Bassgrundlaute in den drei feststehenden Rohren (*Drons*), die über der Schulter aufragen und die Melodiestimme wird auf dem flötenähnlichen Rohr (*Chanter*) mit seinen neun Grifflöchern erzeugt.

Auftritte von **Pipebands** finden in den verschiedensten Formen und bei allen möglichen Gelegenheiten, u.a. bei den **Highland Games** und beim **Tattoo** in Edinburgh statt. Allgemein beherrschen die Piper ein reiches Repertoire an Melodien, darunter die Tanzmusik des Hochlands (*Reels*), die Märsche der Clans und Regimenter, die verschiedensten Variationen der Klänge der Bagpipe (*Piobaireachd* oder angliziert *Pibrochs*) und die Klage für gefallene Helden (*Laments*). Es ist wirklich ein erhebender Anblick, wenn eine farbenprächtig gekleidete Pipeband marschiert. Doch die oft weltweit bekannten Melodien der Militärmusiker sind –

ähnlich wie Pop und Klassik – nicht miteinander zu vergleichen. Die eigentlichen Pibrochs des Hochlands, von einem wirklichen Künstler gespielt, beginnen mit einem Thema (*Urlar*) und gehen dann in einen Variationenkomplex mit traditioneller Folge über, der eine ganz gehörige Portion Fingerfertigkeit, Atemkontrolle, Musikalität und viel Gefühl erfordert.

Als Souvenir für zu Hause ist ein original Dudelsack jedoch ein teurer Spaß. In Fachgeschäften in Glasgow oder Edinburgh liegen die Preise für eine Einsteigerversion bei ca. 400. Doch auf der Edinburgher Royal Mile und anderswo gibt es auch Billigversionen in den Souvenirläden.

Untrennbar mit den musikalischen Traditionen verknüpft ist die schottische Karotracht, für die die Nation in der ganzen Welt bekannt ist. Um es gleich vorweg zu sagen: Die Schotten sind nicht die einzigen Männer dieser Welt, die Röcke tragen. Gleiches hat der erfahrene Reisende schon in Griechenland, auf den Fidschi-Inseln und eventuell in Athen gesehen. Es mag ja sein, dass die sogenannten Schottenröcke für manchen Touristen ein (faszinierender, aber unausgesprochener) Grund seines Besuchs sind. Mit Erstaunen werden diese Besucher aber feststellen, dass der Schottenrock heute in den touristischen Lowlands mehr getragen wird als im Hochland, aus dem er ursprünglich stammt.

Die Geschichte dieses Kleidungsstückes und seines Musters (*Tartan*) reicht weit in frühere Zeiten zurück. Möglicherweise hatten schon die Wikinger die Kleidungsgewohnheit der damaligen Einwohner übernommen. Der Name des Königs Magnus Barelegs (Nacktbein) deutet darauf hin. Die keltischen und frühmittelalterlichen Bewohner Albas, Schottlands Name vom 8.-11. Jahrhundert, hatten eine Vielzahl von verschiedenen Kleidungsstücken. Darunter waren auch strumpfartige Hosen, sowie Hemden und Umhänge. Die Kleidung und Ausrüstung dieser frühen Einwohner unterscheidet sich jedoch beträchtlich vom heutigen **Kilt**. Sicherlich waren nackte Beine in den Mooren und dem nassen Terrain des Hochlands praktischer. Zur Erhaltung der Gesundheit waren sie auch eine Voraussetzung, denn nasse Kleidung und Ausrüstung war nicht nur unangenehm, sie konnte bei dem feuchten Wetter auch kaum trocknen. So war das Plaid eine der frühesten nützlichen Erfindungen, für die die Schotten später auf zahllosen anderen Gebieten bekannt werden sollten. Ursprünglich war das äußere Kleidungsstück, das *Leine-Chroich*, ein Hemd, das bis über das Knie reichte und aus einem 24 Ellen (neun Meter) langen, gelbgefärbten und gefalteten Leintuch hergestellt wurde. Dieses wurde dann im 17. Jahrhundert durch das *Feileadh Mór* abgelöst, einem gewebten, deckenähnlichem Tuch, das um den Körper gewickelt wurde. Dieses einfache Tuch, auf das sich der Hochländer legte, es zum Anziehen dann um den Körper schlug und es um die Taille herum mit einem Gürtel und über der Schulter mit einer großen Spange befestigte, war ca. zwei mal sechs Meter groß. Doch das harsche Winterwetter verlangte auch eine Bedeckung des Knies. Bildliche Darstellungen und Überlieferungen aus dem 17. Jahrhundert machen deutlich, dass in allen Klassen damals die den Strumpfhosen ähnelnden, gemusterten oder einfarbigen *Trews* getragen wurden. 1754 wurden diesen Strümpfen von **Sir John Sinclair** die Füße abgeschnitten. Er rüstete damals sein Caithness-Regiment mit richtigen Hosen aus. Daraus entstand eine Tradition, die auch heute noch im schottischen Militär sichtbar ist: Hochlandregimenter tragen Kilts und die Tiefländer müssen sich mit den karogemusterten Hosen begnügen.

Der Tartan ist eigentlich nur das Muster des Stoffs, aus dem heute u. a. die Kilts gemacht werden. Das gälische Wort für Tartan ist *breacan*, das eigentlich ‚gemustert' bedeutet. Die charakteristischen und individuellen Muster entwickelten sich aus einst sanften, natürlichen Farben, für deren Herstellung Pflanzen und Wurzeln verwendet wurden. So waren diese Muster ursprünglich auf die Region beschränkt, aus der der Träger stammte und darauf, was die Natur dort an Färbemöglichkeiten bot. In manchen Fällen konnte anhand eines bestimmten Musters bzw. der Farben die Familie oder der **Clan** des Trägers bestimmt werden. Ursprünglich wurden die warmen, stumpfen Farbtöne der Wolle durch natürliche Färbemethoden, z. B. Rhabarber für Gelb, Wasserkresse für Violett, Heidekraut und Ginster für Grüntöne gewonnen.

Urin wurde als traditionelles Fixier- und Entfettungsmittel genutzt und später, während der industriellen Wollverarbeitung, jeden Morgen von Fabrikmannschaften aus den Häusern abgeholt. Mit der Flut der neuen Muster stieg sehr bald die Nachfrage für klare Farben. So wurde bald auch mit chemischen Rohstoffen experimentiert.

Zuvor war aber nach der unglücklichen Rebellion der Jakobiten im Jahre 1746 das Tragen von Kleidung mit Tartan verboten. Dieses streng durchgesetzte Verbot war fast 40 Jahre lang in Kraft. Als es in den 1780er Jahren wieder aufgehoben wurde, war das Wissen um die Bedeutung der Muster so gut wie verloren gegangen.

Das 19. Jahrhundert brachte wieder einige der alten und dazu eine ganze Reihe neuer Tartans hervor. Ausschlaggebend für diese Entwicklung war unter anderem der Schriftsteller und Patriot **Sir Walter Scott**. Im Jahre 1822 bewegte er **König George** IV. dazu, Edinburgh zu besuchen. Aus diesem Anlass trug der beleibte König einen (etwas zu kurzen) Kilt mit nicht ganz traditionsgemäßen fleischfarbenen Strumpfhosen (damit seine Untertanen das königliche Knie nicht sehen konnten!). Diese öffentliche Vorführung des schottischen Tuchs auf derart erlauchtem Leibe wirkte wie ein auslösendes Signal. Das Ergebnis war, dass die Muster in ihrem Ursprungsland und auch bei den südlichen Nachbarn gesellschaftsfähig wurden. Königin **Viktoria** war bekanntlich ebenso begeistert von der Landschaft Schottlands wie von der traditionellen Kleidung. Prinz **Albert**, ihr Gemahl, bescherte den Webereien einen großen Aufschwung, indem er sein eigenes Balmoral-Muster entwarf und es in einer Weberei in Walkerburn in den Borders weben ließ. Dieser Tartan war – und ist noch immer – für die königliche Familie reserviert; aber auch einige schottische **Clanchiefs** und Landherren entdeckten oder erfanden ihre eigenen Muster. Die Begeisterung für Muster und Kilt hat sich seitdem nicht geändert. Im Gegenteil, die 'Schottenkaros' haben sich mit vielen modischen Variationen inzwischen über die ganze Welt verbreitet.

Getragen werden die *Kilts* nicht nur von den Hochlandregimentern, sondern auch privat – sowohl im

Alltag als auch bei besonderen und offiziellen Anlässen. Dazu zählt neben Hochzeiten u.a. das jährliche Rugbymatch zwischen Schottland und England. In Edinburghs Murrayfield Stadium gibt ein großer Teil der 67 800 Besucher dann damit auch äußerlich zu erkennen, auf welcher Seite die Sympathien liegen! Traditionell unbekannt ist der Kilt nur auf Orkney und den Shetlandinseln. Das hängt mit der jahrhundertelangen Besetzung durch die Wikinger und die Nähe zu Skandinavien zusammen. Die Menschen auf den Nordinseln fühlen sich mehr mit Skandinavien verwandt, als mit Schottland.

Traditionelle
Hochlandkleidung

Inzwischen haben sich die Grenzen aber verwischt und so wird dieses Kleidungsstück hin und wieder auch von Nichtschotten aus den unterschiedlichsten Gründen getragen. Sicherlich ist das eine Frage des Geschmacks und vielleicht vergleichbar damit, ob ein Nichtbayer eine Lederhose tragen kann.

Im 18. Jahrhundert wurde das ursprünglich 'Große Tuch' – *Feileadh Mór* – von dem Engländer **Thomas Rawlinson** verändert. Er soll den bekannten, kürzeren und praktischeren Kilt (*Feileadh Beag*) für die Highlandarbeiter in seiner Eisengießerei in Lochaber kreiert haben. Heute setzt sich die komplette Kleidung eines traditionsbewussten Schotten zusammen aus der Mütze (*Bonnet*), die flach, breit und in dunklem Blau oder Grün sein sollte. Daran wird die Spange mit dem Wappen (*Crest*) des Trägers geheftet. Der Kilt wird aus ca. sieben bis acht Meter Tuch maßgeschneidert. Vor dem Bauch wird eine Ledertasche (*Sporran*) befestigt. Dazu werden knielange Strümpfe (*Hoses*) einfarbig oder in den Farben des Kilts und ggf. des Plaids getragen. Diese werden umgeschlagen, mit einem Strumpfband (*Garter*) befestigt und in den Bund ein kleines Messer (*Sgean Dubh*) und die Flashes (bunte Stoffzipfel) gesteckt. Dazu kommen Sakko (*Doublet*), Gürtel (*Belt and Buckle*) oder Weste und meistens geschnürte Lederschuhe (*Ghillie Brogues*) ohne Laschen. Traditionell trugen die Wildhüter im nassen

Untergrund Schuhe mit gelochtem Oberleder und ohne Lasche, damit sie schneller trocknen konnten und schlangen die Schuhbänder hoch um ihr Schienbein, damit die Schuhe nicht im Schlamm stecken blieben. Zur Hochzeit und anderen hohen Gelegenheiten wird symbolhaft ein über die Schulter geschlagenes und an das *Feileadh Mór* erinnerndes Tuch im gleichen Muster wie der Kilt getragen.

Die Auftraggeber und Käufer der Tartans sind schon lange nicht mehr nur Clanchiefs und Clanmitglieder, sondern auch stolze Schotten ohne Familienkaros. Heute ist der Kilt auch ein modisches Accessoire und Designobjekt. Insgesamt werden inzwischen weit über tausend verschiedene Tartans gezählt. Mit den jeweiligen Familiengeschichten samt Stammbäumen wurden sie alle in Computern registriert, damit der Überblick nicht verloren geht. Über die neuen und alten, sowie die rund 60 offiziellen Tartans und Wappen wacht übrigens in Edinburgh der königliche Stammbaumverwalter oder Kronwappenherold mit dem offiziellen Titel **Lord Lyon King of Arms**. Anders als bei den Wappen und Erbfolgen, gibt er aber nur Weisungen für das Tragen von Tartans.

TEIL 2

Geschichte

Die schottische Geschichte ist voller dramatischer Geschehnisse. Sie liest sich wie ein spannendes Buch, besonders wenn sich der Interessierte weiter in die Details vorarbeitet. Die Ereignisse und Personen, die dieses Land formten, haben oftmals in die große europäische Geschichte hineingespielt und tun dies immer noch. Ein gutes Beispiel ist das erst vor wenigen Jahren begonnene Kapitel einer wiedererworbenen (Teil-) Eigenständigkeit mit der Schaffung des neuen schottischen Parlaments.

Prähistorisches Schottland

Schottland war nach dem Ende der letzten Eiszeit ein Land, in dem es sich offensichtlich recht gut leben ließ. Zahllose archäologische Kostbarkeiten beweisen, dass auch schon vorher Menschen in Schottland gelebt haben – über sie lässt sich allerdings leider viel weniger sagen, als darüber, was nach der großen Eisschmelze vor rund 12 000 Jahren geschah.

Im **Mesolithikum** (Mittelsteinzeit) siedelten zwischen dem sechsten und vierten Jahrtausend v. Chr., vor rund 8000 Jahren also, die ersten Fischer, Jäger und Sammler in Schottland. Sie lebten vor allem auf den Inseln wie z. B. Rum oder in den Küstenregionen, an Flussläufen oder am Fuß schützender Berghänge. Woher diese Menschen kamen und welche Kulturen sie pflegten, ist auch heute noch nicht in vollem Umfang erforscht.

Im **Neolithikum** (Jungsteinzeit) setzte ab ca. 4000 v. Chr. ein weiterer Zustrom von Siedlern in die Region ein. Mit den neuen Bewohnern kamen entscheidende kulturelle Neuerungen: Erkenntnisse über Ackerbau und Viehzucht verbreiteten sich auch in diesen Breitengraden. Die bei Skara Brae auf der Insel Mainland der Orkney Inseln gefundenen Überreste von **Steinhäusern** (4000-2000 v. Chr.) sind mit über 5000 Jahren wesentlich älter als die großen Pyramiden in Ägypten.

In der nächsten Epoche, der **Bronzezeit,** entstanden zwischen 1000 und 400 v. Chr. die sogenannten *Cairns,* die Steingräber, die für hochrangige Persönlichkeiten, möglicherweise für Sippenhäuptlinge, errichtet wurden. Die darin befindlichen Grabkammern wurden mit ganzen Hügeln aus Steinen bedeckt. Die besten Beispiele dieser spezifischen Grabkultur sind Maeshowe auf Orkney, die Gray Cairns of Camster bei Wick in der Region Caithness und die Clava Cairns bei Culloden, in der Nähe von Inverness.

Viele Rätsel geben den Wissenschaftlern nach wie vor auch die mystisch wirkenden **Steinkreise** wie z. B. der **Ring of Brodgar** oder die **Standing Stones of Stenness** (beide auf den Orkney-Inseln) oder **Callanish** auf der Insel Lewis auf. Diese Kultstätten, die zwischen 3000 bis ca. 2500 v. Chr. errichtet wurden, werden u.a. als frühzeitliche Kalender interpretiert. So ergibt z.b. die Mondumlaufphase am Ring von Callanish alle 18,6 Jahre eine eindeutige astronomische Konstellation. Während der beiden Tagundnachtgleichen erweckt der Mond über den umliegenden Hügeln von der dortigen Prozessionsstraße aus gesehen den Eindruck, als ob er in dem Steinkreis unterginge.

Einwanderer brachten in den nachfolgenden Jahrtausenden immer wieder neuartige Techniken, landwirtschaftliche Methoden und soziale Strukturen in das heutige Großbritannien und damit auch nach Schottland.

In der Bronzezeit und in der darauffolgenden **Eisenzeit** (ca. 400 v. Chr. – 200 n. Chr.) spielten u. a. die Fertigkeiten in der Metallgewinnung und -verarbeitung eine immer wichtigere Rolle für die Herstellung von Schmuck, Hausrat und Waffen. Waffen wurden nicht nur für die Jagd benutzt, sondern zunehmend auch in Machtkämpfen. Letztere muss es mehr und mehr gegeben haben. Zahlreiche Überreste der ersten Verteidigungsbauten in Form von **Bergfestungen** (*Duns*), die ihren Beginn in der Bronzezeit hatten, belegen das recht eindeutig in fast allen Gebieten Schottlands.

In der Eisenzeit und zu Beginn unserer Zeitrechnung wurden, wahrscheinlich um Familie und Habe (Vorräte, Waffen, Werkzeug etc.) gegen zunehmende Überfälle zu schützen, die später so benannten Brochs gebaut. Bauherren waren möglicherweise Stammesfürsten oder andere wohlhabende und gesellschaftlich angesehene Personen. Markantestes Beispiel für diesen merkwürdigen Bau und den eigenwilligen Stil ist die gut erhaltene Anlage **Mousa** auf der gleichnamigen Shetland Insel. Ihre bis zu zwölf Meter hohen steinernen Wehrtürme (Durchmesser bis zu 30 m), die beinahe so aussehen wie die Kühltürme eines modernen Kernkraftwerks, dienten dem Schutz kleinerer Gemeinschaften. Am Boden dieser **Brochs** befanden sich wahrscheinlich die Gemeinschaftsräume und in den doppelwandigen Mauern waren Aufgänge eingearbeitet, die zu Zwischenplattformen oder zu einer Wehrplattform führten. Da es keine komplett erhaltenen Brochs mehr gibt, sind sich die Wissenschaftler nicht einig, ob es solche Etagen gegeben hat. Auf Shetland und im Hochland sind neben vielen Ruinen auch gut erhaltene Teilstücke von diesen Brochs zu sehen.

Andere Verteidigungsanlagen in exponierter Höhenlage, sogenannte *Hillforts* oder *Duns,* demonstrierten durch ihre gewaltigen Ausmaße weithin sichtbar die Verteidigungsbereitschaft der Urbevölkerung. In den Silben vieler Ortsnamen sind diese *Duns* heute neben den eigentlichen Überresten noch immer präsent. Bestes Beispiel ist der Name Edinburgh, der sich wahrscheinlich aus der alten northumbrischen Bezeichnung ‚Dun Eidin' – ‚Edwin's Burg – entwickelte. Sie war die nördlichste Burg des gleichnamigen anglisch-northumbrischen Königs aus dem siebten Jahrhundert.

Die Römer in Britannien

Jeder Schüler weiß, dass **Julius Cäsar** in Gallien war. Dort erfuhr er durch Händler von der Insel jenseits des Kanals. Er kam auch zu einem kurzen Besuch herüber, doch diesen militärischen Vorstoß gab er Mitte des ersten vorchristlichen Jahrhunderts auf. Erst 43 n. Chr. gelang es den Römern unter **Kaiser Claudius,** auf der Insel Fuß zu fassen. Die allmählich eroberten Gebiete wurden zur römischen Provinz ‚Britannia'. Das römische Gastspiel sollte fast 400 Jahre dauern.

Ungefähr 80 n. Chr. gelang dem römischen Statthalter Britanniens, **Julius Agricola**, der Vorstoß bis ins heutige südöstliche Schottland hinein. Diese Region erhielt die Bezeichnung **Caledonia**. Entlang seiner Eroberungsroute baute Agricola eine Reihe von Lagern und Forts, von denen zahlreiche Spuren als Grundrisse auch heute noch in Schottland zu finden sind. Die erste Schlacht, die in die Geschichte dieses Landes einging, wurde aus jener Zeit von den Römern überliefert. 84 n. Chr. schlug Agricola am Berg **Mons Graupius** die damals erstmalig vereinten Stämme der – von den Römern so benannten – **Kaledonier** vernichtend. Nach den Beschreibungen des römischen Historikers **Ptolemaios** wurde diese Schlacht in der Nähe der Nordostküste Schottlands geschlagen, wobei der genaue Ort bis heute nicht genau identifiziert werden konnte.

Kaiser Hadrian wollte nach seinem Besuch auf der Insel ein Bollwerk gegen die zahlreichen Überfälle der Kaledonier und gleichzeitig Kontrolle darüber haben, wer seine Grenze überquert. So ließ er 123 n. Chr. den mit Wachtürmen, Kastellen und Forts verstärkten **Hadrian's Wall** auf der Tyne – Solway Linie (dicht an der heutigen englisch-schottischen Grenze) – errichten.

138 n. Chr., nur wenige Monate nach Hadrian's Tod, entschied sich sein Adoptivsohn und Nachfolger **Antoninus Pius** für eine Vorwärtspolitik in Britannien. Er sandte seinen neuen Gouverneur **Lollius Urbicus** mit dem Befehl, das südliche Caledonien wieder zu besetzen und 160 km weiter nördlich einen neuen Wall an der engsten Stelle der Provinz, dem Forth-Clyde Isthmus, zu bauen. Dieser nach dem römischen Kaiser benannte **Antonine Wall** wurde die nördlichste Befestigungsanlage des gesamten Imperiums. Er wurde aber nur bis 183 n. Chr. gehalten. Von dieser Anlage sind auch heute noch zahlreiche Spuren zu sehen.

Schon von 142 n. Chr. an kam es aber trotz der beiden römischen Schutzwälle immer wieder zu Übergriffen auf römisches Territorium durch die Kaledonier. Diese waren keinesfalls Angehörige eines einzelnen Stammes. Vielmehr wurden sie lediglich von den Römern mit dem Sammelbegriff **Pikten** belegt. Für diese Bezeichnung (lat. *pictor* = der Maler oder *picti* = die Bemalten) gibt es keine genaue Erklärung. Obwohl die Römer sich danach generell hinter den Hadrian's Wall zurückzogen, kamen sie 208 n. Chr. zu einem dritten Vorstoß mit Kaiser **Septimus Severus** für eine allerdings nur kurze Zeit ins Land. 367 n. Chr. erfolgten aber größere und erstmals formierte Angriffe der piktischen Stämme über den Hadrian's Wall auf die römischen Garnisonen. 383 n. Chr. und zeitgleich mit dem Zerfall des Römischen Reichs begann sich die Provinz Britannia aufzulösen. Die Truppenstärke in Britannia wurde danach sehr bald drastisch reduziert. Natürlich wurde diese Schwäche ausgenutzt und es kam zu wiederholten Raubzügen der Pikten aus Kaledonien, der Skoten aus dem heutigen Irland und anderer keltischer Stämme von der Westküste Britanniens.

Bis 410 n. Chr. hatten die Römer die gesamte Insel verlassen, um das römische Kernland gegen einfallende germanische Stämme zu schützen. Das war auch der Zeitpunkt, als nach Alerichs Belagerung der Hauptstadt das römische Weltreich auseinanderzubrechen begann. In Britannien war es nach dem Abzug der Römer mit der römischen Kultur sehr bald vorbei. Zur gleichen Zeit häuften sich aber schon die Überfälle der Angeln und Sachsen auf die Ostküste der britischen Insel. Es war der Beginn der sogenannten **Dark Ages.**

Dark Ages – Jahrhunderte der Finsternis?

Nur wenige Angehörige der belagerten Völker der Insel waren in der Kunst des Lesens und Schreibens ausgebildet. Daher sind der heutigen Wissenschaft nach Abzug der Römer wenige Kenntnismöglichkeiten der folgenden Jahrhunderte zwischen 400 und rund 800 n. Chr. gegeben und so kam es zur Bezeichnung als dunkles Zeitalter für diese Periode. Sehr wenig ist darüber bekannt und schriftlich wurde kaum etwas überliefert. Legenden und Sagen, ähnlich der von König Arthurs Tafelrunde, haben vielfach ihren Ursprung in dieser Zeit.

Trotz der fast vierhundertjährigen Besatzung der Insel hinterließen die Römer, abgesehen von Bauten und Gegenständen, wenig Kultur. Brutaler und nachhaltiger drückten zunächst ihre Nachfolger der Insel ihren Stempel auf. Germanische Stämme, **Jüten, Angeln** und **Sachsen,** fielen plündernd und mordend in das von den Römern verlassene Gebiet ein und erstickten in weiten Bereichen das vorrömische keltisch geprägte Leben. In der Folgezeit gründeten die neuen Herren auf dem Boden des heutigen Englands und teilweise auch Schottlands sieben kleinere Königreiche: die Jüten Kent, die Sachsen Essex, Wessex und Sussex und die Angeln Mercia, East Anglia sowie Deira und Bernicia, das spätere Northumbrien. Letzteres erstreckte sich von York die Ostküste hinauf bis in das Gebiet des heutigen Edinburgh. Es wurde das größte Königreich auf dieser Vielvölkerinsel.

Frühe Heilige

Der zu Beginn des 5. Jh. von Sklavenjägern aus der Region des heutigen Glasgow nach Irland entführte junge Patrick konnte entfliehen. Er kam in Frankreich mit dem christlichen Glauben in Berührung, wurde zum Bischof erhoben und 432 n. Chr. von Papst Celestine aufgrund seiner Sprachkenntnisse zurück nach Irland gesandt. Dort missionierte er die Clans und Stämme und legte die Basis für eine christliche Kultur, die vielfach und fälschlich als keltisch-christliche Kirche bezeichnet wird. Es gab keine alleinstehende keltische Kirche. Hier, am nordwestlichen Rand der damaligen Welt, betreuten und missionierten Mönche und einzelne, unabhängige Kirchenmänner wie beispielsweise St. Columba oder St. Ninian in Whithorn, St. Miren in Paisley, St. Mael Rubha am Loch Maree, St. Mungo in Glasgow, St. Conval in Renfrewshire, St. Ethernan auf der Insel May, St. Cuthbert in Melrose oder St. Machar in Aberdeen die frühchristlichen Zellen und heidnische Stämme. Sie alle hatten ihre eigenen Wege zur Glaubensauslegung und -ausübung.

Fast zeitgleich mit dem Wechsel der Macht kam es auch zur **Christianisierung** Englands und Schottlands. Dieser Glaube war schon durch christliche Römer in die Provinz gebracht worden und sickerte bereits damals in das tägliche Leben der Briten, Gälen und Pikten ein. An den südlichen Küsten des heutigen Schottlands bekehrten irische Mönche zunächst die Kelten. 397 n. Chr. und schon zu Zeiten der Römer wurde dort die Probstei Whithorn, am Solway Firth, unter **St. Ninian** zum Zentrum der Missionsarbeit in Schottland.

563 n. Chr. landete der aus einem der irischen Königshäuser stammende Mönch **St. Columba** mit einer kleinen Schar anderer Mönche auf der Hebrideninsel Iona. Er kam zu seinen gälisch-christlichen Landsleuten in Dalriada und wahrscheinlich christianisierte er von dort aus auch Teile des piktischen Westschottlands. So war das ganze heutige Schottland schon zu Beginn des achten Jahrhunderts christianisiert.

Buchschätze der keltischen Kirche

Neben ihrer großen Bedeutung für das lokale und europäische Christentum wurden die Klöster Iona und Lindisfarne auch noch durch ihre prächtigen und kunstvollen Buchschätze bekannt, die dort entstanden sind. Sowohl das Book of Kells, das wahrscheinlich auf Iona begonnen wurde, als auch das Lindisfarne Gospel sind wegen ihrer herrlichen Illustrationen berühmt. Sie sind außerordentlich wertvoll und werden heute im Museum von Dublin bzw. in der British Library in London aufbewahrt.

Der Einfluss des von dieser Insel ausgehenden neuen Glaubens weitete sich dann auch bald nach Süden und über die Grenzen Britanniens aus. **St. Aidan**, einer der bekanntesten Zeitgenossen St. Columbas, wurde einer seiner eifrigsten und erfolgreichsten Nachfolger. Von Iona stammend, gründete er mit Hilfe des northumbrischen Königs Oswald das Kloster **Lindisfarne** auf einer vor der Ostküste des heutigen Englands gelegenen Insel. Lindisfarne wurde die Urzelle mehrerer anderer später noch bedeutenderer Klöster wie Hartlepool und Whitby im Nordosten Englands. Lindisfarne und Hartlepool beeinflussten auch den in Deutschland bekannten Mönch Bonifazius. Mit ihm und anderen, wie St. Gallus, setzte die Christianisierung Mitteleuropas und auch der ,deutschen Länder' ein. Die Gebeine des Bonifazius ruhen denn auch im Dom zu Fulda.

Somit hat diese frühe keltisch-christliche Kirche über Fulda und St. Gallen und die sogenannten Schottenklöster, wie z.B. in Regensburg, Säckingen in Baden, Köln, Wien und Würzburg u.v.a., ihre Spuren auch in Deutschland und im Alpenraum hinterlassen.

Die Pikten

Die Pikten haben den größten Anspruch darauf, als Vorfahren der modernen Schotten angesehen zu werden und jahrhundertelang wurde allgemein angenommen, sie seien von den eindringenden Mächten der Skoten, Britonen, Angeln und Wikinger vernichtet worden. Inzwischen sprechen viele Hinweise gegen diese Annahme.

Zu der Zeit, als sie 297 n. Chr. zum ersten Mal in den römischen Schriften auftauchten, bewohnten die Pikten das gesamte Land nördlich von Aberfoyle und dem heutigen Stirling. Archäologen haben jedoch noch frühere Spuren von piktischen Siedlungen gefunden. Die Pikten waren wahrscheinlich, den abschmelzenden Gletschern folgend, um das sechste Jahrtausend v. Chr. auf die britische Insel gekommen. Das würde sie zu den eigentlichen Ureinwohnern dieser Gegend und Schottlands insgesamt machen. Frühe Siedlerstämme, die sich um das erste Jahrtausend v. Chr. formten, resultierten aus dieser Volksgruppe.

Den Römern waren diese Stämme im nördlichen Britannien wohlbekannt. Einige ihrer Stammesnamen sind nämlich von Ptolemaios, dem alexandrinischen Geografen und Schwiegersohn Agricolas, überliefert worden. Für die Nachwelt nicht sehr aufschlussreich belegten aber die römischen Legionen alle ihre nördlichen Feinde mit dem gleichen Namen. Sie benannten sie einfach nach dem mächtigsten keltischen Stamm im ersten Jahrhundert n. Chr. – den **Kaledoniern.** Deren Gebiet lag im Zentrum des heutigen Schottlands um den Berg Schiehallion und um ihren Stützpunkt Dunkeld herum. Vermutlich ist die Hauptsprache der Pikten keltischen Ursprungs, ähnlich der Sprache der Gallier im späteren Frankreich oder dem südlichen Britannien. Die Römer nannten sie die ‚Bemalten' oder ‚Bilder-Menschen', während die Iren die Pikten auch als ‚Cruthini' bezeichneten.

Nach und nach scheinen die Pikten sich in größeren Gruppierungen unter der Oberherrschaft eines Monarchen zusammengefunden zu haben. In dieser Zeit kämpften sie sowohl gegen die Römer als auch gegen die südlichen Kelten – und nicht zuletzt gegeneinander. Vor einigen Jahren wurde in East Lothian ein großer Silberschatz gefunden, der zahlreiche von den Römern erbeutete und für Bestechung gehaltene Gegenstände enthielt. Diese sind heute im schottischen Nationalmuseum in Edinburgh ausgestellt.

Mit der Zeit wurden alle vorgenannten Königreiche durch neue Invasoren, die in das nördliche Britannien eindrangen, verändert. Um 300 n. Chr. kamen Piraten aus Irland. Diese gälischsprachigen Iren – später *Skoti* genannt – siedelten sich schließlich im heutigen Argyll im Westen an und gründeten dort im sechsten Jahrhundert das Königreich **Dalriada**. Im siebten Jahrhundert widersetzten sich die Pikten aber schon dem Vordringen der Dalriadianer.

Kenneth MacAlpin, der skotische König von Dalriada, ließ sich um 843 schließlich auch zum König der Pikten ernennen. Erstmals wurden damit zwei Völker vereint und über den größten Teil des heutigen Schottlands regierte ein allein herrschender König. Diese Region wurde zunächst **Alba** genannt. Kenneth und die nachfolgenden Könige wurden in den folgenden 60 Jahren dennoch weiterhin als Könige der Pikten bezeichnet. In den darauffolgenden knapp 200 Jahren wurde Alba von einer ganzen Reihe von Königen regiert. Die Nachfolge wurde durch die Tradition der *Tanistry* entschieden, d. h. ein Mitglied der königlichen Familie wurde vorab zu diesem Amt des neuen Königs bestimmt.

Das größte Mysterium in der Geschichte Schottlands ist allerdings immer noch die Frage: Was geschah mit den Pikten nach Kenneth? Die Pikten und Dalriadianer scheinen einfach ineinander aufgegangen zu sein. Unter den Nachfolgern Kenneth MacAlpins schmolzen sie wohl langsam zu einem einheitlichen Volk zusammen. Unter den wenigen Funden der Pikten nehmen die rätselhaften **Symbolsteine** die markanteste

Position ein. Diese einzigartigen Zeugen aus dem frühen Britannien sind noch heute verstreut im Osten und Nordosten Schottlands zu finden, wenn sie nicht, vor der Witterung geschützt, in Museen untergebracht wurden.

Wie es nun zu der Namengebung kam, ist mysteriös. Manche vermuten, dass die Pikten ihre Körper bemalten oder tätowierten und der Name **Pikten** deshalb von dem lateinischen *pictor*, der Maler, oder *picti*, die Bemalten, abstamme. Es ist jedoch kaum vorstellbar, dass ein Volk auf dieser Insel bei dem Klima so knapp bekleidet sein sollte, dass ihre Tätowierungen am ganzen Körper zu sehen waren. Wahrscheinlicher ist, dass die römische Bezeichnung von den Symbolen und Bildern hergeleitet wurde, mit denen diese Menschen, die offensichtlich keine Schriftzeichen kannten, miteinander kommunizierten. Diese Symbolkunst ist die Kunst der eigentlichen Ureinwohner des hohen Nordens dieser Insel. Allein deshalb wird sie von deren Nachfahren, den heutigen Schotten, als großes kulturelles Erbe angesehen und geschätzt. Daher ist sie heute auch ein europäisches Kulturgut.

In Schottland gab es seit dem siebten Jahrhundert vier Reiche, die sich ständig befehdeten. Das Reich der Pikten lag im östlichen Hochland. Die aus Nordirland eingewanderten **Skoten** oder Gälen (der **Ehrwürdige Bede** – ein englischer Mönch – prägte im achten Jahrhundert den Ausdruck ‚Scoti') lebten in Dalriada, im westlichen Hochland und auf den Hebriden. Zwei der Reiche wurden von aus England heraufgezogenen Stämmen gegründet. Die **Britannier**, die urspünglich aus Wales kamen, hatten sich im Königreich von Strathclyde in der Gegend des heutigen Glasgow niedergelassen. Die **Angeln** beherrschten von York in England bis hoch hinauf zum Firth of Forth alles Land nördlich des Flusses Humber. Es war das größte Reich im Gebiet des heutigen England und setzte sich zusammen aus den Königreichen Deira und Bernicia und schloss mit Lothian den Südosten des heutigen Schottlands ein. Der Legende nach ist der Angelnkönig **Edwin** (siebtes Jahrhundert) auch der Namensgeber von **Edinburgh**.

Im späten achten Jahrhundert – zeitgleich mit der Erweiterung des Frankenreichs auf dem Kontinent durch Karl den Großen, der dort die Sachsen unterwarf – bekamen die Völker in der Region des heutigen Schottland und Nordengland Probleme von außen: Aus Skandinavien drangen die Wikinger oder Nordmänner Ende des achten Jahrhunderts in das Land ein. Sie errichteten Stützpunkte an den Küsten sowie auf den Shetland-, Orkney- und Hebrideninseln bis hinunter zur Isle of Man. Von dort aus plünderten sie in Irland, England und im nordwestlichen und nordöstlichen Hochland die Klöster und deren umliegende Ländereien. Mit der Zeit wurden die Wikinger, quasi als fünfter Volksstamm, zu einem enormen kulturellen und politischen Faktor im Norden und Nordwesten.

Der erste König, der einige Autorität in Gebieten südlich des River Forth hatte, war **Constantine** II. Er wurde allerdings 937 in einer Schlacht gegen die Angeln geschlagen. Sein Nachfolger wurde **Malcolm** I., der 937 den König Athelstane von Wessex schlug.

1018 wurde unter **Malcolm** II., nach der Schlacht bei **Carham** am Tweed, dem Königreich **Alba** ein Teil des angelsächsischen Northumbriens angegliedert. Diese Landschaft, die sich südlich vom heutigen Edinburgh bis an den Tweed erstreckt, ist praktisch das Gebiet der heutigen Borders. Gleiches geschah 1034 nach dem Tod Malcolms auch im Westen. Dort war sein Enkelsohn **Duncan** König des ursprünglich britonischen Strathclyde. Er vereinigte beide Königreiche. 1034 befand sich zum ersten Mal das gesamte Land – mit Ausnahme der Inseln, aber inklusive des Hochlands nördlich von Edinburgh und Glasgow – unter einer Krone. Bis auf die von den Wikingern besetzten Gebiete deckte sich dieses **Kingdom of Scotia** fast mit den heutigen Landesgrenzen.

Kingdom of Scotia

Das neue Königreich war jedoch alles andere als eine gefestigte Einheit. Regiert werden konnte im Prinzip nur der Südosten (die Lowlands), da dieser Landesteil schon früh nach dem anglo-normannischen Lehnswesen organisiert war. Im Hochland hingegen hielten sich patriarchale Clanstrukturen keltischen Ursprungs. Wegen der fortdauernden blutigen Überfälle der Wikinger und der Auseinandersetzungen mit den Hochlandclans konnten die schottischen Herrscher nur mit Mühe ihre Unabhängigkeit gegenüber den englischen Nachbarn aufrechterhalten.

Duncan I., Enkel und Nachfolger des Reichsgründers Malcolm II., unterlag 1040 in einer Schlacht seinem Cousin Macbeth. Der berüchtigte Macbeth (geb. um 1005) hatte als Sohn der zweiten Tochter Molcolms II. seinerzeit einen ebenso berechtigten Thronanspruch wie Duncan. Dem englischen Dichter Shakespeare verdankt Macbeth seinen Bekanntheitsgrad, nur ist er leider historisch nicht korrekt dargestellt. Über 17 Jahre, von 1040-57, regierte Macbeth Schottland sehr erfolgreich, und durch seine Ehe mit Gruoch, der Enkelin Kenneth III., verstärkte er seine Position. Ihr Sohn Lulach aus erster Ehe übernahm 1057, wenn auch nur für ein Jahr, den Thron. 1054 wurde Macbeth nicht weit von Scone durch Duncans Sohn Malcolm nach dessen Rückkehr aus England erstmals geschlagen. In einer anderen Schlacht wurde er 1057 bei Lumphanan – nicht weit von Aberdeen – getötet. Nach seinem Tod bestieg sein Gegner als Malcolm III. Canmore (1058-93) den Thron. Mit seiner Frau Margaret begründete er zwölf Jahre später eine der wichtigsten Dynastien in der mittelalterlichen Geschichte des Landes.

Margaret war eine Schwester des legitimen sächsischen Thronfolgers von England. Auf der Flucht vor dem normannischen Eroberer William war sie 1066 zusammen mit ihrem Bruder in Schottland gelandet. Mit ihren acht Kindern leitete diese Familie eine grundlegende Wende in der schottischen Geschichte ein. Margarets Einfluss führte zu einer starken Normannisierung Schottlands. Handel, Handwerk und die Künste erhielten bedeutende Impulse und im kulturellen und vor allem religiösen Bereich änderte sich viel. Nicht länger war die keltische Kirche des Heiligen Columba (Culdees) tonangebend – ihren Platz nahm fortan die römische Kirche ein.

Malcolm und sein ältester Sohn wurden beide 1093 in einer Schlacht gegen die Engländer bei Alnwick getötet. Auf Schottlands Thron folgten nach einigen Wirren und der Intervention des englischen Königs in den darauffolgenden 30 Jahren die Söhne **Edmund, Edgar, Alexander** und **David**. Das aufblühende England, zusammengeschweißt aus keltischem Urvolk, Angeln, Sachsen und Normannen, betrachtete sich zunehmend überlegen und den Völkern jenseits seiner Grenzen übergeordnet. So gewann England durch geschickt arrangierte Ehen mit dem schottischen Königshaus immer mehr Einfluss auf das Land im Norden der Insel. Beispielweise heiratete Alexander eine illegitime Tochter von Henry I. von England und David heiratete **Mathilda**, die Tochter des Grafen von Northumbria. Diese Ehe machte ihn zu einem der größten Landbesitzer und Barone in England. Durch ihn begann der steigende Zustrom der Normannen nach Schottland.

Unter **David** I. (1124-53), dem jüngsten Sohn Malcolms, erlebte Schottland eine relativ friedliche Periode. Vielen Orten, die damals entstanden, wurde eine Königliche Charta verliehen oder sie wurden sogar zu Freien Städten erhoben. David setzte das Reformwerk seiner frommen Mutter Margaret, die später hauptsächlich für die Einführung der römischen Kirche in Schottland heiliggesprochen wurde, konsequent und erfolgreich fort. Er gliederte das Land in Diözesen und Pfarreien (weltliche und geistliche Aufteilung waren identisch). Damit wurde David der eifrigste Klostergründer in der Geschichte Schottlands. Das hatte vor allem einen praktischen Hintergrund: Klöster waren damals die einzigen Bildungseinrichtungen. Sie beschäftigten Klerus und Verwaltungsfachleute und waren Keimzellen landwirtschaftlicher Neuerungen.

Nicht ganz unproblematisch war, dass David, der lange im englischen Exil gelebt hatte, viele normannische Familien und anglo-normannische Barone ins Land brachte und mit schottischem Land belehnte. Darunter waren so typisch schottische Familien wie die später anglizierten *Lindsay, Gordon,* oder *Frazer.* Zwei Familien waren dabei, die von ganz besonderer Bedeutung für die Geschichte Schottlands werden sollten: die *de Brus* (Bruce) und die *FitzAllan* (später Stewarts).

Diese normannischen Ritter waren zwar Meister der Kriegskunst, hatten aber buchstäblich kaum Ahnung von Ackerbau und Viehzucht. Sie bauten sich befestigte Anlagen und später auch steinerne Burgen, von denen einige noch heute erhalten sind. Das Land vergaben sie an Bauern, die ihnen, neben den Abgaben, im Konfliktfall auch mit ihrem Leben zur Verfügung standen. In diese Zeit reicht der Ursprung des Lehnswesens, das in Schottland bis 2003, wenn auch in abgeschwächter und gewandelter Form, z.T. noch in Kraft war.

Durch seine Verwandtschaft mit dem englischen Königshaus war David I. auch einer der größten Landbesitzer im damaligen England, sodass er kräftig in der englischen Politik mitmischen konnte. Im englischen Thronfolgestreit ergriff er 1138 beispielsweise Partei für seine Schwester, indem er in England einfach einmarschierte, allerdings verlor er in der Nähe von York die Entscheidungsschlacht. Sie ging in die britische Geschichte als die **Schlacht der Standarten** (1138) ein. Etwas merkwürdig für das heutige Verständnis ist vielleicht, dass die englischen Truppen damals erfolgreich unter der Führung von Thurstan, dem Erzbischof von York, kämpften. In England gab es nach der normannischen Eroberung (1066) mehrere bischöfliche Schlachtführer. Bischöfe in geografisch wichtigen Regionen wurden von den frühen Königen Englands mit großer weltlicher Macht und Privilegien ausgestattet; die mächtigsten waren bis ins 19. Jahrhundert hinein die Prinz-Bischöfe von Durham, die sogar ihr Heer selbst rekrutieren konnten, eigenes Münzrecht hatten und persönlich Recht sprachen.

1157 musste Davids Enkel, **Malcolm** IV. (1153-1165), aufgrund eines Keuschheitsgelübdes 'die Jungfrau' genannt, Northumbria an Henry II. abtreten. Malcolm war politisch schwach und ineffizient und so war es kein Wunder, dass sich die schottischen Fürsten und Chiefs im Hochland gegen den König auflehnten. Im Tiefland bevorzugten allerdings die normannischen Adligen einen schwachen Herrscher und gaben deshalb Malcolm Rückendeckung.

Malcolms Bruder **William der Löwe** (1165-1214), begann 1174 in England einzufallen, um die verlorenen Gebiete zurückzuerobern. Das Unternehmen missglückte; William wurde gefangengenommen und in die Normandie gebracht. Dort wurde er gezwungen, den **Vertrag von Falaise** zu unterzeichnen, der Schottland der englischen Lehnsherrschaft unterstellte und Northumbria abermals als englischen Besitz bestätigte.

Erst seinem Neffen **Alexander II.** (1214-1249) gelang es dann Anfang des 13. Jahrhunderts, die königliche Autorität nach innen und aussen wiederherzustellen. 1217 erkannte er seinem Schwager, dem englischen König Henry III., gegenüber die Linie zwischen Tweed und Solway als schottische Südgrenze an. Damit allerdings verlor er die reichen schottischen Besitztümer auf englischem Boden. Alexander war es aber, der dann erstmals gegen die seit mehreren Jahrhunderten auf den westlichen Inseln lebenden Wikinger vorging. Er starb jedoch während des Feldzugs auf der Insel Kerrera vor Oban. Die Wikinger wurden von seinem Sohn **Alexander III.** (1249-1286) im Jahr 1263 endgültig bei **Largs** an der Westküste geschlagen. Dieser Alexander stürzte 1286 bei Kinghorn in Fife von den Klippen und hinterließ außer seiner Enkelin Margaret, der Tochter des norwegischen Königs Eric, keine Erben. Das kleine Mädchen, später bekannt als **The Maid of Norway**, wurde nach dem Tod seines Großvaters als letzter direkter Nachkomme von Malcolm III. Canmore in Schottland als erste Königin anerkannt. Auf dem Weg zu ihrer Krönung vier Jahre später starb sie jedoch auf der stürmischen Überfahrt von Norwegen nach Schottland. Schottland hatte nun keinen Monarchen mehr und so begann die Zeit des **Ersten Interregnums**.

Was in Schottland nach dem Tod von Margaret geschah, war ein Ränkespiel um Thronfolge und Macht. Angesichts mehrerer Bewerber um diese Position gab es zwischen den weltlichen und kirchlichen Fürsten als auch den Großen des Reiches keine Einigung. So wurde der Schwager Alexanders III., der englische König Edward I., in diesem Thronfolgestreit zum Schiedsrichter gerufen. Zwischen den zwei engeren

Thronbewerbern **Robert Bruce**, Großvater des späteren Robert I., und **John Balliol** entschied sich dieser für John Balliol, von dem er sich versprach, dass er sich vollkommen nach den englischen Interessen in Schottland richten würde. Es kam jedoch anders als geplant. Als England vier Jahre später Krieg gegen Frankreich führte und Edward von den Schotten militärische Hilfe verlangte, verweigerte Balliol (1292-96) ihm nämlich die Unterstützung. Edward machte kurzen Prozess, marschierte in Schottland ein, schlachtete die gesamte Bevölkerung von Berwick-upon-Tweed ab und zwang John Balliol sowie den Adel und den hohen Klerus zur Kapitulation. Sie alle mussten Edward als Herrscher (*Overlord*) von Schottland anerkennen. Schottland wurde unter englisches Recht und englische Verwaltung gestellt. Balliol wurde im Tower von London eingekerkert und später nach Frankreich verbannt. Das war der Beginn des **Zweiten Interregnums.**

Vermutlich war es dieser absolute Tiefpunkt in der schottischen Geschichte, der zum ersten Mal Widerstand hervorrief und die Bildung einer schottischen nationalen Identität, von der bis dahin nur bedingt gesprochen werden konnte, geradezu provozierte. Schottland schloss mit Frankreich einen Vertrag zur gegenseitigen Unterstützung gegen den gemeinsamen Feind England: die **Auld Alliance**, die für Schottland später noch mehrfach von großer und oft auch schicksalhafter Bedeutung sein sollte.

Wars of Independence – die Unabhängigkeitskriege

Die erste heroische Figur auf dem Weg zur schottischen Unabhängigkeit von England war kein Adliger, sondern ein freier Mann: **William Wallace**. Wallace begann in den neunziger Jahren des 13. Jahrhunderts mit Anderen, wie z.B. dem Fürsten **Andrew Moray**, Überfälle auf englische Einheiten auszuüben. Zusätzlich zu seinem Patriotismus gab es dafür ein starkes persönliches Motiv. Ein Engländer, so wird vermutet, hatte seine Frau umgebracht, nachdem sie ihm zur Flucht vor englischen Soldaten verholfen hatte. Es war der Anfang einer offenen Rebellion gegen die fremden Machthaber.

Nach mehreren Überfällen und Scharmützeln gelang Wallace 1297 zusammen mit Moray an der Brücke über den Forth bei **Stirling** ein spektakulärer militärischer Erfolg. In der ‚Battle at Stirling Bridge', wie sie in die Geschichtsbücher eingegangen ist, vernichtete er die gefürchtete und mit ca. 10 000 Mann zahlenmäßig zweifach überlegene Streitmacht Edwards.

Der nichtadlige Wallace wurde von den Schotten geehrt und zum Beschützer von Schottland ernannt. Als es später jedoch darauf ankam und er sie brauchte, versagte ihm die aus meist normannischem Adel bestehende Führungsschicht die wichtige Unterstützung. Zu oft hatten diese Adligen auch in England Besitztümer und wollten diese nicht durch Parteinahme für Wallace gefährden. So wurden die aufständischen Schotten 1298 – nur ein Jahr nach **Stirling Bridge** – in der **Schlacht von Falkirk** von Edward geschlagen. Wegen dieser und anderer schwerer Niederlagen, die der englische König Edward I. den Schotten beibrachte, ist er unter dem Beinamen ‚Der Hammer der Schotten' in die Landesgeschichte eingegangen.

Nach Falkirk konnte William Wallace zwar fliehen, doch sieben Jahre später wurde er von einem Landsmann verraten, gefangen genommen und nach einem ungerechten Verfahren in London auf grausamste Weise hingerichtet. Im Bewusstsein der Schotten wurde Wallace zum Märtyrer und zum ersten schottischen Nationalhelden.

Erst **Robert** I. (1306-1329), später bekannt als Robert the Bruce und Zeitgenosse von William Wallace, konnte das schottische Machtvakuum füllen. Er wurde dessen Nachfolger in der ideologischen Führung und im Kampf um die schottische Unabhängigkeit. Gleich zu Beginn allerdings machte Bruce einen folgenschweren Fehler: In einem hitzig geführten Streit um den Thronanspruch erdolchte er nämlich 1306 in der Kirche von Dumfries seinen entfernten Verwandten **John Comyn**. Comyn war der mächtigste Rivale im Kampf um den schottischen Thron. Und natürlich wurde Bruce ob dieser Freveltat auf heiligem Boden vom Papst mit dem Kirchenbann belegt. Einst loyal zu Edward I. stehend, war Bruce dafür von diesem mit Privilegien versehen worden. Nach dem Mord an Comyn konnte und wollte der englische König ihn jedoch nicht mehr decken. Bruce hatte damit alle Brücken hinter sich verbrannt und musste sehr schnell handeln. Es gab nur den Weg nach vorn: Um nicht alles zu verlieren – vor allem nicht den Anspruch auf den schottischen Thron – ließ er sich nur wenige Tage später, am 25. März 1306, in Scone zum König der Schotten krönen.

Viele Angehörige des altgälischen und auch des normannischen Adels misstrauten ihm aber wegen seiner Beziehungen zum englischen König und verweigerten ihm jegliche Unterstützung oder taten das nur sehr halbherzig. Außerdem hatten die normannischen Fürsten, wie zu der Zeit von William Wallace, noch immer Ländereien beiderseits der Grenze und wagten es daher nicht, sich gegen den englischen König zu stellen. So war Robert zunächst ein so gut wie machtloser König und ständig auf der Flucht vor Edward, der sich an seinem untreuen Vasallen rächen wollte und ihm seine Häscher nachsandte. Robert wurde mehrfach geschlagen und floh schließlich nach Irland.

Nach einer längeren und von Legenden umwobenen Konsolidierungsphase begann er aber 1307, sein Reich in mehreren Schlachten von seinen inneren und äußeren Feinden buchstäblich zu befreien. Unermüdlich griff er – meist aus dem Hinterhalt – an und wurde dabei zu einem Meister der Guerillataktik. Durch seine Erfolge in diesen Kämpfen errang Bruce ganz allmählich doch den Respekt und die dringend notwendige Unterstützung des schottischen Adels.

Bruce Denkmal
Bannockburn

Wieder einmal auf dem Weg, seinen schottischen Opponenten zur Räson zu bringen, starb sein Erzfeind Edward I. 1307 kurz vor der schottischen Grenze nicht weit von Carlisle.

Sieben Jahre später wurde in der denkwürdigsten Schlacht Schottlands das englische Riesenheer an dem kleinen Bach **Bannockburn** vor den Toren Stirlings von den Schotten so gut wie vollständig aufgerieben. Stirling Castle war die letzte von Engländern gehaltene Burg in Schottland. Die Schlacht darum tobte fast zwei Tage lang vom 23. bis zum 24. Juni 1314. Robert the Bruce schlug mit nur rund 8000 Schotten das ca. 24 000 Mann starke englische Heer unter Führung von Edward II. Diese Schlacht war eine der entscheidendsten in der Geschichte Schottlands – mit einem der glorreichsten Siege. Kein Wunder, dass zahllose Geschichten und Bücher bis heute dieses Thema und die Person Robert the Bruce behandeln. Der unerwartete Sieg über Edward II. garantierte die vollständige Akzeptanz von Robert I. als König im eigenen Land und stellte später auch die Unabhängigkeit Schottlands wieder her.

Nach dem Trauma der Unabhängigkeitskriege machten 1320 die Großen und Mächtigen des Reichs ihrem König allerdings ganz klar, dass er nicht vollkommen willkürlich handeln konnte: In dieser **Deklaration von Arbroath** erklärten sie, den Monarchen nur solange zu unterstützen, wie er die Souveränität Schottlands angesichts englischer Herrschaftsansprüche bewahrte.

Als die erste ihrer Art überhaupt ist diese Willenserklärung ein bewegendes Dokument. Es ist die Antwort einer unerschütterlichen Nation an die viel stärkeren Mächte, die ihre Freiheit beschränken wollten und ein beredter Ausdruck schottischen Bewusstseins für eine eigene nationale Identität.

Schottland hebt sich damit unter den anderen europäischen Nationen, in deren Selbstverständnis das Gottesgnadentum der Krone grundlegend war, singulär hervor. In der entscheidenden Passage dieser Erklärung heißt es:

…Doch Robert selbst, sollte er sich von dieser Aufgabe, die er begonnen hat, abwenden und sich einverstanden erklären, dass wir oder unser Reich dem englischen König oder seinem Volk unterworfen würden, würden wir ihn als unser aller Feind ausstoßen, als einen, der unsere und seine Rechte untergraben hat und würden einen anderen König wählen, damit er unsere Freiheit verteidigt;

denn so lange, als nur Hundert von uns noch überleben, werden wir uns in keiner Weise englischer Herrschaft beugen. Denn wir kämpfen weder für Ruhm, noch für Wohlstand, noch für Ehre; sondern wir kämpfen allein für die Freiheit, die kein rechtschaffener Mann aufgibt – außer mit seinem Leben.

Zwar hielt der Krieg zwischen den beiden Ländern noch an, doch wurde 1328 – 14 Jahre nach Bannockburn – die Unabhängigkeit Schottlands durch den englischen König Edward III. im sogenannten **Abkommen von Edinburgh und Northampton** anerkannt.

Robert heiratete in zweiter Ehe Elizabeth, die Tochter des Grafen von Ulster. Nach seinem Tod kam ihr Sohn im Alter von nur fünf Jahren als König **David II.** (1329-71) auf den Thron.

Die Engländer konnten aber immer noch nicht die schmähliche Niederlage bei Bannockburn vergessen. Sie witterten jetzt Morgenluft und ermutigten **Edward Balliol**, Sohn des glücklosen John Balliol, als Gegenkönig nach der schottischen Krone zu greifen. Der junge David floh ins verbündete Frankreich. Edward Balliol wurde aber von königstreuen, schottischen Fürsten verjagt und damit war der Weg für David wieder frei. Erwachsen und gereift zurückgekehrt, fiel David dann 1346 u.a. mit französischen Truppen in England ein und geriet dabei in Gefangenschaft.

Robert Stewart – durch seine Mutter Marjorie Bruce ein Enkel von Robert I. – war der Neffe von David II. Sein Vater hatte das Amt seiner Vorväter – **Lord High Steward of Scotland** – in seinen Namen übernommen (der Titel *Lord High Steward of Scotland* ist heute noch Teil der Titel des Kronprinzen). Während der Zeit, in der David in England gefangengehalten wurde, übernahm Robert die Regierungsgeschäfte in dessen Namen. Durch die Zahlung eines astronomisch hohen Lösegelds an England ermöglichte er ihm die Rückkehr auf den Thron. Ganz Schottland litt danach unter einer enormen Steuerlast. David II. starb 1371, kinderlos, und hinterließ seinem Nachfolger **Robert II.** nur ein von Abgaben, Hungersnöten und Pestepidemien geschwächtes Schottland.

Die Stewarts

Mit Robert II. (1371-90) betrat zum ersten Mal ein Stewart die politische Bühne und begann die lange Karriere seiner Dynastie als schottische Königsfamilie. Später änderte **Mary Queen of Scots** den Namen in die französische Schreibweise Stuart. Die Stewarts steuerten das Land fast 350 Jahre lang durch schwieriges Fahrwasser. Fast alle von ihnen kamen schon als Kind oder gar Säugling auf den Thron, doch nur wenige starben eines natürlichen Todes.

Allerdings war Robert II. bei seiner Thronbesteigung mit 55 Jahren viel zu alt und politisch ebenso schwach, wie sein Sohn und Nachfolger John. Wegen der unliebsamen Erinnerung an John Balliol bevorzugte dieser es aber, sich ebenfalls Robert zu nennen und regierte als **Robert III.** von 1390-1406. Es war eine wirre Zeit. Da Robert III. durch einen Unfall teilweise gelähmt war, wurden die Regierungsgeschäfte von einem Bruder des Königs – dem ersten **Herzog von Albany** – wahrgenommen. Es wird vermutet, dass dieser später seinen eigenen Neffen – den ältesten Sohn von Robert und nächsten Thronfolger – umbrachte, nur um seine Machtposition zu sichern.

In dieser schwierigen Zeit wurde 1414 in **St. Andrews** die erste Universität Schottlands gegründet.

James I.

James I. (1406-1437) war der zweite Sohn Roberts. Nach dem Tod seines älteren Bruders wurde er noch als Kind von seinem Vater nach Frankreich geschickt, wo er in Sicherheit vor seinem machtgierigen Onkel aufwachsen sollte. Doch das Schiff wurde mit dem Kind an Bord von englischen Piraten gekapert und der Kronprinz an den englischen Hof gebracht. Kurz nach Empfang der Hiobsbotschaft starb sein Vater Robert III. Nach Roberts Tod (1406) war James I. zwar der rechtmäßige König von Schottland, doch zu dem Zeitpunkt saß er in Gefangenschaft am Hof des englischen Königs

Henry IV. Dort wuchs er auf, während von seinem Heimatland wieder einmal Lösegeld erpresst wurde.

Doch aus naheliegenden Gründen zahlte der Onkel – besagter Herzog von Albany – kaum etwas. Dadurch dauerte die Gefangenschaft von James fast 18 Jahre. Das hatte aber auch sein Gutes, denn James brachte, als er 1424 von England zurückkehrte, neben einer guten politischen Ausbildung und viel Erfahrung auch seine Frau Joan (oder Jane) Beaufort mit. Sie war die Enkelin des einflussreichen englischen Fürsten John of Gaunt, dem Sohn Edwards III. und Ratgeber Richards II. von England. Für kurze Zeit gelang es James dann, die rivalisierenden Hochlandclans und die Douglas Familie, die den Süden Schottlands beherrschte, sowie die einflussreichen Lords of the Isles in Schach zu halten. In dieser Zeit wurde auch die Auld Alliance mit Frankreich nochmals erneuert. Leider hielt all dies nur knapp 13 Jahre vor. 1437 fiel James I. in Perth einem Mordanschlag zum Opfer.

James II.

Sein Sohn kam mit sieben Jahren als **James II.** (1437-1460) auf den Thron. Noch unmündig wurde er, wie später viele andere Stewarts, zunächst von Regenten vertreten. So musste er sich, nachdem er volljährig geworden war und die Regierungsgeschäfte selbst voll übernommen hatte, genau wie sein Vater innenpolitisch erst einmal durchsetzen. Das geschah mit einem, von seinen Regenten an den jungen Fürstenbrüdern – den mächtigen Douglases – durchgeführten Doppelmord während des berüchtigten Black Dinners auf Edinburgh Castle. Gleiches wiederholte sich später mit einem von ihm persönlich ausgeführten Mord auf Stirling Castle. Die Ländereien der Douglases fielen daraufhin der Krone zu. James führte damit die Politik seines Vaters fort. Die Rosenkriege, die in dieser Zeit in England als Thronfolgekriege zwischen den Fürstenhäusern York und Lancaster tobten, schwächten den südlichen Nachbarn. Das begünstigte den Frieden im schottischen Reich und gewährte der Wirtschaft eine kleine Atempause zum Aufschwung. Ein Porträt des deutschen Ritters Jörg von Ehingen zeigt James II. mit seinem Muttermal, das ihm den Spitznamen ‚das Feuergesicht' eintrug. In seiner Regierungszeit wurde 1451 in Glasgow die zweite Universität Schottlands gegründet. Damit gab es in Schottland genauso viele höhere Bildungsanstalten wie in England, wo Oxford und Cambridge gegründet worden waren. Viel zu jung und auf dem Höhepunkt seiner Macht starb James im Jahr 1460. Die Ursache war ein Rohrkrepierer.

Mons Meg

James II. war ein großer Liebhaber von den mehr und mehr in Mode kommenden Kanonen. Von seinem Schwager bekam er als Hochzeitsgeschenk die gewaltige Belagerungskanone Mons Meg, die noch heute in der Festung in Edinburgh zu sehen ist. Es war aber eine andere Kanone, deren Explosion den Kanonenenthusiast bei der Belagerung von Roxburgh Castle tödlich verletzte.

Sein Sohn, wieder einmal ein Minderjähriger, folgte ihm als **James III.** auf den Thron. 1468 heiratete dieser Prinzessin **Margaret von Dänemark**, die in Absicherung der versprochenen Mitgift die **Orkney-** und **Shetlandinseln** in die Ehe einbrachte. Seit der Zeit der Besetzung durch die Wikinger fünfhundert Jahre zuvor waren diese Inseln durchgehend im Besitz der Skandinavier. Da die Mitgift von Dänemark später aber nie gezahlt wurde, übernahm James III. die Nordinseln in sein Reich. Schottland hatte damit seine größte Ausdehnung erreicht. In den Augen der Historiker war James allerdings ein schwacher König, weil er sich lieber den Künsten und der Magie widmete als der Politik. So ist es nicht verwunderlich, dass es sehr bald große Schwierigkeiten und Spannungen im Reich gab: Verschiedene schottische Fürsten stellten Machtansprüche. Zeitweise wurde der König auf Edinburgh Castle sogar festgesetzt. All das erreichte am 11. Juni 1488 in der **Schlacht von Sauchieburn**, die, wie viele andere, in Sichtweite von Stirling ausgefochten wurde, seinen Höhepunkt. Schwerverletzt stürzte James nach dieser

Schlacht vom Pferd. Er rettete sich noch in ein Bauernhaus und erbat geistlichen Beistand. Doch während der König noch seine letzte Beichte ablegte, erstach ein – wie sich herausstellte – falscher Priester ihn auf dem Totenbett. Die Identität des Mörders wurde nie geklärt.

Der Sohn des unbeliebten James III. kam im Alter von 16 Jahren als **James IV.** auf den Thron. Später hieß es, er sei der beste König gewesen, den Schottland jemals hatte. Unter

diesem James erholte sich das Land im 15. Jahrhundert. Die Wirtschaft belebte sich sichtlich und Schottland erlebte eine kulturelle Blüte, die durchaus an die Renaissance auf dem Kontinent anknüpfte. Der gebildete Monarch sprach vier Sprachen, tauschte Botschafter mit allen Monarchien des Kontinents aus,

James IV.

umgab sich mit Vertretern der Künste und Wissenschaften und praktizierte viele davon selbst. Er zog sogar Zähne, förderte die Druckkunst und lernte Gälisch, um sich den Hochlandclans zu nähern. Dennoch ging der König hart gegen sie vor und brach schließlich die Macht der MacDonalds, der Lords of the Isles.

In einer schwierigen Zeit war **James IV.** innenpolitisch ein erfolgreicher, außenpolitisch allerdings ein sehr ungeschickter König. Aus politischen Gründen heiratete er **Margaret Tudor**, die Tochter des englischen Königs Henry VII. und damit die Schwester des später so berüchtigten Henrys VIII. Zu dem Zeitpunkt, als dieser in Frankreich einfiel, war James durch den Vertrag der **Auld Alliance** von 1286 als schottischer König immer noch an Frankreich gebunden. Daher marschierte er 1513 in England ein. Das Unternehmen fand kurze Zeit später seinen blutigen Höhepunkt in der berühmt-berüchtigten Schlacht von Flodden. In dieser Schlacht, nahe der englisch-schottischen Grenze, fielen der König und mit ihm Zehntausende seiner Untertanen.

Sein Sohn war 1512 in Linlithgow geboren worden und erst 17 Monate alt, als er seinem Vater als **James V.** auf den

Thron folgte. James hatte keine angenehme Jugend. Innerhalb eines Jahres nach dem Tod seines Vaters heiratete seine Mutter **Archibald Douglas,** den sechsten Graf von Angus. James hasste seinen Stiefvater, der ihn zur Durchsetzung seiner eigenen Machtansprüche von 1526 bis 1528 wie einen Gefangenen hielt. Das führte nach seiner Thronbesteigung zu einer weiteren Fehde mit den Douglases und zu blutigen Auseinandersetzungen mit weitreichenden innenpolitischen Konsequenzen.

James V.

Schottland war immer schon ein kleines und armes Land am Rand der diplomatischen Bühne Europas gewesen. Doch obwohl das Land nur eine Satellitenrolle spielte, war es im damaligen Europa eine wesentliche Frage, in wessen politischen Einflussbereich – den Englands, Frankreichs oder Spaniens – Schottland gehörte. In den Augen Frankreichs und Spaniens war Schottland eine Basis, von der aus der Erzfeind England hinterrücks angegriffen werden konnte (bestes Beispiel für einen solchen Angriff ist die Schlacht von Flodden). England wiederum betrachtete Schottland als Sicherheitszone.

Seit Beginn der Reformation gab es neben dem politischen auch noch ein kirchliches Element in den internationalen Beziehungen. Große Teile des heutigen Deutschlands und Skandinaviens hatten sich bis Mitte der 1530er Jahre vom Papsttum losgesagt. Weil der Papst die Scheidung von seiner Frau Katharina von Aragon nicht akzeptierte, löste sich 1534 auch der englische König Henry VIII. von Rom und der katholischen Kirche. Dabei spielten aber auch andere Gründe – etwa finanzieller Art – eine Rolle. So zielten verständliche Überlegungen in Rom auf die Frage ab, ob und wie Schottland noch unter den päpstlichen Einfluss gebracht werden konnte. Damit würde das Land im Norden Britanniens ein wichtiger Stützpunkt für die römisch-katholische Gegenreformation unter der Führung Spaniens oder Frankreichs sein, denn von dort aus konnte England vielleicht für Rom zurückerobert werden. Andererseits war England natürlich bestrebt, mit Schottland zusammen in einem protestantischen Groß-Britannien ein Gegengewicht zu den römisch-katholischen Mächten des Kontinents zu bilden. Henry VIII. bot deshalb dem jungen James V. seine Tochter Mary (später Mary die Katholische oder besser bekannt als **Bloody Mary**) zur Frau an. Das hätte – wenn James angenommen hätte – den Verlauf der Geschichte zwischen England und Schottland wohl grundlegend verändert, doch er lehnte ab. James wies darüber hinaus die weiteren englischen Vorschläge zurück und entschloss sich stattdessen, Schottland in das französisch päpstliche Lager zu bringen. Neben seiner Suche nach einer reichen Mitgift war das einer der Gründe für seine Ehen mit zwei Französinnen. Im Januar 1537 heiratete er Madeleine, Tochter des französischen Königs François I. Kurz nach ihrem Umzug starb diese aber im Juli des selben Jahres. Ein Jahr später, am 12. Juni 1538, heiratete er in zweiter Ehe **Mary de Guise**. Deren Familie war eine der mächtigsten und einflussreichsten Fürstenhäuser Frankreichs und Europas. Mary de Guise gebar zwei Söhne, die allerdings noch vor der Geburt der Prinzessin **Mary**, der späteren Mary Queen of Scots, starben.

Dadurch, dass sich sein Onkel Henry VIII. gegen den Papst stellte und sich an die Spitze der Kirche in England setzte, war James V. der Nutznießer dieser Situation. Dankend nahm er ein sehr umfangreiches finanzielles Paket in Form von geistlichen Steuern des Papstes an und gründete 1532 damit in Edinburgh das College of Justiciary, anstatt wie versprochen einen Kreuzzug zu unternehmen. James war rachsüchtig, habgierig und rücksichtslos. Sein erbarmungsloses Vorgehen gegen Ketzer und unbequeme Untergebene, aber vor allem sein Misstrauen, spalteten die Nation. Das war einer der Gründe, die am 24. November 1542 zur Schlacht auf **Solway Moss** im Südwesten des Landes gegen seinen Onkel führten. Es war ein ganz und gar aberwitziger Feldzug gegen Henrys Streitmacht. Das schottische Heer wurde vernichtend geschlagen.

Herzkrank, voller Gram über die Niederlage und vom Fieber geschüttelt lag James wenige Tage später in seinem Jagdschloss in Falkland. Sein frühes Ende kam mit der Nachricht, dass die Königin nicht den erhofften männlichen Thronfolger, sondern ein Mädchen geboren hatte. Zutiefst enttäuscht darüber erregte er sich so sehr, dass er kurz darauf am 14. Dezember 1542 starb. Damit wurde sein einziges legitimes Kind, die gerade einmal sechs Tage alte Mary, seine Nachfolgerin. Im Alter von nur neun Monaten wurde sie in der Chapel Royal in Stirling zur schottischen Königin gekrönt.

Exkurs: Mary Queen of Scots

Mary Stewart ist eine der ganz großen Frauengestalten der europäischen Geschichte. Sie hat als schillernde Figur den

Mary, Queen of Scots.

Stoff für unzählige literarische Werke geliefert und hat auch heute, fast 450 Jahre nach ihrem Tod, nichts an Faszination eingebüßt. Mary wurde am 7. oder 8. Dezember 1542 im Palast von Linlithgow in West Lothian geboren, während ihr Vater im Palast von Falkland im Sterben lag. Wenig später wurde sie von dem sie vertretenden Regenten Arran dem jungen englischen Prinz Edward versprochen, doch das Versprechen wurde vom Schottischen Parlament für ungültig erklärt. Daraus resultierte ein Krieg mit England und 1547 die katastrophale Niederlage der schottischen Armee bei **Pinkie** in der Nähe von Edinburgh.

Mary wurde in dieser Zeit in Burgen und Klöstern vor den Schergen ihres Großonkels versteckt und am 7. August 1548 schließlich im verbündeten Frankreich in Sicherheit gebracht. Der darüber geschlossene Vertrag sah vor, dass sie den ältesten Sohn des französischen Königs Henri II. und seiner Frau Katharina de Medici heiraten sollte. In den nächsten zehn Jahren wurde sie deshalb am dortigen Hof sehr sorgfältig unterrichtet – unter anderem lernte sie fünf Sprachen. Vereinbarungsgemäß heiratete sie am 24. April 1558 in einer großartigen Zeremonie vor der Kathedrale von Notre Dame den ein Jahr jüngeren französischen Kronprinzen François. Sie wurde dann dazu bewegt, ein geheimes Abkommen zu unterzeichnen. Darin versicherte sie, dass ihr schottisches Königreich ebenso wie ihr Anspruch auf den englischen Thron (als Großenkelin des englischen Königs Henry VII.), sollte sie kinderlos sterben, an Frankreich überginge.

1559 starb ihr Schwiegervater, König Henry II. und Marys Mann folgte ihm als François II. auf den Thron – damit wurde sie ebenfalls Königin von Frankreich. Der fünfzehnjährige König war ein schwaches, kränkliches Kind und in Wirklichkeit gingen die Regierungsgeschäfte in Frankreich in die Hände von Marys Verwandten über, der schon vorher sehr mächtigen Familie de Guise. Dies war jedoch nur ein kurzfristiges Arrangement, denn der junge König erkrankte und starb wenig später am 5. Dezember 1560. Seine Mutter Katharina de Medici riss die Macht für ihren anderen Sohn, den späteren Charles IX., an sich. Mary, Königin von Schottland und Frankreich, war ihr im Weg.

Inzwischen wurde aber auch in Schottland die Anwesenheit der jungen Königin dringend notwendig. Ihre Mutter war 1560 ebenfalls gestorben und das Land durchlebte die Geburtswehen der Reformation. So verließ sie Frankreich, gerade einmal 18 Jahre alt, segelte am 14. August 1561 von Calais ab und erreichte fünf Tage später Leith, vor den Toren Edinburghs.

Marys Regierungszeit begann vielversprechend. Klug beabsichtigte sie, alles so zu belassen, wie sie es vorgefunden hatte. Gleichzeitig nahm sie aber für sich die Freiheit in Anspruch, ihre eigene Religion ausüben zu dürfen. Natürlich rief das sofort das Misstrauen des Reformators John Knox hervor, der mit ihr im Palast von Holyroodhouse heftig darüber diskutierte.

Ihr Halbbruder **James Stewart**, ein Protestant, den sie zum Grafen von Moray erhob, wurde in diesen ersten Jahren ihr wichtigster Berater und Minister. Unter seiner Führung bereiste sie auch den Norden ihres Reichs und unterwarf dort den Grafen von Huntly, ihren Cousin, und überaus mächtigen und unbeugsamen Anführer der katholischen Opposition.

Aufgabe einer Monarchin war es natürlich, zu heiraten und einen Thronfolger zu gebären – das galt auch für Mary. So wurden ihr die Könige von Schweden, Dänemark und Frankreich, der Erzherzog Karl von Österreich, Don Carlos von Spanien, die Herzöge von Ferrara, Namur und Anjou, der Earl of Arran und der Earl of Leicester als potenzielle Ehemänner vorgeschlagen. Ihre eigene Wahl fiel auf Don Carlos. Daraus wurde jedoch nichts. Sie verliebte sich 1565 sehr plötzlich in ihren neunzehnjährigen Cousin **Henry Stewart, Lord Darnley**, den Sohn des Grafen Lennox. Lennox hatte durch seine Ehe mit einer der Enkelinnen Henry VII. von England seinen Sohn in die unmittelbare Nähe des englischen Throns gebracht. Doch außer dieses Thronanspruchs und seinem guten Aussehen gab es nichts, was für Darnley sprach. Er war charakterschwach und dazu noch unverschämt, rachsüchtig und gemein. Außerdem war er drei Jahre jünger als Mary. Dennoch wurden sie am 19. Juli 1565 in Holyrood getraut. Die Eheschließung führte zu einer kurzen Rebellion unter der Führung von Moray und den Hamiltons. Mary gelang es aber, diesen Aufstand sehr schnell zu unterdrücken.

Das Glück, wenn es überhaupt eines war, dauerte nur kurze Zeit; sehr bald wurde sie wieder mit den Realitäten ihres Amtes und ihrer Zeit konfrontiert. Sie hatte Darnley zwar zum König erhoben, lehnte aber seinen weiteren Anspruch auf die Krone kategorisch ab. Genauso widersetzte sie sich seinem Ansinnen, die Krone im Fall der Kinderlosigkeit an seine Erben übergehen zu lassen.

Ihr Sekretär David Riccio, ein Italiener aus ihrem französischen Hofstaat, wurde nach Morays Aufstand zu ihrem Hauptberater. Riccio war anfänglich mit Darnley befreundet, doch änderte sich das rasch, als Darnleys Wünsche auf die Thronfolge nicht erfüllt wurden. Darnley sah in Riccio als wichtigem Sekretär und Berater der Königin sehr bald das größte Hindernis auf seinem Weg zum Thron. Darnley paktierte deshalb mit den schottischen Grafen

Moray, Ruthven, Morton und anderen Protestanten. Zusammen schmiedeten sie ein Komplott und drangen unter seiner Führung am Abend des 9. März 1566 in das kleine Esszimmer der Königin im Palast von Holyroodhouse ein. Darnley hielt die zu diesem Zeitpunkt schwangere Königin fest, während die anderen Riccio im Vorzimmer erstachen. In einem Versöhnungsversuch schaffte es Mary zwar Darnley von seinen Komplizen zu trennen, langfristig verbesserte das die Situation jedoch nicht. Am 19. Juni 1566 wurde der gemeinsame Sohn James in Edinburgh Castle geboren. Kurz vor der Geburt schien die Zuneigung der Königin zu ihrem Ehemann nochmals aufzublühen. Jedoch war das nur von kurzer Dauer und zum Zeitpunkt der Taufe in Stirling am 17. Dezember 1566 wurde die Scheidung öffentlich diskutiert.

Darnley erkrankte kurz darauf an den Pocken und wurde außerhalb der Stadtmauern Edinburghs in dem kleinen Haus Kirk o' Field untergebracht, wo Mary ihn fast täglich besuchte. In der Nacht zum 10. Februar 1567 flog dieses Haus jedoch durch eine Schießpulverexplosion in die Luft. Am Morgen wurde Darnleys Leiche im Garten gefunden. Würgemale am Hals des Leichnams ließen den Verdacht aufkommen, dass er wohl im Rahmen eines Komplotts ermordet worden war. Die Explosion schien nur zur Täuschung inszeniert worden zu sein. Ob die Königin von dem Mord oder dem Komplott gewusst hatte, wurde nie geklärt. **James Hepburn, Graf Bothwell,** der ihr sehr ergebene Fürst, war sehr wahrscheinlich der Hauptdrahtzieher dieses Ränkespiels. Unter dem Verdacht des Mordes wurde er zwar angeklagt, aber trotz allem am 12. April 1567 freigesprochen. Gerade einmal zwölf Tage später fing derselbe Bothwell die Königin auf ihrem Weg von Stirling, wo sie ihren Sohn besucht hatte, nach Edinburgh ab. Er entführte sie offensichtlich ohne großen Widerstand in eine seiner Burgen nach Dunbar.

Nun überschlugen sich die Ereignisse, denn nur wenige Tage später am 3. Mai ließ sich Bothwell von seiner Frau scheiden. Am 12. Mai vergab Mary ihrem Entführer öffentlich, indem sie ihn zum Herzog von Orkney erhob. Wiederum drei Tage später und gerade einmal drei Monate nach der

Ermordung ihres Mannes heiratete Mary James Hepburn in Holyrood. Doch diese Heirat erwies sich sehr bald als ein fataler Fehler, denn es kam zu einem Aufstand der ihr zuvor treu ergebenen Adligen. Sie forderten ihre Abdankung. Am 15. Juni 1567 versuchte Mary zwar nochmals nicht weit von Edinburgh, bei **Carberry**, die Situation zu ihren Gunsten zu beeinflussen. Doch selbst das Heer, das sie mit Bothwell um sich geschart hatten, weigerte sich, für sie zu kämpfen – es blieb ihr nichts anderes übrig, als sich den Fürsten ihres Landes zu ergeben. Von ihnen wurde sie auf einer Insel im **Loch Leven** in der gleichnamigen Festung gefangen gesetzt. Dort zwang ihr Halbbruder sie am 24. Juli, ihre Abdankung zu Gunsten ihres Sohns zu unterzeichnen. Das Kind wurde nur fünf Tage später in der Holy Rude Church in Stirling zu König **James** VI. gekrönt. Nach diesen dramatischen Ereignissen herrschte in Schottland bis 1573 Bürgerkrieg zwischen den ihr immer noch ergebenen Fürsten und denjenigen, die auf der Seite ihres Sohnes standen. Erst nachdem die Edinburgher Festung gefallen war und nach der Hinrichtung des Gouverneurs der Burg – **William Kircaldy of Grange** – war der Fall der Mary Queen of Scots in Schottland praktisch beendet.

Mary hatte in Loch Leven Castle eine Fehlgeburt von Zwillingen erlitten. Dank ihres Charmes, ihrer Jugend und Schönheit aber soll sich ihr junger Gefängniswärter **Willie Douglas** in sie verliebt haben. Die Legende berichtet, mit seiner Hilfe sei es ihr gelungen, am 2. Mai 1568, knapp ein Jahr nach ihrer Gefangennahme, zu entfliehen. Wenige Tage danach führte Mary nochmals eine Armee von 6000 Getreuen an. Diese wurde jedoch am 13. Mai 1568 bei Langside, in der Nähe von Glasgow, vernichtend geschlagen. Mary ahnte den Ausgang und flüchtete gen Süden. Drei Tage später erreichte sie Carlisle. Dort wollte sie ihre Cousine, Königin Elisabeth von England, um Unterstützung gegen die rebellierenden schottischen Fürsten bitten.

Elizabeth Tudor war 1558 nach dem Tod ihres jüngeren Bruders Edward und ihrer älteren Schwester Mary (Bloody Mary) Königin von England geworden. Ihr Vater Henry VIII.

hatte ihre Mutter Anne Boleyn kurz vor der Scheidung von seiner ersten Frau Katharina von Aragon, aber noch vor Elizabeths Geburt, heimlich geheiratet. Somit betrachteten besonders die vielen Katholiken in England Elizabeth als illegitime Thronfolgerin. Sie glaubten stattdessen, dass Mary als Urenkelin Henry VII. rechtmäßig auf den englischen Thron gehörte. Aus diesen Gründen war die katholische Mary für Elizabeth und ihren protestantischen Hof eine ständige Bedrohung. Die sehr große katholische Minderheit in England sah nämlich in ihr die einzige Möglichkeit, die alte katholische Kirche wieder einzusetzen.

Obwohl beide Königinnen während ihrer gemeinsamen Regierungszeit einen regen Briefwechsel führten, kam es nie zu einer Begegnung. Als Mary schließlich in England war, wurden ihr angeblich Verbindungen zu den Mördern ihres Ehemanns nachgesagt. Etwas, was trotz einer vermeintlich gefundenen Korrespondenz nie hundertprozentig bewiesen wurde. Unter diesen Zweifeln weigerte sich Elizabeth sie zu unterstützen und freizulassen. Mary wurde deshalb in den folgenden fast 19 Jahren nach ihrer Flucht in den englischen Burgen in Carlisle, Bolton, Chatsworth, Sheffield, Buxton, Chartley zunächst recht freizügig gefangen gehalten aber schließlich in Fotheringhay eingesperrt. All diese Anlagen wurden so gewählt, dass sie weit genug sowohl von Schottland als auch von London entfernt waren. Die angespannte Lage führte zu mehreren Verschwörungen; schließlich wurde der sogenannte ‚Babington Plot', der u.a. die Ermordung von Elisabeth und die Befreiung Marys plante, aufgedeckt. Dabei wurde auch die Korrespondenz gefunden, in der Mary ihr Einverständnis zu diesen Plänen gab. Ihr wurde daraufhin im September 1586 in England der Hochverratsprozess gemacht und das erwartete Todesurteil wurde am 25. Oktober 1586 ausgesprochen. Doch erst am 1. Februar 1587 unterzeichnete Elisabeth die Hinrichtungsurkunde. Zuvor hatte sie noch versucht, den Gefängniswärter dazu zu bringen, Mary zu ermorden, um die Hinrichtung zu umgehen. Am 8. Februar 1587 legte Mary in Fotheringhay ihren Kopf auf den Block. Ihr Leichnam wurde zunächst in der Kathedrale von

Peterborough beigesetzt. Als ihr Sohn **James** VI. nach dem Tod von Elizabeth auch den englischen Thron erbte und König von England wurde, verlegte er seinen Hof nach London. Als einer seiner ersten Maßnahmen dort ließ er den Leichnam seiner Mutter nach Westminster Abbey überführen.

Union of the Crowns, Bürgerkrieg und Killing Times

James, der gegen die Hinrichtung seiner Mutter lediglich der Form halber protestiert hatte, hielt sich auch in Sachen Religion in Schottland diplomatisch zurück. Um seine Thronansprüche als Verwandter der kinderlosen Elisabeth von England nicht zu gefährden, stimmte er 1586 dem **Vertrag von Berwick** zu, der ein Schutzbündnis gegen Frankreich, den Jahrhunderte alten Partner Schottlands, beinhaltete. Mit dem Tod von Elisabeth 1603 bestieg James VI. als direkter Verwandter und Nachkomme von Henry VII. den englischen Thron. Damit wurde er zu König **James I.** von England. Trotz dieser Personalunion der englischen und der schottischen Kronen behielten beide Länder zunächst ihr eigenes Parlament, eine separate Verwaltungsstruktur und ihre jeweils eigene Nationalkirche.

Zu seinem Regierungsantritt in England zog der König mit seinem gesamten Hofstaat von Edinburgh nach London. Danach kehrte er nur noch ein einziges Mal (1617) nach Schottland zurück. Der pompöse englische Hof war natürlich für ihn deutlich attraktiver als der sehr viel bescheidenere Hof Schottlands. Dennoch bemühte sich James, die neu zu vergebenen Ämter gleichmäßig auf Engländer und Schotten aufzuteilen – was den Engländern natürlich nicht passte. Sein zweiter Sohn Charles wurde zwar in Dunfermline, in Schottland, geboren, wuchs aber in England auf. So hatte er bei seiner Thronbesteigung 1625 als **Charles I.** keine großen

Charles I.

Kenntnisse von den schottischen Verhältnissen. Henry, sein ältester Bruder, der eigentliche Kronprinz, starb 1612 im Alter von 18 Jahren. Die Schwester Elisabeth heiratete Friedrich, den Kurfürsten der Pfalz. Dieser wiederum wurde zum deutschen König Friedrich V. gekrönt, jedoch ein Jahr später zu Beginn des Dreißigjährigen Krieges (1618-1648) ins Exil gezwungen. In die deutsche Geschichte ging er unter dem Titel ‚der Winterkönig' ein.

Charles führte die Royal Mail ein, machte sich aber u. a. durch hohe Steuern und andere Abgaben unbeliebt. Sein größter Fehler war jedoch sein Glaube an das Gottesgnadentum der Krone. Damit versuchte er, die anglikanische Kirchenordnung mit ihrer bischöflichen Hierarchie im schon seit 1560 calvinistisch reformierten Schottland durchzusetzen. Der Unwille des Volkes darüber zeigte sich deutlich im Aufruhr in der Kirche St. Giles in Edinburgh, als dort erstmals die neue Liturgie eingeführt wurde. Das beschwor den Zorn der von John Knox reformierten Gemeinde herauf. Ein Teil der Anwesenden verließ die Kirche und protestierte lautstark davor – schließlich sollen sogar Stühle geflogen sein – und der Bischof musste in einer geliehenen Kutsche Hals über Kopf fliehen. Das Ganze gipfelte 1638 darin, dass sich der reformierte schottische Adel und das Bürgertum in dem sogenannten **National Covenant** zusammenschlossen. In dessen Erklärung erkannten sie klar und deutlich die weltliche Herrschaft des Königs an, forderten aber mit Nachdruck die Unabhängigkeit der neuen, reformierten Kirche von weltlichen Einflüssen und die Abschaffung der alten Hierarchien zugunsten eines Presbyteriums. Die Mitglieder der Bewegung nannten sich seitdem ‚Covenanters'. Diese einflussreiche Gruppe nutzte 1638 die Generalversammlungen der schottischen Nationalkirche und des schottischen Parlaments, um das Bischofswesen abzuschaffen – in Schottland lag eine Revolution in der Luft.

Auf ähnliche Widerstände stieß Charles I. auch in England. Hier regierte er als absoluter Souverän seit 1629 sogar ohne das ihm unbequeme Parlament. Doch genau dieses Parlament musste er 1640 wieder einberufen, ausgerechnet um die

Bekämpfung der religiösen Unruhen in Schottland zu finanzieren. Das blieb natürlich nicht ohne Folgen. Aus den alten Differenzen zwischen dem König und dem englischen Parlament entbrannte sehr bald ein Bürgerkrieg, der von 1642-1648 andauerte und mit der Enthauptung des Königs endete. In seinem Verlauf setzt das puritanisch dominierte englische Parlament die neu geschaffene **New Model Army** unter Oliver Cromwell (1599-1658) gegen den König ein. Diese Armee war erstmals in der britischen Geschichte ein Söldnerheer, bestehend aus Gesinnungstreuen des Parlaments.

Im Sommer 1643 unterzeichnete das englische Parlament den **Solemn League and Covenant**. Um schottischen Beistand gegen die Royalisten zu erhalten, verpflichtete dieses Vertragswerk das englische Parlament, den Presbyterianismus auch in England und Irland einzuführen und dazu noch eine hohe Geldsumme zu zahlen. In den Highlands bildete sich unterdessen unter **James Graham**, dem Grafen von Montrose, eine Royalistenstreitmacht, die die Covenanters bitter bekämpfte, jedoch niemals die Unterstützung der Lowlands erlangte. 1645 wurde dieser Spuk in der Schlacht von Philliphaugh, in den Borders, mit Montrose's Niederlage beendet. Zunächst kämpfte die Mehrzahl der Schotten also für die Sache des englischen Parlaments, aber das änderte sich, als Charles sich der schottischen Armee ergab. Er lehnte es allerdings ab, die presbyterianische Kirche in England zu etablieren und so übergaben die Schotten ihren König an die Puritaner. Das sollten sie jedoch bald bereuen, denn die Engländer ließen Charles am 30. Januar 1649 vor Whitehall köpfen. Die an sich königstreuen Schotten waren über die Hinrichtung des Königs derart entsetzt, dass sie seinen Sohn in Edinburgh kurz danach zum König ausriefen und am 1. Januar 1651 in Scone krönten. **Charles II.** sollte der letzte König sein, der dort gekrönt wurde. Dieser Akt brachte Oliver Cromwell nach Schottland: 1650/51 schlug der mit seinen Elitetruppen, den Ironsides, die Schotten bei Dunbar und dann später nochmals bei Worcester in England. Charles kämpfte an der Spitze des schottischen Heeres, doch nach seiner Niederlage in Worcester musste er auf abenteuerliche

Weise ins Ausland fliehen. Schottland wurde von Cromwell besetzt. Bis 1654 erstickte sein General Monk auch den letzten royalistischen Widerstand im Hochland. Insgesamt dauerte die Besetzung Schottlands bis zum Tod Oliver Cromwells (1658). Cromwells Sohn trat zwar die Nachfolge seines Vaters an, hatte aber nicht dessen Persönlichkeit und Durchsetzungsvermögen geerbt. Er wurde abgesetzt. Das von Monk neu einberufene Parlament sorgte für die Restauration der Monarchie, indem es Charles einlud, nun auch den englischen Thron zu besteigen.

Nach seiner **Deklaration von Breda**, im Jahr 1660, in der er für jedermann Religionsfreiheit versprach, bestieg Charles II. in London den Thron und brachte in der Folgezeit beiden Königreichen den Frieden. Obwohl er in religiösen Angelegenheiten zunächst zurückhaltend war, betrachtete Charles die extreme Partei der Covenanters in Schottland als Bedrohung seiner dortigen Autorität. 1662 widerrief er den von ihm zunächst widerstrebend unterzeichneten Covenant und setzte dafür in der Kirche das Episkopat wieder ein. Charles betrat nie wieder schottischen Boden. Stattdessen ließ er sich dort durch **John Maitland**, den Herzog von Lauderdale, vertreten. Dieser versuchte ebenfalls, mit Nachdruck das Episkopat in Schottland durchzusetzen. Das Ergebnis war, dass es besonders in dem im Südwesten liegenden Dumfries and Galloway zu blutigen Schlachten – 1666 während des **Pentland Rising** und 1679 bei **Bothwell Bridge** – kam. Die Anhänger des Covenants trafen sich in Konventikeln, die in Privathäusern oder unter freiem Himmel Gottesdienste abhielten und teilweise sogar von bewaffneten Männern bewacht wurden. Auf der einen Seite gab es die moderat reformierten Königstreuen, auf der anderen die extremen, reformierten Anhänger des Covenant. Lauderdale wurde schließlich vom Bruder des Königs, James, Herzog von York, abgelöst und das Königshaus versuchte per Gesetz – dem sogenannten **Test Act** von 1681 – die Kirche unter Kontrolle zu bringen. Dieser Versuch und die damit verbundene Verfolgung der Presbyterianer gipfelte in einer Zeit fürchterlicher Kämpfe und Blutbäder. Sie ging in die

Geschichte ein als die **Killing Times** (die Jahre des Tötens), die ihren Höhepunkt zwischen 1681 und 1689 erreichten und damit über den Tod von Charles hinaus andauerte. In seinem historischen Roman *Ringan Gilhaize* (1823) beschreibt John Galt sehr drastisch über drei Generationen die Zeit der religiös motivierten Tumulte in Schottland – von der Reformation bis zu den Killing Times.

Charles II. starb ohne legitime Nachkommen am 6. Februar 1685. In England war er – besonders beim einfachen Volk – sehr populär gewesen. Er war ein Freund der Künste und wurde allgemein als der fähigste Stewart-König anerkannt. Charles war jedoch ein durchtriebener Politiker. Er hatte die Fähigkeit zu erkennen, wann die richtigen Momente für Kompromisse, aber auch für rücksichtsloses Durchgreifen waren.

Sein Bruder, der Herzog von York, als zweiter Sohn von Charles I., bestieg 1685 als **James II.** den englischen Thron und wurde damit James VII. von Schottland. Äußerst fähig und ebenfalls populär beging er allerdings einen großen Fehler, als er versuchte, Großbritannien zu rekatholisieren. Nach diesem Herzog von York wurde – nebenbei bemerkt – New York benannt.

Als dann sein einziger Sohn James, der künftige Thronfolger aus zweiter Ehe, katholisch getauft wurde, befürchtete die Mehrzahl der englischen Protestanten große Schwierigkeiten durch ein weiterhin katholisches Königshaus. Zur Fortsetzung der Blutlinie der Stewarts in protestantischer Form holte deshalb das Parlament in London 1688 die zu dieser Glaubensauslegung konvertierte Tochter von James, Mary, und deren protestantischen Ehemann William of Orange aus Holland nach England. Dieser unblutige Umsturz ging in die Geschichte als die **Glorious Revolution** (Glorreiche Revolution) ein. James floh ins Exil nach Frankreich.

William zwang die zögernden Clanchiefs des schottischen Hochlands, ihm ihre Treue zu schwören, was von den meisten nur äußerst widerstrebend getan wurde. Die Jakobiten in England, Irland und vor allem in Schottland waren zwar Stewart Anhänger, hatten aber dem ‚alten' König den Treueid geleistet. Zwei Treueide konnten sie mit ihrem Gewissen nicht vereinbaren. So benannten sie sich nach ihrem ehemaligen König James (lateinisch Jacobus). Besonders im schottischen Hochland hielten sie in der Folge an der Stewart-Dynastie fest. In uralter Tradition fühlten sich dort die Clanchiefs und Feudalherren trotz religiöser Differenzen durch ihren Treueid dem König verbunden. Jetzt trat die bisher unbekannte Situation ein, dass der neue, protestantische König William von ihnen eben diesen Treueid forderte, während der ins Exil geflohene James noch lebte. Als dann aber der Chief der MacDonalds von Glencoe aus verschiedenen und äußerst unglücklichen Gründen wenige Tage verspätet zu der Eidesleistung eintraf, sah William die Möglichkeit, ein Exempel zu statuieren. 1692 unterzeichnete er einen Befehl und bevollmächtigte damit seinen schottischen Vertreter, im Tal **Glen Coe** ein fürchterliches Massaker anzurichten. Selbstverständlich trat im Hochland genau das Gegenteil von dem ein, was William beabsichtigt hatte – dort waren nach diesem Pogrom die Sympathien für London endgültig auf dem Tiefpunkt angelangt.

Nach dem Tod Marys und später Williams (1702) wurde seine Schwägerin **Anne,** die jüngere Tochter von James VII./ II., Königin von England und Schottland. Sie war die letzte **Stewart-Königin** und unter ihrer Herrschaft wurden 1707 auch die beiden Parlamente zusammengeschlossen. Die Aufgabe der Souveränität Schottlands hatte aber hauptsächlich wirtschaftliche Gründe: Schottland war nach dem missglückten Versuch, eine Kolonie in Mittelamerika aufzubauen, auch wirtschaftlich am Boden. Um von den englischen Rechten und den Märkten in Übersee zu profitieren und überhaupt Zugang zu den Kolonien zu bekommen, blieb unter diesen Umständen nur die vollkommene politische Union mit dem Nachbarn im Süden. Sie kam allerdings nur unter großem Protest der Bevölkerung zustande. Die Ratifizierung des **Unionsvertrages** war die letzte Amtshandlung des Schottischen Parlaments. Damit löste es sich selbst auf. Fortan entsandte Schottland nur 44 Vertreter in das Ober- und Unterhaus nach London.

1714 starb **Königin Anne**. Das jetzt britische Parlament holte Georg von Hannover, den deutschen Nachkommen von James VI./I., als **George I.** an die Themse. Dieser König Georg fühlte sich jedoch überhaupt nicht wohl in seiner Rolle: Er verstand zu wenig von der britischen Mentalität und der Politik. Hinzu kam, dass er die Sprache nicht beherrschte. So ernannte er Viscount Charles Townshend zum Obersten Berater, dem Vorläufer des Amtes des Prime Minister.

Exkurs: Das Clanwesen und seine Geschichte

Das englische Wort *clan* bezeichnet eine soziale Gruppe. Es ist ein Begriff, der besonders mit Schottland assoziiert wird. Ursprünglich aus dem gälischen (*clann*) heißt es übersetzt Kinder, Abkömmlinge, Stamm oder Familie. Die Sippe kann den gleichen Namen haben, wie das Gebiet in dem sie lebt, und einen bestimmten Clanchief anerkennen. Es ist aber nicht so, dass alle Schotten gleichen Nachnamens dem selben Clan angehören, genauso wenig muss jeder Clan einen Häuptling haben.

Unterschieden wird zwischen drei verschiedenen Kategorien von Clans. Zur wichtigsten Gruppe gehören Clans wie die **Campbells, MacDonalds, Gordons** und **Mackenzies** und vielleicht noch **Clan Chattan**, die über große Gebiete herrschten. Sie alle zerschlugen kleinere Clans und/oder übernahmen diese und deren Land mit Gewalt, durch Einheirat oder geschicktes politisches Agieren. Darüber hinaus hatten sie oft auch auf nationaler Ebene großen politischen Einfluss. Die zweite Kategorie mit etwas weniger Einfluss waren Clans wie die **Frazers, Gunns, Macphersons, Maclachlans, Macleans** und **Macleods**. Dazu gehörten ebenfalls kleine Familiengruppen wie der **Kennedy** Clan. Schließlich gab es Clans, die Titel oder Namen hatten wie z. B. Clan der Nacht (die **Morrisons** von Mull), Clan der Briten (die **Galbraith** Familie von Gigha) oder der Clan der Kinder Raigns (die **Rankins**). Generell sind die Clans mit dem Hochland und den Inseln verbunden und nur zu einem geringeren Teil in den Randgebieten, wie z. B. den Borders und Galloway, heimisch. Im Zentralbereich Schottlands und im größten Teil des

Flachlands sind solche Verwandschaftsgruppen durch das Feudalsystem verdrängt worden. Mit Margaret, der Frau Malcolm Canmores und besonders ihrem Sohn David, hielt auch das **Feudalrecht,** welches das genaue Gegenteil des Clanwesens bildet, Einzug in das keltische Schottland. Ursprünglich gehörte das Land der Clangemeinschaft und wurde vom Chief verwaltet. Nach der Einführung des Lehnsrechts war aber das ganze Land königliches Eigentum. Die Loyalität der Clanangehörigen gehörte traditionell ihrem Chief, sie sahen sich keinesfalls als direkte Untergebene des Königs an. Die Entschlossenheit einer Reihe von Königen, dieses Clanwesen durch das Lehnswesen zu ersetzen, trieb einen Keil zwischen das keltische Hochland und das angelsächsische Tiefland, der bis zur Wende von **Culloden,** die das Ende der Jakobiteraufstände markierte, die beiden Regionen kulturell und wirtschaftlich aufspaltete.

Das Zusammengehörigkeitsgefühl der Clans wurde vor allem durch die **Unabhängigkeitskriege** (1296-1314) erzeugt. Die 21 Clans, die sich damals um Robert the Bruce auf dem Schlachtfeld von Bannockburn versammelten, hatten ein gemeinsames Ziel: die Freiheit des schottischen Volkes von jeglicher Fremdherrschaft. Doch die Gewinner durften sich auch der großzügigen Verteilung von Ländereien und Titeln sicher sein, denn die Besiegten wurden vertrieben. Besonders ein Name sollte sich mit dem Schicksal Schottlands entscheidend verbinden: derjenige der Campbells.

Bis zum Ende des 14. Jahrhunderts hatten sich die meisten Clans etabliert. Die Clanchiefs residierten z. T. recht fürstlich auf ansehnlichen – wenn auch kalten – Trutzburgen. Wie Feudalherren verpachteten sie Ländereien an ihre Untergebenen. Einem Clan anzugehören, hieß nicht nur, in ein soziales Netz eingebunden zu sein, sondern beinhaltete auch die Pflicht zum Kriegsdienst für den Herrn. Dieses Sozialgefüge offenbarte seine Schwachpunkte, als die Clans ihre eigenen Verwaltungsstrukturen zu bilden begannen. Kleinere Familien suchten durch Bündnisse und Gegenbündnisse beim mächtigen Nachbarn Schutz. Es kam aus den verschiedensten Gründen zu Auseinandersetzungen von kleineren Fehden bis zu blutigen

Schlachten – ja regelrechten Clankriegen, die manchmal Jahrzehnte anhielten.

Als Schottland und England längst unter einer Krone vereint und die Lowlands befriedet waren, verschanzten sich die Clans immer noch im unwegsamen Hochland. Militärpfade und Straßen mussten im 18. Jahrhundert von der Regierung erst noch gebaut, Burgen belagert und besetzt werden. Das endgültige Aus für das Clansystem kam 1746 mit der Niederschlagung des letzten Jakobitenaufstandes. Viele Clanchiefs und Familien flohen ins Ausland. Die Folgen der daraus resultierenden Umverteilung der Ländereien an Nichthochländer waren das Desinteresse der neuen Herren an dem bestehenden Sozialgefüge der jeweils lokalen Clans und stattdessen die Durchsetzung eigener Wirtschaftsinteressen, vor allem die Verbreitung des Schafs im großen Stil. Aus weiten Teilen des meist kargen Hochlands wurde die Bevölkerung vertrieben, um dafür Platz zu schaffen. Es begann die Zeit der berüchtigten **Clearances.**

Die Herzöge von Argyll

Der Stammbaum dieser mächtigen Fürsten Schottlands erstreckt sich bis in das frühe Mittelalter. Während der Regierungszeit von John Balliol wurde Sir Colin Campbell von Lochawe 1292 als der führende Baron von Argyll anerkannt. Er nahm den alten gälischen Titel McCailean Mór an, eine Bezeichnung, die auch heute noch vom Oberhaupt des Clans getragen wird. Colin's Sohn Neil legte dann den eigentlichen Grundstein zum Wohlstand der Familie. Er unterstützte Robert the Bruce in seinem Kampf um die Freiheit Schottlands und heiratete dessen Schwester Mary. Bis zum Beginn des 15. Jh. war der Stammsitz der Familie Innischonnel Castle, heute eine Ruine am südlichen Ende von Loch Awe. Die Macht der Campbells wuchs über die Jahrhunderte bis weit in die Neuzeit. Das wird durch zahlreiche Burgen im Westen bis hinauf nach Cawdor Castle bei Nairn demonstriert. Sir Colin's Enkel wurde von James II. zum Lord ernannt. Er wurde der Stammvater der verschiedenen Familienzweige. Sein Enkel wurde 1457 der erste Graf von Argyll. Er baute auch die Burg, die noch immer der Kern des heutigen Schlosses in Inveraray ist. Der achte Graf, zum ersten Marquis erhoben, spielte im Bürgerkrieg eine dubiose Rolle und ein gefährliches Spiel. Er unterstützte die Covenanter und wurde von seinem schottischen Gegenspieler, dem Marquis von Montrose, mehrfach geschlagen. Er krönte Charles II. in Scone, aber intrigierte schließlich mit Cromwell. Dafür wurde er 1661 nach der Wiedereinsetzung von Charles II. hingerichtet. Dem neunten Grafen erging es nicht besser. Er wurde wegen seiner Beteiligung an der Monmouthrebellion geköpft. Der zehnte Graf war wesentlich an der Einsetzung von Wilhelm von Oranien beteiligt und wurde 1701 dafür mit dem Herzogtitel ausgezeichnet. John, der zweite Herzog, war eine der treibenden Kräfte in der Schaffung des Union Act und führte auch die Armee im Jakobitenaufstand von 1715 an. 1871 heiratete der neunte Herzog schließlich die Tochter der Königin Victoria, Prinzessin Louise und rückte die Familie damit, wenn auch nur entfernt, in die Nähe der heutigen königlichen Familie.

Das größte Problem lag nunmehr in der Verantwortung der Großgrundbesitzer für die auf ihrem Land lebenden Menschen. Das alte Clansystem war gestorben und galt nicht mehr. Dort, wo die Chiefs das Land noch besaßen, konnten sie die gewaltig gewachsene Bevölkerung nicht mehr ernähren. In ersten Landstudien wurden im Jahr 1801 noch 1 608 420 Menschen in Schottland erfasst, doch 1831, nur 30 Jahre später, gab es schon 2 364 386. Das war ein Anstieg um fast 50%. Im Hochland wurde das Land sehr schnell knapp: 200 000 Menschen lebten auf dem nicht sehr ergiebigen Boden des Hochlands und konnten sich nur mehr schlecht als recht davon ernähren. Die verbliebenen alten Clanchiefs und Familienoberhäupter fühlten sich trotzdem noch verantwortlich für die auf ihrem Grund lebenden Menschen und saßen damit in einer Zwickmühle.

Neue Erkenntnisse über Landnutzung und -aufteilung wurden vom Kontinent und aus dem Tiefland erworben und im Hochland umgesetzt. Das wenige nutzbare Land konnte nur eine stark ausgedünnte Bevölkerung richtig ernähren. Damit gehörten die einfachen Bewohner des schottischen Hochlands wieder einmal zu den Verlierern. Auf den riesigen Weideflächen, die einst erträglich genug waren, Rinder zu halten und Getreide anzubauen, wurden bald die allesvertilgenden Schafe gehalten, die den Landeignern schnelle und große Profite brachten. Die Clanmitglieder wurden oft gewaltsam von ihrem Pachtgrund vertrieben. Hütten, die nicht freiwillig geräumt wurden, steckte der Verwalter in Brand, oft ohne Rücksicht darauf, ob sich dort Alte oder Kranke aufhielten. Im Verlauf der Clearances, von denen sich das Hochland bis heute noch nicht erholt hat, wurden Hunderttausende vom Land vertrieben und ein Großteil des Hochlands buchstäblich entvölkert. Einige Kleinbauern bekamen von ihrem Pachtherrn in den Küstenregionen ein kleines Grundstück als Ausgleich zugeteilt, doch kaum einer der vertriebenen Bauern kannte die See oder konnte mit einem Fischerboot umgehen – viele kamen um. Zehntausende emigrierten auf den Kontinent oder nach Kanada, Amerika, Neuseeland und Australien oder wurden mit bezahlten Passagen dorthin ausgesiedelt. Sie bildeten zu einem großen Teil den Grundstock für die heute allein 50 Millionen Amerikaner, die Schottland als ihr Herkunftsland betrachten. Zurück blieb die einst zumindest in Teilen fruchtbare Heimat. Heute ist sie oft menschenleeres Ödland mit ein paar überwucherten Grundmauern.

Mit Blick auf die Geografie des schottischen Hochlands ist es kein Wunder, dass die Könige es sehr schwierig fanden, ihre Autorität über die Menschen auszuüben, die in den entfernten und unzugänglichen Bergen lebten. Die Hochlandlinie erstreckt sich diagonal vom Clyde bis nach Stonehaven an der Nordsee, südlich von Aberdeen. Nördlich davon fühlten sich die Clans an die jeweiligen Gebiete gebunden, die sie als Familienland beanspruchten. Die tiefen Täler und weiten Hochlandgebiete wurden von Clans wie den Campbells in Argyll, den Camerons in Lochaber, den Robertsons in Rannoch, den Mackays in Sutherland bevölkert und die Inseln im Westen waren die Domäne der MacDonalds in Islay, der Macleans in Mull, Tiree und Coll, während Skye zwischen den MacDonalds, MacLeods und Mackinnons aufgeteilt war.

Trotz des kargen Bodens waren alle Clans nahezu autark und lebten von den Kleinrindern, die in den Bergen weideten. Auf den Inseln und an der Küste fischten die Clanmitglieder und exportierten sogar den Fangüberschuss ins Tiefland. In den Tälern hatten sie ihre Gerste zum Whiskybrauen (hauptsächlich zur Erbauung des Chiefs und seiner nächsten Untergebenen) und Hafer als Grundnahrungsmittel. Für die Clanangehörigen war es ein karges Leben und daher reiner Selbstschutz, der sie ihren geringen Viehbestand behüten ließ. Dazu entwickelten diese keltischen Bergmenschen Ausdauer und sammelten ihre raue Erfahrung im oft kriegerischen Umgang mit ihren Nachbarn. Bei passenden Gelegenheiten waren dann sowohl Tiefländer als auch Engländer von deren Angriffslust gleichermaßen entsetzt.

Die erste herausragende Persönlichkeit, die in der Geschichte der Clans genannt wurde, war **Somerled**, der Urahn des Clans der späteren **MacDonalds**. Er war der Anführer im Widerstand gegen die Norweger, die die westlichen Inseln, die Orkneys und Shetland kontrollierten. Somerled war ein außergewöhnlicher Krieger von piktisch-norwegischem Geblüt. Nach einer fürchterlichen Seeschlacht im Jahr 1156 gewann er das Königreich Man. Damit kontrollierte er die westlichen Inseln von Bute im Clyde bis Ardnamurchan. Im Gegenzug für Somerleds Treueversprechen erkannte König **Malcolm** IV. seine Herrschaft dort an. In diesem Zusammenhang gab es ein bedeutendes Missverständnis. Während Malcolm meinte, Somerled erhielte seine Ländereien als Lehen von der Krone, betrachtete dieser sich als Eroberer und autonomer Machthaber. Aus seiner politisch abenteuerlichen Ehe mit Ranghildis, der Tochter des norwegischen Königs der Insel Man, hinterließ Somerled drei Kinder, von denen zwei seine Linie fortsetzten. **Dougal**, der die MacDougalls von Argyll und Lorn gründete und **Reginald**, dessen Sohn den Namen Donald trug. Er gründete die MacDonalds von Islay. Diese Nachkommen Somerleds – die MacDonalds – wurden die Herren der Inseln (**Lords of the Isles**).

Die Clans arbeiteten nicht zusammen. Selbst nach dem Ende der norwegischen Besetzung im Jahre 1266 kämpften sie im Hochland gegeneinander und die Krone verzweifelte schier daran, sich ihre Loyalität zu sichern und Ruhe und Frieden im Hochland zu schaffen. Ein herausragendes Beispiel waren die MacDougals und MacDonalds. Sie widersetzten sich König Robert the Bruce, da sie mit ihm noch ein Hühnchen zu rupfen hatten: Der von ihm ermordete Comyn war mit ihnen verwandt gewesen. Trotzdem folgte der Clan Donald dem Bruder des Chiefs – Angus Og – und kämpfte in der **Schlacht von Bannockburn** an der rechten Seite von Bruce. Diese Geste der Fahnentreue stärkte die Position der MacDonalds und bewahrte die illoyalen Mitglieder des Clans vor Strafmaßnahmen.

Zahllose Aufsplitterungen und Zerwürfnisse waren innerhalb der Clangruppierungen die Regel. Die einzige Zeit, in der eine wirklich beträchtliche Anzahl von Clans zusammenwirkte, war während der Unterstützung der Stewart-Dynastie im 18. Jh. Die große Ausnahme bildete in dieser Zeit des Bürgerkriegs (das Tiefland gegen große Teile des Hochlands) der Clan Campbell, der sich auf die Seite der Hannoveraner schlug. Die katholischen Clans waren immer überzeugt davon, dass der Stewart-Monarch der Chief der Chiefs sei, obwohl die Stewarts den Clans gegenüber nie besonders freundlich eingestellt gewesen waren. Wenn sich jemand vom Königshaus überhaupt jemals für sie interessiert hatte, dann nur, wenn es darum ging, das Hochland den Normen des Tieflandes anzupassen.

Die im Wechselspiel erstarkten Clans wurden vernichtet oder unterworfen, wie beispielsweise der Clan Donald, der im 15. Jahrhundert fiel; daraus wuchs und erstarkte der Clan Campbell. Dieser Name ist ursprünglich gälisch *cambeul* und bedeutet – auch im übertragenen Sinne – 'das verdrehte Maul'.

James IV. schaffte es schließlich, das normannische Feudalkonzept des Tieflands endgültig auch im Hochland durchzusetzen. Er bestätigte vielen Chiefs ihre Landansprüche durch ein königliches Übertragungspergament – die sogenannte **Schafsfellurkunde**. Damit unterstrich er, dass diese Vasallenclans ihre Ländereien direkt durch die Krone erhielten. James gab auch den Campbells von Argyll einen Dreijahresvertrag über mehrere Ländereien, die zuvor von den Lords of the Isles beherrscht worden waren. Klug unterstützten die Campbells jedermann, der ihnen Vorteile verschaffte. Darüber hinaus fingen sie an, die angrenzenden

Ländereien ebenfalls zu dominieren. Um ihren Landbesitz zu vergrößern, nutzten sie in Argyll und im Nordwesten jede sich bietende Möglichkeit. Das Schicksal der **MacGregors** ist dafür ein beredtes Beispiel. Die MacGregors (ein späterer Abkömmling wurde bekannt als Rob Roy) besaßen sowohl in Argyll als auch in Perthshire Land nach dem alten Clanprinzip. Ohne dokumentarischen Eigentumsbeweis und ohne diese Schafsfellurkunde konnten sie sich lediglich auf die Tradition berufen. Unter der Beschlagnahmung von immer mehr MacGregor-Land verzweifelte dieser Clan nach und nach – und um überhaupt noch leben zu können, wurden die MacGregors zu Viehdieben. Nach 1603 waren die Campbells entschlossen, ihnen endgültig den Garaus zu machen. Der Graf von Argyll, Chief des Clan Campbell, schürte einen Streit zwischen den MacGregors und den **Colquhouns** von Luss am Loch Lomond. Dieser Streit endete – wie viele andere auch – in einer fürchterlichen Schlacht, die im **Glen Truim** stattfand. Zwar siegten die **MacGregors** trotz gewaltiger Übermacht der Gegner, doch es war ein Pyrrhussieg. Die Schlacht war so blutig und fürchterlich, dass James VI. – gerade auch zu James I. von England gekrönt – ein Gesetz durch sein **Privy Council** herausgeben ließ, das die MacGregors zu Vogelfreien machte und ihren Namen auslöschen sollte. Danach war dieser Clan 139 Jahre lang ein Clan der Gesetzlosen (zwischendurch wurde die Anordnung zeitweise aufgehoben). 30 Jahre nach Culloden bekannten sich 1775 trotzdem immerhin noch 826 Menschen zur Mitgliedschaft im Clan MacGregor und stellten dadurch die bemerkenswerte traditionelle Gefühlsbindung, die das alte Clanprinzip schuf, unter Beweis.

James war es leid, immer nur von Blutfehden und Streitereien zu hören. So beauftragte er schließlich **Lord Ochiltree**, unter allen Umständen Gesetz und Ordnung auf den Inseln zu schaffen. Dieser Mann wurde durch **Andrew Knox**, den Bischof der Inseln, in seiner schwierigen Aufgabe unterstützt. Die Chiefs der **MacLean of Duart, Donald Gorm of Sleat, Clanranald, MacLeod** und **Maclean of Ardgour** dinierten aber zunächst erst einmal zusammen auf Duart

Castle (Mull), bevor sie der Einladung zur Predigt durch Bischof Knox auf das Flaggschiff Lord Ochiltrees folgten. Sie bekamen dann aber mehr als nur eine Predigt. Einmal an Bord, brachte sie das Schiff nämlich nach Edinburgh, wo sie eingekerkert und erst freigelassen wurden, als sie sich dazu bereit erklärten, Bischof Knox bei der Reform der Inseln zu unterstützen.

Großbritannien wandte sich allmählich einer neuen kommerziell blühenden Ära zu, in der kein Platz mehr für Clans war. Das war jedenfalls der Standpunkt von **William III.**, der seine Macht durch die **Schlacht an der Boyne** gefestigt hatte. Er entschied, dass mit den Hochländern etwas Drastischeres geschehen müsse, da diese offensichtlich immer noch auf der Seite der Stewart-Dynastie standen. Der Schotte Sir **John Dalrymple**, Graf Stair und Unterstaatssekretär für Schottland, plante eine Lösung des Hochlandproblems. Er wurde in seinen Bestrebungen von William unterstützt und fand in **John Campbell**, dem Grafen von Breadalbane, einen willigen Helfer. Zunächst bekam Breadalbane vom König 12000 Pfund. Damit sollte er die Loyalität der Clanchiefs erkaufen. Der verantwortliche Graf Stair ließ jedoch in einem vertraulichen Gespräch gegenüber Campbell von Breadalbane verlauten, die Clans **Donnel** und **Lochiel** sollten ausgerottet werden. So wurde entschieden, dass alle Chiefs bis zum 1. Januar 1692 einen Treueid auf den König ablegen müssten. Denjenigen, die sich widersetzten, würde "mit Feuer und Schwert und allen möglichen Arten von Feindlichkeiten begegnet werden". Das Datum war offensichtlich sehr sorgfältig gewählt worden, denn der harte Hochlandwinter würde die Hochländer teilweise lähmen. Ein Punkt, der von Stair sehr wohl einkalkuliert worden war. „Der Winter ist die einzige Saison, in der wir sicher sein können, dass die Clanmitglieder nicht mit ihren Frauen, Kindern und Rindern in die Berge entfliehen können. Dies ist die richtige Zeit, sie in der langen, dunklen Nacht zu vernichten."

Die meisten Clanchiefs leisteten diesen Eid sofort. Lediglich der mächtige **MacDonnel of Glengarry** und der alte **MacIan MacDonald of Glencoe** hatten dies bis zum 1.

Januar nicht getan. MacIan hatte nach langen Überlegungen versucht, seinen Treueid am 31. Dezember in Fort William abzulegen. Da kein Magistrat anwesend war und der Kommandant sich weigerte, den Eid entgegenzunehmen, war er gezwungen, durch den Schnee nach **Inveraray** zu ziehen. In diesem schlimmen Winter kam MacIan aber erst am 2. Januar in Inveraray an. Da aber auch dort nur ein Stellvertreter des Kommandanten war, erreichte sein Eid Edinburgh erst am 6. Januar.

Endlich hatte William damit seinen Sündenbock. Dalrymple schrieb an den Kommandanten in Fort William: „Wenn MacIan von Glencoe und sein Stamm sich so verschieden von den Übrigen verhält, haben wir eine klare Rehabilitation öffentlichen Rechts, dass dieser diebische Clan mit Stumpf und Stiel ausgerottet wird". 120 Mann vom Regiment des Grafen von Argyll wurden unter dem Kommando von Hauptmann **Robert Campbell** von Glenlyon nach Glen Coe in Marsch gesetzt um dort in den Hütten Quartier zu beziehen. Die Soldaten wurden mit der üblichen Gastfreundschaft des Hochlands empfangen. Über 15 Tage lang teilten die MacDonalds die karge Speise und Trank mit ihnen. Hauptmann Campbell spielte sogar Karten mit dem alten MacIan MacDonald und dessen Söhnen. Doch am 12. Februar 1693 erhielt der Hauptmann den Befehl: „Ihnen wird hiermit befohlen, über die Rebellen, die MacDonalds von Glencoe herzufallen und alle unter 70 Jahren dem Schwert zuzuführen. Besonders haben Sie dafür zu sorgen, dass der alte Fuchs und seine Söhne unter keinen Umständen Ihren Händen entfliehen können". Das Morden sollte um fünf Uhr am folgenden Morgen beginnen. Am Vorabend soll Hauptmann Campbell sogar, wie in den Tagen zuvor, Karten mit den Söhnen MacDonalds gespielt und nebenbei erwähnt haben, wie sehr er sich schon auf das Abendessen des folgenden Tages, zusammen mit dem Chief, freue. Als sich nach langer und stürmischer Nacht der Morgen näherte, begannen die Soldaten mit ihrer grausamen Aufgabe. Das Ergebnis war, dass mehr als 30 MacDonalds ermordet wurden. Viele Mitglieder des Clans, die es geschafft hatten, sich in den immer noch tobenden Schneesturm zu retten, erfroren darin. Etliche überlebten. Das Gemetzel wurde bekannt.

Es war nicht nur ein vollkommen sinnloses Verbrechen, sondern auch eine bewusste Verhöhnung der jahrhundertealten Hochlandtradition, die selbst dem ärgsten Feind Gastfreundschaft gewährte.

William mag seine Macht und Entschlossenheit bewiesen haben, erzielte aber das genaue Gegenteil des Beabsichtigten. Nach dem Massaker von Glencoe wirkten die Stewarts verheißungsvoller denn je. Kurz nach der parlamentarischen Vereinigung Schottlands und Englands war es für die Clans klar, dass sie nur einen Status als Minderheitengruppe in ‚North Britain', wie Schottland nun gerne genannt wurde, hatten. Sie richteten ihre Hoffnungen mehr und mehr auf 'den König jenseits des Wassers' – James – und nach dessen Tod auf seinen Sohn Francis Edward, den Old Pretender. 1714 kam George I. auf den Thron des vereinigten Königreiches. Er war unattraktiv, intellektuell schlecht ausgestattet und in Bezug auf sein neues Königreich hatte er so gut wie keine Kenntnisse. Die Jakobiten glaubten, nun sei die ideale Gelegenheit für die Wiedereinsetzung der Stewarts gekommen.

Nach dem Jakobitenaufstand von 1715 erschloss **General Wade**, der Generalkommandeur von Schottland, das Hochland mit einem Netz von Straßen und Brücken, von denen einige noch heute erhalten sind. Er reorganisierte die sechs von Clanmitgliedschaft unabhängigen Hochlandkompanien und überließ ihnen die Kontrolle des Hochlandes. Diese **Black Watch**, wie die Regimenter genannt wurden, trugen das auch heute noch beliebte dunkelblaue und grüne Muster in ihrem Kilt.

1724 schätzte Wade, dass rund 22 000 Mann im Hochland Waffen tragen könnten. Davon wären sicherlich mehr als die Hälfte bereit, wieder eine Stewartrebellion zu unterstützen. Nach diesen Zahlen kann die Hochlandbevölkerung zu jener Zeit sehr gut auf ca. 150 000 geschätzt werden. Die Regierung befürchtete aber nicht so sehr die Anzahl der Oppositionellen, sondern vielmehr die Durchschlagskraft, die diese Clanmänner im Kampf entwickeln konnten. Am gefürchtetsten war ein Präventivschlag der Hochländer. Dieser stützte sich allein darauf, dass Schwung und Ansturm, gepaart mit der absoluten Rücksichtslosigkeit sowohl sich selbst als auch dem Gegner gegenüber, den Feind in Angst lähmten. Mit dem Kleinschild am linken Arm, einem Dolch in der linken Faust und dem kurzen Breitschwert in der Rechten konnten die Hochländer weit in die gegnerischen Truppen vordringen und sich dann kämpfend unter der Führung ihres Chiefs in kleine Einheiten aufteilen. Diese Technik war später – ganz besonders während des '45er Aufstands – sehr gefürchtet, so sehr, dass sie von **Bonnie Prince Charlie** als eine Geheimwaffe immer wieder eingesetzt wurde.

Der Zeitpunkt zum Umsturz schien gut gewählt. Die britische Regierung war in finanziellen Nöten und hatte nur eine Armee von gerade einmal 3000 Mann – hauptsächlich Rekruten – unter General **John Cope**. So landete **Charles Edward Stewart** – bekannter als Bonnie Prince Charlie – am 2. August 1745, 30 Jahre nach der Niederlage seines Vaters, von Frankreich kommend auf Eriskay, einer Insel der Äußeren Hebriden. Auf seiner Reise hatte er fast alles Material verloren, nur noch sieben Getreue bei sich und keinerlei Waffen oder Unterstützung mehr. Er kam in ein Land, von dem er kaum etwas wusste und das er nicht kannte. Zu Beginn sträubten sich die schottischen Jakobiten, Bonnie Prince Charlie zu unterstützen. Wegen des ‚Königs jenseits des Wassers', wie sein Großvater romantisch genannt worden war, hatten die Clans in der Vergangenheit sehr zu leiden gehabt. Die MacDonalds of Clanranald, MacDonalds of Sleat und MacLeods of Dunvegan – alle lehnten es ab, sich für den Prinz zu erheben. Trotzdem und im naiven und vollen Vertrauen auf die Rechtmäßigkeit seines Thronanspruchs gewann Charles den schlauen **Cameron of Lochiel** an seine Seite. Am 19. August 1745 hisste er vor rund 1200 Clanmännern seine Fahne in Glenfinnan. Diese Hochlandclans bildeten den Kern seiner Streitmacht.

Mit der Schlacht von Culloden endete der Jakobitenaufstand von 1745/46. Es war der letzte Aufstand dieser Art, danach waren die Hochländer vernichtet und ihr Mut wurde mit dem neuen Entwaffnungsgesetz endgültig gebrochen. Zusätzlich zur Niederlage wurden die Hochlandkultur, das Sozialgefüge und das Clanwesen mit Gesetzesmitteln zerschlagen. Das schottische Tiefland war über die Auslöschung des Widerstands im Hochland erleichtert. Schottland war in zwei Nationen geteilt: Die eine war kommerziell ausgerichtet und bemühte sich, englische Gepflogenheiten anzunehmen; die andere war landwirtschaftlich orientiert, in weiten Teilen gegen die südlichen Nachbarn eingestellt und machte aus ihrem keltischen Temperament keinen Hehl. Die Clans lebten nur noch in historischen Dimensionen. Zum Zeitpunkt ihrer endgültigen Niederlage waren sie aus der Sicht der Tiefländer längst ein wirtschaftlicher und sozialer Anachronismus. Doch für die Menschen des Hochlands bedeutete die Aufhebung der alten Ordnung den tragischen und unwiederbringlichen Verlust ihrer eigene Sprache und Kultur.

Die Jakobitenaufstände

Die Geschehnisse in Schottland waren nach der Flucht von James nach Frankreich im Dezember 1688 absolut undurchsichtig und widersprüchlich. Keine einzige größere Stadt unterstützte den katholischen König oder kam ihm zu Hilfe. Selbst Aberdeen, einst eine Bastion der Stewarts, erkannte jetzt **Mary** und **William** an. Es gab keine Opposition. Am 4. April 1689 trat das schottische Konventionsparlament mehrheitlich dafür ein, James die Krone abzunehmen. In England hingegen wurde es so ausgelegt, als habe James mit seiner Flucht gleichzeitig auf den Thron verzichtet. In Schottland war diese Entscheidung aus einem einzigen Grund heraus getroffen worden: das Parlament sah die Monarchie seit Hunderten von Jahren als eine vertraglich gebundene, konstitutionelle Monarchie an. Das wurde schon in der **Deklaration von Arbroath** ganz klar festgelegt – nur schienen sich die nachfolgenden Monarchen daran nicht mehr erinnern zu wollen. Diese Willenskundgebung war 1320 nach den fürchterlichen Jahren des Zweiten Interregnums und der Unabhängigkeitskriege aufgesetzt worden.

Damals hatten die Menschen noch immer deutlich unter dem Eindruck der englischen Besetzung und des Banns gestanden, den die Kirche über den König und größten Helden Schottlands – Robert the Bruce – verhängt hatte. So waren die führenden schottischen Persönlichkeiten in der Abtei von Arbroath zusammengetroffen, hatten eine Sinneserklärung im besten und geschliffensten Latein verfasst und sie an den Papst geschickt. In diesem Manifest hatte die Führungsschicht des Landes – Landesherren und Fürsten, hohe Bürger und die gesamte kirchliche Obrigkeit – ihre Entschlossenheit, die Unabhängigkeit Schottlands zu verteidigen, betont. Gleichzeitig hatten sie Robert the Bruce auch weiterhin unterstützen wollen – es sei denn er würde sich den Feinden des Landes (also an erster Stelle dem englischen König) beugen.

William, protestantisch und der Enkel von Charles I., hatte die ebenfalls protestantische Mary, Tochter von James VII., geheiratet. Für die meisten Führungspersönlichkeiten, in England und einige auch in Schottland, war das die perfekte protestantische Alternative zu dem katholischen James. In Schottland erhoben sich die katholischen Royalisten allerdings gegen diese neue Führung. Erstmals kämpften sie 1689 unter der Führung von John Graham of Claverhouse, genannt **Bonnie Dundee**. Im April 1689 hisste er auf dem Dundee Law die Fahne von James VII. Im Juli desselben Jahres stand Bonnie Dundee bereits an der Spitze eines Aufstands des Hochlands und schlug die Regierungstruppen bei **Killiecrankie**. Diese Schlacht dauerte nur rund zehn Minuten – aber sie war mörderisch. Mehr als 30% der Kampfkräfte Dundees, die ursprünglich 2000 Mann umfassten und wahrscheinlich 60% der doppelt so großen gegnerischen Streitmacht wurden in dieser kurzen Zeit getötet.

Killiecrankie hätte das Tor zum Norden Schottlands aufstoßen und damit König James zurückbringen können. Der Ausgang des Aufstands wurde aber durch eine verirrte Kugel entschieden, die Bonnie Dundee tötete. Die Hochländer waren nun ohne eine starke Führung. Wenige Wochen später und nach einer anderen kurzen, aber ebenso mörderischen Schlacht in **Dunkeld** zogen sie sich einfach zurück in ihre Heimatgebiete. Dieser erste Aufstand dauerte insgesamt 13 Monate und endete mit der Niederlage von Williams Schwiegervater James in der irischen **Schlacht an der Boyne.**

Dieser Schlacht wird in Nordirland auch heute noch jedes Jahr gedacht und ihr Ausgang ist eine wesentliche Ursache des heutigen nordirischen Konflikts.

Gleichzeitig mit dem Ende des Aufstands wurde die **presbyterianische** Kirche endgültig in Schottland etabliert. Es war aber auch der Beginn des Wegs in Richtung der **parlamentarischen Union** zwischen England und Schottland. Schließlich entwickelte die Regierung nach Killiecrankie erstmals auch Pläne zur Kontrolle des bis dahin unwegsamen Hochlandes. Der regierungstreue Campbell of Breadalbane, ein Mitglied des mächtigsten Clans Schottlands, hatte die Idee, dass jeder einzelne der Clanchiefs einen Treueid auf König Wilhelm leisten solle. Ein schicksalsträchtiger Einfall, denn der führte schließlich zu dem bereits beschriebenen **Massaker von Glencoe.** Dies löste tiefste Empörung in der Bevölkerung aus und die Regierung sah sich gezwungen, eine Untersuchungskommission einzusetzen, was aber ohne wirkliche Konsequenzen für die Führungsschicht des Landes blieb. Der Vorfall rief aber im westlichen Hochland viel Sympathie für die Jakobiten hervor. Sehr schnell wurde nämlich klar, dass der König in London sich herzlich wenig für schottische Belange interessierte. Er ratifizierte Gesetze des englischen Parlaments, die die englischen Kolonien stärkten und den englischen Handel beschützten, Schottland aber von allem ausschlossen. Der schottische Finanzexperte **William Paterson,** der in England ein Vermögen gemacht hatte, dachte zu diesem Zeitpunkt, er hätte eine Lösung für das Dilemma. Er gründete die **Scottish Trading Company** – eine schottische Handelsgesellschaft – und plante, eine Kolonie in der Region des heutigen Panama zu gründen. Da die englische **East India Company** darin eine Konkurrenz witterte, wurden englische Kaufleute davon abgehalten, in diesen Plan zu investieren. Das Ganze wurde dadurch eine rein schottische Angelegenheit. Die Hälfte des gesamten Kapitals Schottlands wurde in Patersons Gesellschaft gesteckt. Das Abenteuer endete als Desaster, denn das ausgewählte Gebiet war malariaverseucht und die schottischen Siedler wurden von spanischen Kolonialisten angegriffen. Der König gab ausdrückliche Anweisungen, den schottischen Siedlern keine Hilfe zu gewähren. Mehr als 2000 schottische Siedler kamen ums Leben. Das investierte Geld war nach dem Zusammenbruch der Kolonie verloren, bevor der ganze Plan endgültig aufgegeben wurde. Schottland war nun so gut wie bankrott.

In England wurde erst im Jahre 1700 die parlamentarische Union langsam ein politisches Thema. Die zukünftige **Königin Anne** verlor mit dem Tod von William, dem Herzog von Gloucester, den letzten möglichen Nachfolger. Er war das jüngste ihrer 17 Kinder – seine Geschwister waren schon alle vor ihm gestorben. Der **Act of Settlement** von 1701 machte es dann für Katholiken grundsätzlich unmöglich, zu regieren oder ein Staatsamt zu bekleiden. Das Schottische Parlament bestimmte darüber hinaus, dass die Nachfolge Annes durch das Haus Hannover erfolgen sollte. Da sie nun kinderlos war, bestimmte Anne die Kurfürstin **Sophia von Hannover** zu ihrer Nachfolgerin. Diese war die fünfte und einzige protestantische Tochter von Elisabeth von Böhmen – und eine Enkelin von James vi./i.

1703 verabschiedete das schottische Parlament ein Gesetz, das verhindern sollte, dass Schottland durch die Nachfolger Annes in kriegerische Unternehmen außerhalb des Landes hineingezogen wurde. Im Gegenzug beschloss Annes Regierung 1705 den sogenannten **Alien Act.** Dieses Gesetz drohte, alle Schotten außerhalb Englands als Fremde zu behandeln und sie so vom Handel mit England und seinen Kolonien auszuschließen – Schottland war in die Enge getrieben. Viele schottische Adelige, unter ihnen der Herzog von Argyll und der Herzog von Queensberry, sahen daraufhin in der parlamentarischen Union mit England den einzigen Weg, die Interessen Schottlands aufrecht zu erhalten und zu schützen. Die Unionsvereinbarung (**Treaty of Union**) wurde am 16. Januar 1707 mit einer Mehrheit von nur 43 berechtigten Stimmen, aber gegen den Wunsch von mindestens 75 % der Bevölkerung Schottlands vom Schottischen Parlament ratifiziert.

Das Einzigartige an der verworrenen politischen Situation war, dass ihr die Nachfolgeschaft der Stewarts zu Grunde lag. Das wird durch die Aufstände der Jakobiten in den Jahren 1715, 1719 und letztlich 1745 vollends klar, doch bereits ein Jahr nach der Union fand 1708 eine Rebellion statt. Im Quadrat zwischen dem im Exil lebenden Hof von James VII./II., dem unzufriedenen schottischen Tieflandadel, den Hochlandchiefs und der französischen Regierung wurde von 1700 an und in den darauffolgenden 40 Jahren zunächst von Frankreich und später auch von Rom aus immer wieder ein Doppelspiel gespielt: Französische Hilfe hing jeweils davon ab, ob weitgehende Unterstützung eines Aufstands in Schottland selbst gewährleistet schien. Dagegen war das schottische Engagement wiederum davon abhängig, wie weit militärische Unterstützung und Material von Frankreich aus zugesichert wurden.

1708, und nur ein Jahr nach der Union zwischen England und Schottland, wollte Louis XIV von Frankreich die Streitmacht Englands wieder einmal aufspalten. Dazu stattete er **James**, der später als der Old Pretender bekannt wurde, mit einer Flotte und 600 Mann aus. Schlechtes Wetter und mehrere englische Schiffe, die auf der Bildfläche erschienen, vereitelten aber die geplante Invasion.

Schließlich hisste der **Graf von Mar** am 6. September 1715 in Braemar die Standarte von James zum ersten richtigen Aufstand der Jakobiten. Schon bald darauf stand Mar an der Spitze einer beachtlichen Streitmacht von 12 000 Hochländern. Er war aber als Führer der Aufständischen der ganzen Sache bei weitem nicht gewachsen, sondern zögerte und versäumte es, die Initiative zu ergreifen. Als er dann endlich auf Stirling zumarschierte, wurde er nicht weit davon bei **Sheriffmuir** abgefangen. Dort kam es zu einer Schlacht, die unentschieden endete. Der Old Pretender war noch im Dezember in Peterhead gelandet und hatte versucht, dem Aufstand den dringend notwendigen Rückhalt und Schwung zu geben.

Trotzdem schmolz die Unterstützung der Hochländer nach der Schlacht von Sheriffmuir erneut wie Schnee in der Sonne dahin. Das Unternehmen schlug fehl, denn die großen Städte Schottlands hielten fest zur jetzt gesamtbritischen Regierung. Zusätzlich brachte der Graf von Sutherland den hohen Norden Schottlands gegen die Aufständischen auf und gewann sie für die Seite der Hannoveraner. Die Jakobiten erhielten keinerlei Unterstützung von Frankreich, denn nach dem Tod von Louis XIV. versuchte der Regent **Orléans** ein Friedensabkommen und sogar ein Bündnis mit England zu schließen. So machten sich dann auch beide – Mar und der Old Pretender – am 4. Februar 1716 heimlich aus dem Staub und verschwanden auf Nimmerwiedersehen auf den Kontinent.

Während aber der Aufstand von 1715 noch das Interesse aller Jakobiten in Schottland vertreten hatte, konnte der Versuch von 1719 nur als eine Auswucherung der Diplomatie des spanischen Kardinals Alberoni betrachtet werden. Dieser versuchte, seine eigenen politischen Ambitionen in Europa durchzusetzen, indem er Britannien mit einer Flotte von 27 Schiffen und 5000 Mann angreifen wollte. Die alte Taktik wiederholend, versuchte er in einer zweiten Front die Verteidigungskräfte aufzuspalten, wobei er sich geschickt der schottischen Frage bediente. Dazu förderte Alberoni zur Ablenkung einen Überfall auf den Nordwesten Schottlands und entsandte zwei Fregatten mit mehreren hundert Mann unter der Führung des schottischen fünften **Grafen Seaforth**. Diese Streitmacht wurde aber noch im Juni des selben Jahres in der **Schlacht von Glen Shiel** von den Armeeinheiten der Regierung aufgerieben. Zuvor war schon die Seaforth-Festung der MacRaes, Eilean Donan Castle, von Regierungsschiffen unter Beschuss genommen und schließlich gesprengt worden.

Der 1745er Aufstand war ebenfalls nicht spontan. Er kam aus zwei Gründen zustande: Erstens versuchte die französische Seite die diplomatische Situation in Westeuropa zu nutzen und zweitens kam die Persönlichkeit des jungen Charles Edward Stewart, **Bonnie Prince Charlie**, ins Spiel. Er

war 1720 in Rom geboren worden und sprach fließend
Latein, Italienisch, Französisch, Englisch und Gälisch.

Aus Frankreich kommend, hisste er am 19. August 1745,
wenige Tage nach seiner Landung bei **Glenfinnan**, im
Zeichen der Rebellion seine Standarte. Mit 5000 Hochländern

verschiedener Clans marschierte er auf
Edinburgh zu. Vor den Toren der Stadt
stellten sich ihm jedoch bei **Prestonpans**
die Regierungstruppen entgegen.
Tatsächlich gelang es ihm aber, diese
vernichtend zu schlagen. Die Stadt –
nicht jedoch die Burg – ergab sich
Charles widerstandslos. Für gut sechs
Wochen residierte er danach im Palast
von Holyroodhouse und gab dort sogar

Charles Edward Stuart.

einen großen Ball, auf dem er – so heißt es – die Damen nur
so verzaubert habe.

Doch die Kontrolle über Schottland reichte ihm nicht aus.
Mit seiner Hochlandarmee marschierte Charles Edward bald
danach in England ein, wo er sich noch größeren Zulauf von
den englischen und irischen Jakobiten erhoffte. Diese Erwartung
wurde aber enttäuscht: Zwar wurden die Städte Lancaster
und Manchester in schnellen Aktionen eingenommen, aber
die englische Seite war vorsichtiger und entschied sich gegen
eine Beteiligung. Im Dezember stand er vor Derby, nur knappe
150 km von dem völlig unvorbereiteten London entfernt. Das
schnelle Vordringen der Jakobitenarmee löste bei Hof und in
der ganzen Stadt Panik aus. König Georg II. wurde
verständlicherweise nervös, denn neben der Jakobitenarmee
wurde ihm fälschlicherweise auch noch die Landung von
10 000 Soldaten aus Frankreich an der englischen Südküste
angekündigt. Genau zu diesem Zeitpunkt wurde jedoch
Charles der strategisch entscheidende Fehler aufgezwungen.
Die Hochländer weigerten sich, weiter in Richtung London
vorzurücken. Sie sahen nur leere Versprechungen anstatt der
zugesagten Unterstützung durch die englischen Jakobiten. Sie
kehrten um und marschierten mit dem zähneknirschenden
Bonnie Prince Charlie zum Hochland zurück. Jetzt erst fasste

sich die Regierung ein Herz und schickte den Sohn König Georgs II. – Wilhelm, den Herzog von Cumberland – hinter ihm her. Von da an war die Sache der Stewarts verloren. Die Hochlandarmee zog sich nach mehreren Kämpfen tatsächlich bis nach Inverness zurück. Vor den Toren der Stadt, bei dem Dörfchen **Culloden,** wurde die total erschöpfte, hungernde und schlecht ausgerüstete Armee von knapp 5000 Mann am 16. April 1746 vernichtend geschlagen. Unter Cumberlands Kommando stand ihr eine gut ausgerüstete, disziplinierte und trainierte Armee in Stärke von 9000 Mann gegenüber. Cumberland, ein entfernter Verwandter von Bonnie Prince Charlie, hatte nie zuvor eine Schlacht gewonnen. Mit seiner

Culloden Cairn.

fast doppelt so starken Übermacht aus regulärer Armee und zusätzlichen Truppen mit besserer und stärkerer Bewaffnung brauchte er nur knapp 25 Minuten, um die Clanarmee zu vernichten, und er kannte dabei keine Gnade. In England wurde Cumberland nach seinem Sieg in Culloden als großer Retter gefeiert. In Schottland dagegen wurde er fortan, und nicht ohne Grund, als ,Schlachter' bezeichnet.

Der Prinz entkam. Auf seiner Flucht irrte er fünf Monate lang kreuz und quer durch das Hochland und über die Inseln. Trotz und nach allem, was die Menschen des Hochlands mit ihm und durch ihn erlitten hatten und trotz der unglaublichen Belohnung von 30 000 Pfund, die auf seinen Kopf ausgesetzt war, halfen sie ihm während dieser Flucht, denn sie waren dem alten Königshaus noch immer treu ergeben.

Er wurde versteckt und entkam mit Hilfe der im Hochland auch heute noch als Heldin gefeierten **Flora MacDonald** in Frauenkleidern. Als Zofe **Betty Burke** verkleidet, ruderte er zusammen mit Flora in einer höchst abenteuerlichen Fahrt über das Meer zur Insel **Skye.** Am 20 September 1746 schaffte Bonnie Prince Charlie es endlich, sich heimlich im Gebiet von Moidart, wo seine Expedition etwas über ein Jahr zuvor begonnen hatte, einzuschiffen und nach Frankreich zu segeln.

Die Menschen, die ihm geholfen hatten und an ihn glaubten, ließ er zurück, um sie ‚kümmerten' sich in berüchtigter brutaler Manier Cumberland und die Regierungsarmee. Charles Edward Stewart ging zurück auf den Kontinent und ohne zurückzuschauen lebte er ein mitleiderregendes Leben voller Ausschweifungen.

Die Regierung reagierte auf diesen letzten Aufstand sehr entschieden und mit drakonischen Maßnahmen. Über das bereits in den 30er Jahren des 18. Jahrhunderts ausgebaute Wege- und Straßennetz wurden Truppen ins Hochland gebracht, die dort an strategisch wichtigen Punkten in Militärbastionen wie dem extra dafür gebauten riesigen Fort George in der Nähe von Inverness postiert wurden. Die am Aufstand beteiligten Clanchiefs und oft auch die Clanmitglieder mussten ins Ausland fliehen oder wurden in Schauprozessen hingerichtet. Die gälische Sprache, die Hochlandkultur – wie z. B. das Tragen der traditionellen Hochlandkleidung und das Dudelsackspielen – wurden verboten. Ein Großteil des alten gälischen Kulturgutes ging für immer verloren. Die Wirtschafts- und Sozialstruktur im Hochland veränderte sich drastisch. Was blieb, war die romantische Erinnerung an den letzten katholischen Stewart – Bonnie Prince Charlie.

Die schottische Aufklärung

Zu Beginn des 18. Jahrhunderts war Schottland noch eines der ärmsten Länder in Europa gewesen. Die Landwirtschaft war primitiv und Industrie existierte praktisch nicht. Die einzigen Exportprodukte waren Tierhäute, Holz, Kohle, Salz und gelegentlich Wolle oder Leinen. Doch nur ein Jahrhundert später war Schottland schon auf dem besten Weg, eine der blühendsten Wirtschaften der damaligen Zeit zu entwickeln. Zunächst begann aber gleichzeitig mit den Clearances auch die Zeit des **Scottish Enlightenment** (der schottischen Aufklärung). Sie brachte buchstäbliche eine Explosion des Geistes hervor. Zu dieser Zeit konnte **Tobias Smollett** (1721-1771), der schottische Romancier, seinen Helden Matthew

Bramble in dem Briefroman *Humphrey Clinker* (1771) feststellen lassen: „Edinburgh ist eine Brutstätte des Genies". Es scheint, als wenn die Energien jahrhundertelangen Kämpfens plötzlich umgeleitet worden waren und statt Freiheitshelden jetzt Persönlichkeiten auf den Gebieten der Kunst und Literatur, der Wissenschaft, Technik und der Architektur hervorbringen konnten. Die Wurzeln dafür lagen in der Zeit, als die wirtschaftliche Entwicklung nach der Union von 1707 und dem Ende der Jakobitenaufstände eine grundlegende Änderung der Bodennutzung brachten. Dazu trugen die Erkenntnisse und Erfahrungen der Land- und Bodenbesitzer, die sie auf ihren europäischen Reisen der sogenannten Grand Tour gewonnen hatten, entscheidend bei. Nach Schottland zurückgekehrt, setzten sie diese Kenntnisse in die Tat um, verbesserten sie z. T. und passten sie den Bedingungen des Landes an. Die Tatsache, dass die Schotten sich selbst des Rückstands im Vergleich zu ihrem südlichen Nachbarn bewusst wurden, wird ihren Eifer noch geschürt haben.

Das Scottish Enlightenment hatte sein Zentrum in Edinburgh. Hier verband sich das geistige Potenzial von Wissenschaftlern und Gelehrten mit den Erfordernissen der Wirtschaft und einem neu gewonnenen Fortschrittsbewusstsein. Der wohl offensichtlichste Ausdruck dieser Entwicklung ist noch heute die New Town von Edinburgh. Dem sehr weitsichtigen Bürgermeister **George Drummond** ist es zu verdanken, dass sich die Situation der Stadt angesichts der Übervölkerung der Altstadt derart drastisch verändern konnte. Große Architekten wurden im 18. Jahrhundert in Schottland geboren oder kamen nach Aufenthalten in England dorthin zurück. Ihr Erbe ist dort auch heute noch zu bewundern. Einer der begnadetsten Architekten überhaupt war der Schotte **Robert Adam,** der in Edinburgh die Anlage des Charlotte Square in der New Town konzipierte. In dem von ihm geprägten Stil baute er eine große Anzahl herrlicher Gebäude und prächtiger Schlösser in dieser Stadt und in ganz Großbritannien. Innerhalb einer verhältnismäßig kurzen Periode von wenigen Jahrzehnten entwickelte sich eine geistige Elite. Sie setzte sich zusammen aus einer großen Anzahl von

Männern, die mit ihren Werken nicht nur den Menschen ihrer Zeit, sondern auch der Nachwelt sehr viel gegeben haben. Einige der herausragenden Persönlichkeiten dieser Enlightenment Periode waren die Philosophen **David Hume** (1711-76) und **Adam Ferguson** (1723-1816), der Wirtschaftsphilosoph **Adam Smith** (1723-90), Schriftsteller und Poeten wie **Robert Burns** (1759-96) und **Sir Walter Scott**

Robert Burns

(1771-1832), Maler wie **Allan Ramsay** (1713-84) und **Sir Henry Raeburn** (1756-1823) und Techniker wie **James Watt** (1736-1819). Dank dieser großen Köpfe gelang es Schottland, den Anschluss an das auch zu dieser Zeit auf dem Kontinent stattfindende Feuerwerk der Aufklärung zu finden. 1796 begann in Frankreich der kometenhafte Aufstieg Napoleons. In Schottland setzte sich der Trend des Enlightenments ins 19. und 20.

Sir Walter Scott

Jahrhundert fort. Viele große Persönlichkeiten vollbrachten eine beachtliche Reihe von Pioniertaten, Entdeckungen und Leistungen auf den verschiedensten Gebieten. Unter ihnen waren **James Clerk Maxwell** (1831-79), Naturphilosoph und Entdecker der Elektrodynamik, der Basis der heutigen Welt der Elektronik, **Sir James 'Young' Simpson** (1811-70), Anästhesie, **Joseph Lister** (1827-1912), Antisepsis, die Schriftsteller **Robert Louis Stevenson** (1850-94) und **Arthur Conan Doyle** (1859-1930), der Entdecker und Afrikaforscher **David Livingstone** (1813-73) und der Arzt **Sir Alexander Fleming** (1881-1955), der das Penicillin entdeckte, sowie der Erfinder des Fernsehens **John Logie Baird** (1888-1946) u.v.m.

19. Jahrhundert – Wandel zur Industriegesellschaft

Die Wende zum 19. Jahrhundert war gleichzeitig eine Wende vom Agrar- zum Industriestaat. Großbritannien wurde zum

Modellfall der **Industriellen Revolution**. Diese Entwicklung erreichte Schottland und speziell die Lowlands in den 1820er Jahren. Hand in Hand einher ging ein rapides Bevölkerungswachstum. Eine bisher unerwähnte Auswirkung der Clearances war, dass Zehntausende von Hochländern in die Städte des Zentralgürtels strömten. Sie bildeten die in den neu entstandenen Industriezentren beschäftigte Fabrikarbeiterschaft. Schwierigkeiten bereitete die unterentwickelte Infrastruktur Schottlands: Es gab nur sehr wenige Wege und Straßen. Wie in England wurden daher seit Beginn des 19. Jahrhunderts in Schottland Kanäle gebaut, die durch die wesentlich ökonomischeren Eisenbahnen allerdings sehr bald an Bedeutung verloren. Die dann einsetzende Zentralisierung der Industrie und die Erschließung von ertragreichen Kohleflözen im südwestlichen Schottland waren die Faktoren, die zum phänomenalen Aufstieg Glasgows zur zweitwichtigsten Stadt im britischen Empire führten. Mitte der 1840er Jahre brach in Irland die Kartoffelfäule aus. Hunderttausende von Menschen verhungerten. Viele der Überlebenden wanderten nach Amerika und Schottland aus. Dort gab es Arbeit. Massiv wucherten so, besonders um die Fabrikanlagen Glasgows herum, notdürftige Behausungen ohne jegliche Planung. Mehrfach kam es zu Epidemien. Typhus und Cholera rotteten ganze Stadtteile aus. Dennoch wuchs die Bevölkerung. Hauptursachen für die Bevölkerungsexplosion waren neben der Zuwanderung die weiteren Entwicklungen in der Wirtschaft und die sich trotz Slums und Massenverelendung langsam verbessernden Lebensbedingungen.

New Lanark

Ursprünglich war die Leinenweberei in Schottland Einstieg in die Moderne. Während das allerdings zunächst weitgehend in Heimarbeit geschah, kann der Schritt zum überwachten Arbeitsplatz in Fabriken, Webereien und Minen als der eigentliche Beginn der Industriellen Revolution gesehen werden. Die Leinen- und Garnhändler erkannten als Erste die Vorteile der Baumwolle. Über 190 Webereien entstanden in vielen Teilen Schottlands. Dabei wurde die Wasserkraft der Flüsse genutzt, vor allem in den Borders und in der Gegend um Glasgow. Mit mehr als 100 000 Menschen, die in den

30er Jahren des 19.Jh. allein in diesen Webereien als billige Arbeitskräfte arbeiteten, sollten die Preise in England unterboten werden. Einer der weitsichtigsten Unternehmer in dieser Zeit war David Dale (1739-1806), der 1786 den Webereikomplex New Lanark unterhalb der Wasserfälle des Clydes gründete. 1799 wurde New Lanark von seinem Schwiegersohn Robert Owen (1771-1858) gekauft. Owens Ideen waren revolutionär: Er führte in New Lanark erstmals ein Genossenschaftswesen ein, verbot Kinderarbeit unter 10 Jahren, verkürzte die Arbeitszeit auf 12 Stunden und führte die Erziehung, Wohlfahrt und medizinische Versorgung der Arbeiter ein. Sein Modell, in dem Zusammenarbeit vor Profit gesetzt und praktiziert wurde, war schon damals das Besucherziel vieler Reformer aus aller Welt. Es wurde von der Regierung durch die Reformgesetzgebung unterstützt. Seit Dezember 2001 ist das restaurierte Dorf mit seiner funktionierenden Anlage mit Fug und Recht ein durch die UNESCO anerkanntes Weltkulturerbe.

Nach seinem fantastischen Aufstieg unter dem Reichtum der Tabakbarone Mitte des 18. Jahrhunderts hatte Glasgow nach dem Verlust der Plantagen in Virginia einen dramatischen Niedergang erlitten. Mit der Industrialisierung erhob sich die Stadt jedoch wie ein Phönix aus der Asche. Glasgow war um 1850 die Arbeiterstadt schlechthin, denn am River Clyde gewann der Schiffbau an Bedeutung, und als die Eisenbahn kam, wurde die Stadt u.a. zu einer der Hochburgen des Lokomotivenbaus in der Welt. Die Metropole wuchs und wurde nach London zur ‚zweiten Stadt des britischen Empires'. Großartige Architekten wie u.a. **David Rhynd**, die **Burnets**, **James Thomson, Alexander ‚Greek' Thompson, Honeyman** und später **Charles Rennie Mackintosh** hinterließen in dieser Stadt ihr Vermächtnis aus der kleiner werdenden viktorianischen Welt. Leider ist die Wertschätzung dieser Reichtümer erst in jüngster Zeit wieder erwacht.

Parallel zur Industrialisierung und der sich immer weiter aufblähenden viktorianischen Armee steigerte sich aber in Großbritannien der Woll- und Nahrungsbedarf. Das Schaf konnte das alles liefern, und anderweitig sonst nicht nutzbares Weideland gab es im Hochland zur Genüge. Schafe machten die neuen Landbesitzer reich.

Die Dampfmaschine

Der Beginn der Industriellen Revolution wird vielfach mit der Erfindung der Dampfmaschine in Verbindung gebracht. James Watt war zwar nicht der Erfinder, aber der eigentliche Vater der Dampfmaschine. Als er an der Universität von Glasgow als Fachmann für mathematische Instrumente angestellt war, begann er sich für die Dampfkraft zu interessieren. Die Dampfmaschine war eigentlich von dem Engländer Thomas Savory (ca. 1650-1715) erfunden und 1698 von Thomas Newcomen (1663-1729) verbessert worden (im neuen schottischen Nationalmuseum in Edinburgh ist noch eine original Newcomen Maschine zu sehen). Es war aber Watt, der 1765 die wesentlich leistungsfähigere Dampfmaschine mit einer separaten Kondensationskammer konstruierte. Traditionelles Handwerk und Industrie wurden dann mit diesen Maschinen mechanisiert. Sie veränderten mit ihrer Leistung besonders die Kohle- und Textilindustrie; die Spinnereien und Webereien wurden durch sie die ersten Industrieunternehmen. Bereits in den 1830er Jahren hatte die Schwerindustrie aber der Textilindustrie schon den Rang abgelaufen.

Schottland begann sich zu verändern. Die Einflüsse einzelner schottischer Persönlichkeiten auf das gesamtbritische Leben waren nicht zu verleugnen. Umgekehrt schwappten aber auch englische Vorstellungen und Gewohnheiten über die Grenze nach Norden. Trotz des Austauschs war Schottland aber weit davon entfernt, von England assimiliert zu werden – viele alte Differenzen blieben bestehen, andere wurden jedoch allmählich beigelegt. Das Land änderte sich so sehr und so schnell, dass Sir Walter Scott 1814 schrieb: „Keine europäische Nation hat sich innerhalb nur eines halben Jahrhunderts derart verändert wie das Königreich Schottland". Im Parlament in Westminster war Schottland von Anfang an – seit 1707 – deutlich unterrepräsentiert. 1885 entstand allerdings mit dem Scottish Office ein eigenes Ministerium für Schottland. Das Jahr 1875 wurde zum Jahr der Wende, auch wenn der Impuls von England ausging: Erstmals wurde damals den Gewerkschaften das Existenz- und Streikrecht gesetzlich garantiert.

Das viktorianische Zeitalter, das bis zum Beginn des letzten Jahrhunderts andauerte, war Großbritanniens große

Expansions- und Kolonialepoche. Es zeichnete sich durch industriellen Wohlstand und durch geografische Expansion aus. Als Reaktion auf die Industrialisierung rückte jedoch besonders in England mehr und mehr die Sehnsucht nach Natur und Landschaft in den Mittelpunkt. **Königin Viktoria** war es vor allem, die Schottland in diesem Zusammenhang für sich entdeckte und als urwüchsiges Reiseland populär machte. Während Glasgow mit der Industrialisierung wuchs, entwickelte sich **Edinburgh** zum Kulturzentrum Schottlands. Mediziner, Philosophen, Wissenschaftler, Ingenieure und Entdeckungsreisende machten die Stadt durch ihre Errungenschaften bekannt und Schriftsteller wie Robert Louis Stevenson schrieben über sie.

20. Jahrhundert – Dezentralisierung und Neubeginn

Die Industrielle Revolution hatte vor allem im Westen Schottlands eine riesige Arbeiterklasse geschaffen. Die Mehrheit war politisch entsprechend linksorientiert. Der Friedensschluss nach dem Ersten Weltkrieg brachte für Schottland sehr bald eine massive wirtschaftliche Depression, denn das Land hing zu sehr von der Schwerindustrie ab und der internationale Wettbewerb wirkte sich aus.

Glasgow wurde ‚rot'. 1929 kam es zu Generalstreiks, zeitweise lag sogar Revolution in der Luft und es drohte militärischer Einsatz. Auf dem Höhepunkt der Depression 1931 waren 65% der Werftarbeiter am Clyde arbeitslos. Weil sich die wirtschaftliche Situation in Schottland immer weiter verschlechterte, wurde mit einigem Recht angenommen, dass London die Lage durch Vernachlässigung schottischer Belange verschlimmerte. Der Ruf nach *Home Rule*, einer eigenständigen Regierung, wurde in Schottland immer lauter. Die britische Regierung setzte daraufhin 1928 einen Staatssekretär für Schottland mit dem Rang eines Kabinettmitgliedes ein. Im Zuge dieses ersten Schrittes in Richtung *Devolution* (Regionalisierung) wurde ihm die Leitung der Bereiche Gesundheit, Landwirtschaft und

Erziehung in Schottland übertragen. Dieser Minister hatte seinen Sitz in St. Andrew's House in Edinburgh.

Doch das genügte nicht, um in Schottland den Wunsch nach Eigenständigkeit zu unterdrücken. 1942 wurde in der schon 1928 gegründeten **Scottish National Party** endgültig die Bewegung zur vollen Unabhängigkeit gestartet. Beides – der Drang nach Unabhängigkeit und die SNP – wuchsen und verstärkten sich weiter nach dem zweiten Weltkrieg. Wie stark dieser Unabhängigkeitswunsch war, drückte ein Ereignis aus, das die britische Nation wochenlang in Atem hielt. Am Weihnachtstag 1950 entführten fünf schottische Studenten den symbolträchtigsten Stein, den **Stone of Destiny**, vom Krönungsstuhl in Westminster Abbey nach Schottland. 1979 sollte in einem **Referendum** die Möglichkeit einer Loslösung von der Zentralregierung erwogen werden. Die damalige Labour-Regierung fürchtete aber die erstarkte Schottische Nationalpartei und brachte eine Klausel in die Gesetzgebung ein, derzufolge eine einfache Mehrheit nicht mehr genügen sollte, sondern mindestens 40% der Wahlberechtigten zustimmen mussten. Eine einfache Mehrheit wurde zwar erreicht, aber die 40% Hürde konnte nicht genommen werden. In einem zweiten Anlauf ergab eine weitere Volksabstimmung im September 1997 dann aber endlich das überwältigende Ergebnis, dass 74% der Wahlberechtigten für eine Teilunabhängigkeit und eine eigenes Parlament in Schottland stimmten.

Nach fast 300 Jahren hatte Schottland am Ende des zweiten Jahrtausends damit endlich wieder ein eigenes Parlament, welches am 6. Mai 1999 gewählt wurde. Seine gesetzgebende Macht erstreckt sich auf folgende Gebiete: Gesundheitswesen, Bildung, lokale Regierung und Verwaltung, Soziales, Wohnungswesen, Wirtschaftsentwicklung, Justiz, Umwelt, Landwirtschaft, Fischerei und Forstwirtschaft, Sport, Kunst und Kultur sowie verschiedene Bereiche des Transportwesens. Das Parlament wählt einen **First Minister** zum Leiter des **Scottish Government** (gälisch: *Riaghaltas na h-Alba*) (das entspricht dem Kabinett). Dieses ersetzt das bisherige Scottish Office und muss dem Parlament Rechenschaft ablegen. Der allseits beliebte Donald Dewar war der Erste, dem dieses Amt zuerkannt wurde. Sein plötzlicher und unerwartet früher Tod im Jahr 2000 ließ ihn seinen Traum von einem eigenen Schottischen Parlament nur im Modell erleben.

Wie sich allerdings die weitere Beziehung Schottlands zum Rest Großbritanniens entwickelt und insbesondere, ob, wie von den drei großen Unions Parteien in London kurz vor der Volksabstimmung versprochen, der schottischen Regierung mehr Rechte und Entscheidungsfreiheiten eingeräumt werden, ist zur Zeit der Drucklegung dieses Buchs noch nicht mit Brief und Siegel belegt. In dem Referendum am 18. September 2014 sprachen sich bei einer fast 85%igen Wahlbeteiligung eine eindeutige Mehrheit von 55.3% für eine Beibehaltung der Union aus.

Somit scheint auch für die Zukunft in der politischen Geschichte dieses Landes für genügend Zündstoff und Spannung gesorgt zu sein.

TEIL 3

Die Regionen

Einige geografische Superlative

Schottland nimmt mit 77 925 km² ca. ein Drittel der Landmasse Großbritanniens ein (Regierungsstatistik 2001). Es ist ungefähr so groß wie Niedersachsen mit 47 300 km² und Nordrhein-Westfalen mit 34 000 km² zusammen. Schottland liegt auf den selben Breitengraden wie Labrador, Moskau und St. Petersburg. Sein allerdings wesentlich milderes Klima verdankt es dem Golfstrom, der an den West- und Nordostküsten vorbeizieht.

Zu Schottland gehören auch die zwei Inselgruppen der Orkney- und Shetland-Inseln in der Nordsee und im nördlichen Atlantik und die beiden westlich gelegenen Inselgruppen der Inneren und der Äußeren Hebriden. Die fast 2000 Binnenseen nehmen eine Fläche von insgesamt 3100 km² ein, das sind rund 4,5 % des Landes. In Schottland leben mit etwas über 5,1 Millionen Einwohnern weniger als ein Zehntel der gesamten Bevölkerung Großbritanniens. Auf einem Quadratkilometer leben somit im Schnitt nur etwa 65 Einwohner. Dabei gibt es aber große regionale Unterschiede, die von 104 Menschen pro Quadratkilometer im zentralen und südlichen Bereich – Borders, Central, Fife, Lothian und Tayside – bis gerade einmal neun pro Quadratkilometer im Hochland und auf den Inseln reichen. Im Vergleich dazu haben Deutschland 228, Österreich 94 und die Schweiz 165 Einwohner pro Quadratkilometer.

Die Nord-Süd-Ausdehnung beträgt knapp 440 km, die größte Breite 248 km. Die engste Stelle zwischen dem Oberlauf des Firth of Forth und dem Clyde ist gerade einmal 41 km schmal. Von John o' Groats im Nordosten Schottlands bis nach Land's End im äußersten Südwesten Englands strecken sich aber immerhin 1400 km.

Von den über 700 Inseln Schottlands sind rund nur 100 bewohnt und die meisten und größten (ca. 600) liegen vor der West- und Nordküste:

- die Äußeren Hebriden (Westliche Inseln) mit Lewis, Harris, den Uists, bis Barra, Berneray und St. Kilda
- die Inneren Hebriden wie z. B. von Skye, Mull, bis hinunter nach Islay
- die Inseln im Firth of Clyde mit u.a. Arran, Bute und Cumbrae und
- die nördlichen Inseln mit den Einzelgruppen der Shetlands und Orkneys.

Die Brücken über dem Firth of Forth

Die Forth Railway Bridge (Bauzeit 1882-90), die nicht weit von Edinburgh mit zweieinhalb Kilometer Länge über die engste Stelle der Bucht des Firth of Forth von South Queensferry nach North Queensferry führt, ist das Rekordbauwerk schlechthin in Schottland. Dieser geniale Bau war für die damalige Zeit gleichbedeutend mit dem Flug zum Mond in unserer Zeit. 54 000 Tonnen Stahl wurden von 4500 Arbeitern in über sieben Jahren in vielen für die damalige Zeit neuen Arbeitsverfahren und unter schwierigsten Bedingungen verarbeitet. Die Brücke ist in ihrem Design und als Ingenieursleistung so markant und einmalig, dass sie jetzt für eine Auszeichnung als Weltkulturerbe der UN vorgeschlagen wurde. Gleich nebenan spannt sich die Forth Road Bridge über die weite Mündungsbucht des Flusses. Mit ihrer Länge von über 2000 Metern und Rekordtragkraft von über 150t ist sie immer noch eine der größten und tragfähigsten Straßenbrücken der Welt. 1964 wurde sie von Königin Elisabeth eröffnet. Damit wurde die Fähre über die Bucht, die fast 900 Jahre lang die Verbindung zwischen den beiden Ufern gewesen war, außer Betrieb genommen. Für das gewaltig angeschwollene Verkehrsvolumen reicht aber auch diese Brücke nicht mehr aus und somit beschloss 2007 das Schottische Parlament den Bau einer neuen, dritten Brücke. Sie soll bis zum Jahr 2016 fertiggestellt sein und den Namen Queensferry Crossing tragen. Einzigartig werden damit drei Brücken aus drei verschiedenen Jahrhunderten, in drei verschiedenen Baustilen nebeneinander stehen.

Es gibt keine Schätzungen über die Anzahl der kleineren Inseln ohne Vegetation. Die Küstenlinie Schottlands von rund 10 200 km erscheint unglaublich lang, besonders unter dem Aspekt, dass die gesamte Küstenlinie des vereinten

Königreichs nur 15 300 km ausmacht. Sie ergibt sich durch die zahllosen, tief ins Land schneidenden Buchten (*Firths*). Wasser gibt es reichlich in Schottland und das nicht nur in den umliegenden Meeren, sondern auch in den zahllosen und in allen Größen zu findenden Seen (Lochs) und Flüssen. Nach neusten Kartenstudien wurden mehr als 30 000 Lochs und 6600 Flusssysteme gezählt. So hat Schottland in seinen Seen und Fließgewässern 90% des Süßwasservolumens des gesamten Vereinigten Königreichs. Der längste Fluss ist mit 193 km der **Tay**, der höchste Wasserfall ist **Eas Coul Aulin** in Wester Ross mit 211 m. Der See mit dem größten Volumen ist **Loch Ness** und die größte Wasserfläche nimmt mit 71 km² Loch Lomond ein. Mit über 300 m ist **Loch Morar** der tiefste See und **Loch Awe** in Argyllshire ist mit über 41 km der längste. In ihm gibt es, nebenbei gesagt, riesige Forellen. Die Schwerste wurde 2002 gefangen und wog über 14 kg.

Bergregionen beginnen generell jenseits der 700 m Grenze. Grob gesehen ist das auch die Baumgrenze. Dort wird die Landschaft von Flechten, Strauchheide, Flächenmooren und beginnenden Hochmooren bestimmt. Rund 12% des Landes sind gebirgig. Der höchste Berg ist mit 1343 m Ben Nevis bei Fort William. Derzeit gibt es 283 Gipfel mit über 3000 ft. (914 m), die unter dem Begriff *Munros* zusammengefasst und nach dem begeisterten Bergwanderer und Landvermesser Sir Hugh T. Munro (1856-1919) benannt sind, der sie 1891 erstmalig auflistete. Das *Munro bagging* (Erklimmen dieser Gipfel) hat sich seitdem zu einem regelrechten Volkssport ausgeweitet und allerlei skurrile Rekorde hervorgebracht. Bergwandern zu jeder Jahreszeit ist in Schottland sehr verbreitet. Tausende von Enthusiasten dieses Sports sind zu allen Jahreszeiten, sogar in den Wintermonaten Januar bis April, in den Bergen unterwegs.

Die höchste Ortschaft Wanlockhead liegt auf 369 m und nicht im Hochland, wie angenommen werden könnte, sondern in den Southern Uplands!

Tiefland – Southern Uplands

Zwischen **Berwick** und **Gretna** erstreckt sich Schottlands südliche geografische Grenze. Nördlich davon bis fast auf die Höhe der Linie **Glasgow – Edinburgh,** zwischen der Atlantikküste im Westen und der Nordsee im Osten, liegen die Wälder und dunklen Moore des Galloway-Hochlandes und die rundgeschliffenen Hügel der Borders. Diese den Süden des Landes beherrschende Landschaft prägen nur einige wenige steil aufragende Berggipfel, dafür sind aber reichlich Schafe und Pferde, genauso wie Flüsse, Lochs, Felder, Weiden und Moore, Burgen, Schlösser, geschichtsträchtige Klosterruinen und prunkvolle Herrenhäuser zu finden. Es ist die Landschaft, in der viele der Geschichten, der Prosa und der Poesie von Robert Burns und dessen Zeitgenossen Sir Walter Scott ausgesiedelt sind.

Sie ist aufgeteilt in die Regionen der **Borders** und **Dumfries and Galloway.** Dichter und begeisterte Besucher haben diese Landschaft immer wieder bewundert und sehr treffend als "rollende Berge und Hügel" beschrieben, "die sich wie die Wogen eines grünen Meers gegen die südliche Grenze nach England wälzen und sich kurz davor in der weiten, runden Masse des Cheviots auftürmen". Diese Reihe einzelner Hügel- und Gebirgslandschaften, genannt das **Southern Upland,** ist ein gegliedertes und stark zerteiltes Mittelgebirge. Große waldreiche Gebiete bestimmen das Gesicht dieses Grenzlandes. Einige fruchtbare Anbaugebiete teilen sich die Region mit einer Reihe von idyllischen Lochs und malerischen, meist kahlen Hügeln.

Für den Geologen ist vielleicht interessant, dass dieses Land einmal der Boden eines Ozeans war, in den zahlreiche große Flüsse viel Hochlandsediment geschwemmt haben. Dadurch weist die Region eine geologische Vielfalt aus Grauwacke, grauem und rotem Sandstein und kohleführenden Schichten auf. In einst flüssiger Form schoben sich durch diese Schichten einzelne Massive aus Granit und anderen magmatischen Gesteinen wie Basalt. Eiszeitgletscher formten die Southern Uplands, frästen die Täler aus und hinterließen aufgeschüttete Moränen. Zum Teil über 800 m hoch gelegen ist es das Quellgebiet der Flüsse Tweed, Yarrow und Ettrick. Das gesamte südliche Hochland ist reich an Gewässern. Wegen der Küstennähe erreichen der **Clyde** gerade mal 171 km und der **Tweed** nur 156 km. Einige andere bedeutende Flüsse sind **Teviot, Tyne, Nith** und **Ayr**. Einige Reservoirs sind für die Energieerzeugung und als Trinkwasserspeicher angelegt. Gute Nachrichten für Angler: Alle diese Gewässer sind ideale Angelreviere.

Weitere markante Erhebungen in dieser Region sind die schon erwähnten **Cheviot Hills** an der Grenze zu England, die der Reisende, aus York und Newcastle kommend, überquert, die **Carrick Hills** mit dem Merrick in Dumfries und Galloway, die **Moorfoot Hills** und die **Lammermuir Hills** südöstlich von Edinburgh. Diese Berge und Hügel erreichen maximal eine Höhe von rund 840 m.

Dumfries und Galloway

Die Landschaft von Dumfries and Galloway, als im Südwesten an England grenzende Region, wird in den Küstenbereichen und Niederungen weitgehend agrarwirtschaftlich genutzt. Weiter zum Zentrum hin herrschen Wirtschaftswald und Moore vor. Dieses Lowland ist kein Flachland, sondern im Gegenteil sehr hügelig, ja bergig. Es ist schön und teilweise dramatisch, wild und doch gezähmt, abgelegen und dennoch leicht zugänglich. Mit einer Bevölkerung von rund 147 000 Menschen ist es verhältnismäßig dünn besiedelt und vom Tourismus noch nicht vollständig erobert. Neben einer wechselhaften Geschichte bietet sie auch noch eine sonnige Südküste mit hübschen Dörfern und Städtchen.

Die Hauptstadt der Region ist **Dumfries**, ein wichtiges lokales Zentrum mit vielen Geschäften und historischen Sehenswürdigkeiten, die vielfach mit Schottlands Nationaldichter **Robert Burns** in Verbindungen stehen. Etwas nördlich von Dumfries liegt Robert Burns' Bauernhof, die Ellisland Farm, wo er sich vor 250 Jahren im Ackerbau versuchte. In der Franziskaner Kirche (Greyfriars Church) von Dumfries erstach **Robert the Bruce** im Disput über die Thronfolge am 10. Februar 1306 seinen Gegenspieler John

‚Red' Comyn. Eingebettet in das Grün von Dumfries sind noch eine ganze Anzahl kleinerer Städte wie **Dalbeattie** oder **Castle Douglas** mit hübschen Häusern im für Galloway typischen Pastellanstrich. **Newton Stewart** ist das eigentliche Tor zum Galloway Forest Park mit Seen, Waldgebieten und felsigen Berghängen, die denen im nördlichen Hochland ähneln.

Threave Castle und der hübsche **Threave Garden** oder geschichtsträchtige Orte wie **Caerlaverock** oder **Whithorn** und das malerische **Kirkcudbright**, sowie die Klöster **Sweetheart Abbey** und **Dundrennan Abbey** sind mehr als nur fotogene Objekte für die Touristen. So war **Whithorn** einst Pilgerort für Generationen schottischer Könige. Schon in römischer Zeit gründete dort **St. Ninian** eine erste christliche Kirche auf britischem Boden. Die herrliche Ruine der Wasserburg von Caerlaverock Castle, das trutzige **Hermitage Castle**, zu dem Mary Queen of Scots in einem Gewaltritt von Jedburgh in einem Tag hin und zurückeilte, und Threave Castle – sie alle spiegeln die bewegte Geschichte des Gebiets am **Solway Firth** wider. Wie wichtig Verteidigung in diesem ewig umkämpften Grenzgebiet zwischen Schottland und England war, wird durch diese Burgen klar. Große Teile dieser Landschaft gehören heute noch dem **Herzog von Buccleuch**. Er ist einer der 21 Adligen, die heute als Großgrundbesitzer rund 14% der Landmasse Schottlands unter sich aufteilen. Mit Landbesitz von rund 1000 km² Fläche ist er allerdings auch der größte Landbesitzer in Großbritannien. Eines seiner Schlösser ist das herrlich gelegene **Drumlanrig Castle** nördlich von Dumfries.

Drumlanrig Castle

Gretna Green ist der durch die Ausreißerhochzeiten wohl bekannteste Ort der Region. Nur einen Steinwurf von der Grenze zu England entfernt, ist er der erste Ort auf schottischem Boden. Der Grund für junge Menschen, in Gretna Green zu heiraten, lag in der Gesetzgebung des 18. Jahrhunderts. In England war seit 1753 eine Eheschließung nur legal, wenn die Eltern einwilligten; in Schottland dagegen konnten sogar Sechzehnjährige heiraten, wenn sie vor zwei Zeugen diese Absicht erklärten. Diese Möglichkeit wurde von Liebenden, die sonst durch Ehearrangements der Eltern gegen ihren Willen ‚verplant' wurden, sehr gern genutzt. Später allerdings musste wenigstens einer der beiden Ehewilligen vor der Hochzeit mindestens 21 Tage im Land gelebt haben. Vom Beginn des 18. Jahrhunderts an vollzog in Gretna der Schmied die Zeremonie über dem Amboss. Einer der letzten Schmiede traute so in 13 Jahren 5147 heiratswillige Paare in der rauchigen Schmiede des Ortes. Auf Druck der Kirche sind aber seit 1940 alle diese ‚Ambossehen' ungültig. Rechtmäßig können Ehewillige aber in Schottland in Anwesenheit eines Geistlichen oder eines Standesbeamten heiraten, wo immer sie möchten (solange eine Heiratslizenz für die Lokalität vorliegt) und so ist Gretnas Schmiede weiterhin das Hochzeitsparadies Großbritanniens.

Wandern

Die Kette der Galloway Hills wird vom Merrick überragt, der mit 843 m der höchste Gipfel Südschottlands ist. Die Landschaft bietet zahlreiche sehr gute Wandermöglichkeiten, z.B. auf dem Southern Upland Way. Eines der interessanteren Teilstücke dieses Weges liegt zwischen Castle Kennedy, Bargrennan und St. John's Town of Dalry. Dieser Wanderweg führt durch den südlicheren Teil des Naturschutzgebiets Galloway Forest Park und am herrlich gelegenen Loch Trool entlang.

Ayrshire und die Inseln im Clyde

Die Clyde-Inseln **Bute, Cumbrae** und **Arran,** im weiten Mündungstrichter dieses Flusses, sind traditionell die Naherholungsgebiete der Einwohner von Glasgow und der Bevölkerung dieses Landstrichs. Dank zahlreicher

Fährverbindungen sind die Inseln sehr gut zu erreichen. Durch die vorgelagerte, langgestreckte Halbinsel **Kintyre** werden sie vor den rauhen Winden des Atlantiks geschützt. So genießen die landschaftlich teilweise sehr reizvollen Inseln ein mildes Klima, in dem sogar Palmen gedeihen! Die gut erhaltene Stewartfeste **Rothsay Castle** auf der Insel **Bute** unterstreicht deutlich die unruhigen Zeiten des frühen Mittelalters. Heute ist die friedliche Insel und das fantastische **Mount Stuart** Schloss aus dem 19. Jahrhundert mit seinem riesigen Park und vielen Gärten eigentlich ein absolutes Muss für jeden Besucher. Die Insel **Arran** liegt vor der Küste Ayrshires am Westufer der riesigen Clydemündung. Seit Generationen ist sie ein beliebtes Ausflugsziel, leicht mit der Fähre von **Ardrossan** aus erreichbar und ebenfalls einen Besuch wert.

Das geschichtsträchtige **Brodick Castle** und sein Country Park sind Arrans bekannteste Attraktionen. Dieses Dornröschenschloss mit seinen herrlichen Gärten und Parks gehörte einst der angesehenen Familie der Herzöge von Hamilton. Heute ist es mitsamt seinen vielen Schätzen und der opulenten Innenausstattung in der Obhut des National Trust for Scotland. Arran mit ihrem großen Wildbestand ist eine Miniaturausgabe Schottlands, da sie eine klare Trennung zwischen Tief- und Hochland aufweist. Das **Heritage Museum** bietet einen faszinierenden Einblick in die geologische und soziale Geschichte Arrans. Dazu finden sich über die Insel verstreut eine Reihe **prähistorischer Stätten**, einschließlich stehender Steine und Steinkreise.

Die gewaltige Masse von **Ailsa Craig** dagegen ist ein steiler, fast eiförmiger Felsen, der in direkter Linie zu Irland unübersehbar vor der Küste aus dem Clyde herausragt. Dieser Felsen – genannt Paddys Milestone – ist ein Vogelschutzgebiet und befindet sich auch heute noch im Landbesitz der Familie Kennedy. Ailsa Craig's Granit ist so fein und hart, dass die daraus gefertigten Eisstöcke (curling stones) zu den Feinsten in der kleinen Welt dieses Sports zählen. Schottland, wo 1804 die Regeln für diesen Sport aufgestellt wurden, ist eine der Hochburgen in der Welt des Eisstockschießens (Curling).

Mehr noch als Dumfries und Galloway wird **Ayrshire** von

grünem, hügeligen Farmland dominiert. **Robert Burns**, der schottische Nationaldichter, wurde hier geboren. **Ayr** selbst ist ein traditioneller Ferienort mit einem langen Sandstrand und einem historischen Hafen. Burns Geburtshaus im nahen **Alloway**, das heutige Burns Cottage, ist neuerdings in der schützenden Hand des National Trust for Scotland. Diese Gesellschaft hat es sich zur Aufgabe gemacht, die Kultur und Geschichte des Landes und der Nation zu bewahren. Wiederum ganz in der Nähe liegt der von Burns in seiner Ballade *Tam o' Shanter* beschriebene Friedhof, wo der gleichnamige Held nach reichlichem Biergenuss, auf seinem Ritt nach Hause, den berüchtigten Hexentanz in der Ruine des Kirchleins beobachtete. Er wurde entdeckt und, so will es die Ballade, von den wütenden Hexen verfolgt. Bekleidet nur mit einem knappen, dünnen Hemd (*Cutty Sark*), war ihm die jüngste Hexe dicht auf den Fersen als er auf seiner treuen Märe Meggie davon galoppierte. Der treuen Meggie verdankte er seine knappe Rettung, denn nur unter Verlust ihres Schweifs, an den sich die Hexe geklammert hatte, gelang ihm schließlich die Flucht über die nahe Brig o' Doon. Hexen können halt keine Wasser überqueren.

Von **Prestwicks** Flughafen, nördlich von **Ayr**, starteten einst die Propellermaschinen über den Atlantik. Nicht weit davon liegt das Küstenstädchen **Troon** mit seinen umliegenden *Links*, den ehemaligen Salzwiesen, die heute in der Golfwelt einen legendären Ruf genießen.

In **Irvine** erzählt das **Scottish Maritime Museum** die Geschichte der schottischen Seefahrt, und in der Nähe der Küstenstadt **Largs** wurden im 13. Jahrhundert die Wikinger endgültig geschlagen.

Etwas mehr zum Landesinneren hin liegt **Kilmarnock**, dort bietet sich Dean Castle aus dem 14. Jahrhundert zur Besichtigung an. Über 100 Jahre lang wurde in dieser Stadt der in der Welt meist verkaufte Whisky – Johnnie Walker – produziert und abgefüllt. Es war der Hauptarbeitgeber. Das neue Firmenmanagement ist dabei, die Anlagen still zu legen und in einer anderen Landesregion weiter zu produzieren.

Südlich von **Ayr** muss der Autoreisende unbedingt das Phänomen des **Electric Brae** erleben. Wer sich traut dort einen kleinen Moment zu warten, dem bietet sich ein in dieser Welt seltenes Erlebnis. Auf dem kleinen Hügel fährt der Wagen mit abgestelltem Motor und mit gelöster Handbremse auf scheinbar abfallender Straße bergauf! Wie das möglich ist? Die in einer Parkbucht angebrachte Erklärung bietet des Rätsels Lösung – aber an dieser Stelle soll dem Leser die Spannung nicht genommen werden. Vom Electric Brae geht der Blick entlang nach Süden zum auf den Klippen thronenden **Culzean Castle**, das von einem der Nachfahren der einst in diesem Land lebenden Kennedys, dem Grafen von Cassilis gebaut wurde. Das herrliche Schloss ist eines der prächtigsten Häuser des reichen Südens Schottlands.

Eindrucksvoll auf einem Felsen über dem Meer gelegen, wurde dieses Meisterwerk des großen Architekten Robert Adam mit seinem Park und dem Garten nach dem zweiten Weltkrieg eine Ehrenheimstatt General Dwight D. Eisenhowers.

Bordersregion

Die 4700 km² der Bordersregion erstrecken sich von der englischen Nordostgrenze nordwärts bis fast zum Ortsrand von Edinburgh, und von den hügeligen Tweedsmuir Hills im Westen bis zur zerklüfteten Ostküste an der Nordsee. Diese Region ist mit etwas über 109 000 Einwohnern (2004) wie die westliche Nachbarregion Dumfries und Galloway (147 000 Einwohner) verhältnismäßig dünn besiedelt.

Der von Westen nach Osten quer durch das Land fließende,

Culzean Castle

lachsreiche **River Tweed** ist das Herz dieser Region. Er bildet auf seinen letzten Kilometern die Grenze zwischen Schottland und England. Daher stammt der Titel von Theodor Fontanes Reisebeschreibung *Jenseits des Tweed* aus dem Jahr 1860, die auch heute noch lesenswert ist. Scheinbar völlig unberührt von den vielen historischen Ereignissen, die sich an seinen Ufern abgespielt haben, windet er sich majestätisch durch eine herrlich abwechslungsreiche Landschaft mit wildem Moorland, bewaldeten Tälern und fruchtbarem Farmland. Die Borders sind jedoch mehr als nur ein geografisches Tor nach Schottland. Sie hatten im Laufe der Jahrhunderte eine extrem konfliktreiche Geschichte. Das bezeugen die Spuren aus der prähistorischen und römischen Zeit und auch die besondere Architektur der einsam liegenden alten Farmhäuser, sowie die Ruinen vieler schöner Abteien, Burgen und Wehrtürme. Vom Mittelalter bis in die Neuzeit war das Land auf beiden Seiten der Grenze zwischen Schottland und England aufgeteilt in Sektionen. Diese sogenannten Marshes wurden von jeweils einer der führenden Familien der Sektion – den *Wardens* – geleitet. Sie hatten ihre eigenen Gesetze. Durch die zahllosen Kriege wurden die Menschen auf beiden Seiten der Grenze derartig geprägt, dass sie bis in das 17. Jahrhundert praktisch einen eigenen, unbezähmbaren Volksstamm bildeten. Die stolzen Familien der Landbesitzer dieser Region waren Viehdiebe und Räuber – *Reivers*, berüchtigt für ihre zahllosen kriminellen Aktivitäten. Viele der dort noch heute gepflegten Traditionen haben aus dieser Zeit ihren Ursprung und bekannte Namen haben hier ihre Wurzeln, z. B. die Charltons (Sir Bobby und Jack), Kerrs, Pringles, Scotts (Sir Walter Scott), Graham (Billy Graham), Burns (Robert Burns), Carlyles (Thomas Carlyle), Elliots (T.S. Eliot), Armstrongs (Neil Armstrong, der erste Mann auf dem Mond) oder Nixons und Johnsons (die ehemaligen Präsidenten der USA). Die verwegenen Abenteuer der einstigen Grenzräuber sind immer noch in Liedern, Geschichten und Balladen lebendig.

In **Hawick**, der größten Stadt der Region, herrscht noch immer ein Geist von Selbstständigkeit und ein stolzes Gemeinschaftsgefühl vor. Das findet zu keiner Zeit besseren

Ausdruck als bei den **Border Common Ridings**. Diese alljährlich im Frühsommer stattfindenden Veranstaltungen gehen auf die Zeit zurück, als Gemeindegrenzen vor bösen Nachbarn geschützt werden mussten. Das Land der Borders ist Pferdeland und so steht die Reitkunst immer noch im Mittelpunkt dieser Festlichkeiten. In diesem Zusammenhang und mit dem gleichen Hintergrund rühmt sich die Stadt **Selkirk**, Austragungsort der größten Reiterparade Europas zu sein. **Sir Walter Scott** war einst neben seinem Amt als Justiziar in Edinburgh, seiner Schriftstellerei und seiner Bau- und Sammelleidenschaft auch Friedensrichter in Selkirk. In seinen Romanen und auch in den Balladen von **James Hogg** (1770-1835), dem ‚Schäfer vom Ettrick', spiegeln sich die turbulente Geschichte und die landschaftliche Schönheit des Gebiets wider. Scott, in dessen Werk die Bordersregion eine große Rolle spielt, lebte nahe Melrose in seinem herrlichen Haus **Abbotsford** mit Blick auf seinen geliebten Tweed. Dieses Landhaus steckt voller von ihm gesammelten Souvenirs und Erinnerungsstücken an große und historische Persönlichkeiten Schottlands. Das Haus mit seinem hübschen Park ist heute der Öffentlichkeit zugänglich.

Das Städtchen Melrose ist bekannt wegen seiner historischen Ruine der Zisterzienserabtei. **Theodor Fontane** schrieb über Melrose Abbey den bekannten Vers:

> Wenn das Rauschen des Tweed, weitab gehört,
> Wie Summen die nächtige Stille stört, –
> Ja, dann tritt ein; bei Mondenschein
> Besuche Melros' und – *tu' es allein.*

Tagsüber ist die Ruine erst recht einen Besuch wert. Sie birgt eine Vielzahl architektonischer Details und darüber hinaus auch das Herz von **Robert the Bruce**. Nach einer legendären und sehr abenteuerlichen Reise wurde es 1996 wiederentdeckt und in diesem Klostergrund jetzt endgültig zur Ruhe gebettet.

Sir Walter Scotts Grab liegt nicht weit davon in der romantischen Ruine von **Dryburgh Abbey**. Diese Abtei zählt wie Melrose zu den vier großen Abteien dieser Region, die alle, aus dem 12. Jahrhundert stammend, das gleiche Schicksal erlitten: Sie wurden 1544 durch die Armeen des englischen Königs Henry VIII. zerstört, als dieser für seinen Sohn um die Hand von Mary Queen of Scots anhielt (Rough Wooing). So sind sie leider nur noch als Ruinen erhalten, besitzen aber gerade in diesem Zustand ihren eigenen Charme. Mönche entwickelten als Erste die Handwerkskunst der Wollverarbeitung und legten damit den Grundstein zur einst blühenden Textilindustrie in dieser Region.

Die Römer kamen mehrfach in die Gegend. Ganz in der Nähe des heutigen Melrose bauten sie eines ihrer größten Forts und nannten es Trimontium, denn es lag gleich unterhalb der markanten drei Gipfel der **Eildon Hills.**

Zahlreiche Schlösser und Herrenhäuser spiegeln den durch die landwirtschaftlichen Reformen des späten 18. Jahrhunderts erlangten Reichtum der hiesigen Landbesitzer wieder. **Thirlestane Castle, Mellerstain, Floors, Paxton House** und **Manderston** und viele andere zählen deshalb nicht nur wegen ihrer Architektur, die vielfach mit der Adamfamilie im Zusammenhang steht, zu den prachtvollsten Bauten Schottlands.

Jedburgh, die historische Festungsstadt, hat nur etwas mehr als 4000 Einwohner. Wegen seiner Nähe zur englischen Grenze nimmt es unter den hübschen und interessanten Städtchen der Borders eine besondere Stellung ein. Der ehemals regionale Gerichtsort war einst bekannt für seine sprichwörtlich feinfühlige Justiz. Die stand unter dem Motto ,erst den Mann aufhängen und dann den Fall verhandeln'. Das hing sicherlich mit der nahen Grenze, der Präsenz der Engländer und den Border Reivers zusammen. Heute wird das Ortsbild vor allem durch das eindrucksvolle Bauwerk der **Jedburgh Abbey** geprägt. Es ist von allen Klöstern in den Borders das imposanteste Gebäude, auch wenn die Ruine dieses Augustinerklosters seine einstige Pracht nur noch erahnen lässt. Drei Stockwerke hoch, verdeutlichen jetzt noch immer die leeren Karkassen des Chors und des Kirchenschiffs mit seinen romanischen und gotischen Fensterbögen, dem prachtvoll gestalteten romanischen Portal und einer Fensterrosette im Westflügel, die Baukunst der Handwerker dieser Zeit. Jedburgh Abbey wurde, wie die anderen Klöster der Region, im 12. Jahrhundert erbaut und während der vielen kriegerischen Auseinandersetzungen zwischen Schottland und England mehrfach zerstört und wieder aufgebaut.

Auf einem Hügel über dem Ort thront die mittelalterliche Festung, in der 1285 **Alexander** III. seine Hochzeit mit Yolande, seiner zweiten Frau, feierte.

Weit interessanter ist aber das **Mary Queen of Scots House.** Es widmet sich ausschließlich der tragischen Geschichte der schottischen Königin. Örtlich war es das bequemste Haus, in dem sie 1566 einige Wochen lang wohnte, denn es hatte Innentoiletten! Nach einem eintägigen Gewaltritt über 50 Meilen zum Hermitage Castle (16. Oktober 1566) und zurück, erkrankte sie und lag in diesem Haus lange Zeit mit dem Tod ringend. Dieser Ritt durch die sonst unwegsame Landschaft zum Besuch des verletzten Fürsten James Hepburn, Graf von Bothwell, hatte sie zu sehr entkräftet. Wahrscheinlich war es zusätzlich eine schwere Stoffwechselerkrankung (Porphyrie), die ihr zu schaffen machte – die gleiche Krankheit, die sie von ihrem Vater geerbt hatte und über ihren Sohn an einige der späteren europäischen Könige (George III.) und den Hochadel weitergab.

Jedes Jahr wird in Jedburgh, das nur zwölf Kilometer von der Grenze zu England entfernt liegt, ein alter Brauch gepflegt, der an die zahllosen Kriege zwischen den beiden Ländern erinnert – der *hand ba.* Die *Uppies* und *Doonies,* die Bewohner der Ober- und der Unterstadt, versuchen dabei, in einem stundenlangen über die ganze Stadt hin und her wogenden Kampf einen Ball ins Tor der Gegenmannschaft zu befördern, das am jeweiligen Ortsrand liegt. Der Ball, mit dem dieses traditionelle Spiel gespielt wird, soll einst der Kopf eines Engländers gewesen sein.

Exkurs: Textilgeschichte der Borders

Seit frühester Zeit wurde in allen Teilen Schottlands in Heimarbeit gestrickt und gewebt, aber der produzierte Stoff war rauh und grau – er wurde *hodden* genannt. Im Verlauf des 12. und 13. Jahrhunderts siedelten sich im Grenzland Mönche an. Sie bauten nicht nur vier großartige Klöster, sondern brachten aus Frankreich und Flandern auch Kenntnisse über den Gebrauch des Webstuhls mit. Es war jedoch die gesteigerte Nachfrage nach Hammelfleisch im 18. Jahrhundert, die den Anstoß für die Entwicklung des schottischen Grenzlandes zum Zentrum der Textilindustrie des Landes auslöste. Das heimische **Blackface-Schaf** mit seiner rauhen Wolle wurde durch andere Züchtungen ersetzt, besonders durch die **Cheviot** Rasse. Dieses Cheviot Schaf liefert eine ausgezeichnete kurze Wolle, die für feinere Stoffqualitäten benötigt wurde. Ein weiterer wichtiger Faktor war die Kraft des reichlich vorhandenen Wassers, das die Berge herunter strömte, um Mühlräder und Maschinen antreiben zu können. Wasser war auch zum Waschen, Entfetten, Walken und Färben der Ware notwendig. Während der ersten Blütezeit der Industrie – etwa von 1770 bis 1830 – wanderten aber große Bevölkerungsteile in die Städte aus.

Galashiels führte als erste Stadt die mit Wasserkraft angetriebenen Spinn- und Webstühle ein, damit einen Vorsprung schaffend für die hiesigen Weber, die 1777 eine eigene Zunft gründeten. Die Wolle ließ hier 1883 auch eine besondere Schule, die ‚School of Textiles and Design' entstehen, die heute als Teil der Heriot Watt Universität, Edinburgh, in der Welt der Mode einen besonders guten Ruf genießt.

In **Jedburgh** machten die Weber Schluss mit der uralten Tradition, nur Garne in den Farben grau, blau oder schwarz zu verarbeiten: Sie sponnen zwei Farben zu einem Faden zusammen und schufen so die eigentümlichen Flecken- und Tüpfelmuster im Tweed, Twill genannt.

Die Qualität der von den Cheviot-Schafen produzierten Wolle ließ um die Mitte des 19. Jahrhunderts nach. Damals legten Züchter mehr Wert auf Fleisch- als auf Wollqualität.

Border Collies

Schafe sind seit Jahrhunderten aus den Borders und vielen anderen Regionen Schottlands nicht wegzudenken – sie haben sie kahl gefressen und geformt. Schafe werden sicherlich noch lange Zeit Teil des Landschaftsbildes Schottland sein. Ohne die Hütehunde – die Border Collies – ist die Schafzucht in

---

Schottland allerdings undenkbar. Ohne sie wären sie in den Hügeln im Süden oder in den Bergen des Nordens nicht zu kontrollieren. Die treuesten Freunde der Schäfer – ob zwei- oder mehrfarbig – sind seit dem Ende des 19. Jahrhunderts das erfolgreiche Ergebnis einer Züchtung aus verschiedenen Rassen, hauptsächlich aber Vorstehhund, Setter und Spaniel. In der ganzen Welt sind die gelehrigen Hunde inzwischen bekannt und, überall wo Schafe zu hüten sind, beliebt. Border Collies sind reine Energiebündel, extrem ausdauernd und flink. Sie können leicht über 150 km pro Tag zurücklegen. Entsprechend fühlen sie sich als Haus- oder gar Schoßhund in der Enge der Stadt fehl am Platz und gelangweilt. Die Hunde werden von den Pfiffen der aus der Ferne nur beobachtenden Schäfer gelenkt oder agieren selbstständig außer Sicht. Die Hütehunde sind darauf trainiert, die Schafe von den Hügeln zu holen ohne sie anzufallen oder zu beißen. Aus dieser Partnerschaft zwischen Mensch und Hund ist ein sportlicher Wettbewerb entstanden, der inzwischen in einer Fernsehserie ausgetragen wird.

Die Wolle der schottischen Schafe wird heute, wenn es sich noch lohnt, sie zu scheren, vielfach als Füllmaterial für Polstermöbel nach Italien oder in den Mittleren Osten zur Teppichherstellung exportiert.

In Hawick, dem Zentrum der Strickwarenindustrie, gehörten bis vor wenigen Jahren nicht weniger als 70 % aller Arbeitsplätze der Wollbranche und der Textilindustrie.

Leider durchlebt die Region z. Zt. aber eine wirtschaftliche Dürreperiode. Sowohl die wollverarbeitende als auch die in dieser Region in den letzten Jahren heimisch gewordene Elektronikindustrie haben größte Schwierigkeiten. So gingen in dieser strukturschwachen Region der Borders und dem angrenzenden Dumfries and Galloway zusammen mit Kündigungen aus anderen Produktionsbetrieben insgesamt fast 4000 Arbeitsplätze verloren. Selbst die in der Welt für ihre Kaschmir- und Wollprodukte bekannte Firma Pringle ist von diesem Trend nicht verschont worden. Neues Management, modernes Design und zeitgemäßes Marketing scheinen diesem Abwärtstrend aber wirksam entgegen zu steuern. Gerade Firmen wie Pringle, Johnston, Lyle and Scott in Hawick oder Holland and Sherry in Peebles wie auch Barrie (von Chanel gekauft 2012), die der Nachfrage nach feineren Wollimporten Rechnung trugen, gedeihen weiterhin. Die hochwertigen Erzeugnisse dieser Webereien aus feinerer, teilweise australischer Wolle und aus Kaschmir haben Weltruf. So zielen neuere Zahlen der Industrie bis 2017 auf Exportzahlen von £950 Millionen hin.

Central Lowlands

Die Central Lowlands sind in geologischen Termini eine tektonische Senke, ein Graben, der durch das Südliche Hochland (den Southern Uplands) und im Norden durch die sogenannte **Highland Boundary Fault** begrenzt wird. Die Senke des **Central Belt** im wirtschaftlichen und beinahe geografischen Zentrum Schottlands ist keineswegs flaches Land. Sie gliedert sich in kleine Ebenen, Hügelketten und einzelnstehende Berge vulkanischen Ursprungs. Markantestes Merkmal sind die trichterförmigen Flussmündungen des **Firth of Clyde** im Westen und des **Firth of Forth** und des **Firth of Tay** im Osten, die sehr weit in das Land hineinreichen. Jahrhundertelang wurden reiche Bodenschätze (Kohle, Eisenerz, Sandstein und Ölschiefer) abgebaut. Daher ist die heutige Oberfläche zu einem erheblichen Teil durch Menschenhand kreiert. Es ist das historische Herz Schottlands und mit zahlreichen Industrieansiedlungen ist es gleichzeitig auch die am dichtesten bevölkerte Region. In diesem Graben liegen auch die beiden großen Städte **Glasgow** und **Edinburgh** mit knapp 580 000 (2006) bzw. 470 000 (2008) Einwohnern.

Allgemein bietet das Tiefland mit seinen Lehmböden relativ günstige Voraussetzungen für den Ackerbau. Bestes Beispiel dafür ist die Region **Fife**. Im Norden und Süden durch die Mündungen der Flüsse Tay und Forth eingefasst, hat diese außer einigen ehemals vulkanischen Hügeln sonst fruchtbar flache Landschaft im Osten und entlang der Nordsee lange sandige Strände. Es ist deshalb verständlich, dass in dieser Küstenregion auch die Fischereiwirtschaft angesiedelt ist.

An der Schwelle zum Hochland gelegen, war das einst stark industriell genutzte und heute größtenteils landwirtschaftlich geprägte Flachland um **Stirling** schon immer ein Dreh- und Angelpunkt der Geschichte. Durch seine dominierende Lage von einem hohen Vulkankern herab, von wo aus sie die ehemals umgebende Sumpflandschaft überschaut, spielte Stirling Castle mehrfach in der schottischen Geschichte eine entscheidende Rolle.

Ein anderer landschaftlicher Höhepunkt auf der Grenzlinie zum Hochland ist die **Trossachs Region** mit ihren zahlreichen bewaldeten Tälern und idyllischen Lochs.

Die Lothians

Die drei Regionen, die Schottlands Hauptstadt Edinburgh umgeben, werden als die Lothians bezeichnet. In den Gebieten East Lothian, Middle Lothian und West Lothian leben insgesamt 770 000 Menschen. Dort, am Südufer des Firth of Forth, wurde bis vor wenigen Jahren noch in zahlreichen Zechen Kohle gefördert und andere wichtige Mineralvorkommen abgebaut. Dazu zählte vor allem Ölschiefer (*Shale*), aus dem hier erstmals und bis in die 1960er Jahre hinein Mineralöl gewonnen wurde. Diese Industriezweige sind größtenteils und unter meistens erheblichen Arbeitsplatzverlusten verschwunden. Der Ausgleich durch neue Beschäftigungsgebiete wurde z.T. durch Wirtschaftsförderung erzielt. Sie bewirkte u.a. die Neuansiedlung moderner Industriebereiche, vor allem der Elektronikindustrie, die heute die meisten Arbeitsplätze stellt. Betriebe für Büromaschinen und Computerherstellung, Feinmechanik sowie für Erdöl- und Erdgasförderung und -verarbeitung, chemische Betriebe und Firmen für die Produktion von Rohren und den Bau von Bohrplattformen und Raffinerieanlagen sind hier heute ansässig.

Diese Landschaft ist die Taille Schottlands, die engste Stelle zwischen Nordsee und Atlantik. Während der Industriellen Revolution und der Schwerindustrieperiode Schottlands im späten 18. und beginnenden 19. Jahrhundert wurde diese Enge für den Bau des **Forth and Clyde Canals** genutzt. Über ihn konnten die Kaufleute ihre Importe aus der Neuen Welt von Glasgow zur Nordsee und gleich weiter in das Baltikum und in die Niederlande exportieren. 30 m hoch erheben sich gleich neben der Autobahn die neusten Attraktionen des Landes. Einst treidelten schwere Pferde die Kanalboote. Daran erinnern hier am Zusammenfluß des Clyde und Forth Kanals die beiden stählernen Skulpturen der *Kelpies*. Nicht weit von Grangemouth umgibt flaches Land die ehemalige Industriestadt **Falkirk**. 1298 wurde **William Wallace** vor den Toren dieser Stadt geschlagen, dagegen gewann **Bonnie Prince Charlie** 1746 dort eine andere große Schlacht. 144 000 Einwohner leben in und um Falkirk.

Westlich von Edinburgh hat die Region **West Lothian** mit ihren Industrieansiedlungen einen historisch sehr interessanten Hintergrund. Neben den Überresten des römischen Antonine Walls ist die Landschaft voll geschichtsträchtiger Anwesen, Burgen und Ruinen ehemals stolzer Schlösser. Eines davon, gleichzeitig auch das wichtigste und größte Schloss in West Lothian, ist **Linlithgow Palace**, die Geburtsstätte von Mary Queen of Scots. Nicht weit von **Linlithgow**, am Oberlauf des sich westwärts immer weiter verjüngenden Firth of Forth, liegt der kleine Ort **Grangemouth**. In dieser größten Ölraffinerie Schottlands strömen täglich rund 750 000 Barrel Rohöl zur Weiterverarbeitung aus den Pipelines der Bohrinseln in der Nordsee. Der Chemie Gigant IENOS kaufte die urspüngliche BP Anlage und baut z.Zt. diesen Komplex mit ihrer Raffinerie, den petrochemischen Anlagen und Gasvorratslagern zu einer der größten dieser Art in Europa aus.

Ostwärts von Edinburgh erstreckt sich **East Lothian** bis zur Mündung des Firth of Forth in die Nordsee bei North Berwick. Das Bild dieser ebenen Landschaft wird größtenteils durch Landwirtschaft bestimmt. East Lothian ist bekannt für sein besonderes Licht und die im Sonnenschein des Frühjahrs und Sommers leuchtenden Farben. Entlang der Nordseeküste von North Berwick über **Dunbar** und bis hinunter an die Grenze zu England bei Berwick upon Tweed wechseln sich steile Klippen und kleine Buchten mit herrlichen Sandstränden ab. Zu den zahlreichen Sehenswürdigkeiten East Lothians zählt u.a. der **Bass Rock** nahe **North Berwick** mit seiner riesigen Tölpelkolonie. Dieser Felsen gab dem Vogel seinen deutschen Namen – Basstölpel. Mit ca. 80 000 Exemplaren ist es die größte Kolonie dieser Vögel in der Welt. Ganz bestimmt zählen zu den Attraktionen East Lothians auch die gut erhaltenen und schön gelegenen Ruinen von **Dirleton Castle** und dem geschichtsträchtigen und spektakulären **Tantallon Castle**. In atemberaubender Lage, hoch auf steilen Klippen, bewachte diese Burg der Douglases einst den weiten Eingang des Firth of Forth. Die Felsmasse des rund 150 m hohen **Bass Rock** liegt der Burg genau gegenüber. Während des Zweiten Weltkriegs wurden in der flachen Landschaft East Lothians zahlreiche Feldflugplätze der Royal Airforce angelegt. Einer davon wurde erhalten und als ein Ableger des Scottish National Museums in Edinburgh zu einem Flugmuseum mit vielen beeindruckenden und historischen Maschinen, darunter die letzte geflogene Concorde, ausgebaut.

In der Region **Midlothian** ist u.a. die Ruine des herrlichen **Crichton Castle** sehenswert. Südlich von Edinburgh liegend, sah diese Burg im Mittelalter reichlich ‚Action', zum Teil in Verbindung mit Mary Queen of Scots. **Rosslyn Chapel**, etwas westlich von Chrichton Castle gelegen aber wesentlich friedlicher und besser erhalten, ist es nicht nur wert besichtigt zu werden, sie ist heute auch das Ziel vieler Literaturpilger. Um diese Kapelle – fast die einzige, die der nachreformatorische Bildersturm nicht ihrer Pracht beraubt hat – ranken sich zahlreiche Sagen und Legenden. So wird sie mit Freimaurern und dem Templerorden in Zusammenhang gebracht. Nach Dan Brown's Bestseller und dem gleichnamigen Film *The Da Vinci Code* soll sie auch der Ort des Heiligen Grals sein. Die kunstvollen Steinmetzarbeiten, mit denen die Kapelle geschmückt ist, gelten gemeinhin als die besten in ganz Schottland. Sie enthält u. a. eine herrlich gemeißelte Säule (*Apprentice Pillar*), von der gesagt wird, dass der Lehrling (*Apprentice*), der sie einst schuf, von seinem neidischen Meister mit dem Hammer erschlagen wurde. Die größte Sehenswürdigkeit Midlothians ist freilich die Hauptstadt selbst.

Edinburgh

Die Hauptstadt Schottlands ist mit knapp 490 000 Einwohnern (2011) nur die zweitgrößte Stadt des Landes. Seit dem

Mittelalter zählen bis heute Druckereien, Brauereigewerbe und neuerdings auch die Elektronikindustrie zu den wichtigen Industrie- und Erwerbszweigen in dieser Stadt. Dazu kommen die zahlreichen Behörden mit ihren Dienststellen, Verwaltung, Ausbildungsstätten, Justiz, Versicherungen und Banken Dadurch wurde die Hauptstadt zu einem der bedeutendsten Dienstleistungszentren in Großbritannien. Edinburgh steht im Banken- und Versicherungswesen an vierter Stelle Europas. Großhandel und Unternehmensberatungen führen gleich nach London die Tabelle an zweiter Stelle an. Kulturell und touristisch ist die politische Hauptstadt Schottlands das unbestrittene Zentrum des Landes. Mit ihrer geometrisch angelegten Neustadt und der mittelalterlichen und frühneuzeitlichen Altstadt ist die Stadt auch heute noch ein geschichtsträchtiges, architektonisches Juwel, die als World Heritage Centre geschützt, ihresgleichen sucht.

Beherrscht wird das Stadtbild durch das majestätische **Edinburgh Castle**, das auf dem zerklüfteten und steilen Rest eines erloschenen Vulkans thront. Edinburghs Zentrum besteht aus der **New Town**, die für ihre georgianischen Wohnhäuser inmitten grüner Parkanlagen bekannt ist, und der **Old Town** mit ihren alten Häusern und der fotogenen Skyline. Einzigartig ist, wie diese Altstadt an den steilen Hängen über neun Jahrhunderte mit für ihre Zeit ungewöhnlich hohen Häusern wuchs. Genauso einzigartig, wenn auch zum Teil etwas unheimlich, sind die dazwischenliegenden dunklen, mittelalterlichen Gassen (Closes) mit ihren traditionsreichen Pubs.

Die Einwanderer (Iren, Inder, Chinesen, Italiener u.v.a.), zahllose Touristen aus allen Ländern der Welt und die Studenten der drei Universitäten und vier Colleges verleihen dieser polyglotten Metropole ihr besonderes Flair. Zahlreiche urige Pubs, z.T. mit Livemusik, Bars und erstklassige Restaurants sorgen für ein abwechslungsreiches Nachtleben.

Es ist wohl kaum möglich, sich in der Stadt zu verlaufen, denn Edinburgh ist im Kern sehr klar gegliedert. Genau von Ost nach West erstreckt sich als südliche Grenze der New Town die **Princes Street**. Einer der weisesten Entschlüsse der Stadtväter des 19. Jahrhunderts wurde in die Tat umgesetzt und ist noch heute gültig: Die klassizistischen Sandsteinbauten und die modernen Gebäude mit zahlreichen Geschäften, Kaufhäusern, Restaurants und Hotels wurden alle nur auf der Nordseite der Princes Street gebaut, um den einmaligen Blick auf die malerische Altstadtsilhouette zu erhalten.

Alt- und Neustadt werden durch eine tiefe Senke getrennt, in der heute die Bahnlinien entlangführen. Einst befand sich an dieser Stelle ein aufgestauter See, in dem im Mittelalter die Abfälle der Altstadt landeten. In ihn wurden aber auch die Hexen während der in Schottland besonders grausamen Hexenverfolgungen des 16. und 17. Jahrhunderts getaucht. Ende des 18. Jahrhunderts wurde dieser **Nor Loch** trockengelegt. Heute bieten die blumenreichen Parkanlagen der **Princes Street Gardens** im Zentrum der Stadt vor der Kulisse der Altstadt und der Burg einen wesentlich angenehmeren Anblick. So ist u.a. in diesem Park die erste und weltgrößte Blumenuhr zu sehen, die dazu auch noch die genaue Zeit anzeigt und sie mit einem Kuckuck verkündet! Sie wird mit einem jährlich wechselnden Motiv aus bis zu 20 000 Pflanzen kreiert.

Auld Reekie

Wegen der vielen neoklassischen Gebäude scheint für manchen Betrachter ein Vergleich des Stadtbildes von Edinburgh mit dem Athens angebracht So entstand einer der beiden Spitznamen der Stadt – das ‚Athen des Nordens'. Doch mit seinen vom Rauch der vielen Kamine geschwärzten Häusern hatte Edinburgh früher auch einen zweiten Spitznamen ‚Auld Reekie' – die ‚Alte Verrauchte'. Glücklicherweise ist die Stadt längst vom Ruß der Kohle befreit. Während der 1970er Jahre sind fast alle Sandsteinfassaden systematisch gereinigt worden.

Auf der anderen Seite der Senke führen steile Gassen hinauf zum alles beherrschenden **Edinburgh Castle**. Östlich davon erstreckt sich die Altstadt mit düster engen Gassen, die links und rechts von der Royal Mile in die beiden begleitenden Täler abfallen. Diese hoch überbauten Gassen oder Gänge führen vom groben Kopfsteinpflaster der Royal Mile zu den z.T. noch mittelalterlichen Häusern. In den angrenzenden und oft tief verschachtelten Hinterhöfen verstecken sich zahllose Pubs und Restaurants. Kein Wunder, dass in dieser Atmosphäre die oft recht gruseligen und aufregenden Geschichten der Stadt und des Landes auf Schritt und Tritt zu fühlen sind. Empfängliche Besucher meinen noch heute, nach Sonnenuntergang die unheimlichen Ereignisse um finstere Gestalten wie **Major Weir**, von dem nur ein Spazierstock und eine Laterne sichtbar sein sollen, oder **Deacon Brodie**, dem Vorbild von *Dr. Jekyll und Mr. Hyde*, zu spüren. Im 19. Jahrhundert haben **R.L. Stevenson**, **Robert Chambers** und andere Schriftsteller gruselige und herrlich unterhaltsame Geschichten über die Menschen und Geschehnisse im alten Edinburgh geschrieben.

Die Royal Mile war und ist immer noch die einzige Hauptstraße der Old Town. Beginnend beim Castle, führt sie von dort, einem abfallenden Felsgrad folgend, hinunter zum Palace of Holyroodhouse. **Arthur's Seat** und der **Castle Rock** sind, ebenso wie der Felsen, auf dem Stirling Castle steht, aus Vulkanen entstanden, die vor 350 Millionen Jahren aktiv waren. Sie wurden während der Eiszeiten von Gletschern, die von West nach Ost flossen, auf ihren harten Basaltkern reduziert. Diese europaweit nur in Schottland vorkommende geologische Formation ist ein sogenannter *Crag and Tail* mit steilen Felsenklippen (*Craig*) an drei Seiten und einem nach Osten auslaufenden Bergrücken (*Tail*) an der vierten.

Im Tal am östlichen Ende der Royal Mile angelangt, zweigt die Straße vor dem Palast von Holyroodhouse nach Süden ab. Am neuen Schottischen Parlament vorbei führt der Weg dann auf einer spektakulären Route durch den **Holyrood Park** rund um Arthur's Seat herum. Geologisch Interessierte erhalten dort und in der neuerdings an seinem Fuß zu sehenden Ausstellung ‚**Dynamic Earth**' einen vorzüglichen Einblick in die verschiedenen Erdzeitalter. In dem an ein modernes Zelt erinnernden Bau wird an den Edinburgher Geologen **James Hutton** (1726-97) als Vater der Geologie erinnert. Er gewann an den steil dahinter aufragenden Felsklippen von Salisbury Craigs vor etwas mehr als 200 Jahren erste Erkenntnisse für die geologische Zeitrechnung.

Mit seinem Buch *Theory of the Earth* (1788) legte er den Grundstein für diese Wissenschaft. Wanderer genießen heute den Ausblick von dem Berg auf die Stadt und die Sehenswürdigkeiten vor dem Hintergrund des **Firth of Forth**. Erst von hier oben wird auch das geniale Konzept des spanischen Architekten Enric Miralles und das Layout des Parlamentkomplexes deutlich.

Neben den geologischen und historischen Attraktionen muss hier auch das mittlerweile schon über 60 Jahre alte und weltbekannte **Edinburgh International Festival** des klassischen Theaters und der Musik erwähnt werden, das jährlich über drei Wochen im August stattfindet. Dem haben sich andere Festivals (Fringe, Book Festival, Film Festival, Festival of Science...) zugesellt und teilweise sogar in Veranstaltungs- und Besucherzahlen überholt. So ist es kein Wunder und längst kein Geheimnis mehr, dass diese Stadt mit ihrem besonderen Flair und ihren zahllosen Attraktionen weltweit ein touristisches Muss geworden ist.

Old Town

Wahrscheinlich gab es schon im siebten Jahrhundert eine Befestigung auf dem Felsen, bevor Edinburgh Castle im zwölften Jahrhundert als eine der bedeutendsten schottischen Burgen entstand. Zur Hauptstadt Schottlands wurde Edinburgh erst im 15. Jahrhundert. Erst zu Beginn des 16. Jahrhunderts machte sie **James** IV. mit dem **Palast von Holyroodhouse** zur Residenzstadt.

Die Besiedlung erfolgte beiderseits und entlang des Bergrückens, die High Street hinunter und später sogar in die Gegend der damals unabhängigen Stadt **Canongate**. Diese hatte ihren Ursprung in der Gründung der **Holyrood Abbey** (Abtei zum Heiligen Kreuz) – daher auch der Name, der Bezug nimmt auf die geweihten Mönche (Kanoniker). Die Hauptstraße der Stadt erstreckte sich freilich einst nur vom Burgberg über den Lawnmarket und die High Street bis zum **Netherbow Gate** hinunter. Jenseits davon war Canongate eine vollkommen eigenständige Stadt, die außerhalb der **Flodden Wall** – der Stadtmauer Edinburghs – lag.

Als Mary Stewart, die Tochter von James V. und spätere Mary Queen of Scots, 1542 in Linlithgow geboren wurde, hatte die Altstadt Edinburghs bereits ihre charakteristischen *lands*, die Mietshäuser. Sie mussten aus Platzmangel innerhalb der engen Stadtmauern mehrere Stockwerke hoch gebaut werden. Diese ersten Hochhäuser der Welt hatten teilweise bis zu 13 Stockwerke und waren mit der Bebauung in anderen europäischen Städten kaum zu vergleichen. Die Stadt wuchs und wuchs – in die Höhe. Edinburgh hatte sich aus Furcht vor den ewigen Angriffen der Engländer durch Mauern wie die Flodden Wall im Süden und Osten und den Nor Loch nach Norden hin in ein enges Korsett aus Verteidigungsanlagen gezwängt. Auf dem knappen Raum dazwischen blieben als einzige Lösung nur die hohen Häuser. In ihnen lebten Menschen aus allen sozialen Bereichen wie z.B. Richter und Doktoren mit Kaufleuten und Kesselflickern auf engstem Raum und unter einem Dach zusammen. Mit bald 50 000 Menschen, die von der Castle Esplanade bis hinunter zum Netherbow Gate entlang der High Street lebten, war die Altstadt einfach hoffnungslos übervölkert.

Die Müllentsorgung war einheitlich geregelt: pünktlich um zehn Uhr abends gingen mit dem Glockenschlag von St. Giles' die Fenster auf und mit dem Ruf: „gardy loo" (vom frz. *gardez-l'eau*) wurde aller Unrat einfach auf die Straße gekippt. Kein Wunder, dass Pest und andere Seuchen über die Jahrhunderte die Bevölkerung immer wieder drastisch reduzierten. Einschneidende Veränderungen ergaben sich um das Jahr 1765, als nach der parlamentarischen Union von 1707 kein Krieg mit England mehr zu befürchten war. Damals begann mit der Gründung der **New Town** die große Auswanderung aus der ungesunden Atmosphäre der Altstadt. Wer etwas auf sich hielt, baute außerhalb der alten Stadt auf der gegenüberliegenden Seite des Nor Lochs, denn dort gab es mehr Platz und Licht – und vor allem frische Luft. Zurück blieben in der **Old Town** bis in das 20. Jahrhundert hinein nur Not und Elend. Noch 1961 konnte **Muriel Spark** in ihrem Roman *Die Blütezeit der Miss Jean Brodie*, der im Edinburgh der 1930er Jahr spielt, die Altstadt als Slum beschreiben. Seit 1996 sind beide Stadtteile nun als Weltkulturerbe geschützt.

Edinburgh Castle steckt voller Geheimnisse. Malcolm III. Canmore gründete in der Burg die große Dynastie der Canmores und Robert the Bruce ließ sie von den Engländern zurückerobern. Mary Queen of Scots gebar 1566 ihren Sohn, den künftigen König James VI., im Schutz ihrer Mauern; Cromwells Truppen nahmen die Festung 1650 ein und Bonnie Prince Charlie versuchte 1745 vergeblich, den früheren Sitz der Stewart-Dynastie zurückzuerobern. Unter vielen anderen sind das nur wenige Beispiele für Ereignisse, die sich auf und im Schatten dieser Burg abspielten.

Ins Innere der Burganlage geht es an den Statuen der beiden größten schottischen Nationalhelden – **William Wallace** und **Robert the Bruce** – vorbei durch den wuchtigen Torbogen des **Gatehouse,** das allerdings aus dem Jahr 1887 stammt. Gleich dahinter ragen steile Felsen auf, die gekrönt sind von der Kanonenbastion – der **Half Moon Battery** – aus dem 16. Jahrhundert. Sie schützte den Zugang zur Burg von der Stadtseite. Weiter geht es über holpriges Kopfsteinpflaster und durch einen dunklen Torbogen mit gewaltigem Fallgitter, einem von ursprünglich vier Toren als eigentlicher Eingang zur Burg. Eine zweite Batterie alter Schiffskanonen, genannt **Mill's Mount Battery,** säumt den weiteren Weg zu einer Terrace, von wo aus eine moderne Kanone drohend nach Osten deutet – die berühmte **One O'Clock Gun.** Sie dient aber einem friedlichen Zweck, denn mit einem einzelnen Böller verkündet sie täglich um ein Uhr mittags – außer sonntags, Karfreitag und Weihnachten – den Menschen in der Stadt die astronomisch genaue Zeit. Tradition erhaltend, weil einst das optische Zeichen für die Seefahrer im Firth of Forth, fällt auf der Spitze des Nelson Tower zeitgleich ein weißer Ball herab.

Steil führt die Straße den Hügel weiter hinauf und durch das **Foog's Gate** in das eigentliche Zentrum der Festungsanlage hinein. Gleich hinter dem Tor steht ein unscheinbares Gebäude auf einer rauen Felsspitze, das älteste Kirchengebäude des Landes, die **St. Margaret's Chapel.** Sie hat seit dem frühen

12. Jahrhundert alle schönen, dramatischen und auch grausamen Geschehnisse an diesem Ort gesehen. Klein und aus grobem Stein wurde es wahrscheinlich 1123 im romanischen Baustil von David I. im Gedenken an seine Mutter Margaret errichtet. Heute präsentiert sich die kleine Kapelle mit schlichtem weißem Inneren und einem kleinen mit Blumen aufgelockerten Vorplatz. Als wenn sie die Stadt noch heute schützen wolle, steht dort die monströse sechs Tonnen schwere Kanone **Mons Meg**, die wahrscheinlich in der belgischen Stadt gleichen Namens hergestellt wurde. 1457 wurde dieses Belagerungsmonstrum dem Kanonenliebhaber James II. zur Hochzeit geschenkt. Wenn es nicht regnet, bietet sich von dort einer der schönsten Blicke über ganz Edinburgh und die Umgebung bis weit in das Land. All das unterstreicht nur die dominante Position des Castles.

Der **Crown Square**, der Platz im Herzen der gesamten Anlage, ist von vier Gebäuden umgeben. Der jüngste Bau ist das beeindruckende **Scottish War Memorial** mit Erinnerungstafeln und Büchern zum Gedenken an die schottischen Gefallenen der beiden Weltkriege und anderer kriegerischer Auseinandersetzungen. Auf der Westseite des Platzes liegt das **Queen Anne Building**. Es enthält ein Café und über eine Treppe geht es von dort hinunter in die dunklen Katakomben der Burg. Sie beherbergten u.a. im 18. Jh. die Gefangenen der Napoleonischen Kriege. James IV. ließ die **Great Hall** anlässlich seiner Eheschließung mit der englischen Prinzessin Margaret Tudor als Bankett- und Repräsentationshalle bauen. An der Außenmauer der Halle, zum Crown Square, sind das große Wappen dieses Königs und die Blumenembleme der beiden Königreiche – Distel und Rose – eingelassen. Eindrucksvoll stützen die im Stil der damaligen Zeit geschnitzten Balken das mächtige Deckengewölbe der Great Hall. Sie trägt immer noch das ursprüngliche Dach. In dieser Halle wurde 1648 Oliver Cromwell bewirtet. Einige Jahrhunderte später konnte sich 1992 neben anderen Staatschefs der deutsche Bundeskanzler Helmut Kohl, anlässlich einer Gipfelkonferenz der europäischen Regierungsoberhäupter, der gleichen Ehre erfreuen.

Höhepunkt jedes Besuchs der Burg ist der **Königspalast**. In einem kleinen Zimmer brachte dort Mary Queen of Scots 1566 ihren Sohn, den späteren James VI., zur Welt.

Aus den vielen Ereignissen, die hier stattgefunden haben, sticht eines als besonders grausam hervor. Im Anschluss an ein opulentes Bankett wurde 1440 im Burgpalast dem jungen sechsten Grafen Douglas und seinem Bruder in Beisein König James II. der Kopf eines schwarzen Wildschweins auf einem Tablett serviert. Es war das Zeichen zu ihrer Hinrichtung: Sie wurden an Ort und Stelle erstochen. Der Grund für diesen politischen Mord war die, nach Auffassung des damaligen Regenten, allzugroße Macht der Douglases. Sie hatten seit der Zeit des Robert the Bruce ihre Privilegien und Ländereien vermehrt und wollten sich nicht mehr seiner Gewalt beugen.

Heute liegen im Palast, hinter dicken Panzerglasscheiben, die schottischen **Kronjuwelen**. Neben anderen Kleinodien sind das die schottische Krone – die zweitälteste Europas – das Staatsschwert und das Zepter, das König James IV. 1494 von Papst Alexander VI. bekam. Nach siebenhundertjähriger Abwesenheit liegt seit 1996 daneben aber auch der **Stone of Destiny**, der Stein mit der größten Symbolbedeutung für Schottland. Der englische König Edward I. raubte 1296 den Stein von Scone und ließ ihn in Westminster, zum Zeichen der Oberherrschaft aller künftigen englischen Monarchen über Schottland, unter den dortigen Krönungsstuhl legen.

Vor der Burg ist die breite **Esplanade** (Paradeplatz) heute Ort friedlicher Schauspiele. Einst wurden an dieser Stelle Hexen verbrannt, doch heutzutage findet auf der Esplanade alljährlich ein inzwischen weltberühmtes Militärschauspiel – das Tattoo – statt.

Nur wenige Meter weiter wird **Gladstone's Land** von einigen etwas neueren Häusern eingezwängt. Dieses typische Mietshaus aus der Mitte des 17. Jahrhunderts ist noch im Originalzustand und gehörte dem Kaufmann Thomas Gladstone, einem Vorfahren des späteren Premierministers von Königin Victoria. Der National Trust for Scotland hat es in seinen Urzustand versetzt: mit bemalten Holzdecken und – wänden. Die originalgetreu hergerichteten Möbel und

Einrichtungsgegenstände sowie die Küche zeigen sehr gut, wie die Menschen in dieser Stadt im 17. Jahrhundert gelebt haben.

Lady Stair's House, in einem Zwischenhof hinter Gladstone's Land gelegen, sollte in gar keinem Fall bei einer Stadtbesichtigung ausgelassen werden. Das geschichtsträchtige Haus enthält heute eine Ausstellung, die den drei bedeutendsten Schriftstellern Schottlands **Robert Burns, Sir Walter Scott** und **Robert Louis Stevenson** gewidmet wurde. Gezeigt werden dort im **Writers' Museum** viele nostalgische Erinnerungen wie z. B. Notizen, Hüte, Pfeifen und Schreibwerkzeuge.

Gegenüber von Gladstone's Land geht es durch **Fisher's Close** hinunter zur Victoria Street und entlang dieser Straße an den farbigen Häuserfassaden, Antiquitätenhändlern, Restaurants und kleinen Läden vorbei zum **Grassmarket**. Manche sagen, dieser Marktplatz gleich unterhalb der Festung wäre mit einer Sportarena vergleichbar. Einst wurden nämlich die Bewohner der umliegenden Häuser um ihre exzellente Aussicht bei öffentlichen Hinrichtungen beneidet. Auf dem Grassmarket stand zunächst der Galgen, aber von 1564 an, also noch zweihundert Jahre vor der französischen Guillotine, auch das erste Fallbeil der Geschichte, genannt *The Maiden*. Dieses Original steht heute nur 200 Meter weiter im National Museum of Scotland. Über 150 Menschen wurden an dieser Stelle im Laufe der Geschichte hingerichtet. Obwohl die meisten Kriminelle und anderer Verbrechen Beschuldigte waren, mussten im 17. Jahrhundert auch Covenanters in großer Zahl für ihre Glaubensauslegung hier sterben. Trotz dieses dramatischen Hintergrundes ist dieser Ort mit einer ganzen Anzahl Anekdoten, die oft tragisch-komische und dramatische Züge tragen, behaftet. So wurde hier 1736, nach einem Aufstand auf dem Grassmarket, der Hauptmann der Stadtgarde **John Porteous** vom aufgebrachten Stadtmob nachts gelyncht. Vor dem heute nach ihr benannten Pub wurde auch, der Legende nach, die des Kindesmordes angeklagte **Maggie Dickson** gehängt. Sie überlebte aber die Prozedur – und soll noch 30 Jahre gelebt haben. In zwei der zahlreichen Restaurants und Kneipen und bei nächtlichen *ghost walks* kann der schaudernde Besucher über diese Geschichten noch weitere Details erfahren. Wer das nicht mag, braucht buchstäblich nur um die Ecke zu gehen und findet in den Gassen und Straßen dieses Viertels zahlreiche herrlich vollgestopfte Antiquitätenläden und gut sortierte Boutiquen und Geschäfte.

Die von Franziskanern gegründete Greyfriars Kirk liegt am oberen Ende der kurzen Candlemaker Row, wo einst die Kerzenzieher ihre Werkstätten hatten. Nachdem St. Giles' als einzige Gemeindekirche von Edinburgh längst zu klein geworden war, wurde 1620 vor den Toren der Stadt diese erste nachreformatorische Kirche gebaut. Auf ihrem später berühmten Kirchhof wurde 1638 vom protestantischen Adel und vielern Vertretern des Bürgertums das legendäre Protestschreiben des Covenant an Charles I. abgefasst und unterzeichnet. Über 1000 Covenanters wurden im späteren 17. Jahrhundert unter fürchterlichen Bedingungen auf dem Friedhof der Greyfriars Kirk gefangen gehalten, bevor viele von ihnen auf dem Grassmarket hingerichtet wurden. Im Laufe der Jahrhunderte fand hier auch ein Großteil der historischen Persönlichkeiten des Landes und der Edinburgher High Society ihre letzte Ruhe. Unter anderem ruhen hier der Humanist George Buchanan (1506-82) sowie Sir Walter Scotts Vater und der bekannte schottische Architekt William Adam (1689-1748), Vater der berühmten Adambrüder.

Besucher aus aller Welt kommen in diesen Stadtteil, um

den wohl berühmtesten Hund der Welt zu sehen – das Denkmal von **Greyfriar's Bobby**. Der kleine Hund kam 14 Jahre lang täglich auf diesen Kirchhof und bewachte treu das Grab seines Herrchens, eines Polizisten, und erhielt später dafür sogar die Ehrenbürgerschaft der Stadt. Sein heute noch oft von Blumen bedecktes Grab liegt gleich am Eingang des Friedhofs. Walt Disney hat darüber den bekannten, gleichnamigen Film gedreht.

Greyfriar's Bobby

J.K. Rowling, so heißt es, ließ ein paar Namen der auf dem Friedhof Begrabenen in ihre Romanreihe *Harry Potter* einfließen. Dem Denkmal gegenüber liegt der moderne Erweiterungsbau des **Royal Museum of Scotland**. Mit seiner modernen Architektur, in der von altehrwürdigen Gebäuden geprägten Umgebung, hat der Bau sicherlich seine Kritiker. In jedem Fall ist es aber eine der bemerkenswertesten Neubauten der letzten Jahre in Großbritannien. Es bildet nicht nur in seiner Architektur einen Kontrapunkt zum Stadtbild dieser Umgebung, sondern ganz besonders auch in der Präsentation seiner historischen Schätze. Ausschließlich der Geschichte Schottlands gewidmet, zählt dieses Museum zu den führenden und interessantesten Museen seiner Art im Königreich. Der beeindruckende Komplex des alten Gebäudeteils, mit seiner Renaissancefassade aus der viktorianischen Zeit, enthält auf mehreren Stockwerken Dauerausstellungen. Sonderausstellungen werden regelmäßig ausgerichtet. In Schottland ist der Besuch dieser und vieler anderer Museen, Galerien und Gärten kostenlos.

Das Museum liegt an der Straßeneinmündung von South Bridge und Chambers Street direkt neben der 1583 gegründeten alten Universität, dem **Old College**, das 1789 von Robert Adam entworfen wurde. Vorbei an der **National Library of Scotland** auf der George IV. Bridge (eine der vier größten Bibliotheken Großbritanniens) geht es wieder zurück auf die Royal Mile. Besucher sollten es dort nicht versäumen, bei einem Bummel auch in die Seitengassen zu schauen und durch die dunklen Durchgänge in die Höfe zu gehen.

Das größte Gebäude an der Royal Mile und eines der wichtigsten in der schottischen Geschichte ist die **High Kirk of St. Giles**. Diese Kirche, die allgemein bekannt ist als St. Giles' Cathedral, stammt ursprünglich aus dem zwölften Jahrhundert. Von dieser ursprünglich normannischen Kulturepoche um 1120 sind allerdings nur noch die vier mächtigen kantigen Säulen erhalten, die den Turm mit der markanten Dornenkrone tragen. Im 14. und 15. Jahrhundert wurde die gotische Kirche mehrfach umgebaut und erhielt ihre asymmetrische Form. Vor der Reformation im Stil der damaligen Zeit prunkvoll dekoriert, wurde St. Giles' danach vieler Schätze beraubt und presbyterianisch nüchtern gestaltet. Die Kirche wurde auch später noch einige Male im Innenraum verändert. Heute ist das fast 900 Jahre alte Gebäude die Hauptkirche der Stadt. Die imposante Turmspitze prägt die charakteristische Skyline. Im Stein des Hauptportals sind historische Persönlichkeiten der schottischen Geschichte verewigt. Die vielen Details aus Architektur, Geschichte und die manchmal auch sehr rührenden weltlichen Erinnerungsstücke lohnen einen Besuch dieser Kirche. Nach den vielen Stürmen, die sie im Laufe der letzten 850 Jahre erlebt hat, ist sie heute ein fester Teil der protestantisch presbyterianischen Church of Scotland, doch sie steht allen Konfessionen offen.

Die Geschichte von St. Giles ist untrennbar mit dem Reformator **John Knox** verbunden, der das Gebäude im 16. Jahrhundert zur Ausgangsbasis der schottischen Reformation gemacht hat. Er predigte bis zu seinem Tod 1572 in dieser Kirche. Später, als **Charles** I. die episkopale Kirche wieder einsetzen wollte, las ein Priester erstmals die verhasste neue Messe in der für Schottland neuen anglikanischen Gottesdienstordnung, anstatt in der von John Knox eingesetzten reformiert-presbyterianischen Form. Das rief den Unmut der Andächtigen hervor und die Marktfrau **Jenny Geddes** warf ihm einen Schemel an den Kopf. Charles erhob schließlich die Kirche 1633 zur Kathedrale und Edinburgh somit zum Bischofssitz. Dieses anglikanische Intermezzo dauerte freilich nur wenige Jahre.

1985 lieferte das neue **Robert-Burns-Fenster** über dem Westportal Gesprächsstoff. Burns war und ist in den Augen der Kirche und vieler ihrer Mitglieder zwar ein hervorragender Poet, doch auf Grund seines Lebenswandels nicht unbedingt ein Musterbeispiel für die Kirche. Trotzdem ist seine Poesie treffend schön von dem isländischen Künstler Leifur Breidfjord festgehalten worden. Das Fenster wurde übrigens von einer Firma im deutschen Rottweil gefertigt.

In St. Giles ist die kleine angebaute **Thistle Chapel** besonders sehenswert. 1910 wurde sie mit reichen Verzierungen und

Schnitzereien für den Gottesdienst der ‚Knights of the Most Ancient and most Noble Order of the Thistle' erbaut. Dieser aus 16 Rittern bestehende, höchste schottische Orden wird persönlich von der Monarchin angeführt. Sie schlägt in der Kapelle jeweils unter großem Prunk eine von ihr auserkorene, schottische Persönlichkeit zum neuen Ritter, wenn einer der Vorgänger verstorben ist.

1707 unterzeichnete das schottische Parlament den Unionsvertrag mit England in dem Gebäude hinter St. Giles, in dem heute die höchsten Gerichte zusammentreten. Dieser öffentliche Saal ist allein schon wegen seiner herrlichen, geschnitzten Originaldecke aus offenem Fachwerk sehenswert. Unter ihr gehen die gegnerischen Anwälte paarweise auf und ab. Sie durchschreiten den Saal gemeinsam, damit ihre Argumente nicht mitgehört werden können. Während sie dabei ihren aktuellen Fall beraten, tragen sie oft noch ihren Habit, zu dem auch die traditionelle Perücke gehört. Besucher können sich das kleine Schauspiel gern anschauen, aber nicht fotografieren.

Über Jahrhunderte war das **Mercat Cross** (Handelskreuz) hinter St. Giles' der zentrale Treffpunkt des Stadtlebens. Von dieser Stelle aus wurden und werden auch heute noch wichtige Ereignisse der Öffentlichkeit bekannt gegeben. Früher wurden hier auch Fürsten (wie der Marquis von Montrose im Jahre 1650) barbarisch hingerichtet. Unter dem Handelskreuz traf sich Ende des 18. Jahrhunderts während der Zeit der schottischen Aufklärung die geistige Elite Schottlands.

Gegenüber davon erhebt sich, auf seiner Rückseite 13 Etagen hoch, das Gebäude der **City Chambers**. Ursprünglich geplant als Handelsbörse wurde es nach einem Entwurf der Adam Brüder John und Robert zwischen 1754 und 1761 gebaut. Die Kaufleute trafen sich aber weiterhin im Freien davor, und so wurde es dann als Rathaus genutzt. Es überbrückt drei darunterliegende und ins Tal führende Gassen, u.a. auch die gesamte **Mary King's Close**. Diese Gasse wurde, so heißt es, von den Stadtvätern des 17. Jahrhunderts während der damaligen Pestepidemie an allen Ausgängen zugemauert und zwar mit allem, was noch in ihr lebte. So ist es kein

Wunder, dass diese Gasse im Untergeschoss des Rathauses noch heute in dem Ruf steht, nicht geheuer zu sein. Aufmerksame Besucher erspähen im ersten Stock des Rathauses die Kronleuchter, die ein Geschenk der deutschen Partnerstadt München sind.

Die **Tron Kirk**, 100 Meter weiter die Straße hinunter, ist heute keine Kirche mehr. Wo nun dem Besucher hinter ihrer alten Fassade die Altstadt in einer Ausstellung (freier Eintritt) nähergebracht wird, stand früher eine Waage. Der Wiegebalken (Tron), an dem die Gewichte der Kaufleute geprüft wurden, war auch das bevorzugte Mittel zum Zweck, um unehrliche Kaufleute zu bestrafen, indem der Betrüger mit dem Ohr daran festgenagelt wurde. Schlitzohren gab es also auch in Edinburgh.

Die alte Tron Kirk steht an der Kreuzung, von wo in nördliche Richtung die **North Bridge** heute die Waverley Station im Tal überquert. Sie war 1767 die erste Brücke, die die Old Town mit dem Gelände, auf dem dann die Neustadt entstand, verband. Etwas weiter die Royal Mile hinunter liegt das **Museum of Childhood**. Viele schöne Kindheitserinnerungen werden dort durch Spielzeug, Puppen und Teddybären zwischen **Puppenhäusern**, historischen Puppenwagen und Büchern wachgerufen. Der Eintritt ist frei, wie in den meisten Museen und Galerien der Stadt.

Schräg gegenüber liegt **John Knox' House**. Dieses wiederum grenzt direkt an **Moubray House**, das vermutlich älteste Haus der Stadt. In dem Haus hat **Daniel Defoe** (1661-1731), der übrigens ein Spion für die englische Regierung war, 1710 seine Zeitung *The Review* herausgegeben. Im John Knox House, das schon vor 1490 gebaut wurde, ist das Museum der schottischen Kirche untergebracht. Benannt wurde es nach dem berühmten Reformator, aber es ist nicht sicher, ob Knox jemals darin gewohnt hat. Ganz sicher war es aber das Wohnhaus von James Mossmann. Seine Initialen und die seiner Frau sind auch noch an der Aussenfassade zu sehen, und er war es, der auch die sehenswerten Deckenbemalungen, hölzerne Galerien und Eichenholztäfelungen anbringen ließ. Dieser Goldschmied von

Mary Queen of Scots wurde auf Grund seiner Treue zu ihr schließlich gehängt. Dem Haus schließt sich das neu erbaute **Scottish Storytelling Center** an und danach sind es nur noch wenige Meter bis zum geografischen Ende der mittelalterlichen Stadt.

Für viele Bewohner, die sich nicht in die ungeschützte Vorstadt der Canongate wagten, war früher an dem alten Stadttor – heute kreuzen sich davor die Royal Mile mit der St. Mary's Street – die Welt zu Ende. Daher rührt der Name der Eckkneipe *The World's End*. Das **Netherbow Gate** in der Stadtmauer, die hier bis in das 18. Jahrhundert stand, war das östliche Tor zur Stadt. Über dem Tor wurden – so heißt es – nach Hinrichtungen Köpfe oder andere Körperteile ausgestellt – zur Warnung an alle Reisende, die in die Stadt kamen. Das Tor wurde leider abgerissen, um mehr Platz für den wachsenden Verkehr zu schaffen. Seine Grundrisskonturen können allerdings noch im Kopfsteinpflaster durch die dort eingelassenen Messingblöcke nachvollzogen werden. Eine Miniaturnachbildung des Tors ist in die rote Fassade des Gebäudes hinter dem John Knox House eingelassen.

Schräg gegenüber beginnt die Stadt Canongate, die bis 1865 vollkommen unabhängig von Edinburgh war. Canongate hatte ein eigenes Rathaus, das **Canongate Tolbooth**. In dessen Umgebung auf diesem unteren Teil der Royal Mile haben die alten Gebäude aus dem 17.–19. Jahrhundert alle ihre eigene interessante Geschichte. Das Canongate Tolbooth mit der großen viktorianischen Uhr an der Fassade birgt in sich heute die **People's Story**, ein Museum, das die Geschichte der einfachen Leute Edinburghs vom Ende des 18. Jahrhunderts bis zum heutigen Tag erzählt. Wenn sie in der Stadt weilt, fährt die Königin vom Palast kommend die wenigen Meter zur Andacht in die **Canongate Church**. Viele Persönlichkeiten sind auf dem kleinen Friedhof dieser Kirche begraben. Hier ruht u.a. auch Adam Smith, dessen Philosophie durch sein Buch *Inquiry into the Nature and Causes of the Wealth of Nations* oder kurz *The Wealth of Nations* (1776) zum Grundstein der freien Marktwirtschaft wurde.

Am Ende der Royal Mile, dort, wo nun der Palast und das

neue Parlament stehen, befand sich einst der dichte Wald von Drumsheugh. Der Legende nach wurde König David I. bei einem Jagdausflug in diesem Wald, der längst verschwunden ist, von einem riesigen Hirsch angegriffen, vom Pferd geworfen und bedroht. Wie durch ein Wunder erschien zwischen dem Geweih ein goldenes Kreuz (*rood*), nach dem der König gegriffen und so sein Leben gerettet haben soll. In Dankbarkeit für seine Rettung stiftete der König 1128 das Land, auf dem von Augustinermönchen dann die Abtei zum Heiligen Kreuz (**Holy Rood**) gebaut wurde. Sie wurde eine der Prächtigsten im mittelalterlichen Schottland. Wegen ihrer ungeschützten Lage außerhalb der Stadtmauern war sie jedoch häufiges Ziel von englischen Angriffen und Plünderungen. 1501 wurde das Gästehaus der Abtei zur **königlichen Residenz** umgebaut und erweitert.

Im Alter von 18 Jahren kehrte Mary Queen of Scots nach dem Tod ihres ersten Ehemanns dorthin zurück. Die Königin residierte für die nächsten sechs Jahre in Holyrood, wo auch der Mord an David Riccio geschah. Es wird vermutet, dass sie durch den Schock des Mords in ihrem Beisein zu einer Fehlgeburt gebracht werden sollte. Wenn das wirklich beabsichtigt war, dann schlug der Plan jedoch fehl. Das Kind, der spätere James VI. von Schottland und James I. von England, wurde im Juni 1566 auf Edinburgh Castle geboren. 1650 brannten Cromwells Kavalleriesoldaten den Palast nieder.

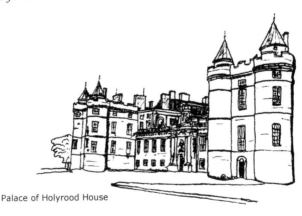

Palace of Holyrood House

Mit dem Wiederaufbau wurde der Architekt Sir William Bruce von Charles II. betraut. Bruce entwarf den Palast von Holyroodhouse in der strengen Form, die wir heute sehen. Die prachtvollen **Staatsgemächer** mit den üppigen Stuckdecken und dem opulenten Mobiliar aus dem 18. Jahrhundert sind besonders sehenswert. Hinzu kommen zahlreiche flämische und französische Gobelins und die umstrittene Porträtsammlung von über 80 schottischen Regenten. Der holländische Maler Jakob de Wet bekam den Auftrag, die über hundert Ahnen des langnasigen Charles auf die Leinwand zu bringen. Spöttisch wird behauptet, er habe dafür ganz einfach Menschen von der Straße Modell sitzen lassen, da er ja keine Anhaltspunkte gehabt habe, wie die Vorgänger ausgesehen hätten. Heute ist der **Palace of Holyroodhouse** jedes Jahr im Juni und auch zu anderen Gelegenheiten die offizielle Adresse der britischen Monarchin und ist dann natürlich für die Öffentlichkeit gesperrt.

Dem Palast gegenüberstehend, verkörpert der Bau des neuen Schottischen Parlaments nach fast fünfjähriger Bauzeit das wiedergewonnene und erstarkte Bewusstsein Schottlands. Wegen seiner hohen Baukosten und mehr noch wegen des gewagten Kontrastes der Architektur des Spaniers Enric Miralles mit den umliegenden Gebäuden des alten Edinburghs, ist es für viele Besucher zunächst ein Schock.

Eventuell erschließt sich dem aufmerksamen Betrachter aber die geniale Idee Miralles für diesen Parlamentsbau, der auch vom internationalen Fachpublikum treffend als grandios gepriesenen wurde. Mit seinen einzelnen, sich eng aneinander schmiegenden Gebäuden schuf der Spanier ein Abbild der Altstadt mit seinen Closes and Wynds im modernen Gewand dieses Parlamentskomplexes. Er wollte Volk und Land in diesem Gebäude verkörpert sehen. Das Gebäude sollte nicht nur auf dem Land stehen, sondern ein Teil des Landes sein. So plante er mit viel hiesigem Gestein, Beton und noch mehr Glas im Bau eine Gebäudeanordnung und Gartenarchitektur, die aus den Klippen der Salisbury Crags wie der Zweig eines Baumes ‚herauswächst' und in einem eleganten Schwung die Geografie, den Palast von

Holyroodhouse und die alte Stadt mit all der Historie verbindet.

New Town

Zu Beginn des 18. Jahrhunderts war der Punkt erreicht, an dem die Stadt Edinburgh, die bis dahin nur aus der jetzigen Altstadt bestand, aus allen Nähten zu platzen drohte. Entlang der Royal Mile lebten rund 50 000 Menschen ohne fließend Wasser, ohne Kanalisation und ohne sanitäre Einrichtungen. Der Bürgermeister **George Drummond** (1687-1766) hatte schon 1725 die Idee, das Gebiet unmittelbar nördlich der Senke des Nor Lochs für eine neue Stadt zu erschließen. Es dauerte aber noch über 40 Jahre bis auf diesem grünen Land nach einem Architekturwettbewerb die Neustadt in ihrer geometrischen Form gebaut wurde. **James Craig** gewann den Wettbewerb und nach seinen Plänen wurde die erste Neustadt gebaut, deren Hauptstraße – die George Street – vom **Charlotte Square** im Westen und vom **St. Andrew Square** im Osten auch heute noch begrenzt wird. In diesen Grenzen und zwischen Queen Street und Princes Street siedelten sich zunächst, wenn auch erst zögernd, die wohlhabenderen Bürger an. Im Gegensatz zur geschichtsträchtigen Altstadt besteht die gesamte New Town in ihren verschiedenen Bauabschnitten größenteils aus klassizistischen Gebäuden des späten 18. und beginnenden 19. Jahrhunderts.

Die gesamte georgianische Architektur und die Anlage des Charlotte Square beruhen auf dem Entwurf eines der größten Architekten Großbritanniens – des Schotten **Robert Adam** (1728-92).

Die beste Vorstellung von Lebensart und Einrichtung gutsituierter Familien des 18. Jahrhunderts wird wohl im feudalen **Georgian House** im Haus Nr. 7 Charlotte Square vermittelt. Der National Trust for Scotland hat dieses Meisterstück von Robert Adam sehr genau im Stil der damaligen Zeit und mit zeitgemäßen Originalstücken eingerichtet.

Im Haus Nr. 17 der **Heriot Row**, zwei Straßen weiter nördlich, lebte zwischen 1857 und 1878 der weltbekannte

Autor **Robert Louis Stevenson**. Er war das Kind der bekannten Ingenieursfamilie der Stevensons. Sein Buch *Die Schatzinsel* (1883) schrieb er allerdings nicht hier sondern im tiefsten Hochland. Stevenson, am 3. November 1850 in Edinburgh geboren, war ein kränkliches Kind. Sein Großvater, sein Vater und sein Onkel waren die erfahrensten Leuchtturmarchitekten und -konstrukteure Schottlands. Stevenson beendete zwar sein Jurastudium an der Edinburgher Universität, entschloss sich aber doch zur Karriere als Schriftsteller. Er wurde durch den Skandal um den Stadtrat Deacon Brodie (1741-88) inspiriert, der tagsüber ein gesittetes Leben als Schlosser und Schreiner führte und nachts die Häuser der Stadt plünderte. Brodie fand sein Ende ironischerweise 1788 auf der Royal Mile an dem ersten Falltürgalgen – den er selbst erfunden und konstruiert hatte! Knapp hundert Jahre später schrieb Stevenson sein Buch über die Persönlichkeitsspaltung dieses Mannes – *Der seltsame Fall des Dr. Jekyll und Mr. Hyde* (1886). In dem Roman *Kidnapped*, in dem er sich, wie in anderen seiner Bücher, mit der Geschichte des Landes auseinandersetzt, beschreibt Stevenson die unfreiwillige Reiseroute des jungen David Balfour. Mit dieser Geschichte verarbeitete er stofflich vor allem die düstere Folgezeit des Jakobitenaufstands von 1745. Robert Louis Stevenson starb am 3. Dezember 1894 auf Samoa im Pazifik.

Das neoklassische Gebäude hinter der Royal Scottish Academy beherbergt die **National Gallery of Scotland**. Der Eintritt zu Schottlands großartiger Nationalgalerie ist, wie zu fast allen Dauerausstellungen in Galerien und Museen in Schottland, gratis. Das Gebäude wurde von dem Edinburgher Architekten **William Playfair** (1789-1857) im klassisch griechischen Stil erbaut. Der Grundstock für die National Gallery of Scotland bildete einst die Stiftung des Herzogs von Sutherland. Heute zeigt es Kunstschätze vom Mittelalter bis zum Impressionismus. Werke von Holbein, Raffael, Rembrandt, Tintoretto, Tizian, Canova, Gainsborough, Raeburn, Ramsay, Turner, Cézanne, van Gogh u.v.a. machen sie zu einer der führenden Galerien Europas. Die Galerie ist nicht zu verwechseln mit der **National Gallery of Modern Art,** die westlich des Stadtzentrums in der Nähe von Dean Village liegt. 1999 eröffnete gegenüber die **Dean Gallery,** die fast ausschließlich einem der größten Bildhauer unserer Zeit, dem Sohn Edinburghs, **Eduardo Paolozzi** (1924-2005), gewidmet ist. Auch diese beiden Galerien sind sehr sehenswert und ihre Sammlung von Arbeiten großer, zeitgenössischer Künstler können auch hier eintrittsfrei besichtigt werden. Weil der Platz bei weitem nicht ausreicht, sind viele Werke eingelagert, auf Wanderausstellungen in anderen Teilen Schottlands und in der Welt unterwegs oder hängen in ministeriellen und anderen öffentlichen Gebäuden. Die Ausstellungen umfassen in den Galerien nicht nur Bilder, sondern auch Skulpturen und Büsten wie z. B. die vor wenigen Jahren heiß umkämpften *Drei Grazien* von Canova, die Paul Getty zu gern in die USA entführt hätte. Gerettet durch insgesamt acht Millionen Pfund an Spenden aus der ganzen Bevölkerung, Firmen, wohlhabenden Gönnern wie dem Bruder Gettys und u. a. auch von Baron Thyssen, teilen sich die National Gallery of Scotland und das Victoria and Albert Museum in London in einem Joint Venture ihre Ausstellung.

In unmittelbarer Nachbarschaft der National Gallery steht das **Scott Monument.** Dieses neugotische Denkmal ist 65 Meter hoch und kann gegen ein geringes Entgelt über 287 Stufen für einen atemberaubenden Rundblick bestiegen werden. Es ist durch zahlreiche steinerne Ornamente und Skulpturen der Charaktere von Scotts Romanen verziert. Der Turm erhebt sich über der Statue des Meisters, zu dessen Füßen sein Lieblingshund Maida liegt. Die schwarzen Spuren der Umwelteinflüsse der Vergangenheit haben sich untrennbar und noch deutlich erkennbar tief in den weichen Sandstein hineingefressen. Entworfen wurde der Denkmalturm, der aussieht wie die Spitze eines Kirchturms, von **George Meikle Kemp** (1795-1844). Das weiße Denkmal Scotts darunter hat **Sir John Steell** (1804-91) aus einem 30t schweren Block reinsten Carrara Marmors geschlagen. Er schuf auch das Bronzedenkmal von **Wellington** vor dem Gebäude des **General Register Office of Scotland** (das schottische

Staatsarchiv und Zentralregistratur), wo die North Bridge auf die Princes Street trifft.

Das **Balmoral**, wie es einfach genannt wird, ist ein fünf Sterne Luxushotel und war bis in die 1970er Jahre eines der Prunkhotels der British Railways. Nach Osten hin und in der Verlängerung der Princes Street wird der Blick am Balmoral vorbei auf den **Calton Hill** gelenkt. Zu dessen Füßen liegt hinter hohen Mauern der **Old Calton Burying Ground**. Es ist ein düsterer Friedhof mit den Gräbern einiger der bekanntesten Persönlichkeiten Schottlands. Robert Adam schuf beispielweise eines der schönsten Grabmale dort, das Mausoleum für seinen Freund aus der Zeit der schottischen Aufklärung, dem schottischen Philosophen **David Hume**.

Gleich neben dem Friedhof erhebt sich der Dreißiger-Jahre-Bau des **St. Andrew's House**, in dem staatliche Behörden ihren Sitz haben. Der größte Teil der Verwaltung ist allerdings in den Neubau des Scottish Office nach Leith gezogen oder auch in dem neuen Parlamentsgebäude untergebracht worden.

Schräg gegenüber liegt die ehemalige **Royal Highschool**. Von ihr geht der Blick auf den großen Hügel von Arthur's Seat. Heute noch von Smog geschwärzt, trug die neoklassische Bauweise des Gebäudes dazu bei, dass die Stadt ihren Spitznamen ,Athen des Nordens' bekam. In seiner ersten Funktion als Schule hat der Bau allerdings längst ausgedient. Nach der ersten Volksbefragung 1979 wurde das Gebäude als Sitz für das neue Parlament auserkoren und in der festen Überzeugung, dass es zu einer Loslösung von der britischen Zentralregierung käme, umgebaut. Doch daraus wurde zunächst nichts. Als sich dann die schottische Bevölkerung am 11. September 1997 mit überwältigender Mehrheit für die neue Volksvertretung entschied, waren die Anforderungen der Parlamentarier, Funktionäre und der Technik derart gestiegen, dass nun ein ganz neues Parlament, gegenüber vom Palast von Holyroodhouse, gebaut wurde. Pläne für das alte, wegen seiner Architektur im höchsten Grad geschützte Gebäude, werden immer wieder neu erdacht.

Wer nicht unbedingt zum Arthur's Seat hinaufmarschieren

möchte, hat auch vom Calton Hill einen fantastischen Ausblick auf die Stadt. Die Ruine des im 19. Jahrhundert begonnenen **Nationalen Kriegerdenkmals** sollte an die gefallenen schottischen Soldaten während der Napoleonischen Kriege erinnern. Doch während des Baus wurde das Geld knapp – und so ragen von dem beabsichtigten Nachbau des Athener Parthenons nur zwölf einsame dorische Säulen in den Himmel. Oder war das Denkmal in Wirklichkeit so geplant? Die Meinungen gehen darüber auseinander. Im Volksmund wird es jedenfalls ‚Disgrace of Edinburgh' (‚Edinburghs Schande') genannt. Wer noch höher hinaus will, bekommt, je nach Wetterlage, vom 30m hohen Rundturm des **Nelson Tower** einen Panoramablick. Die unverkennbare Silhouette dieses Turms ist von vielen Seiten der Stadt und besonders von der Princes Street aus sichtbar. Gegenüber steht mit seiner runden Kuppel das ehemalige **Royal Observatory,** die königliche Sternwarte, die nach Plänen von James Craig erbaut wurde. Fotografen finden nicht nur bei Sonnenuntergang vom Calton Hill aus herrliche Motive in Richtung Princes Street und Castle.

Leith – der Hafen von Edinburgh

Zeitweise war es um die Hafenanlagen von Leith und das benachbarte, längst damit fest verschmolzene **Newhaven** recht still, denn 1983 schloss in Leith die letzte Schiffswerft. Die schützenden Schleusenanlagen können nur noch von den kleinen bis mittleren Handels- und Kreuzfahrtschiffen passiert werden. Die großen Passagierdampfer wie z.B. die *Queen Mary II* liegen entweder auf Reede oder weichen nach Rosyth auf die andere Seite des Firth of Forth aus. Das gesamte Gelände befindet sich jedoch z. Zt. im Umbau und wird restauriert. Das **Scottish Office** – die ministerielle Verwaltung des neuen Schottlands – zog in diese Hafenlandschaft und ließ sie wieder erblühen. Inzwischen entstand hinter diesem riesigen Regierungsgebäude **Ocean Terminal** als eines der großen Einkaufszentren der Stadt. Direkt dahinter liegt seit 1998 das Ziel vieler Besucher Edinburghs – die königliche Yacht *Britannia*.

Vor wenigen Jahren noch recht heruntergekommen, hat sich die alte Hafenstadt Leith, die einst eine unabhängige Stadt war, inzwischen stark geändert. Die Entscheidung, einen Teil des alten Hafengeländes für das Scottish Office zu nutzen, hat Leith neue Kraft verliehen. Mit einem enormen finanziellen Aufwand wurden die alten Lagerhallen, die Häuserzeilen entlang der Flussmündung des Water of Leith und in anderen Stadtvierteln umgebaut und renoviert. Daraus ergab sich eine interessante und sehr attraktive Mischung aus Altem und Neuem. Kein Wunder also, dass in diesem Teil der Stadt inzwischen die Haus- und Grundstückspreise enorm gestiegen sind. Mit der sich derartig verändernden Stadtlandschaft des alten Leith haben sich Restaurants in allen Preisklassen und mit einem oft zur internationalen Spitze zählenden Speisenangebot hier etabliert. Das und andere Modernisierungen haben mit dazu beigetragen, diesen historischen Stadtteil wieder attraktiv zu machen. So gibt es vor allem im Hafenbereich immer noch reichlich vom alten Leith zu sehen und zu entdecken.

Wein und Gin

Seit dem 18. Jahrhundert ist Leith als einer der Hauptumschlagplätze von Wein und ganz besonders von Bordeaux (Claret) bekannt. Der Weinhandel wird auch heute noch durch mehrere bekannte Häuser in Leith ausgeübt. Wenig bekannt ist, dass Leith einst einen erheblichen Teil des in Großbritannien vielgetrunkenen Ingwerweins produziert und auch zur Entwicklung der Ginbrennerei beigetragen hat. Im ganzen englisch sprechenden Raum getrunken, musste Gin (Wacholderbranntwein) Mitte des letzten Jahrhunderts seine Vormachtstellung dem Whisky abtreten. Heute erlebt er allerdings eine Art Renaissance. Im engen Zusammenhang damit steht ein neuer ökologischer Wirtschaftszweig in den Borders. Dort ist die ökonomische Bedeutung des Wacholderstrauchs (juniperus communis) und seiner Beeren wiederentdeckt worden. Er wird jetzt dort vermehrt gehegt und angepflanzt.

Leith war bis zum Beginn des 20. Jh. unabhängig, war aber immer schon der Hafen Edinburghs. Die Bewohner von Leith und Edinburgh sind sich heute noch nicht besonders grün, was eine lange Tradition hat: Einmal rebellierten nämlich die Händler von Leith. Sie hatten damals ein wirksames Druckmittel gegen die Kaufleute von Edinburgh in der Hand – den Hafen ihrer Stadt. Die Edinburgher Händler leisteten weniger Abgaben, wollten das aber nicht kompensieren und auch nichts vom Geschäft mit Frankreich, England und Skandinavien abgeben. Kurzerhand erwarben sie 1510 deshalb das benachbarte Fischerdorf Newhaven und wickelten ihren Warentransport nun über den dortigen Pier ab. In dem dort entstandenen und für die damalige Zeit großen Hafen ließ James IV. das größte Kriegsschiff Schottlands bauen, die *Great Michael.*

Im Laufe seiner Geschichte wurde das eigenwillige Leith auf Befehl des englischen Königs Henry VIII. mehrfach geplündert und zerstört. So auch 1554, als die Engländer, inzwischen unter Henry's Tochter **Elizabeth**, die Stadt niederbrannten. Die Engländer unterstützten zu dieser Zeit die schottischen Protestanten gegen die französischen Streitkräfte, die sich um **Marie de Guise**, Mutter Mary Queen of Scots, geschart und in der Stadt verschanzt hatten. In der Mitte des 17. Jahrhunderts nahm Cromwells General Monk die Stadt ein und befestigte sie. Trotzdem gab es keine ausreichenden Waffen, um sich später gegen den Piraten **John Paul Jones** (1747-92) zu schützen. Jones, ein gebürtiger Schotte, wurde während des amerikanischen Freiheitskampfs zum Gründer der US Marine. Als Pirat und Feind der Engländer machte er dann 1779 mit seinen französischen Fregatten die englischen Küsten unsicher. Dabei wollte er vom Firth of Forth aus die Stadt erpressen. Er drohte, sie unter Beschuss zu nehmen, doch Leith wurde durch das Wunder eines aufkommenden Sturms davor bewahrt.

Nicht nur in der Welt der Botanik hat der herrliche, inzwischen über 300 Jahre alte **Royal Botanic Garden** seinen herausragenden Ruf. Zunächst war er im 17. Jh. nur ein Heilkräutergarten am Palace of Holyroodhouse, aber nach dreimaligem Umzug wurde er 1820 endgültig nach Inverleith in diesen 32 ha großen Park verpflanzt.

Mit seinen über 1.8 Million Pflanzen ist dieser Garten eine der ganz großen Sehenswürdigkeiten Schottlands. Zusammen mit seinen anderen Dependancen in mehreren Regionen Schottlands scheint sein Artenreichtum schier unerschöpflich zu sein. Daher ist es wohl auch kein Wunder, dass der Botanische Garten in der Fachwelt für seine wissenschaftlichen Pflanzenbestimmungen berühmt ist. Obwohl die Gärten zunächst einmal der Wissenschaft gehören, genießen Besucher neben freiem Eintritt eine über das ganze Jahr ständig variierende Blumenpracht. Das Edinburgher Gelände schließt neuerdings wieder einen riesigen Heidegarten, einen chinesischen Garten, einen alpinen Steingarten, tropische Gewächshäuser und eine gewaltige Rhododendronanlage (die wegen ihrer Artenvielfalt und Variation mit zu den größten Sammlungen ihrer Art in der Welt zählt) ein. All das ist eingebettet in ein weitläufiges Arboretum und den Park von Inverleith House, einem georgianischen Herrenhaus, das heute den passenden Rahmen für ständig wechselnde Kunstausstellungen bildet.

Stirlingshire, die Trossachs und Loch Lomond

In der geologischen Terminologie ist der zentrale Gürtel Schottlands ein Graben, der im Norden und im Süden durch die beiden Hochlandbereiche eingefasst wird. Vor rund 12 000 Jahren ging die letzte Eiszeit, deren riesige Gletschermassen die Berge Schottlands geschliffen und gerundet haben, ihrem Ende entgegen. Sie hinterließ in großen Teilen dieses Flachlands und besonders um Stirling herum die Basis für Sumpf und Moor. Bis in das 18. Jh. bildete dieses Moor zusammen mit dem Firth of Forth einen Riegel vor dem Hochland und war damit über Jahrhunderte von strategischer Bedeutung. Erst die teilweise Trockenlegung des Moores und landwirtschaftliche Neuerungen gepaart mit viel tatkräftigem Unternehmertum brachten damals die jetzige brettebene Landschaftsform hervor.

Steil ragen aus dieser Ebene drei Hügel als die Reste und Kerne von Vulkanen heraus. Auf dem Höchsten thront, ähnlich wie in Edinburgh, das umgebende Umland beherrschend die mächtige Königsburg Stirling Castle. Darum herum hat sich die Stadt entwickelt, heute mit rd. 90 000 (2011) Einwohnern Hauptstadt der Region. Früher führten die wenigen Wege dieser Region alle durch **Stirling**. Wer den Berg und später Stirling Castle beherrschte, kontrollierte daher aus dieser Position heraus auch das Land. Schon die Römer nutzten den merkwürdig steilen Felsen. Dieser ist, wie der Burgfelsen von Edinburgh, der Basaltkern eines Vulkans, der vor rund 340 Millionen Jahren erloschen ist und von den Gletschern geformt wurde. Wegen seiner Bedeutung als 'Tor zum Hochland' kam es um Stirling herum immer wieder zu großen Schlachten. In Sichtweite der Burg fand bei **Bannockburn** im Jahre 1314 die berühmteste Schlacht in der Geschichte des Landes statt. Die Schotten besiegten damals unter der Führung ihres Königs **Robert I.** (Robert the Bruce) das englische Heer, das den Besatzungstruppen in der Festung zur Hilfe kommen wollte. Die Burg dominiert noch immer diese Landschaft und wacht über die Altstadt von Stirling.

Nicht weit von der Stadt Stirling liegt, eingebettet zwischen den beiden Bergen **Ben A'an** (ca. 600 m) und **Ben Venue** (727 m) die Landschaft der **Trossachs** – dem rauen Land, wie der Name übersetzt heißt. Sie ist ein Teil der Grenzlinie zum Hochland. Seit über 150 Jahren ziehen die heidebedeckten Hügel und die im dichten, dunklen Wald der Trossachs verborgenen Lochs zahllose Besucher an. Wegen ihrer Unzugänglichkeit waren die Trossachs bis in die jüngere Geschichte Schottlands ein bevorzugter Schlupfwinkel für zwielichtige Gestalten und damit auch ein ideales Versteck für die von den Viehdieben, den 'caterans', gestohlenen Rinder. Ideal weil wildreich und naheliegend war dieses Gebiet aber auch schon in den früheren Jahrhunderten ein Jagdgrund für die Könige. Später übten die Schwarzbrenner ihr Gewerbe in dieser geheimnisvollen und einsamen Landschaft aus.

Das alles bot **Sir Walter Scott** genügend Stoff für Balladen und Geschichten wie z. B. die Waverley-Romane *The Lady of the Lake* und *Rob Roy*. Die Bücher passten genau in die romantische Periode des 18. Jahrhunderts und erlangten durchschlagenden Erfolg. Zwar gab es schon die Berichte von Dr. Johnson und Boswell über ihre Schottlandreise, doch es war Sir Walter Scott, der den ersten richtigen Touristenboom in Schottland auslöste. Nach dem Erscheinen seiner Bücher kam es zu einem Besucheransturm. Die Leser wollten mit eigenen Augen die Schauplätze sehen, an denen Scotts meisterhaft geschriebene Geschichten spielten.

Dank Scott haben viele der zahllosen schottischen Sagen und Legenden, die früher im Volk erzählt wurden, Eingang in die Weltliteratur gefunden. Sie berichten z. B. von rätselhaften und grausamen *Kelpies* – den Ungeheuern, die zumindest in einem der Lochs der Trossachs hausen sollen. Ein *Kelpie* (gälisch: *Each Uisge*) ist ein Wasserpferd, das sich an Land in die verschiedensten Gestalten verwandeln kann, nur um den Menschen dort Unheil zu bringen. Schließlich verwandelt es sich in ein herrliches Ross, den Versuchten lockend und dazu verführend, auf seinem Rücken Platz zu nehmen, um danach in den See zu tauchen und ihn dort umzubringen. Tief in den Wäldern verborgen hütet das kleine Dörfchen **Brig o' Turk** doch tatsächlich auch noch das Geheimniss eines fahrradfressenden Baumes.

Die reisefreudige Königin **Victoria** und Prinz **Albert** haben zu ihrer Zeit diese herrliche Landschaft besucht und aus Victorias Tagebuch ist ihre Begeisterung darüber zu entnehmen.

Loch Katrine, der schönste See der Trossachs, versteckt sich inmitten der Berge. Dieses Wasserreservoir versorgt die 34 Meilen entfernt liegende Großstadt Glasgow. Als der Grund für mehrere Choleraepedemien in Glasgow mit den unhygienischen Verhältnissen der übervölkerten Arbeiterviertel und dem verschmutzten Wasser des Clyde in Zusammenhang gebracht werden konnte, wurde in einer einmaligen Ingenieurleistung in viktorianischer Zeit ein Aquädukt von Loch Katrine durch den harten Fels des Hochlands bis nach Glasgow gebaut. Laut Sir Walter Scott lag der von ihm beschriebene Silberstrand dieses Lochs gegenüber der Insel Ellen's Island. Sie gehörte mit zum Versteck der Viehräuber, die mit ihrer Bezeichnung (*caterans*) dem See seinen Namen gaben.

Sir Walter Scott's Geschichten waren so herzergreifend und machten diese Landschaft so populär, dass der jetzt über hundert Jahre alte Dampfer, der heute noch über den See schippert, nach diesem großen Schriftsteller benannt wurde. Die *Sir Walter Scott* wurde am Clyde gebaut. Nach der Fertigstellung musste das Schiff den Loch Lomond hinauf gefahren und dort in seine Einzelteile zerlegt werden. Die wurden auf Packeseln dann bis zum Loch Katrine gebracht und dort wieder zusammengesetzt. Heute dampft das kleine Meisterstück vor der herrlichen Kulisse der Berge, in denen Rob Roy lebte, als einziges Schiff immer noch mit seiner geheimnisvoll zischenden Originalmaschine auf dem See herum.

Rob Roy MacGregor (1671-1734), den Viehhändler und Banditen, der zum schottischen Volkshelden wurde, hat es tatsächlich gegeben. Hollywood drehte 1995 einen Film über sein Leben. Auf Grund eines Todesurteils, das schon im 17. Jh. über den Clan verhängt wurde, trug er zunächst den Mädchennamen seiner Mutter – Campbell. Die Geschichte begann, als er dem **Herzog von Montrose**, seinem Landherrn, eine Herde von Rindern besorgen sollte und dafür einen großen Geldbetrag bekam. Das Geld sollte von einem seiner Clanmitglieder abgeholt werden, doch dieser verschwand damit. MacGregor wurde deshalb von Montrose des Diebstahls bezichtigt. Der Herzog konfiszierte MacGregors Herde und zerstörte dessen Haus. Rob rächte sich und wurde zum Viehdieb, der die Herden des Fürsten raubte und diesen erpresste. Natürlich wurde er gefangen, sogar mehrfach, aber es gelang ihm jedes Mal unter oft spektakulären Umständen zu entkommen. Tatkräftig unterstützte MacGregor die Jakobiten 1715 in der Schlacht von Sheriffmuir bei Stirling und auch 1719 in der Schlacht in Glen Shiel. Schließlich aber unterwarf er sich **General Wade**, wurde eingekerkert aber von **König Georg** I. begnadigt.

Rob Roy starb im Dezember 1734. Sein viel besuchtes Grab liegt im Schatten einer romantischen, kleinen Kirchenruine in dem malerischen Tal von **Balquhidder**.

Loch Lomond, im Westen der Trossachs, ist ebenfalls noch 'Rob Roy Land'. Über 30 Inseln liegen in dem

> ### Die Schwarzbrenner der Trossachs
>
> Die wilde Gegend mit ihren zahllosen Verstecken und dem guten Wasser war natürlich auch ideal zum Schwarzbrennen von ‚Uisge-beatha', dem ‚water of life', heute besser bekannt als Whisky. Bis in die 1830er Jahre wurde dieses Gewerbe mit Leidenschaft und illegal in den Wäldern der Trossachs ausgeübt und natürlich von Regierungsseite mit Nachdruck verfolgt. Der von der Außenwelt auch heute noch so gut wie abgeschnitten liegende Loch Drunkie hat seinen merkwürdigen Namen aus dieser Zeit. Damals versteckten Schwarzbrenner in ihm ihre Whiskyfässchen vor den Soldaten, die mit den Zöllnern kamen und dabei konnte es wohl geschehen, dass das eine oder andere Fässchen leckschlug. Die Forellen aus Loch Drunkie sollen noch heute einen besonders aromatischen Geschmack haben.

flächenmäßig größten See Großbritanniens. Einige dieser Inseln sind recht groß und befinden sich in Privatbesitz. Die Nordspitze des Sees liegt schon tief im Hochland. Nach Norden und Westen, an die Küste und zu den Inseln, führt der Weg durch die Landschaft von **Breadalbane**, das Land der Campbells.

Glasgow

Glasgow ist mit einer Einwohnerzahl von knapp 600 000 in Glasgow City (2011) und rund 911 000 Menschen in Greater Glasgow (Glasgow City und Umgebung) die größte Stadt Schottlands. Die Innenstadt mit ihren zahlreichen Sandsteingebäuden des 18. und 19. Jahrhunderts, inzwischen weitgehend vom Staub und Ruß des Industriezeitalters gereinigt, erstrahlt wieder in ihrer alten Pracht. Was Glasgow aber wirklich attraktiv und sehenswert macht, sind seine rund 40 großartigen Galerien und Museen, 70 Parks und ein interessantes Umland. Einkaufsmöglichkeiten gibt es in dieser Stadt genauso wie in jeder anderen Großstadt. Es ist jedoch leider nicht zu übersehen, dass Glasgow in weiten Teilen von der Industrie des 19. Jahrhunderts und den städtebaulichen Auswüchsen der 1960er und 1970er Jahre geprägt wurde.

Im 19. Jahrhundert erlebte die Stadt eine einzigartige Blüte. Sie wurde zu einem derartig bedeutungsvollen Wirtschaftsfaktor, dass sie nach London zur zweiten Metropole des britischen Imperiums wurde. Geprägt wurde Glasgow von der Schwerindustrie. In deren Hochphase wurde jedes dritte Schiff Großbritanniens in einer der rund 50 Werften am Clyde auf Kiel gelegt und jede fünfte Lokomotive der Welt in den Fabriken dieser Stadt gebaut. Nach dem Ersten Weltkrieg begann der Niedergang mit Massenarbeitslosigkeit und in den 1960er Jahren war der Druck durch billigere Arbeitskraft in anderen Ländern nicht mehr aufzuhalten. Die Docks und Fabriken schlossen zu einem großen Teil, das Empire schrumpfte, Arbeitsplätze gingen so zahlreich verloren, dass die Arbeitslosenquote auf 35% anstieg. Häuserruinen bestimmten sehr bald das nun chaotische Stadtbild. Alt und Neu prallten so hart aufeinander, wie nirgendwo sonst im Land.

Doch die Schaffenskraft und der Lebensmut der Menschen Glasgows sind so stark, dass sich die Stadt schon mehrfach am eigenen Schopf aus dem scheinbar ausweglosen Sumpf gezogen hat. So präsentierte sich Glasgow, passend zur Jahrtausendwende, als Stadt der Architektur in harmonischer Pracht von Alt und Neu. Eine wirkliche Überraschung war es, als Glasgow 1990 zur Kulturhauptstadt Europas gewählt wurde. Der frische Wind, der dadurch in der Stadt wehte, ist auch heute noch überall zu spüren. Mehr und mehr erscheinen die viktorianischen Sandsteingebäude nach diversen Sanierungsaktionen wieder im original Ockerton oder im Rot des warmen Buntsandsteins. Sogar in den einstigen Armenvierteln des East End wird an vielen Stellen renoviert.

Glasgow hat viele Höhen und Tiefen erlebt und einen speziellen Menschenschlag geschaffen, der dazu auch noch mehrere sehr ausgeprägte Dialekte spricht. Die Stadt ist stolz auf ihre Vergangenheit und präsentiert sich der oft voreingenommenen Welt mit vielen schönen Seiten. Die zahlreichen Grünanlagen wurden teilweise schon in der viktorianischen Zeit als Erholungsgebiete für die damals auf engstem Raum lebenden Menschen angelegt. Die grüne Bewegung ist zwar in Schottland noch nicht so ausgeprägt wie in Deutschland, doch entsteht auch in Glasgow inzwischen mehr und mehr ein Bewusstsein für ökologische Belange. Der Clyde, der Fluss, der diese Stadt formte und von ihr geformt wurde, war in der Vergangenheit stark verschmutzt. Mittlerweile haben entsprechende Maßnahmen aber dazu geführt, dass heute dort wieder Lachse anbeißen.

Die Stadt bietet ein weitaus größeres Kulturangebot, als vielleicht vermutet wird: Es gibt sehr viele **Museen** und **Galerien,** deren Besichtigung zum Teil kostenfrei ist. **Theater, Ballett** und **Konzerte** werden in modernen oder schön restaurierten Häusern veranstaltet. **Rangers** und **Celtic,** die beiden größten und berühmtesten Fußballvereine, liefern natürlich die breiteste Unterhaltung.

In Glasgow fährt die (modernisierte) drittälteste U-Bahn der Welt – und gleichzeitig auch die einzige in Schottland. Ein Besuch in dieser lebendigen und sich ständig verändernden Stadt lohnt sich auch wegen der ausgezeichneten Beispiele viktorianischer Baukunst und der Vielzahl großartiger Bauten im Zentrum der Stadt, zu denen ständig neue hinzukommen. Die große Universität mit ihrem neugotischen Profil von **Sir George Gilbert Scott** (1811-1878) ist da als Beispiel besonders nennens- und sehenswert. Es ist allerdings nicht das Originalgebäude der 1451 gegründeten Universität. Die Verhältnisse und Slums um deren ursprünglichen Standort im Osten Glasgows herum waren Mitte des 19. Jahrhunderts für den Lehrkörper wie auch die Studenten völlig untragbar geworden. Deshalb wurden die historischen Bauten abgerissen und von 1864-1870 eine neue Universität an der heutigen Stelle auf Gilmorehill hoch über dem Fluss Kelvin gebaut. Das große schmiedeeiserne Eingangstor wurde 1951 anlässlich des 500. Jubiläums gestiftet. Darauf sind die Namen von James II., Hunter, Kelvin, Watt und vielen anderen Persönlichkeiten eingelassen, die hier studiert, gelehrt und geforscht haben und so auf ewig mit dieser Institution verbunden sind. Ebenso sehenswert ist das südlich davon am Clyde gelegene große Messe- und Konferenzzentrum des **SECC** (Scottish Exhibition & Conference Centre), wegen seiner höchst eigenwilligen Architektur *Armadillo* (Gürteltier) genannt. Am gegenüberliegenden Ufer des Clyde fällt das **Science Centre**, Glasgows neueste Attraktion, mit seinen fast schon utopisch wirkenden Gebäuden und mit dem mit über 130 m höchsten Drehturm der Welt ins Auge.

Die Stadt hat sich in den letzten 30 Jahren gewaltig gewandelt. Sie ist so vielseitig geworden, dass Glasgow 1999 sogar zur Architekturstadt gewählt wurde. Mag das die kleinere Hauptstadt Edinburgh im ewigen Zwist zwischen den beiden auch schmerzen, Tatsache ist, dass die Jugend **Glasgow** bei einer Umfrage Anfang 1998 zur coolsten Stadt im vereinten Königreich gewählt hat.

Was Edinburgh recht ist, ist Glasgow gerade einmal billig. Ist die Hauptstadt bekannt für ihre Festivals, so eifert ihr Glasgow darin erfolgreich nach. Jährlich im Januar findet in der Stadt die **Celtic Connection** – das fünftgrößte Musikfestival der Welt – statt. Das inzwischen über die Grenzen Schottlands bekannte Spektakel des Rockfestivals **T in the Park** begann einst in Glasgow, ist aber mittlerweile derartig populär, dass es – mit unbestimmten Endziel – 'ausgelagert' wurde.

Nach vielen Jahrhunderten, während derer Glasgow nur als kirchliches Zentrum bekannt war, fassten sich einige sehr unternehmerische und risikofreudige Kaufleute ein Herz und begannen Anfang des 18. Jahrhunderts Tabak aus der englischen Kolonie Virginia in Amerika zu importieren. Der Tabakhandel machte die Stadt extrem reich, denn die cleveren Händler hielten bald das Tabakmonopol Europas in ihren Händen. Diese **Tabakbarone**, wie sie bald genannt wurden, ließen um 1750 prunkvolle Wohn- und Geschäftshäuser bauen, um ihren Wohlstand zu demonstrieren. Im Laufe der Zeit zogen weitere wohlhabende Kaufleute nach Glasgow. Heute ist das ehemalige Handelszentrum – die **Merchant City** – einer der Stadtteile, die mit vielen restaurierten viktorianischen Häuserfassaden, Restaurants und zahlreichen Geschäften den attraktiven Stadtkern Glasgows bilden. In den Unabhängigkeitskriegen Amerikas verloren die Tabakkaufleute all ihre Ländereien. Trotzdem wurde der von ihnen kurz zuvor begonnene **George Square** noch nach dem

damaligen britischen König benannt. Das Denkmal, auf dem
Georg III. thronen sollte, wurde allerdings im Nachhinein Sir
Walter Scott zugedacht. George Square mit den Statuen von
Königin Victoria, Prinz Albert, sowie zwölf berühmter
Schotten ist der heutige Mittelpunkt Glasgows. Der Platz
wird vom prachtvollen Rathaus (City Chambers) dominiert.
Dieser extravagante, an die Renaissance erinnernde Palast
wurde 1888 von Königin Viktoria eröffnet. Er betont die
Bedeutung und den Reichtum Glasgows als zweitwichtigste
Stadt in der imperialen Zeit Großbritanniens. Seine üppige
Ausstattung mit italienischem Marmor, Alabaster und
Mahagoni, den neoklassischen Treppenaufgängen und der
reich verzierten Banketthalle machte dieses Rathaus zu einem
der prächtigsten Gebäude des gesamten britischen Weltreichs
im 19. Jahrhundert. Es kann in Führungen besichtigt werden.
Nur ein paar Schritte entfernt vom Rathaus liegt das
sogenannte Italian Center mit Geschäften der bekanntesten
Designer: Camice, Mondi, Gucci, Armani und anderen.

,Lass Glasgow blühen', steht als Wahlspruch unter dem
ungewöhnlichen Wappen der Stadt: Das erzählt mit seinen
eigenartigen und untypischen Symbolen die Geschichte des
Gründers von Glasgow – **St. Mungo** (ca. 520 – ca. 612). Sein
weltlicher Name war **Kentigern**. Es heißt, dass dieser Heilige
mit der Kraft seines Gebetes mehrere Wunder vollbracht
haben soll. Es wird gesagt, er habe einen Vogel wieder zum
Leben erweckt, ein erloschenes Feuer wieder entzündet und
einer Sünderin mit Hilfe eines Fischs ihren Ring
wiederbeschafft. Der Papst selbst muss darüber wohl sehr
erstaunt gewesen sein, denn er schickte St. Mungo als
Ehrerweisung eine Glocke. Deshalb sind dann all diese
Gegenstände – der Vogel, das Feuerholz (das heute ein Baum
ist) der Ring mit dem Fisch und die Glocke – zu diesem
eigentümlichen Wappen zusammengesetzt worden. St.
Mungo war es auch, der mit dem Bau der ersten kleinen
Kirche begann und damit gleichzeitig den Grundstein für die
Stadt legte. Um die folgenden Vorläufer des jetzigen Baus
herum scharte sich dann eine allmählich wachsende
Ansiedlung. Die ehemalige **Kathedrale** von Glasgow wurde

im späten 12. Jahrhundert begonnen und mit dem Kirchenschiff im 14. Jahrhundert vollendet. Heute gehört diese Kirche der protestantischen Church of Scotland an. Nach Bränden und Zerstörungen überstand das gotische Bauwerk äußerlich fast unbeschadet die Reformation in Schottland. Die Kirche wurde zum Glück auch durch die Kriegseinwirkungen nicht in Mitleidenschaft gezogen. Das Innere wurde während der Reformation jedoch vieler seiner damaligen Schätze beraubt. An der Wand des **Chapter House** (Kapitelhaus) sind aber noch die Namen der Bischöfe und Minister dieser Kathedrale und Kirche aufgeführt. Das Grab Mungos befindet sich in der **Laigh Church**, der Unterkirche, die keine Krypta ist. Interessant dort ist vor allem auch die Architektur des regelrechten Säulenwalds, der die wuchtigen Gewölbe und damit den ganzen oberen Kirchenbau trägt. Die Kathedrale wurde nach der Reformation eine Gemeindekirche und ist heute Teil der presbyterianischen Church of Scotland.

Auf einem Hügel dahinter ragen die Kreuze und Monumente der **Nekropolis** in den Himmel. Auf diesem dem Pariser Père Lachaise nachempfundenen Friedhof schuf sich die städtische High Society des 19. Jahrhunderts ihre Mausoleen.

Durch die zahlreichen Einwanderungswellen in seiner Geschichte ist Schottland von recht verschiedenartiger ethnischer Zusammensetzung. In Glasgow und Edinburgh leben viele, oft größere Gruppen von Einwanderern aus den Staaten des Commonwealth, vor allem aus Pakistan und Westindien. Nach dem Schrecken des Niedergangs der Tabakbarone im 18. Jahrhundert verhalf besonders die vielschichtige, polyglotte Bevölkerung Glasgows dieser Stadt zu neuer Blüte. Als ein Ausdruck der Verbundenheit der Menschen dieser verschiedenen Kulturen untereinander in ihrer Stadt, wurde deshalb 1993 im Schatten der einstigen Kathedrale das beeindruckende **St. Mungo's Museum of Religious Life and Art** eröffnet. Diese Ausstellung versucht, das Kultur- und Gedankengut der wichtigsten Weltreligionen, die in dieser Stadt vertreten sind, unter einem Dach zu präsentieren. Die ethnischen Gruppen haben alle durch

Stiftungen vieler Exponate zu der Ausstellung beigetragen und lassen sie dadurch zu einem bemerkenswerten Erlebnis werden. Von den zahllosen wertvollen Objekten wurde allerdings das wahrscheinlich teuerste Stück, das faszinierende Gemälde *Johannes am Kreuz* von Salvador Dalí, anlässlich der Wiedereröffnung des Kelvingrove Museums 2006 dorthin umgehängt.

Gegenüber vom St. Mungo Museum steht das kleine **Provant's Lordship's House** aus dem Baujahr 1471. Es ist das älteste Haus von Glasgow und schon Mary Queen of Scots und sogar ihr Vater sollen es besucht haben.

Glasgow Green ist einer der bekanntesten der rund 70 Parks von Glasgow. Früher wurde dort die Wäsche aufgehängt und die Wäschepfähle stehen auch heute noch dort. James Watt spazierte auf diesem Rasen und hatte hier seine geniale Idee für den separaten Kondensator als Grundlage für die effektivere Dampfmaschine. Später wurde der Park für Freizeitvergnügen genutzt. Golf und Fußball wurden gespielt (Rangers FC 1875) und eine Reihe mehr oder weniger interessanter Denkmale wurde errichtet. Ursprünglich für die große Internationale Ausstellung im Jahr 1888 gebaut, ist eines dieser Denkmale der z. Zt. weltgrößte Terrakotta-Springbrunnen, der im Jahr 2005 wiedererstanden ist. Er steht inmitten dieses Parks vor einem Glaspalast, dem sogenannten **People's Palace**, der allein schon für die Besucher der Stadt ein Muss ist. Unter Glas und Palmen wird dort sehr ansprechend die Geschichte der Stadt mit ihren Einwohnern und deren unterschiedlichen Problemkreisen aufbereitet.

In unmittelbarer Nähe davon steht ein Gebäude, das dieser Stadt 1999 wohl unter anderem zu der Auszeichnung als Architekturstadt verholfen hat: **Templeton's Teppichfabrik** hat für das Industriegebäude, das es einmal war, ein wohl einzigartiges Design. Die Teppichhersteller Templeton beauftragten **William Leiper** (1839-1916), einen der seinerzeit bekanntesten Architekten, ein Gebäude von unübertroffener Architektur zu entwerfen. Leiper baute 1889 den venezianischen Dogenpalast nach. Längst ist die Teppichfabrik daraus verschwunden und heute ist der prächtige Bau Teil eines Bürohauses.

Im **Pollok Country Park** zeigt die **Burrell Collection** eine der umfassendsten, interessantesten und wertvollsten Ausstellungen Europas. Sie birgt über 8000 teilweise einzigartige Ausstellungsstücke: von antiken europäischen Kunstwerken, Möbelstücken, mittelalterlichen Glasmalereien, Teppichen bis hin zu Prachtstücken aus Ägypten und dem Orient, sowie verschiedene Gemäldesammlungen. Alle Exponate stammen aus der Privatsammlung des reichen Reeders **Sir William Burrell** (1861-1958), die er der Stadt gestiftet hat. Die außergewöhnliche Sammlung wurde nach den besonderen Wünschen des Stifters in einer speziell dafür gebauten Galerie eingerichtet. Die Burrell Collection wurde 1983 in einem Park im Zentrum der Stadt eröffnet, der wiederum von der alteingesessenen Familie **Maxwell** 1966 gestiftet worden war. **Pollok House**, das palastartige Landhaus der Maxwells, die 800 Jahre lang in dieser Region lebten, liegt unweit der Burrell Collection und war Teil der Stiftung. In dem Haus werden Bilder von Goya und El Greco sowie Einrichtungsgegenstände aus dem 18. Jahrhundert, aus der Privatsammlung von Sir William Stirling Maxwell (1818-78), gezeigt.

Dampferfahrten auf dem Clyde

Wunschtraum eines jeden Mannes ist wohl die Fahrt mit dem letzten immer noch seegängigen Schaufelraddampfer der Welt, der 'Waverley'. In gar keinem Fall sollte eine Besichtigung des Maschinenraumes versäumt werden. Im Frühjahr verlässt dieses herrliche Relikt sein Winterquartier am Anderston Quay. Von Juni bis August schippert der Dampfer auf seinen zahlreichen Ausflugsfahrten wieder 'doon the water'. Dieser Ausdruck wurde von den alten Glaswegians geprägt, die früher auf ihm und anderen Dampfern ihre Ausflugsfahrten den Clyde hinunter bis Dunoon machten. Heute fährt die Waverley auch noch zur Halbinsel Cowal, nach Rothesay auf der Insel Bute und weiter die Westküste hinunter.

Im weitläufigen **Kelvingrove Park**, zu Füßen der Universität, steht eines der imposantesten Gebäude Glasgows – die

Kelvingrove Art Gallery. Dieses Haus wurde 1901 erbaut und ist mit dem angeschlossenen Naturkundemuseum und den ständig wechselnden Ausstellungen mit über 1 Mio. Besuchern pro Jahr die bestbesuchte eintrittfreie Sehenswürdigkeit in Schottland. Gegenüber befinden sich noch zwei z.T. viktorianische Gebäude, die aneinandergrenzen und ebenso beeindruckend sind: die **Kelvingrove Hall** und das anschließende, nicht nur für Technikfreaks höchst interessante **Museum of Transport** mit zahllosen Exponaten der hier gebauten Transportmittel – von den Lokomotiven bis zu den Schiffen (im Modell). Nicht weit davon liegt auf einem Hügel die 500 Jahre alte **Glasgow University** mit dem Visitor Center und dem sich anschließenden ältesten Museum der Stadt, dem **Hunterian Museum** aus dem Jahre 1806. Gegenüber der Universität werden in der **Hunterian Art Gallery** Gemälde von Chardin, Whistler und Rembrandt und dazu ständig wechselnde Ausstellungen von rund 15 000 Drucken gezeigt. Ein Anbau dieser Galerie zeigt die Wohnung mit dem Schatz der Originalmöbelstücke eines der berühmtesten Söhne der Stadt – **Charles Rennie Mackintosh.**

Zu Füßen des Hügels und in der Nähe des Flusses Kelvin steht das Denkmal von **William Thomson**, Lord Kelvin (1824-1907). Thomson, der als Thermodynamiker u.a. den absoluten Temperaturnullpunkt auf der Celciusskala mit -273.15°C festlegte und eine Vielzahl von Pioniertaten in der Elektrophysik vollbrachte, war einer der herausragendsten Wissenschaftler dieser Universität.

Exkurs: Charles Rennie Mackintosh –
Architektur im schottischen Jugendstil

Charles Rennie Mackintosh (1868-1928) war eines von elf Kindern eines Polizeisuperintendenten aus Glasgow. Im Alter von 28 Jahren entwarf Mackintosh die Kunsthochschule **The Glasgow School of Art**, an die er aufgenommen worden war, auf revolutionäre Weise neu. Nach seinen Entwürfen wurde diese Kunsthochschule so gebaut, wie sie auch heute noch zu sehen ist und genutzt wird. Sein architektonisches Meisterwerk legte den Grundstein für die neuen Ideen in Architektur und Design im späten 19. und beginnenden 20. Jahrhundert.

The Glasgow School of Art

Die in zwei Teilen (1899 und 1909) von Mackintosh entworfene Schule wurde leider bei einem Brand im Mai 2014 in einem Teil zerstört. Dabei verbrannte auch ein Großteil der berühmten Mackintosh Bibliothek. Das Feuer startete eine einzigartige Rettungsaktion. Sie resultierte in umfangreichen Spenden, mit deren Mitteln der Wiederaufbau und die arkribische Wiederherstellung der Biblothek begonnen wurde.

Schon zuvor allerdings wurde gegenüber dem historischen Bau die Schule mit dem Seona Reid Building erweitert. Der New Yorker Architekt Steven Holl gewann den Wettbewerb 2010 mit einem kontroversen aber inzwischen gepriesenen und sehenswerten Design.

Mackintosh und seine Frau **Margaret Macdonald**, deren Schwester Francis und ihr Mann **Herbert MacNair** wurden später berühmt als ‚The Glasgow Four'. Dieses ‚Kleeblatt' beeinflusste mit dem Glasgowstil die gesamte europäische Stilrichtung des Art Nouveau. Im restlichen Großbritannien gab es damals nichts Gleichwertiges, denn in der Architektur der vergangenen hundert Jahre wurde durch Stilelemente der Gothik und der Klassik nur Altes wiederaufgeabeitet. Mackintosh begeisterte sich für die schottischen Burgen, japanische Teehäuser, Michelangelo und der avantgarden Richtung seiner Kollegen in Wien. Mit dieser Mischung enwickelte er zu Beginn des 20. Jahrhunderts einen richtungsweisenden, persöhnlichen Kunststil, indem er das Traditionelle der schottischen Architektur gekonnt mit neuen Elementen verband. Beides gelang ihm so meisterhaft, dass seine Zeitgenossen, wie Hermann Muthesius, einer der führenden Architekten Deutschlands aber auch die Wiener Sezessionisten Gustav Klimt, Otto Wagner und Ludwig Baumann, Mackintosh enthusiastisch feierten. Auch heute noch gilt, was Muthesius seinerzeit über ihn sagte: „In jeder Aufzählung kreativer Genies der modernen Architektur muss Charles Rennie Mackintosh zur Spitze gezählt werden".

In Deutschland beteiligte sich Mackintosh an einem Wettbewerb des Darmstädter Verlegers Alexander Koch. Seine erfolgreichen Pläne (Ehrenpreis) für das Haus eines Kunstfreundes wurden allerdings erst 1997 mit dem Bau des gleichnamigen Hauses in Glasgow in die Tat umgesetzt.

Mackintoshs Entwürfe für verschiedene kommerzielle und öffentliche Bauten in Glasgow riefen aber teilweise erhebliche Kritik hervor. 1896 konnte Mackintosh allerdings einen großen Erfolg feiern: **Kate Cranston,** die Gönnerin und Besitzerin eines kleinen Teehaus-Imperiums in Glasgow, beauftragte ihn mit der Gestaltung ihrer Teehäuser in der Buchanan Street und an anderen Orten der Stadt. Mackintosh und seine Frau schufen dafür das gesamte Interieur bis hin zu Teekannen, Serviettenhaltern und Zuckerlöffeln und kreierten so ein kompaktes und komplettes Kunstwerk.

In Helensburgh, nicht weit von Glasgow entfernt, baute er für den Verleger William Blackie eines der beeindruckendsten Privathäuser der Epoche. Außen- und Innenarchitektur von **Hillhouse** sind bis ins kleinste Detail genau aufeinander abgestimmt. Heute steht es unter der Obhut des National Trust for Scotland, ist aber der Öffentlichkeit zugänglich.

Obwohl weitere Aufträge wie **The Willow Tea Room, Scotland Street School, Ruchill Church Hall** und **Martyr's Public School** folgten, wurde zunehmend offensichtlicher, dass das damalige Verständnis weder in Glasgow noch in Schottland reif genug für Mackintoshs extravagantes Design und sein Konzept von Architektur als Gesamtkunstwerk war. Dazu kam eine ständig zunehmende Missgunst in der Branche und besonders in seiner Geschäftspartnerschaft mit dem Architekturbüro **Honeyman and Keppie.** Enttäuscht und frustriert verließ Mackintosh 1914 mit seiner Frau Glasgow.

Der einsetzende Erste Weltkrieg brachte dann das Ende dieser Kunstrichtung. Mit seiner Frau versuchte Mackintosh zwischen 1923 und 1927 noch eine neue Karriere als Maler in Südfrankreich aufzubauen. Er schuf dort einige bemerkenswerte Aquarelle, die heute neben anderen namhaften Künstlern des 20. Jahrhunderts in den Galerien der Welt hängen. Damals erzielten sie aber nicht die gewünschte

Aufmerksamkeit. Seiner Zeit zu weit voraus und in seiner Architektur und in seiner Kunst verkannt, starb Mackintosh verarmt an Zungenkrebs erkrankt am 11. Dezember 1928 in London. Seinetwegen ist seine Vaterstadt Glasgow, die seine Bedeutung erst in den 60er Jahren erkannte und zu würdigen begann, zur Pilgerstätte für Kunst- und Architekturstudenten aus der ganzen Welt geworden.

Die Ostküste und das Herz Schottlands

Das fruchtbare Land des zentralen Landesteils zieht sich in einem nach Nordosten allmählich schmaler werdenden Streifen die Küste hinauf bis kurz vor Aberdeen. Das ist auch das bestimmende Bild der Region von **Fife**, wo Äcker und Felder das weite flache Land überziehen. Einige durch Eis und Erosion gerundete Hügel, wie die **Lomond Hills** ragen als vulkanische Überreste längst vergangener Zeiten daraus hervor.

Wie Perlen einer Kette liegen die malerischen Fischerdörfer des **East Neuk of Fife** (*neuk* ist das schottische Wort für Ecke) aufgereiht am Ostausgang des Firth of Forth. Weiter nordwärts liegen Felsbuchten und rote Sandsteinklippen an der Küste von **Angus**. In der Naturlandschaft des Hochlandes von **Perthshire** laden die Seen und Täler zu Ausflügen und zum Erholen und Erforschen ein. Eines der auffälligsten Merkmale im Nordwesten dieser Landschaft ist aber die Linie der Berge, die den eigentlichen Beginn des Hochlands markieren.

Perth und **Dundee** sind beides geschichtsträchtige Städte, eingebettet in diese abwechslungsreiche Landschaft, wie die Dörfer und Kleinstädte **Pitlochry**, **Dunkeld** und **Aberfeldy**, die teilweise ebenfalls eine bewegte geschichtliche Vergangenheit haben.

Dunfermline war seit der Zeit der frühen keltischen Könige deren Sitz in Schottland. Die Abtei und der königliche Palast sind heute noch, wenn auch nur als Ruinen, erhalten. Bei Restaurierungsarbeiten 1818 wurden in der mächtigen romanischen Kathedrale die sterblichen Überreste von Robert the Bruce gefunden, der wie viele andere Könige Schottlands ein Wohltäter der Abtei in Dunfermline war. Die alten Mauern von **Abbot House**, das in der Nähe der Abtei liegt, bergen ein kleines Museum, das die Besucher auf eine Reise durch 2000 Jahre schottischer Geschichte schickt. Aufschlussreich erklärt dort im oberen Stockwerk die von dem zeitgenössischen Romanautor und Maler Alisdair Gray (1934) als Deckengemälde gestaltete Zeittafel die Geschichte des schottischen Königshauses. Dunfermline hat von einem Mann sehr profitiert, der 1835 dort als Sohn eines armen Webers geboren wurde: **Andrew Carnegie** (1835-1919). Carnegie begann als Tellerwäscher in seiner neuen Heimat Amerika und machte u.a. durch den Handel von Stahlaktien, Eisenindustrieanlagen, Eisenbahnen usw. ein gewaltiges Vermögen. Doch das befriedigte ihn nicht. Er verkaufte den größten Teil seiner Anlagen und wurde zum Wohltäter. Nie vergaß dieser seinerzeit reichste Mann der Welt seine alte Heimatstadt. Mit der Maßgabe Parks anzulegen, Schwimmbäder zu bauen und Bibliotheken einzurichten, beschenkte er sie und viele andere Städte und Gemeinden in Schottland großzügig mit Millionen von Dollars. Die Stiftung mit seinem Namen unterstützt noch heute Projekte von allgemeiner und wissenschaftlicher Bedeutung. Wie auch in anderen Teilen des Central Belt, spielt die Elektronik in der Umgebung der Stadt ebenfalls eine große wirtschaftliche Rolle.

Ganz in der Nähe von Dunfermline liegt der Ort **Culross**. Mit seiner besonders gut erhaltenen Architektur des 17. und 18. Jahrhunderts, den engen Gassen und dem Kopfsteinpflaster ist es eines der malerischsten Städtchen der schottischen Lowlands.

Deep Sea World, östlich von Dunfermline und unmittelbar im Schatten der Forth Railway Bridge gelegen, ist eines der größten Aquarien Großbritanniens. Dort geht der Besucher in einem über 100 m langen Plexiglastunnel trockenen Fußes durch das Wasser und begegnet hautnah Haien und anderen mehr oder weniger furchterregenden Bewohnern der Meere.

Der Küstenstraße am Firth of Forth folgend, kommt der Reisende auf dem Weg nach St. Andrews durch eine Kette kleiner zauberhafter Fischerdörfer. Diese Landschaft am Nordausgang des Forth trägt den merkwürdigen Namen ,East Neuk of Fife'. Deutlich treten hier die alten Verbindungen Schottlands zu Europa zu Tage, zeigen doch die älteren Häuser ganz deutlich holländische Einflüsse. Dachpfannen und bunte Fassaden waren im Schottland der Vergangenheit nicht üblich und sind fast nur in diesem Teil des Landes zu finden. Einst wurden Dachziegel in den kleinen Schiffen, die in die Niederlande pendelten, von dort als Ballast zurückgebracht. Dörfchen wie beispielsweise **Pittenweem** oder auch **Crail** bekunden mit ihren kleinen Häfen und hübschen Häuschen ihre traditionellen Beziehungen zum Kontinent.

Wie das Kreuz in die Flagge kam

Die Nationalflagge Schottlands zeigt ein weißes Andreaskreuz auf leuchtendem Blau. St. Andreas war ein Apostel und ein Bruder des heiligen Petrus. Er verbreitete das Christentum in Kleinasien und der Legende nach wurde er 69 n. Chr. auf der Insel Patras an einem diagonalen Kreuz hingerichtet, denn er erachtete sich nicht für würdig genug, auf gleiche Weise wie Jesus Christus gekreuzigt zu werden. Ein kleiner Teil seiner Gebeine soll der hl. Regulus der Legende nach auf ein Geheiß Gottes vor den Römern nach Schottland in Sicherheit gebracht haben. Bereits im 11. Jahrhundert galt St. Andrew als unumstrittener Schutzheiliger des Landes und seit dem 14. Jahrhundert wird ein weißes Andreaskreuz auf dunklem Grund in schottischen Bannern geführt. Die Legende will aber schon einen piktischen Ursprung des Motivs kennen. So soll im 9. Jh. der getaufte piktische König Angus vor der Schlacht gegen den heidnischen König Athelstane um einen Sieg gebetet haben. Die Schlacht fand unter einer Wolkenformation in der Form eines diagonalen Kreuzes am blauen Himmel statt. Die Pikten siegten und nahmen das Andreaskreuz in ihre Flagge. Das Blau setzte sich jedoch erst im 17. Jahrhundert durch. Es ist eine der ältesten Flaggen der Welt.

Largo, ein anderes Fischerdörfchen am Firth of Forth, hat ebenfalls eine lange Seefahrertradition. Largo ist der

Geburtsort von **Alexander Selkirk** (1676-1721). Er wurde auf der Insel Juan Fernandez vor der chilenischen Küste ausgesetzt, lebte dort allein zwischen 1704 und 1709 und inspirierte mit seinen Abenteuern den 1719 in Edinburgh lebenden englischen Spion und Schriftsteller Daniel Defoe zu dessen *Robinson Crusoe*. Im nahegelegenen **Anstruther** dokumentiert das Scottish Fisheries Museum den niemals endenden Kampf mit der See. Klippen und goldene Sandstrände wechseln sich immer wieder zwischen diesen Dörfern und entlang der Küste ab. Überall auf dem flachen Land stehen die niedrigen Häuser, mit den Giebeln in die Hauptrichtung des Windes gebaut, um ihm möglichst wenig Angriffsfläche zu bieten. Der Wind weht hier fast ständig und beugt damit die Kronen der wenigen Bäume aus Westen, seiner Vorzugsrichtung.

St. Andrews war im Mittelalter die kirchliche Hauptstadt Schottlands und St. Andrews University ist die älteste Universität des Landes. Als sie 1412 gegründet wurde, war sie nach Oxford und Cambridge in England erst die dritte Universität in Großbritannien. Der Name und der Beginn der Stadt haben einen kirchengeschichtlichen Hintergrund. Reliquien des Heiligen Andreas kamen im frühen achten Jahrhundert hierher. Um sie herum entstand die seinerzeit größte Kathedrale Schottlands, die heute leider nur noch eine beeindruckende Ruine ist. Sie und der ehemalige Bischofssitz **St. Andrews Castle**, mit seiner unheimlichen unterirdischen Architektur, zählen für die meisten Besucher zu den Hauptattraktionen der Stadt.

Durch den wohl berühmtesten Golfplatz der Welt, dem **Old Course**, ist das Städtchen besser bekannt – wenn auch umstritten – als die Heimat des Golfspiels. Wie es auch sei, für die meisten Golfer ist St. Andrews das Mekka der Golfwelt. Über diesen Sport und seine Ursprünge sind schon ganze Bibliotheken gefüllt worden, so dass ein weiteres Eingehen darauf den Rahmen dieses Buchs sprengen würde. Darüber hinaus informiert das **British Golf Museum** durch eine Vielzahl von Aspekten des Sports und der Spieler von gestern und heute. Ein Bummel empfiehlt sich durch diese alte und doch sehr junggebliebene Stadt, über Kopfsteinpflaster und durch enge Gassen, vorbei an einer ganzen Anzahl kleiner, manchmal recht teurer Geschäfte und am **St. Andrews Sea Life Center** vorbei bis hinunter zum Golfplatz am 16 km langen Strand.

Angus und Dundee

Mit 147 000 Einwohnern (2011) ist **Dundee** die viertgrößte Stadt Schottlands. Ihre Wurzeln liegen in prähistorischer Zeit, doch wuchs sie erst richtig im 11. Jahrhundert und wurde später durch ihre strategisch wichtige Position am breiten Mündungstrichter des Tay bedeutungsvoll. Vom **Dundee Law**, der höchsten Erhebung in der Mitte der Stadt, geht der Blick über die Masten der *Discovery* und über den Tay hinüber nach Fife. Die Straßen- und die Eisenbahnbrücke, die sich über den Fluss spannen, verbinden die Stadt mit der Region Fife. Das Vorgängerbauwerk der Eisenbahnbrücke wurde nach seinem tragischen Einsturz am 28. Dezember 1879 durch Theodor Fontanes Gedicht *Die Brücke am Tay* auch in Deutschland bekannt.

Die **Discovery** wurde in Dundee speziell für die Polarexpedition von Kapitän **Robert Falcon Scott** (1868-1912) gebaut. Sie stand bei seinem verhängnisvollen Versuch, den Südpol zu erobern, unter seinem Kommando. Heute liegt das Schiff permanent im Hafen der Stadt an dem dafür speziell erbauten Discovery Point und kann natürlich besichtigt werden. In dieser Hafenstadt mit ihren maritimen Traditionen gibt es aber auch eine reiche Auswahl an Geschäften, Pubs und Restaurants sowie das älteste, leider mastlose, aber immer noch seetüchtige britische Kriegsschiff **Unicorn**, Baujahr 1824. Darüber hinaus bietet Dundee viel Industriegeschichte, denn die Stadt war jahrhundertelang ein Zentrum der Herstellung von Jute, Waltran und Zeitungen. Die Jutefabrikation wurde erst mit Schließung der letzten Weberei im Dezember 1998 eingestellt.

Die Region **Angus**, nördlich von Dundee, ist teilweise von einer felsigen Küste gesäumt. Dort gibt es verborgene Buchten und um **Montrose, Lunan Bay** und **St. Cyrus** herum herrliche Sandstrände. In dieser Gegend sollen sich auch allerhand schaurige Schmugglergeschichten ereignet haben.

Arbroath ist immer noch ein wichtiger Fischereihafen. Bekannt ist das Städtchen nicht nur wegen seiner nach ihm benannten Bücklinge. In der Abtei von Arbroath, die heute leider auch nur noch eine Ruine ist, wurde 1320 mit der **Deklaration von Arbroath** Geschichte geschrieben. Sie war das erste Manifest in der Weltgeschichte, durch das ein Volk als eine Volksgemeinschaft eine Willenserklärung abgab, indem es seine gemeinsame nationale Identität bekundete.

Interessante und historische Besuchsobjekte in diesem Landesteil sind nicht weit von Montrose das **House of Dun** mit seiner prunkvollen Innenausstattung sowie der formal angelegte Garten von **Edzell Castle**.

Das größte Schloss in dieser Region ist **Glamis Castle** (sprich Glams), heute noch der Sitz des Grafen von Strathmore und Kinghorn. Die Geschichte dieses Schlosses und der einstigen Burg ist durch das Drama *Macbeth* weltbekannt. Glamis spielte darüber aber noch öfter eine Rolle in der schottischen Geschichte; es ist z.B. auch das Geburtshaus der verstorbenen Königinmutter und ihrer Tochter, Prinzessin Margaret.

Glamis Castle

Perthshire

Im Zentrum von Perthshire, das oft als schönste Region Schottlands gepriesen wird, liegt, mit seinen Ursprüngen noch in die römische Besatzungszeit des Landes reichend, **Perth**, eine Stadt mit knapp 44 000 (2001) Einwohnern. 1828 schrieb Sir Walter Scott in seinem Roman *The Fair Maid of Perth*: „Wenn ein intelligenter Besucher gebeten würde, die abwechslungsreichste aller schottischen Provinzen zu beschreiben, würde er wahrscheinlich die Grafschaft Perth nennen."

Perth mit seinem Umland war vor und auch während des Mittelalters ein geschichtlich ereignisreiches aber auch ein kulturelles Zentrum Schottlands. Die **Römer** hatten an dieser Stelle am Tay ein wichtiges Fort. Später errichteten die Pikten in unmittelbarer Nähe ihre Hauptstadt – das alte Dörfchen Scone. 843 n. Chr. vereinte Kenneth MacAlpin in Scone die Scoten und Pikten auf sehr drastische Weise, indem er die piktischen Häuptlinge einfach köpfen ließ. Kenneth und über 20 schottische Könige wurden in den folgenden Jahrhunderten auf dem für Schottland sehr bedeutsamen **Coronation Stone** gekrönt. Der **Stone of Scone** – später bekannt als **Stone of Destiny** – war für die Schotten so symbolträchtig, dass der englische König Edward I. ihn 1296 raubte, nach Westminster brachte und unter den Krönungsthron legte. Alle folgenden Könige Englands saßen symbolisch somit auch über Schottland auf dem Thron. Der Stein blieb dort für die nächsten 700 Jahre. Anlässlich der Wiederkehr dieses geschichtsträchtigen Datums wurde der Stein den Schotten im November 1996 von der Königin zurückgegeben und liegt jetzt in Edinburgh Castle neben den Kronjuwelen.

Heute ist Perth in erster Linie Handelszentrum. Bedingt durch die günstige Lage am früher schiffbaren Tay handelte die Stadt schon im Mittelalter mit Exportwaren wie Häuten, Fellen und Wollprodukten – und natürlich später auch mit Whisky. Diese Waren gingen hauptsächlich in die baltischen Länder und die Niederlande.

König James I. wurde am 21. Februar 1437 im dortigen **Dominikanerkloster** im Rahmen einer Verschwörung ermordet. Ein anderes folgenschweres Jahr war 1559, als John Knox in einer glühenden Rede die Befreiung der Kirchen vom Götzendienst der alten Kirche forderte. Daraufhin fielen einige Klosteranlagen des Ortes blinder Zerstörungswut zum Opfer. Knox läutete von diesem Zeitpunkt an die Reformation in Schottland ein.

Während des 17. und 18. Jahrhunderts trug die Stadt auch das Ihre zur blutigen Landesgeschichte bei. In dieser Zeit hielten sich Männer wie **Montrose** und natürlich auch **Bonnie Prince Charlie** hier auf. Zwar sind noch reichlich Spuren dieser geschichtsträchtigen Vergangenheit zu erkennen, doch der Besucher muss genau hinsehen, denn sie gehen inzwischen leider im Stadtbild unter.

Dafür haben die Stadtväter von Perth die Straßen und Plätze mit zahlreichen Blumenarrangements aufgewertet, was seit 1993 immerhin mehrfach mit dem Sieg des Wettbewerbs ‚Britain in Bloom' honoriert wurde. Daneben hat Perth viele Sehenswürdigkeiten zu bieten – beispielsweise den ganz bezaubernden **Branklyn Garden** (National Trust for Scotland) und **The Fair Maid's House**. Dieses Haus wird von Sir Walter Scott in seinem im 14. Jahrhundert spielenden Roman *The Fair Maid of Perth* vor dem Hintergrund wütender Clankämpfe zusammen mit der rührenden Liebesgeschichte der Catherine Glover beschrieben. Das alte Steinhaus ist, unweit der Charlotte Street gelegen, ein beliebtes Fotomotiv. Dasselbe gilt für die mitten in der Stadt liegende alte Getreidemühle **Lower City Mill**, die auch heute noch durch ein großes Wasserrad angetrieben wird.

Balhousie Castle, das ehemalige Wohnschloss des Grafen von Kinnoull und Basis der Black Watch, hat einen besonderen Platz in den Herzen der Einwohner. Heute beherbergt es das **Black Watch Regimental Museum**, eine Ausstellung über das weltbekannte Highlandregiment, das General Wade 1739 gründete, um den Frieden im Hochland zu erhalten. Es zeigt Standarten, Fotos, eine große Zahl von Erinnerungsstücken und Uniformen. Deren Farbmuster ist der nach dem Regiment benannte und inzwischen auf der ganzen Welt gern getragene dunkelblau-grüne Regierungstartan.

In unmittelbarer Nachbarschaft von Perth liegt der **Palast von Scone**, der seit dem 16. Jahrhundert von den Murrays, der Familie des Grafen von Mansfield, bewohnt wird. Dieser Palast mit seiner üppigen Ausstattung kann ebenfalls besichtigt werden. Auf seinem Grund und in seinen Mauern hat sich aber derart viel schottische Geschichte abgespielt, dass der Besucher davon leicht überwältigt wird. Der Park ist eine Augenweide, allein schon durch den überaus sehenswerten Kiefernhain. In ihm steht auch der berühmte erste Baum seiner Art in Europa, der nach dem 1798 in Scone geborenen David Douglas benannt wurde. Er war der Botaniker, der auf seinen Reisen neben ca. 50 anderen Bäumen auch die **Douglasie** fand. 1834 schickte er von einer Expedition die dabei gesammelten Samen nach Hause, die dann von einem der früheren Grafen mit diesem beeindruckenden Ergebnis in der Anlage ausgesät wurden.

Westlich und gleich außerhalb von Perth führt die A85 an der Ruine einer großen Burg vorbei. **Huntingtower** ist eine Anlage aus dem 15. Jahrhundert, die einst den machtgierigen und heimtückischen Ruthvens gehörte. Eine unterhaltsame Anekdote aus deren höchst dramatischer Familiengeschichte berichtet davon, dass die Tochter des Hauses einst in heller Panik über die zu frühe Rückkehr ihrer Eltern aus dem Fenster eines Zimmers, in dem ein Besucher nächtigte, zum gegenüberliegenden Turm über einen dreieinhalb Meter breiten Abgrund gesprungen sei.

Weiter westlich führt die Straße am Schlösschen von **Methven Castle** vorbei nach **Crieff**. Etwas nördlich davon verläuft die Hochlandbruchlinie. In einem kleinen Tal am westlichen Rand Crieffs produziert die Glenturret Whisky Destillerie einen exzellenten Whisky. Gegründet schon 1775 nimmt sie deshalb für sich in Anspruch, die älteste Brennerei in Schottland zu sein. **Drummond Castle**, südöstlich von Crieff, ist heute noch bewohnt und bekannt für seine herrlichen Gärten. Nur wenige Kilometer weiter liegt eines der bekanntesten, besten und exklusivsten Sporthotels der Welt – das **Gleneagles Hotel**.

Nördlich von Perth passiert die Straße den kleinen Ort **Luncarty**. Der Legende nach sollen hier einst die Skoten von der Distel vor einem nächtlichen Überraschungsangriff der Wikinger geschützt worden sein. Als die nichts ahnenden Nordmänner nackten Fußes in ein Distelfeld gerieten, sollen ihre Schmerzensrufe die Skoten geweckt haben. In Dankbarkeit für ihren Sieg machten sie diese Stachelpflanze zu ihrer Nationalblume und fügten sie als Symbol in ihr Wappen ein.

Weiter nordwärts rücken Tannenwälder und Felsen eng an die Straße, die sich zusammen mit dem Tay durch die Berge der Grenzlinie zum Hochland zwängt. Tief verborgen in diesen Wäldern thront dramatisch auf einem Felsüberhang und malerisch unter riesigen Lerchen die **Hermitage** über den rauschenden Fällen des Flusses Braan. Dieser kleiner Pavillon wurde von den Herzögen von Atholl im 18. Jahrhundert gebaut und liegt in der Nähe von Dunkeld, von der Fernstraße nur einen Spaziergang weit entfernt.

Dunkeld, am Tay gelegen, hat einen hübsch restaurierten Stadtkern. Friedvoll wie der schmucke Ort heute ist, steckt er doch voller Geschichte. Zeitweise ruhten, durch Kenneth MacAlpin hierher gebracht, die Gebeine Columbas in Dunkeld (s. Iona). So wurde Dunkeld ein Wallfahrtsort mit einer entsprechend wichtigen Kathedrale, die sich heute ganz malerisch unter den Bäumen am Ufer des Tay verbirgt. Heute ist sie die Gemeindekirche. Crinan, der Abt von Dunkeld Abbey, wurde von Macbeth umgebracht. Schließlich fand in der Kathedrale der berüchtigte **Wolf von Badenoch** am Ende seines ausschweifenden Lebens seine letzte Ruhestätte. Ende des 14. Jahrhunderts hatte er mit seinen wilden Hochländern die Stadt Elgin und deren herrliche Kathedrale gebrandschatzt, Fehden geführt und Viehräuber mit seinem Einfluss gedeckt. In den Gassen des Städtchens tobte 1689 eine der grimmigsten Schlachten der schottischen Geschichte – die **Schlacht von Dunkeld**.

Über **Aberfeldy**, westlich von Dunkeld, schrieb schon Robert Burns 1787 und verewigte das Städtchen in seinen bekannten *Birks of Aberfeldy* (Birken von Aberfeldy).

Im geografischen Zentrum Schottlands gelegen verdankt **Pitlochry** – der Namen ist piktischen Ursprungs – seine Popularität seit viktorianischer Zeit vor allem seinem guten Ruf als Luftkurort. Das hübsche, knapp 3000 Seelen zählende Städtchen platzt in den Sommermonaten aus allen Nähten. Es ist ein günstiger Ausgangspunkt für die umliegenden Wanderregionen, z. B. am Loch Tummel, Loch Rannoch und Loch Tay. Zu den wichtigsten Sehenswürdigkeiten Pitlochrys zählt der Staudamm, in den eine **Lachstreppe** (*Salmon Ladder*) eingebaut wurde. Diese Treppe wird von kraftvollen Wassermassen überspült und mit etwas Glück lassen sich die Fische in dem klaren Wasser oder vielleicht auch in dem aquariumähnlichen Durchlaufzähler erspähen. Das **Theater** ist bekannt für seine hervorragenden Inszenierungen. Gleich zwei Whiskybrennereien können in Pitlochry besichtigt werden. Die **Bell's Blair Atholl Destillerie** bringt es jährlich immerhin auf eine Produktion von fast zwei Millionen Litern. Etwas außerhalb des Ortes und versteckt in den Bergen produziert die **Edradour Destillerie** heute eine Fülle von exzellenten Whiskies. Die einst kleinste Brennerei und eine der ältesten in Schottland steht unter dem erfolgreichen schottisch-deutschen Management von Andrew und Annett.

Etwas nördlich von Pitlochry führt die Straße weiter durch den einst berüchtigten Pass von **Killiecrankie**. Das Besucherzentrum des National Trust for Scotland erklärt sehr gut die historische Bedeutung und den Verlauf der Schlacht, die hier am 17. Juli 1689 stattfand. Es war die erste Schlacht der berüchtigten Jakobitenaufstände. Die Gefolgsleute James VII. überfielen damals erfolgreich an dieser Stelle ein Kontingent von Regierungssoldaten. Herrliche Spazierwege führen heute in die bewaldete Schlucht zum Fluss hinunter. Zum historischen Blair Castle, einem der schönsten und geschichtsträchtigsten Schottlands, ist es dann nicht mehr weit.

Blair Castle

Hochland

Die **Highlands** sind für viele Touristen der Inbegriff von Schottland. Sie machen fast zwei Drittel der gesamten Fläche Schottlands aus. Die Landschaft ist oft von bizarrer, eindringlicher Schönheit, ein Eindruck, der je nach Wetter durch die klare Luft und die Lichtverhältnisse noch verstärkt wird. Hinzu kommen die stark variierenden Landschaftsformen, die regionalen Eigentümlichkeiten und eine spezielle Flora und Fauna. Weltweit werden unter dem Begriff ‚Highlands' leider meist nur die nackten, besonders eigentümlichen Landschaften der **Hochlandmoore** wie Rannoch Moor und der Flows in Sutherland verstanden. Dabei wird aber die Vielzahl der anderen Landschaften zu Unrecht vergessen, wie der Besucher sehr bald feststellt. Besonders zählen dazu die **Bergketten** der Cuillin auf der Insel Skye und die Cairngorms, die **Kiefernwälder** im Glen Affric und entlang des Spey, die **Felsmassen** von Torridon und die **Küsten** und **Berge** in Wester Ross.

Entlang der Nordsee zieht sich eine nach Norden bis Aberdeen schmaler werdende, teils flache, teils hügelige, aber meist fruchtbare Ebene die Ostküste hinauf, die sich dann hinter Aberdeen ausweitet, einem riesigen Dreieck gleich, das aufgeteilt wird in die Distrikte Aberdeen-, Banff- und Morayshire. Entlang ihrer malerischen Nordseeküste weist diese grüne Landschaft eine Anzahl unendlich lang erscheinende Sandstrände und steil abfallende Klippen auf, zu deren Füßen einige wenige Fischerdörfer liegen. Im Hinterland verweisen die darüber verstreute Handvoll historischer Burgen aber auf die unsichere Vergangenheit hin. Es ist eine Landschaft, die bis heute noch ein touristischer Geheimtipp ist.

Aberdeen ist die drittgrößte Stadt Schottlands. Ihre Ursprünge reichen weit in die frühmittelalterliche Geschichte des Landes zurück. Die traditionellen Wirtschaftszweige des Schiffbaus und der Fischerei werden seit den 1970er Jahren von der Erdölgewinnung ersetzt, durch die die Stadt sichtlich reich wurde. Neben ihrer Funktion als Hauptarbeitgeber ist Aberdeen auch Drehscheibe für die Verkehrsverbindungen der Region.

Im Hinterland dieser Stadt erheben sich die massiven **Grampian Mountains** und die **Cairngorms**. Diese Bergketten werden von den Flusstälern des königlichen **Dee** und des **Spey** zerschnitten. Das Tal des Dee reicht im Westen bis nach Braemar und das des Spey streift, ebenfalls im Westen bei Aviemore, das Wander- und Skizentrum der Cairngorm Mountains. Mit den höchsten Bergen Großbritanniens – **Ben Nevis** (1343 m) und **Ben Macdui** (1307 m) – sind sie Teil der sich vom Südwesten nach Nordosten ziehenden Gebirgskette der Grampians. Geologen bezeichnen diese als Grampians – ein paläozoisches Rumpfgebirge aus altem Sandstein und Magmagestein – deren Gipfel hier wie in den rötlichen Granitbergen der Cairngorms durch Gletscher abgerundet wurden. Zahlreiche durch diese Gletscherabschürfungen entstandene Plateauflächen mit U-förmigen Tälern sind charakteristisch für die gesamte Bergregion. Nach Osten und Nordosten hin gehen die Grampian Mountains in hügeliges Küstentiefland über (*Howe of the Mearns*), das auf Grund seines Geschiebelehms (*boulder clay*) sehr fruchtbar ist. Die flache, buchtenarme Nordostküste hat keine vorgelagerten Inseln.

Jenseits der Grampians zerschneidet von Süd-West nach Nord-Ost, beginnend am Fuß des Ben Nevis und endend vor den Toren von **Inverness**, das riesige, geologisch interessante Große Tal (**Great Glen** oder gälisch *Glen Mor*) Schottlands

Hochland in zwei Hälften. Mit der darin eingebetteten und von hohen Bergen flankierten Seenkette, bestehend aus **Loch Ness, Loch Oich, Loch Lochy** und **Loch Linnhe** war dieses Tal jahrhundertelang ein natürlicher Verkehrsweg. Er ermöglichte es den Menschen, vom Atlantik zur Nordsee zu gelangen – auf verhältnismäßig bequemere Art und Weise als über das unwegsame und gebirgige Hochland zu reisen oder gar durch den Pentland Firth im Norden zu segeln. Der große Ingenieur **Thomas Telford** verband in der ersten Hälfte des 19. Jahrhunderts mit dem **Caledonian Canal** die Seen untereinander. Er schuf damit eine künstliche Wasserstraße zwischen Atlantik und Nordsee – dem Firth of Lorn im Südwesten und dem Moray Firth im Nordosten. Längst hat der Kanal aber seine wirtschaftliche Bedeutung als Wasserweg verloren. Parallel zu ihm verläuft die für Gewerbe und Industrie in dieser strukturschwachen Region wichtigste Straße, die A82. Die Stufenschleusen des Caledonian Canal, das Schlachtfeld von **Culloden** und die romantisch am **Loch Ness** gelegene Ruine des historischen **Urquhart Castle** sind neben **Nessie** die Hauptsehenswürdigkeiten dieser Region. **Glen Urquhart, Strath Glass** oder aber der alte kaledonische Kiefernwald von **Glen Affric** sind Landschaften voller Naturschönheiten, mit rauschenden Wasserfällen, alten Kiefernbeständen, Rot- und Rehwild, Adler, Wildkatze, Auerhahn, Moorhuhn und oft nur als fantastisch zu bezeichnenden Szenerien. Vieles davon kann von der schmalen Straße aus gesehen werden, doch erst dem Wanderer erschließt sich die ganze Schönheit und das besonders im Frühjahr oder in der vollen Pracht der Herbstfarben. Ein ‚Glen' ist im gälischen Sprachgebrauch ein Einschnitt zwischen den Bergen oder ein enges Tal, während ein ‚Strath' ein weites und meistens sehr fruchtbares Tal ist.

Südwestlich und westlich vom Great Glen beginnen die verhältnismäßig dünn besiedelten, aber landschaftlich sehr schönen Küstenlandschaften **Appin, Lorne, Argyll, Cowal, Knapdale** und **Kintyre**. Bedingt durch den Golfstrom ist das Klima an der Westküste mild: es regnet viel, doch dadurch ist das Land entsprechend grün und bietet herrliche Panoramen.

Tief in das Land reichende Buchten wurden durch den ständigen Ansturm des Atlantiks geformt. Vor der Küste liegt die Inselkette der Hebriden mit zahlreichen Steilküsten und einer Vielzahl traumhafter Sandstrände. Entlang der Westküste bestehen von den Fährhäfen **Oban, Mallaig** und **Kyle of Lochalsh** gute Verbindungen zu den **Inneren Hebriden**. Teilweise können auch die **Äußeren Hebriden** von hier erreicht werden.

Nördlich des Great Glen erstrecken sich die urwüchsigen und nur sehr dünn besiedelten Regionen von **Caithness,** der Grafschaft **Sutherland** und **Wester Ross** weiter zwischen Nordsee und Atlantik. Das nordwestliche Hochland besteht überwiegend aus Granit, Gneis, Schist und devonischem Sandstein. Aufgrund der im Vergleich zu den Grampians höheren Niederschläge war die Eisschicht dort dicker. Die auffälligsten Merkmale dieser Landschaft sind daher eine Fülle von Mooren, kleinen Seen (*lochans*), Fjorden und langgestreckten Binnenseen, die während der Eiszeiten geformt wurden. Ackerbau ist in dem Gebiet kaum möglich. Durch das harte Gestein ist die Bodenkrume sehr dünn und aus klimatischen Gründen meistens sauer.

Jenseits von **Ullapool** im Nordwesten wird die Landschaft immer felsiger mit hohen, einzelnstehende Bergen, Mooren und nur wenig fruchtbarem Grund für Vieh oder gar Ackerbau. In dieser wilden Felslandschaft stößt der Reisende auf wenige, verstreut an der Küste liegende kleine Fischerorte, die oft nur mit dem Pkw oder gar zu Fuß, nicht aber mit dem Reisebus zu erreichen sind. Die äußere Nordwestküste hat nichts von der Betriebsamkeit der touristischen Zentren. Bizarre Landschaften, Einsamkeit, Möglichkeiten zur Beobachtung von Vögeln oder Meeressäugern, zum Angeln oder Bergwandern. Die merkwürdig geformten Inselberge, wie der knapp 1000 m hohe **Ben More Assynt,** der **Suilven** oder andere, sind die uralten Zeugen der geologischen Gewalten, die ihre Spuren gerade hier besonders deutlich hinterließen.

Von **Durness** bis hinüber nach **Thurso** windet sich, an der atemberaubenden Steilküste entlang, vorbei an einsamen Sandbuchten mit weißen Stränden, durch riesige Flächenmoore und winzige Ortschaften, eine einzige Straße. Natur gibt es hier wie an der Westküste in Hülle und Fülle zu bestaunen. Tausende von Seevögeln nisten in den schmalen Felsnischen an den Klippen bei **Dunnet Head** und den bizarren Felsformationen bei **Duncansby Head** und die **Orkney Inseln** sind schon zum Greifen nah!

Grampians und Aberdeenshire

Zu den Besonderheiten des Nordostens zählen die zahlreichen Schlösser und Herrenhäuser und eine tief in der Geschichte verwurzelte Verbindung zu Ackerbau, Viehzucht, Fischerei und – zur Whiskybrennerei. Diese nordöstliche Region ist für viele Besucher nicht gerade das Urbild Schottlands, denn zum Meer hin verflachen die Berge der Grampians und verwandeln sich in eine meist grüne und sehr fruchtbare Landschaft. Eine Kette von kleinen Fischerdörfern, steilen Klippen, Buchten und langen Stränden zieht sich an der Küste entlang.

Dieser Teil der Nordostküste wird seit dem 13. Jahrhundert von einer der interessantesten Burgen in Schottland bewacht. Unweit von Stonehaven bilden die Ruinen von **Dunnottar Castle**, dramatisch auf einer Klippe liegend, ein unwiderstehliches Fotomotiv. Sie bildeten deshalb auch den Hintergrund für mehrere Filme, u. a. *Hamlet* mit Mel Gibson.

Seit ihrer Zerstörung durch William Wallace im 13. Jahrhundert taucht die Festung immer wieder in der schottischen Geschichte auf, so bei der Einkerkerung von über hundert Covenanters, bei mehrfacher Belagerung und während der Jakobitenaufstände. Die Belagerung durch Cromwells Truppen war eine der interessanten Episoden, weil zu dem Zeitpunkt in der Burg die schottischen Königsinsignien (Schwert, Zepter und Krone) vor dessen Zugriff versteckt wurden. Cromwell wollte diese Insignien unbedingt nach London entführen, daher ließ er die Burg durch General Monk belagern. Doch dank einer List fielen diese Kostbarkeiten nicht in seine Hände, sondern konnten hinausgeschmuggelt werden. Die Frau des Burggouverneurs und ihre Freundin, die die Festung während der Belagerung besuchen durften, versteckten sie unter ihren Röcken. Die beiden vergruben den Staatsschatz unter der Kanzel der nahen Kirche von **Kinneff**, wo sie für die nächsten 10 Jahre unentdeckt liegen blieben.

Aberdeen

Die mit rd. 220 000 Einwohnern (2011) drittgrößte Stadt Schottlands war im frühen Mittelalter aufgrund ihrer geografischen Lage und der fehlenden Verkehrsverbindungen einer der isoliertesten Orte des Landes. Aberdeen entwickelte sich selbstständig und abgeschnitten vom Rest Schottlands. Das mittelalterliche **Aberdon** als wichtiger Handels- und Fischereihafen hatte seine eigenen Schifffahrtsverbindungen zum Kontinent. Handel und Einfluss formten schon im 13. Jahrhundert den Geist dieser Stadt. Sie gewann Macht und wurde eigenwillig, aber weitsichtig genug, **Robert I.** in seinem Kampf um die Krone und gegen seine Widersacher, die Comyns zu unterstützen. Aberdeen hat später durch Vergünstigungen und Zuwendungen des Königs sehr profitiert. Eines der vielen Reichtümer aus dieser Zeit ist ein Jagdgebiet, das ein Geschenk von Robert an die Stadt war und seither in deren Besitz ist. Das Losungswort ‚Bon Accord' (Guter Pakt/Gutes Einvernehmen) im damaligen Kampf ist heute noch das Motto der Stadt.

Als Bischof **Elphinstone** 1494 den Grundstein für die Universität in Old Aberdeen legen ließ, verbanden sich bald die Wissenschaften mit dem Handel und untermauerten den Ruf der Stadt und ihren Wohlstand. Der Hafen wurde ausgebaut und die **Schiffbauindustrie** weiter ausgebildet. Viele der als Klipper bekannten großen Segelschiffe wurden in Aberdeen gebaut. Sie zählten wegen ihres besonders gearbeiteten Bugs zu den besten und schnellsten der Welt. Die hier gebaute **Thermopylae** und die auf dem Clyde vom Stapel gelassene **Cutty Sark** zählten zu den berühmtesten Seglern. Sie standen im ständigen Wettkampf miteinander von England mit Kurs auf China, den Fernen Orient und Australien.

Edinburgh mit seiner berühmten Burg, der Altstadt und der Neustadt, von Calton Hill aus gesehen.

In vielfach preisgekröntem Design verbindet das umstrittene Parlamentsgebäude in Edinburgh mit einem gelungenen Schwung den geologisch historischen Hintergrund des Arthur's Seat mit dem königlichen Palast von Holyroodhouse und der Altstadt.

Die bedrückende Einsamkeit des Rannoch Moor wird nur noch
von der grandiosen Landschaft des anschließenden
Glen Coe übertroffen.

Vor diesem beeindruckenden Hintergrund im Glen Coe
ereignete sich Ende des 17. Jahrhunderts die wohl
dramatischste Begebenheit in der Geschichte Schottlands
– das Massaker von Glen Coe.

Portree – die kleine Hauptstadt Skyes mit ihrer bunten
Häuserzeile am Hafen, im Hintergrund die Berge der Red
and Black Cuillins.

Schottland, das Land unter dem Regenbogen
– hier bei Kyle of Lochalsh vor der Insel Skye.

An der Westküste und nur vom Meer her zugänglich,
ist die Halbinsel Knoydart fast unbewohnt und die letzte
Wildnis in Großbritannien.

Culloden – der Ort der letzten entscheidenden Schlacht
zwischen Schotten und Engländern und ein Begriff, der noch
immer für starke Emotionen in schottischen Herzen sorgt.

Mit 1343 m ist Ben Nevis der höchste Berg Großbritanniens
und nur selten in voller Größe und ohne seine weiße
Wolkenhaube zu sehen.

Eilean Donan Castle – die Geschichte der Burg reicht
von den Wikingern bis zu James Bond und
Hollywoods *Highlander*.

Die legendenumwobene
Rosslyn Chapel wurde 1440
begonnen. Sie ist ein
Wunder in fantastischen
und mystischen
Steinmetzarbeiten wie
der Apprentice Säule.
Es soll Verbindungen
zum Templerorden
geben. Die Kirche ist
einer der Schlüsselorte
im Buch „Das Sakrileg"
– Dan Browns *Da Vinci Code*.

Vor der historischen Kirche
von Kildalton auf der
Hebrideninsel Islay steht
eine der Grabplatten, die
entweder einem der
Herren der Inseln
– der 'Lord of the Isles' –
gewidmet ist oder in
anderen Deutungen einen
der Ritter des
Templerordens darstellt.

Wie in einer modernen Bildergeschichte hinterließen die Ureinwohner der Pikten in dem gewaltigen Sueno Stone die Darstellung einer Schlacht.

Die sagenhaften **Kelpies** sind die zwei weltgrößten Pferdeskulpturen. Gefertigt aus 600 Tonnen Stahl erheben sich seit 2014 diese Wahrzeichen Schottlands 30 m hoch über den östlichen Zusammenfluss des Clyde und Forth Kanals. Geschaffen wurden sie von dem schottischen Künstler Andy Scott.

Glenfinnan – in der Einsamkeit dieser Berge begann im
August 1745 der letzte Aufstand der Jakobiten.

Auch Aberdeen-Angus-Rinder brauchen mal ein Bad im Meer
– hier am weißen Strand bei Balnakeil
an der äußeren Nordwestspitze des Landes.

Loch Garry liegt in einer der einsamsten Regionen der
Grampian Berge.

Die schneeweißen Strände von Morar an der Westküste mit den
Inseln der Inneren Hebriden Eigg, Rum und Canna im
Hintergrund.

Loch Eriboll – tief in die Nordküste schneidend bewahrt diese
Bucht die Geheimnisse gesunkener Schiffe.

Wahr oder unwahr – an die Existenz dieses Monsters zu
glauben bleibt dem Betrachter vorbehalten.

Ein typisches Merkmal einer schottischen Whiskydestillerie
sind die Pagodentürme der ehemaligen Mälzerei.

Die Brücke in Carrbridge – nur eine von zahlreichen
fotogenen Ruinen.

Architektonische Gärten sind in Schottland nicht oft zu finden.
Sir Alexander Seton hat 1675 vor seinem Haus bei Pitmedden
einen der architektonisch Schönsten anlegen lassen.

Vielen aus dem Hochland Vertriebene des 18. Jh. wurden oft
nur wenige Meter Land gegeben, wie hier in **Pennan**, um,
eingezwängt zwischen hohen Felsen und Meer, ein karges
Leben zu fristen.

Die Kathedrale von Elgin galt vor 1390 als eine der schönsten
Kirchen des Landes bevor sie mutwillig vom ‚Wolf von
Badenoch' zerstört wurde.

An der Hafeneinfahrt Aberdeens ist das alte Fischerdorf
Footdee, liebevoll und kurz ‚Fittie' genannt, besonders in den
Wintermonaten den Unbilden den Meeres ausgesetzt.

Bass Rock am Eingang des Firth of Forth ist
der Brutplatz und Namensgeber für 100 000 Tölpel.

Mit seiner blutigen Geschichte und dramatischen Position hoch
über der Nordsee macht die Ruine von Dunnottar Castle
Filmgeschichte.

Dunrobin Castle – das Märchenschloss
der Herzöge von Sutherland.

Schafe, Schafe und noch einmal Schafe. Sie sind mit das
augenfälligste Merkmal im Hochland.

Am 21. Januar 1890 fuhren Züge zum ersten Mal über die
einzigartige Forth Bridge. Sie gilt heute immer noch als
Meisterleistung der Ingenieure des 19. Jh.

Culross am Firth of Forth ist eines der
besterhaltensten Städtchen
aus dem Mittelalter.

Von dort brachten sie nach legendären Segelrennen Tee, Gewürze und später Wolle zurück nach London. In einer Rekordfahrt von China im Jahre 1869 erreichte die *Thermopylae* England in nur 91 Tagen und stellte 1870 sogar einen Geschwindigkeitsrekord von 330 nautischen Meilen an einem einzigen Tag auf. Aberdeens Schiffswerften konnten sich vor Aufträgen kaum retten – nicht zuletzt, weil **Thomas Blake Glover** (1838-1911) in Nagasaki die japanische Marine gegründet hatte und einen Teil der Schiffe in Aberdeen bauen ließ. Glover wurde in Fraserburgh geboren, ging nach Japan, half dort, den Kaiser wieder zu inthronisieren und wurde zum Mitbegründer der Weltfirma Mitsubishi. Es heißt, seine Frau Tsura inspirierte Giacomo Puccini zu seiner berühmten Oper *Madame Butterfly*. Glover ist in Japan noch heute sehr bekannt und verehrt. Sein Haus wird jährlich von Millionen Menschen besucht.

Der Schiffsbauboom hielt bis Mitte des letzten Jahrhunderts an, näherte sich dann aber seinem Ende. Zum Glück wurde in der Nordsee bald Öl gefunden. 1969 wurde das erste Ölfeld, Montrose, erschlossen. Inzwischen werden in der Nordsee über 50 Ölfelder angezapft und von dort bringen 1878 km Hauptleitungen das flüssige Gold nicht weit von Aberdeen an Land. Die wichtigsten Ölhäfen in Schottland sind Sullom Voe auf Shetland, Flotta auf Orkney, Nigg am Cromarty Firth und Cruden Bay in Grampian, von wo eine andere Pipeline nach Grangemouth am Firth of Forth führt. Der Boom ist seit den 1970er Jahren ungebrochen.

Augenfällig an Aberdeens Architektur ist der allgegenwärtige Granit. Fast alle privaten Häuser, Geschäftshäuser und öffentliche Gebäude, aber auch Straßen und Bürgersteige wurden aus dem Material gebaut, das der Stadt den Namen ‚Granite City' gab. Jahrhundertelang wurde dieses Gestein aus dem riesigen, seit den 1970er Jahren stillgelegten Rubislaw Steinbruch gewonnen. Das Grau der Häuserfronten kann bei schlechtem Wetter schon sehr aufs Gemüt schlagen, glücklicherweise verändern aber Sonnenstrahlen die Stadt: Sie glänzt und scheint dann ganz aus Silber gebaut zu sein, Grund für Aberdeens zweiten

Namen – ‚The Silver City'. Aberdeen schafft es jedoch, das Grau seines Stadtbildes sehr attraktiv zu kompensieren. Überall blühen Rosen, nicht nur in den Parks der Stadt, sondern an jedem möglichen Fleckchen (sogar zwischen den Fahrbahnen der städtischen Umgehungsstraße) sind Blumen zu finden, was angesichts der nördlichen Lage Aberdeens unglaublich ist. Die Stadt hat Charakter und viel Sehenswertes zu bieten wie z. B. den **Duthie Park** mit seinem riesigen Rosenhügel, auf dem 200 000 Stöcke stehen sollen.

Zu den besonderen Sehenswürdigkeiten zählt mit Sicherheit das moderne **Maritime Museum** (Schifffahrtsmuseum) im ältesten Gebäude der Stadt. In diesem großartigen Museum in unmittelbarer Nähe des Hafens gelegen, wird die Geschichte der Seefahrt sehr anschaulich präsentiert. Dazu gehören Schiffsmodelle aus vielen Epochen, Fotos und Informationstafeln und schließlich uralte Navigationsgeräte. In dem Haus wird sogar ein Teilstück eines richtigen Bohrturms ausgestellt. Ein Bummel durch die mittelalterliche und bis 1891 vollkommen unabhängige Stadt **Old Aberdeen** im Stadtkern versetzt den Besucher zurück in die Zeit der Stadtgründung.

Die beiden wichtigsten Gebäude dieses historischen Stadtteils werden durch die stark befahrene Straße St. Machar Drive voneinander getrennt. Auf der Nordseite liegt die **St. Machar's Cathedral** und südlich davon das **King's College**. Die einstige Kathedrale, die leider nicht mehr in ihrer imposanten Größe erhalten ist, ist heute die Gemeindekirche der Church of Scotland. Der ursprüngliche Bau war ein Kirchlein, das von **St. Machar**, einem Mönch im Gefolge St. Columbas, im Anschluss an die Missionierung der Ureinwohner gebaut worden war. Im 11. Jahrhundert wurde die Kirche dann neu gebaut und in den Status einer Kathedrale erhoben. Daraus erwuchs eine der prächtigsten Sakralbauten, die jemals aus Granit geschaffen wurden. Im 15. und 16. Jahrhundert unternahmen die damaligen Bischöfe Leighton, Elphinstone und Dunbar den weiteren Ausbau. Nachdem Cromwell das Gestein des Chors der Kirche zum Bau eines Forts nutzte, stürzte dann Mitte des 17. Jahrhunderts der Hauptturm mit dem Chor ein. Größter Schatz und das Schmuckstück der St. Machar Cathedral ist zweifellos die einzigartige Holzdecke, die mit ihren Wappen der Adligen, Kirchenfürsten und der europäischen Königshäuser aus der Zeit des 16. Jahrhunderts gerettet werden konnte. 1520 wurde sie von dem weitsichtigen Bischof Dunbar, der an eine geeinte Kirche in Europa glaubte, in Anlehnung an den Psalm 47, Vers 10 errichtet: „Die Fürsten unter den Völkern sind versammelt zu einem Volk des Gottes Abrahams, denn Gottes sind die Schilde auf Erden." Etwas südlich von der Kathedrale und jenseits der Straße liegt das **King's College**. 1495 wurde dieses College als dritte Universität Schottlands durch Bischof Elphinstone, einen Freund Königs James IV., gegründet und nach ihm benannt. Elphinstones Denkmal wurde 1927 als Bronzesarkophag in Italien gefertigt und ist heute nahe dem Eingang zur Universität zu sehen.

Gegenüber sind der merkwürdige Eingang und die zwei minarettähnlichen Türme zum Haus der **Powis Familie** zu sehen. Sie sind u.a. der unübersehbare Beweis für die Beziehungen dieser Familie zum Fernen Orient und den weltweiten Handel, der von Aberdeen betrieben wurde.

Nach dem Besuch von Old Aberdeen führt der Weg am Meer entlang und die Promenade mit ihren Vergnügungsanlagen hinunter. Ein Gang durch das pittoreske **Fitti**, das einstige Wohnviertel der Fischer am Hafen, sollte dabei in keinem Fall ausgelassen werden. Vom Hafen in der Mündung des Dee mit seinen Silos und merkwürdig geformten Versorgerschiffen und Einrichtungen für die Ölbohrinseln legen auch die Fähren nach Shetland ab. Nicht weit vom Hafen entfernt liegt in der Umgebung der **Union Street** Aberdeens Geschäftszentrum mit mehreren großen Kaufhäusern.

Eines der größten Gebäude in Aberdeen ist das **Marischal College**. Es wurde 1593 von **George Keith**, Earl Marischal of Scotland, ein Jahrhundert nach der Gründung der ersten Universität als protestantisches Gegenstück zum katholischen King's College gebaut. Das Gebäude im neugotischen Baustil wurde zur Zeit der Fertigstellung als eindrucksvollster weißer Granitbau der Welt gefeiert. Heute ist es, nach dem spanischen El Escorial, der zweitgrößte Granitbau der Welt. Nach der Zusammenlegung der beiden Universitäten und einem Zwischenstadium mit mehreren Funktionen, ist es jetzt der Sitz der Stadtverwaltung.

Die Ölmetropole

Zweifellos verdankt Aberdeen seinen heutigen Wohlstand dem Nordseeöl. Während England und Schottland sich nach den ersten Erdölfunden noch um die Besitzrechte rauften, ergriffen die Aberdonians bereits die Initiative. Für die Arbeiter und Ingenieure entstanden neue Siedlungen und bald hatte sich auch die Einwohnerzahl verdoppelt. Heute haben fast alle bekannten Firmen der Ölwelt in dieser Stadt ihre Büros, Techniker und Geschäftsstellen. Außerdem erhielt Aberdeen mit dem Ölboom den geschäftigsten Hubschrauberlandeplatz der Welt. Von dort werden die Bohrinseln versorgt und deren Besatzungen transportiert. Aberdeen hat die niedrigste Arbeitslosenrate Großbritanniens und das alles ohne rauchende Schornsteine oder große Schwerindustrieansiedlungen! Die Kehrseite der Medaille wird jedoch vor allem von den Besuchern der Stadt verspürt. Hotelpreise, vor allem unter der Woche, wenn die Manager der großen Ölgesellschaften geschäftlich in der Stadt sind, liegen deutlich über denen in anderen schottischen Städten – und da sind sie auch schon nicht niedrig.

Das **Provost Skene's House** gegenüber dem Marischal College, einst versteckt liegend zwischen modernen Glasfassaden der umgebenden Hochhäuser, ist jetzt endlich nach deren Abriss frei sichtbar. Es wurde erstmals 1545 urkundlich erwähnt und war der Wohnsitz der prominentesten Bürger der Stadt. Im 17. Jahrhundert ließ **Sir George Skene** in diesem Haus, das kostenlos zu besichtigen ist, herrliche Deckendekors und Täfelungen mit religiösen Motiven anbringen.

Das Haus sollte, wie die ehemals umliegenden Häuser, die der Moderne weichen mussten, ebenfalls abgerissen werden. Glücklicherweise erfuhr aber die Königinmutter davon. Sie rettete dieses mittelalterliche Kleinod vor der Zerstörung. Das Museum darin wurde 1993 eröffnet.

Direkt daneben bildet die **St. Nicholas Kirk** das Stadtzentrum **Aberdeens**. Das Kirchenschiff mit den Rundbogengewölben auf schlanken Stützsäulen stammt aus dem 12. Jahrhundert. Bemerkenswert sind auch die Wandteppiche mit biblischen Szenen und die Glasfenster. Eines davon wurde dieser Kirche im Gedenken an die Verunglückten des Piper Alpha Desasters gestiftet. Bei dem Brand auf einer Ölbohrinsel starben 1988 vor der schottischen Küste 167 Menschen. Der Kirchturm von St. Nicholas hat ein Glockenspiel mit 48 Glocken.

In der **Aberdeen Art Gallery** ist eine eindrucksvolle Sammlung von viktorianischen und impressionistischen Gemälden und Skulpturen schottischer und englischer Künstler ausgestellt.

Abschließend etwas Besonderes, was diese Stadt und ihre Bewohner, die Aberdonier, angeht: Unter sich sprechen sie Doric, einen eigenen und für Außenstehende kaum verständlichen Dialekt, fast schon eine andere Sprache.

Der Royal Dee

Aberdeen ist im Nordosten das Tor zur Royal Deeside, dem Flusstal des Dee, das durch Königin **Victoria** und Prinzgemahl **Albert** berühmt gemacht wurde. In der Mitte des 19. Jahrhunderts errichteten sie ihre Sommerresidenz in **Balmoral Castle**. Seither ist es das Privatschloss der Königsfamilie, die diese Tradition fortsetzt und in dieser großartigen Landschaft inmitten alter Kiefernwälder und herrlicher Birkenbestände zu einem großen Teil ihren Sommerurlaub verbringt.

Im ganzen Flusstal und in der Umgebung gibt es neben einigen hübschen Städtchen für die Freunde von Burgen und Ruinen eine Anzahl Schlösser und Herrenhäuser, die z.T. vollständig erhalten sind und entweder noch privat bewohnt oder unter der Obhut des National Trust for Scotland oder Historic Scotland stehen. Einige der interessantesten und sehenswertesten Exemplare liegen auf der Route entlang des Dee, wie etwa **Drum Castle** und **Crathes Castle** mit ihren außergewöhnlichen Gärten. Die Geschichte dieser beiden

Burgen reicht zurück bis zur Zeit von Robert the Bruce. Nur wenige Meilen weiter liegen noch andere Burgen wie **Corgarff, Craigievar, Fraser** und **Braemar Castle**. Alle haben sie ihre Geschichte, aber zu den interessanten und geschichtsträchtigsten Ruinen der Region zählen **Dunnottar** und **Kildrummy**.

Lachse angeln – ein kostspieliges Vergnügen

Angler wissen, dass der Dee zu den besten Lachsflüssen zählt und auch einer der teuersten ist. Zur Begriffserklärung: ein Beat ist ein Stück Flussufer, oft in Privatbesitz, von wo geangelt wird. Nur um einmal zu zeigen wie teuer Angeln sein kann: Die besten Uferplätze kosteten 1996 in der Jahreslizenz 6000 Pfund. Anfang 1997 konnte ein 2 km langes Uferteilstück am Dee – der Tilbouries Beat – inklusive eines kleinen Häuschens und einer Fischerhütte – für 585 000 Pfund gekauft werden.Dieser Preis ist wahrscheinlich auch erzielt worden, obwohl an diesem Flussabschnitt in der Nähe von Banchory im ganzen Jahr 1996 nur 22 Lachse angebissen hatten! Das ist kein Einzelfall. 1998 war der 1.65 Meilen lange Kincardine Beat für 600 000 Pfund auf dem Markt, obwohl dort die jährliche Fangquote für Lachse im Durchschnitt nur 75 Stck. lag. Ähnliches passierte am Spey auf der nordwestlichen Seite der Berge. Der Fluss zählt unter Lachsanglern ebenfalls zu den Spitzenflüssen in Schottland. 1998 war dort der 1.65 Meilen lange Kincardine Beat für 600 000 Pfund auf dem Markt, obwohl dort die jährliche Fangquote für Lachse im Durchschnitt nur bei 75 Stück lag. Der Tay, Schottlands längster Fluss und einer der Lachsreichsten, ist übrigens auch nicht billiger. Dort und anderswo kann eine Rute an guten Stellen, deren Ufer im Privatbesitz sind, rund £ 1000 und mehr pro Woche kosten. Die Lachs- und Forellenfischerei als Zweig der Sportindustrie hat für Schottland einen sehr hohen Stellen- und Marktwert, denn er schafft 5000 Arbeitsplätze und sorgt für einen Jahresumsatz von mehreren 100 Mio. Pfund.

Balmoral im westlichen Abschnitt von Deeside zwischen Ballater und Braemar ist das private Urlaubsdomizil der königlichen Familie und auch das größte und wohl bekannteste Anwesen. In seiner unmittelbaren Nähe liegt die **Royal Lochnagar Destillerie**. Die Whiskygenießer kommen deshalb am Dee in wohl mehr als einem Sinne auf ihre Kosten.

Das bekannte **Braemar Highland Gathering** findet in jedem Jahr am ersten Samstag des September statt. Wer zu dem Zeitpunkt noch in der Region ist, sollte dieses fröhliche und farbenprächtige Spektakel unbedingt miterleben. Der Fluss Dee entspringt hoch in den Bergen der Cairngorms und windet sich durch eine Landschaft, die im Osten ein wesentlich trockeneres Klima aufweist als jenseits und westlich der Berge. An seinem Ende angelangt, mündet der Fluss nicht weit von einem zweiten Fluss, dem **Don**, in die Nordsee. Dabei schlossen sie beide einst zwischen sich die Stadt Aberdon ein. Heute ist diese historische Stadt in Aberdeen aufgegangen, das sich längst über die Ufer der beiden Flüsse ausgedehnt hat.

Nicht nur die klare und trockene Luft in der Gebirgssenke zwischen den rund 600 m hohen und flach auslaufenden Hügelketten lässt viele Besucher jährlich nach **Ballater** kommen. In den Sommermonaten wirken die zahlreichen Geschäfte im Ortszentrum – darunter einige Hoflieferanten der königlichen Familie – wie Magneten auf die Touristen. Der kleine Bahnhof des Orts war einst die Endstation für den königlichen Zug aus London. Von Ballater aus fuhren die königliche Familie und ihre zahlreichen Besucher mit der Kutsche weiter zum **Balmoral Castle**. Unter den Gästen waren u.a. der russische Zar, der deutsche Kaiser und der Schah von Persien. Längst ist die Bahn verschwunden, aber der hübsche Holzbahnhof ist noch erhalten. In ihm ist heute eine Ausstellung der königlichen Ankunft und ein kleines Geschäftszentrum errichtet worden.

Als Nichte von Wilhelm IV. kam Königin **Victoria** 1837 auf den Thron. Durch Leopold von Belgien, ihrem anderen Onkel, war sie trotz ihrer Jugend gut auf die Aufgabe vorbereitet. 1840 heiratete sie Prinz **Albert** von Sachsen-Coburg und Gotha. Die Beziehung zwischen Victoria und Prinz Albert (1819-1861) war ebenfalls durch Leopold angebahnt worden. Sehr bald verband die beiden große Zuneigung. Alberts weitsichtige Ratschläge waren für die Königin von außerordentlicher Bedeutung und beeinflussten oft die Politik, ebenso wie soziale und kulturelle Bereiche des Landes.

Beide waren von der Luft, dem trockeneren Wetter und der Gebirgsszenerie am Dee derart begeistert, dass sie alles daransetzten, das gesamte Besitztum und das Schlösschen zu besitzen. 1848 erwarben sie es schließlich für 31 500 Pfund. Albert entwarf ein neues Schloss und ließ es in hellem Granit bauen. Das alte Gebäude, das im 14. Jahrhundert einen Vorgänger namens Bouchmoral hatte, wurde abgerissen. 1855 zog die königliche Familie in ihr Märchenschloss Balmoral, das mit Zinnen und zahlreichen Türmchen geziert war. Dort und auch auf der Isle of Wight, fern von allem, waren Königin Victoria und Prinz Albert glücklich. Sie hatten vier Söhne und fünf Töchter, von denen die meisten in die europäischen Königs- und Fürstenhäuser einheirateten. Beide liebten die Jagd und streiften oft in Begleitung ihres *Ghillie* (schottisch für Wildhüter) John Brown durch das Land. Prinz Albert starb, erst 42 Jahre alt, am 14. Dezember 1861 in Windsor an Typhus und hinterließ eine untröstliche Victoria. Briefe und Erzählungen berichten von den einsamen Fahrten der Königin an die Orte ihrer Erinnerung. Bis sie sich schließlich aus ihrer schier unendlichen Trauer lösen konnte, vergingen viele Jahre. Sie schaffte das unter anderem mit der Ermutigung ihres Freundes John Brown. Das besondere Verhältnis der beiden ist in dem bewegenden Film *Mrs. Brown* nachgezeichnet worden.

Fast 40 Jahre lang kehrte die Königin, tiefschwarz gekleidet, immer wieder zurück nach Balmoral. In ihren letzten Jahren war sie oft dort und kam dabei vor allem zu ihrer kleinen Hütte an dem nahen **Loch Muick**. Spötter behaupten, sie habe sich dort immer wieder aufgewärmt, denn ihre offiziellen Gäste soll sie stets in den eiskalten Räumen des Balmoral Castle empfangen haben. Seit der Zeit Königin Victorias ist dieser Privatbesitz der Windsors jedes Jahr im August und September und oft auch zu anderen Zeiten des Jahres das Ziel der königlichen Familie.

Der Park hat heute einen umfangreichen Baumbestand, der das Schloss inzwischen gegen Einblicke von außen abschirmt. Zu bestimmten Zeiten im Frühsommer und nur wenn die königliche Familie nicht anwesend ist, kann der Park, zusammen mit dem Ballsaal des Schlosses, den Stallungen und verschiedenen Ausstellungen besichtigt werden. Das Schloss selbst ist Privatbesitz der Windsors und der Öffentlichkeit nicht zugänglich.

Wer die königliche Familie trotzdem einmal erleben möchte, kann sie hin und wieder während ihres Sommerurlaubs im August und September sehen, wenn sie sonntags die Gemeindekirche in Crathie besucht. Es ist Tradition seit Victorias Zeiten, dass die Königin trotz ihrer Position als Oberhaupt der Anglikanischen Kirche der Welt in einem protestantischen Gotteshaus der Church of Scotland zum Gottesdienst geht. In der schlichten Dorfkirche wurde Prinzessin Anne 1992 in zweiter Ehe mit Timothy Laurence getraut.

Östlich von Crathie zweigt eine Straße in das nordwestliche Hochland ab und führt hinüber an den Spey. Wer dagegen weiterfährt, erreicht das südwestlich gelegene Braemar und schließlich Perth. In beiden Richtungen geht die Fahrt hoch hinaus durch die Wintersportgebiete dieser Region.

Braemar Castle, im 17. Jahrhundert gebaut, liegt südwestlich von Balmoral in einem kleinen Wäldchen versteckt am Dee. Mit ihren bastionsartigen Sternmauern, den Schießscharten und dem massiven Turm erweckt die Burg den Eindruck einer Festung. Mitte des 18. Jahrhunderts hausten die Hannoveraner Regierungssoldaten als Zöllner im Kampf gegen die Whiskyschmuggler und Schwarzbrenner darin. Danach diente das Castle den hiesigen Landbesitzern, den Farquharsons, als Jagdschloss und Residenz. Heute wohnen sie immer noch nur wenige hundert Meter weiter am anderen Ufer des Dee in dem prächtigen, schlossähnlichen Invercauld House.

Umringt von Bergen liegt das Dörfchen **Braemar** eingebettet in eine herrliche, wildreiche Landschaft. Dieser Vierhundert-Seelen-Ort existiert schon seit dem frühen Mittelalter und ist bestens bekannt für die Traditionen des Hochlandsports. Hier hat **Robert Louis Stevenson** einen der berühmtesten Abenteuerromane der Weltliteratur geschrieben, seine *Schatzinsel* (1883). 1715 rief der **Graf von Mar** vor der heutigen Ortseinfahrt zum **Jakobitenaufstand** auf. Das Gebiet war einst im Besitz dieser Grafen (daher der Name Brae Mar). Schon im 11. Jahrhundert hatten Malcolm Canmore an dieser Stelle eine Burg und Robert the Bruce ein Jagdschloss, von dem noch die Überreste gegenüber des Parkplatzes zu sehen sind. Was das Tattoo für Edinburgh ist, ist für Braemar das **Highland Gathering**. Tausende von Zuschauern und Touristen kommen dazu jedes Jahr in den kleinen Ort. Die Königin und Teile ihrer Familie, die zu dem Zeitpunkt auf dem nicht weit entfernt liegenden Balmoral ihren Jahresurlaub verbringen, besuchen traditionell am Nachmittag für rund zwei Stunden das Schauspiel. Es steht noch nicht fest, wer oder was der größere Besuchermagnet ist – die Spiele oder die Royal Family. Vielleicht ist es eine Kombination aus beidem.

Kurz hinter Braemar windet sich die Straße hinauf in die Grampian Mountains, zum Skigebiet von **Glenshee**, danach hinunter durch eine herrliche Landschaft nach **Blairgowrie**, um schließlich bei **Perth** auf den Tay zu treffen. Auf dieser Strecke kann in den Bergen häufig Rotwild gesichtet werden.

Die nicht weit vom Balmoral abzweigende A939 führt vom Dee nach **Tomintoul**. Zu dem höchstgelegenen Dorf im Hochland windet sich die Straße über eine Buckelbrücke und durch eine wilde, einsame Heidelandschaft in das nordwestliche Hochland hinauf. Aus diesen Bergen kommt das Wasser, das die Basis des berühmten schottischen Whiskies ist. In den Tälern des Spey wird fast überall Whisky gebrannt – im Gegensatz zu früher geschieht das heute aber legal. Nach dem Ende der Jakobitenaufstände hatte die Regierung durch ihre Truppen mehr Druckmöglichkeiten, um ihre Position und Gesetze durchzusetzen. So rückten die dort stationierten Regierungstruppen von Corgarff Castle am Fuß der steil hinaufführenden Straße immer wieder in das schwer zugängliche Hochland aus, um den illegalen Brennern das Handwerk zu legen.

Die wenigen kleinen Ortschaften der Region werden durch den gut ausgeschilderten **Whisky Trail** verbunden. Es ist ein Rundkurs von rund 100 km Länge, der Wissbegierige durch das westliche Grampian und am Spey entlang führt. In fast jedem Dorf dieser Region gibt es eine oder gar mehrere oft weltberühmte Brennereien. Das Gute ist: Fast alle können besichtigt werden. Dabei gibt es für den Besucher meist einen *wee drum* (schottisch für einen kleinen Schluck) zu kosten.

Dufftown ist heute eines der bekanntesten Zentren der schottischen Malt-Whisky-Herstellung. Von den fünf Destillerien, allein in diesem Städtchen, ist die Bekannteste wohl Glenfiddich. Diese weltgrößte im Privatbesitz befindliche Whiskybrennerei liegt gleich unterhalb der historischen Burgruine von **Balvenie**. Dieser kleine Ort wurde 1817 vom Grafen von Fife, **James Duff**, teilweise zur Arbeitsbeschaffung gegründet, um damit vor allem die hohe Arbeitslosenzahl nach den Napoleonischen Kriegen zu verringern. Die Straßen im Ort sind streng symmetrisch angeordnet, so treffen sich die vier Hauptstraßen beim auffälligsten Gebäude des Ortes, dem **Block Tower**, der 1839 fertiggestellt wurde. Einst befand sich das Stadtgefängnis an dieser Stelle, später war das Rathaus dort untergebracht. Die Glocke im Turm hat einen sehr merkwürdigen Namen. Sie stammt aus **Banff** und ist bekannt als ‚die Glocke, die MacPherson hängte'.

MacPherson war ein berüchtigter Räuber, der im Jahre 1700 in Banff zum Tode durch den Strang verurteilt wurde. Er hatte nach Robin-Hood-Manier die Armen mit dem beschenkt, was er zuvor von den Reichen geraubt hatte. Die Bewohner des Ortes reichten ein Gnadengesuch ein. Während das Begnadigungsschreiben aber noch unterwegs war, stellte Lord Braco, Sheriff von Banff und Erzfeind MacPhersons, die Uhr um eine Stunde vor. Damit erreichte er, dass die Glocke früher schlug und MacPherson noch vor Eintreffen des Begnadigungsschreibens gehängt wurde. Zur Erinnerung an diesen Vorfall wurde die Glocke später von Banff nach Dufftown überführt.

Kurz hinter Dufftown führt der *Whisky Trail* vorbei an der **Speyside Cooperage**. In dieser Böttcherei wird noch das Handwerk der Fassherstellung für die Whiskyindustrie ausgeübt und dem Interessierten auch vorgeführt. Die aus Jerez und Kentucky importierten Sherry- und Bourbonfässer werden manuell geprüft, repariert und wieder zusammengesetzt, bevor sie zur Lagerung an die Brennereien gehen.

Exkurs: Dem Whisky auf der Spur

Die Geschichte des Whiskys reicht ins 15. Jahrhundert zurück. Eine Unzahl von schauerlichen Begebenheiten und Heldengeschichten werden heute noch aus der Zeit der Schwarzbrenner im 17. und 18. Jahrhundert erzählt.

Die vielen Brennereien im Tiefland, im Hochland und auf den Inseln produzieren alljährlich einen einzigartigen goldenen Strom, der während seiner Herstellung zunächst aber noch so farblos wie Wasser ist. Jeder fertige Maltwhisky unterscheidet sich dann aber allein schon in der Farbe, die von dunkelbraun bis hellbernstein reichen kann. Genauso stark variieren alle *Malts* im Geschmack von streng und scharf über vollmundig bis ganz mild und weich. Dabei entfalten sie eine Aromapalette von rauchig und kräftig bis fast blumig. So unterschiedlich sie auch sind, so haben sie doch eines gemein: Sie brennen nicht in der Kehle, sondern rufen allenfalls eine angenehme Wärme hervor und zur Entfaltung des Aromas werden sie höchstens mit einigen wenigen Tropfen klaren, stillen Bergwassers getrunken – niemals aber mit Soda, Cola oder Eis! Das sollte höchstens mit den aus Malt- und Kornwhisky gemischten und geschmacklich abgestimmten (*blended*) Whiskies genossen werden. Doch Vorsicht, Whisky steigt zu Kopf, deshalb sollte darauf geachtet werden, dass nicht zuviel Wasser ins Glas gegeben wird.

Die Methode des Whiskybrennens hat sich nie verändert – allenfalls verfeinert. Sie geschieht immer noch nach uraltem Brauch und mit Wissen und Können des Brennmeisters, der für das Destillat lediglich drei Zutaten verwendet: **Gerste**, reines weiches **Wasser** aus dem Hochland und **Hefe**. Die Gerste wird in Wasser eingeweicht und dann bis zum Zeitpunkt, an dem Triebe zu sprießen beginnen würden, auf dem Malzboden ausgebreitet. Im Laufe dieses Prozesses entstehen Enzyme, die die in den Gerstenkörnern enthaltene Stärke in Zucker umwandeln. Zu diesem Zeitpunkt wird die Keimung durch heißen Torffeuerrauch abgebrochen. Dieser Prozess, in

Deutschland **Darre** benannt, verleiht dem späteren Whisky seinen unverwechselbaren und torfrauchigen Geschmack.

Das Malz wird zu Schrot (*grist*) gemahlen und in einem Maischebottich mit heißem Wasser übergossen oder eingemaischt und der darin enthaltene Zucker herausgewaschen. Diese heiße zuckrige Lösung ist die Würze (*ward*), die abgekühlt und in großen Bottichen (*washbacks*) mit Hefe versetzt wird. In den Bottichen erzeugt die Hefe durch die Aufspaltung des Zuckers (Gärung) eine schwach alkoholische Flüssigkeit (*wash*), Kohlensäure und viel Schaum. Danach wird diese in riesigen kupfernen Destillierbirnen (*pot stills*) zweimal gebrannt. Die erste **Destillation** ergibt eine Flüssigkeit, die *low wines* genannt wird. Diese wird dann in der zweiten Brennbirne, dem *spirit still*, nochmals gebrannt, um schließlich den 'Geist' heraus zu destillieren. In dieser Phase hängt viel vom Brennmeister ab, dessen Erfahrung und Fertigkeit die traditionelle Eigenart und Geschmacksfärbung des Malzwhiskys seiner Brennerei mitbestimmen.

Nur der mittlere Lauf, genannt der *middle cut*, der zweiten Destillation wird zur **Reifung** verwendet. Dazu wird das Destillat ausschließlich in gebrauchte Eichenholzfässer abgefüllt, die entweder aus Jerez, Spanien oder aus Kentucky (USA) importiert und sorgfältig von erfahrenen Böttchern (Küfern) wieder aufgearbeitet und repariert werden. Wasserklar wird die frisch gebrannte Spirituose des Mittellaufs von ca. 72 Volumenprozent auf etwas über 60 % verdünnt, bevor sie in diese Eichenfässer abgefüllt wird. In Lagerhäusern reift sie gut gelüftet mindestens drei Jahre, bevor das Produkt sich schottischer Whisky nennen darf. Meistens ruht er noch etliche Jahre länger. Während dieser Reifung entwickelt die Spirituose den typisch reifen Geschmack des vollen, reinen Malzwhiskies. Sie verliert die Schärfe ihrer Fuselöle und nimmt die Farbe aus den gebrannten Dauben der Fässer an. In den Fässern verliert sie allerdings pro Jahr auch bis zu 2 % an Volumen – ein Vorgang, der in Schottland romantisch *Angels Share* (Anteil der Engel) genannt wird. Engel wissen wohl auch, was gut ist. Ernsthaft – der jährlich verdunstende Anteil der schottischen Whiskyproduktion wird auf rund 160 Mio. Flaschen geschätzt. Nach der Reife wird der Whisky dann bevor er abgefüllt wird durch Beimischung von weichem, entmineralisiertem Quellwasser auf die gewünschte Stärke zwischen normalerweise 40 und 43 und mehr Volumenprozent gebracht, abhängig vom Exportland.

Das Wort ‚Whisky' wird im Schottischen ohne ‚e' geschrieben. Der **schottische Whisky** unterscheidet sich nicht nur dadurch vom **irischen Whiskey**, sondern auch durch seinen eigenen, oftmals rauchigen Geschmack. Der irische Whiskey hingegen, zu dessen berühmtesten Whiskeysorten Namen wie Old Bushmills, Paddys und Jamieson zählen, zeichnet sich durch einen weichen, rauchlosen Geschmack aus. **American Whiskey** (*Bourbon*) wird auf Roggenbasis hergestellt. Für die verschiedenen Whiskysorten ist die Aufschrift auf dem Etikett ausschlaggebend. *Single Malt* bedeutet, dass es ausschließlich ungemischter Malz-Whisky aus einer einzigen Brennerei ist. *Malt* kann dagegen aus mehreren Malts verschiedener Brennereien gemischt sein. Gegebenenfalls stammt er aus einem Jahrgang und in der Regel wurde er acht und mehr Jahre in einem Eichenholzfass gelagert. *Grain Whisky*, das Destillat aus verschiedenen Getreiden, ist Grundlage für das Massenprodukt *Blended Whisky* – gemischter Whisky. Diese bekannteste Art schottischen Whiskies ist eine Mischung, die zu einem geringeren Teil aus Malt und einem größeren Anteil aus Korn besteht. Auch in Wales, Schweden, Australien, Japan, Neuseeland und vielen anderen Ländern werden charakteristische und manchmal recht gute Whiskysorten auf Getreidebasis hergestellt. Doch es ist fast unmöglich, den Geschmack und die Qualität von schottischem Whisky anderswo als in Schottland zu produzieren. Als ‚Scotch' darf sich nur bezeichnen, was in Schottland gebrannt und danach mindestens drei Jahre in Eichenholzfässern in Schottland gelagert wurde. Es wird behauptet, dass es rund 2000 verschiedene Marken (*Blends* und *Malts*) gibt. Die Verkaufstendenz der 108 Destillerien, die 2013 lizenziert waren, ist steigend. So betrug der Whiskyexport

2013 knapp £ 4.5 Mrd. mit einer bis zum Jahr 2017 erwarteten Umsatzsteigerungs auf £ 5.1 Mrd.

Im Scotch Whisky Heritage Centre in Edinburgh ist mit weit über 3000 Flaschen (ungeöffnet!!) eine der größten Sammlungen dieser Köstlichkeit zu sehen.

Speyside

Diese für Whiskyenthusiasten sehr spezielle Landschaft zieht sich, wie auch das Great Glen, als eine von zwei Diagonalen quer durch das zentrale Hochland. Der Spey ist der bekannteste Hochlandfluss. Er entspringt in den **Monadhliath Mountains** (sprich: Monalia), wo er im Frühjahr das Schmelzwasser des Schnees aufnimmt. Dadurch tritt er in der Ebene bei Kingussie fast regelmäßig über die Ufer, um schließlich nach vielen Windungen durch das Hochland in den Moray Firth zu münden. Die geologische Basis der Berge bestimmt den Mineralstoffgehalt des Wassers der Landschaft als einer der bestimmenden Faktoren, die die zahlreichen Whiskybrennereien entlang des Speyufers für ihre weltbekannten Produkte bekannt machte. Die Lachse wissen das ebenfalls zu schätzen (das Wasser – vielleicht nicht so sehr den Whisky). Sie ziehen im Frühjahr und im September den Fluss hinauf. Das sind auch die Hauptfangzeiten, in denen dann versucht wird, an jeder Flussbiegung für teures Geld eine dieser Delikatessen zu fangen. Die Lizenzen dafür werden vom Landbesitzer verkauft und von seinem Wildhüter (*Gillie*) kontrolliert.

Bedrohte Natur in den Cairngorms

Die Cairngorms sind eine von den Eiszeiten geformte Hochebene aus Granitgestein mit einem eigenen Klima, das im Winter nicht anders als arktisch genannt werden kann. Dementsprechend gedeihen dort auch nur arktische Fauna und Flora. Rentiere, die dreihundert Jahre nach ihrem Verschwinden in dieser Tundralandschaft wieder eingeführt wurden, haben sich mittlerweile gut eingelebt. Die Region bietet so viele Naturschönheiten, dass sie in fast jeder Jahreszeit viel zu stark besucht wird. Leider wird durch Wanderer auch viel von dem kargen Boden und dem dünnen

---

Pflanzenteppich zerstört. Deshalb wurde eine Zahnradbahn gebaut, die die Besucher auf die Höhen bringt und seit 2003 genießt die Region den Status eines Nationalparks.

Speyside gilt allgemein als besonders reizvoll, die Landschaft aber vor allem in der glühenden Farbenpracht des Herbstes zu genießen, wird immer noch als Geheimtipp gehandelt. Bekannt ist neben dem Whisky aus dieser Region die Bäckerei **Walkers**, die am Ortsrand von Aberlour die weltberühmte Köstlichkeit aus Mürbeteig, das *Shortbread*, zubereitet.

Flussaufwärts und westlich von **Grantown on Spey** bietet das Dörfchen **Carrbridge** das abenteuerliche und interessante Landmark Visitor Centre. Eines der meist fotografierten Motive Schottlnds ist hier aber die bizarre, 1717 gebaute Bogenbrücke.

Eisenbahnenthusiasten können bei einer Fahrt zwischen Aviemore und Boat of Garten eine Rückkehr in die Tage der Dampfeisenbahn miterleben. In der Sommersaison ziehen die Dampflokomotiven der **Strathspey Steam Railway** zischend, qualmend und schnaubend noch immer ihre Waggons durch das Tal des Spey. Nicht weit davon im **Loch Garten Nature Reserve** können Natur- und Vogelliebhaber das Familienleben nistender Fischadler von einem wohlausgestatteten Beobachtungsstand aus verfolgen.

Aviemore war bis in die 1960er Jahre ein verschlafenes Hochlandnest. Heute ist es ein Touristenzentrum mit Hotelkomplexen, einem Sportzentrum, Einkaufszentren und touristischen Unterhaltungsbetrieben. Dank der Initiative eines österreichischen Skilehrers und anderen Skibegeisterten der Region wurde das Städtchen in den 1960er Jahren mehr oder weniger ‚aus dem Boden gestampft'. Im Schatten der Berge der nahegelegenen **Cairngorms**, auf denen eines der großen Skigebiete mit einigen der bekanntesten Skipisten Schottlands liegt, wurde ein großer Tourismuskomplex geschaffen, der ganzjährig für Urlauber, Bergwanderer und Wintersportler sorgt.

Das **Rothiemurchus Visitor Centre** am Fuße der Cairngorms informiert umfassend über den umliegenden herrlichen

Eichenwald, das Seengebiet, die Flora und Fauna sowie die gesunde Luft der Region.

Weiter den Fluß Spey hinauf liegt das einstige Land der MacPhersons, und so gibt es im Ort **Newtonmore** auch ein **Clan MacPherson Museum**. Die knapp 1200 Einwohner von Newtonmore und dem Nachbarstädtchen Kingussie sind fast alle *Shinty*-Fans, eine Abart des Hockeyspiels, in welcher die Spieler des Ortes schon mehrfach die Meisterschaft gewannen. *Shinty*, gälisch *Camanachd* genannt, ist der Lokalsport im Hochland und das Lokalderby mit dem Erzrivalen Kingussie eines der wichtigsten Ereignisse im regionalen Kalender.

Auf einem von Gras und Sträuchern überwachsenen Hügel gegenüber **Kingussie** erheben sich unübersehbar die Ruinen der **Ruthven Barracks**. Diese ehemaligen Kasernen wurden von den Engländern 1719 als Garnison gegen die Clans im Hochland erbaut. Sie wurden aber von den aufständischen Jakobiten 1746 zurückerobert, vor der Schlacht bei Culloden als Sammellager verwendet und danach in Brand gesetzt. Die dachlosen Ruinen sind ein Teil der ereignisreichen Geschichte des Landes und unterliegen somit der Pflege von Historic Scotland. In Newtonmore zeigt das **Highland Folk Museum** mit einer interessanten Sammlung von Gegenständen wie Geschirr, Kleidungsstücken und Gartengeräten und u. a. auch mit einem heidegedeckten **Black House**, wie die Menschen im Hochland in alter Zeit lebten. Dieses Haus ist ein, wenn auch aus einfachen Mitteln hergestellter, so doch wohldurchdachter Bau, der früher überall im Hochland und auf den Inseln im Westen zu finden war.

Von Kingussie aus ist die A86 eine der ganz wenigen Straßen, die eine Querverbindung von der Nord-Süd-Achse Inverness-Perth nach Westen in das Great Glen bildet. Die hügelige, einsame Landschaft am Fuß der Monadhliath Mountains ist in vieler Hinsicht sehenswert und interessant. Diese Landschaft ist ein ideales Wandergebiet und präsentiert mit der Ruhe und Schönheit, die sie besonders in ihrem westlichen Teil vor der majestätischen Bergkulisse von Lochaber ausstrahlt, das in der ganzen Welt berühmte Bild der schottischen Highlands. Andere interessante Aspekte dieses Gebiets sind neben der Geschichte der zahllosen Clankriege die geologischen Beschaffenheiten. So findet der Interessierte im Glen Roy an den steilen Talhängen sogenannte ‚Parallel Roads' als Stufen, die während der Schmelzperiode der letzten Eiszeit entstanden. Entlang Loch Laggan liegt ein Großteil des ehemaligen Landes der Keppoch Macdonalds (oder MacDonnels). Deren Ruhmesanspruch beruht z.t. auf einem fürchterlichen aber für diese Zeit nicht gerade untypischen Vorfall im Jahr 1663. Nach einem familiären Doppelmord wurden die sieben Mörder im Rahmen einer Blutrache enthauptet.

Das 1852 errichtete und daran erinnernde ‚Denkmal der sieben Köpfe' am Loch Oich im Great Glen, ist ein Ausdruck der oftmals brutalen Vorgänge und der Feudaljustiz der Clans im Hochland des Mittelalters.

Das große Tal – The Great Glen

Jenseits der Monadhliath Mountains und weiter westlich vom Fluß Spey liegt dieses riesige Tal – das Great Glen. Über Jahrmillionen schob sich das nordwestliche Ufer am südöstlichen Ufer entlang und durchschnitt so das Land vom Atlantik bis zur Nordsee diagonal in zwei Teile. Dann kam das Eis und die Gletscher taten ihr Übriges, sie schliffen es aus und schmolzen schließlich. Die Kette der durch sie gefüllten Seen und die verhältnismäßig geringen Erhebungen machten das Tal schon seit prähistorischer Zeit zu einem natürlichen Verkehrsweg. Heute verläuft durch das enge Tal die Hauptverkehrsstraße zwischen Fort William im Südwesten und Inverness im Nordosten. Sie führt entlang an einer Kette von fünf Seen – **Loch Linnhe, Loch Lochy, Loch Oich, Loch Ness** und **Loch Dochfour.** Eine der vielen meisterhaften Leistungen des großen Ingenieurs **Thomas Telford** (1757-1834) ist der **Caledonian Canal,** der diese Seen mit dem Atlantik und der Nordsee verbindet. Es war der erste schiffbare Kanal für hochseetüchtige Schiffe in Großbritannien.

Er wurde erstmals von **James Watt** konzipiert, der auch den

Verlauf durch das Tal berechnete. Die Kosten waren jedoch für die Regierung in London zu hoch. Zum Beginn des 19. Jahrhunderts bildeten die jungen Männer des Hochlands mit ihrer Kampfkraft einen wesentlichen Bestandteil der ständig expandierenden Armee des britischen Empires. Durch die Clearances drohte aber dieses Rückgrat der britischen Armee so geschwächt zu werden, dass der Report Telfords, der den Mangel an Arbeitsplätzen als eigentliche Wurzel des Übels erkannte, dort genügend offene Ohren fand. Hinzu kam, dass die Napoleonische Flotte die britischen Handelsschiffe zwang, den gefährlichen Weg durch den Pentland Firth zu nehmen, um vom Atlantik in die Nordsee zu gelangen. Obwohl das gesamte Tal mehr als 96 km lang ist, misst die Länge des eigentlichen Kanals nur 35,4 km.

Trotzdem betrug die Bauzeit zwischen 1803 und 1822 fast 20 Jahre. Die rund 30 m Höhenunterschied zwischen den Seen und später zum Meer mussten mit 28 Schleusen überwunden werden. Das war eine der vielen großen Schwierigkeiten. Die z.T. stufenförmig hintereinander angeordneten Schleusen sind heute immer noch in Betrieb.

Loch Dochfour ist von Inverness aus der erste und auch der kleinste der Seen dieses großen Tals. **Dochfour House**, ein Herrenhaus im Besitz der Baillie Familie, inmitten herrlicher Rhododendrengärten gelegen, überschaut dieses kleine Gewässer. Gleich danach schließt sich **Loch Ness**, mit seiner Länge von rund 39 km der größte der fünf Seen, an. Bis zu 250 m tief und mit einer durchschnittlichen Breite von eineinhalb Kilometern ist dies der wasserreichste und einer der tiefsten Seen in Großbritannien.

Fort Augustus, im Zentrum des **Great Glen**, ist ein kleines Städtchen mit geschichtlichem Hintergrund. An diesem taktisch wichtigen Punkt baute die Regierung zu Beginn des 18. Jahrhunderts – genauso wie weiter südlich in Fort William – ein Fort gegen die Jakobiten des Hochlands. Mitten im Ort verbinden die fünf treppenartigen Schleusen des Caledonian Canals die beiden unterschiedlichen Niveaus von Loch Oich und Loch Ness.

Fort William am Ostufer der 50 km langen Meeresbucht des Loch Linnhe ist das südliche Tor zum Great Glen. Diese strategische Position nutzte im achten Jahrhundert schon der Piktenkönig Achaius, der bei Inverlochy eine Burg baute und angeblich von hier aus mit Karl dem Großen Kontakte gepflegt haben soll. 1655 wurde durch Cromwells General Monk am nordöstlichen Ende vom Loch Linnhe eine Befestigungsanlage gebaut. Doch erst zur Regierungszeit von William III/II und Mary wurde 1690 an dieser Stelle eine größere und besser befestigte Sicherung gegen die Jakobiten gebaut. Benannt wurde sie zunächst nach der Königin Mary, Maryburgh. Nach ihrem Tod erhielt das Fort dann den Namen ihres Mannes. Heute ist Fort William ein Bergsteigertreffpunkt, denn neben vielen anderen Bergen liegt der 1343 m hohe **Ben Nevis**, der höchste Berg Großbritanniens, praktisch vor den Toren der Stadt.

Dieser runde Basaltbuckel ist der Restkern eines durch die Erosion über viele Millionen Jahre abgetragenen Vulkankegels. Die Kuppe des Berges ist meistens in Wolken gehüllt, so dass es fast ein Glücksfall ist, wenn der Berg einmal klar zu sehen ist. Fort William bietet beinahe alles, was Touristen benötigen: eine Auswahl an Geschäften, Restaurants und Unterkunftsmöglichkeiten.

Das etwas altertümlich wirkende West Highland Museum liegt im Zentrum der Stadt. Es zeigt eine Reihe von historischen und regional bedeutenden Ausstellungsstücken, die sich u. a. auch auf das Leben von Bonnie Prince Charlie beziehen.

Nur einige Autominuten von der Stadt entfernt führt eine Seilbahn auf die Hänge von Aonach Mor in das Skigebiet von Nevis Range. Östlich davon finden sich im Landesinneren die bekannten Skigebiete der Cairngorm- und Monadhliath Mountains.

Auf der östlichen Seite des Loch Linnhe liegt das wilde Gebiet **Lochaber**. Einen Vorgeschmack darauf liefert ein Abstecher von **Fort William** in das nahegelegene **Glen Nevis**. Mit seinen Kiefernwäldern, rauschenden Bächen und Wasserfällen ist es eines der spektakulärsten Täler des Landes.

So ist es nicht verwunderlich, dass diese zerklüfteten Landschaften schon mehrfach stimmungsvolle Drehorte für Hollywood Filme wie z. B. *Highlander*, *Rob Roy* und *Braveheart* waren.

Nicht weit von Fort William entfernt führen zwei Routen nach Südwesten und Südosten aus dem Großen Tal hinaus. Dabei liegen am anderen Ufer im Westen die herrlichen, aber fast menschenleeren Landschaften von **Moidart, Sunart** und die Halbinsel **Ardnamurchan**. Die südwestliche Route windet sich größtenteils an den Ufern des riesigen Meeresarms von Loch Linnhe entlang die Küste hinunter. Die Küstenstraße führt hier in Richtung Oban. Wer ihr folgt, genießt die grüne Landschaft von **Appin**, und plötzlich liegt dann rechts, nicht zu übersehen auf einer Insel direkt vor der Küste, das **Castle Stalker**.

Im 13. Jahrhundert war diese Burg im Meer einer der Stützpunkte der MacDougalls, bevor es im darauffolgenden Jahrhundert durch Heirat an die Stewarts überging. Heute ist es in Privatbesitz. Ein weiterer Abzweig führt nach Port Appin, dem Fährhafen zur Garteninsel **Lismore**. Die Hauptstraße überquert die Brücke über Loch Creran und wenig später bei Connel die dramatischen Meereskatarakte der **Falls of Lora**. Sie sind eine von nur drei Formationen dieser Art in der Welt, und am Ausfluss von **Loch Etive** sehr deutlich bei Gezeitenwechseln in beiden Richtungen zu sehen. 18 Meilen tief erstreckt sich dieser Salzwasserarm des Atlantiks ins Inland. An seinen Ufern liegen zahlreiche historische Stätten, wie die 1230 von Valliscaulier Mönchen, einem Zweig des Karthäuserordens, gegründete **Ardchattan Priory**. Es war der Verhandlungsort von Robert the Bruce und hat in der Folgezeit einen Großteil der Landesgeschichte miterlebt. Schließlich wurde bei **Taynault** in der Bonawe Eisenschmelze von 1753 bis ca. 1870 Eisen gewonnen. Statt Kohle und Koks wurden dazu die zu Holzkohle verarbeiteten Eichenwälder des Umlands genommen. Das Erz selbst kam aus dem englischen Cumberland. Bevor nun Oban erreicht wird, liegt rechter Hand verborgen zwischen den Bäumen das historische Castle **Dunstaffnage**.

Eindrucksvoll plötzlich taucht nach einer Kurve dann schließlich Oban (15 000 Einwohner) auf. Oban wurde vor rd. 200 Jahren gegründet; heute ist sie die größte Stadt in Argyll und die logistische Drehscheibe der Region und der südlichen Hebriden. Im Sommer quillt sie allerdings von Touristen über. Geschützt durch die vorgelagerte Insel Kerrera war die Bucht immer schon einer der wichtigsten Häfen der schottischen Westküste. Von hier legen die Fähren zu den Inseln Mull, Barra, South Uist, Coll, Tiree, Colonsay und Lismore ab. Gekrönt wird die Stadt durch ein Granitmonument (MacCaig's Folly), das sich der reiche Bankier John Stewart MacCaig 1897, damit Arbeit schaffend, für £5000 bauen ließ. Von diesem Denkmal, auf dem die Stadt überragenden Hügel, geht auch ein grandioser Blick auf die hohen Berge der am Horizont liegenden Inseln.

Doch noch einmal zurück nach Fort William. Von dort folgt eine der eindrucksvollsten Routen Schottlands zunächst ebenfalls dem Loch Linnhe entlang nach Süden. Eine neuzeitliche Eisenbrücke erstreckt sich heute über den Zusammenfluss von Loch Leven und Loch Linnhe an der Stelle, an der es früher nur eine Fährverbindung gab. Dort am südlichen Brückenende erinnert ein weißer Stein an einen sinnlosen Mord zwischen verfeindeten Clans. Es war in der Zeit nach der Schlacht von Culloden, als 1752 an dieser Stelle **James Stewart** gehängt wurde. Er wurde für schuldig befunden, den Mord an dem verhassten Steuereintreiber **Colin Campbell** begangen zu haben, obwohl er sich nachweislich zu dem Zeitpunkt gar nicht in dieser Gegend aufgehalten hatte. Richter wie Geschworene waren ausnahmslos Campbells. James Stewart, obwohl offensichtlich unschuldig, hatte keine Chance und konnte seinem Schicksal nicht entgehen. Damit allen Reisenden die Macht der Campbellschen Justiz deutlich wurde, übergaben die Campbells den Leichnam James Stewarts nicht seinen Angehörigen, sondern ließen ihn zehn Jahre am Galgen neben diesem Fähranleger hängen. Robert Louis Stevenson verarbeitete diese wahre Geschichte in seinem Roman *Catriona*.

Unter der Brücke von **Ballachulish** beginnt der Abzweig des Loch Linnhe als Loch Leven. Eingerahmt von hohen Bergen erstreckt sich dieser Salzwassersee bis tief ins Inland hinein. In diese Berge eingebettet liegen die kleinen Ortschaften Ballachulish und Glencoe. Ballachulish wurde vor allem durch seine Schieferbrüche bekannt, die allerdings um 1950 geschlossen wurden. Ballachulish-Schiefer deckte einst die Dächer Schottlands.

Gleich hinter Ballachulish liegen vor dem kleinen Ort **Glencoe** einige Inseln im stillen Wasser von **Loch Leven**. Auf der Größten, **Eilean Munde**, die nach einem Mönch im vierten Jahrhundert benannt wurde, liegen die sterblichen Überreste der Mitglieder des Clans MacDonald of Glencoe, die nach dem Massaker von Glencoe dort ihre letzte Ruhe fanden. Das beklemmende Gefühl, das die atemberaubende Berglandschaft des **Glen Coe** hervorruft, wird nur noch von der grausamen Geschichte, die sich 1692 hier abgespielt hat, übertroffen.

Südlich von Glen Coe bilden bald die 1020 m hohen Felsen des **Buachaille Etive Mor** (‚Der große Wächter/Schäfer von Etive') und andere Berge mit ähnlich schwierigen Namen die traumhafte Kulisse zur Einfahrt auf die menschenleere und kahle Ebene des **Rannoch Moor**. Neben hydrophilen Pflanzen wächst auf dem sauren Torfboden dieser Landschaft und in den Hochmooren fast nur Heide. Moore nehmen in der Grampian Region allein eine Fläche von über 8000 km² ein, das sind etwa 11% der Gesamtfläche Schottlands. Die einzige Straße durch diese Traumlandschaft wird begleitet vom **West Highland Way**, der 90 Meilen lang ist. Heute führt dieser bekannteste Wanderweg Schottlands von Fort William nach Glasgow. Im 18. Jahrhundert begann er als eine der Militärstraßen und Nachschubwege, die General Wade für die Regierung bauen ließ, um das Hochland zugänglich zu machen.

Crianlarich liegt zu Füßen der beiden Berge **Ben More** (1171 m) und **Stobinian** (1165 m). Von hier aus ist der Weg nicht mehr weit bis zum malerisch gelegenen und viel besungenen **Loch Lomond**. Beginnend bei Ardlui im Norden, wo er nur wenige hundert Meter breit ist, weitet er sich nach Süden hin jedoch allmählich aus und endet bei Balloch. Acht

Kilometer breit an seiner breitesten Stelle, an einigen Stellen 190 m tief und 34 km lang, ist er mit 72 km² der flächenmäßig größte See Großbritanniens. In seiner Länge liegt er gerade auf der Trennlinie zwischen Hochland und Tiefland. Die Schmelzwasser der letzten Eiszeit ließen die erodierten Bergspitzen der Hochlandbruchlinie als Inseln im See zurück, von denen ein Großteil in Privatbesitz ist. Der See ist sehr fischreich; es soll dort fast 20 verschiedene Fischarten geben, u. a. den *Char* (Saibling) und auch den sonst seltenen *Powan*, einen Süßwasserhering. Der Loch Lomand Golf Course liegt direkt am See und zählt zu einem der landschaftlich schönsten Golfplätze des Landes. Cameron House, ein ebenso gut situiertes Hotel der Spitzenklasse, liegt nahebei. Nicht weit davon finden Interessierte in einem ehrwürdigen Herrenhaus eine der besten und inzwischen international bekannten Jugendherbergen Schottlands. Nur einen Katzensprung von Glasgow entfernt ist Loch Lomond damit praktisch der Haussee der Glaswegians.

Die Nordostküste

Landwirtschaft bestimmt das Bild des flachen Lands nördlich von Aberdeen. Der fruchtbare Boden bildete bereits im Mittelalter die Basis für Reichtum und Macht der Fürsten und Bischöfe. Bekanntestes Beispiel dafür war der schon mehrfach erwähnte Macbeth.

Das meist flache Land weist an der Ostküste südlich von Fraserburgh eine Reihe langer, einsamer Sandstrände auf. Sehr kontrovers war in 2008 die politische Entscheidung des neuen Schottischen Parlaments, dem amerikanischen Milliardär Donald Trump die Erlaubnis zu erteilen, in den dortigen Dünen einen der teuersten Golfplätze dieser Welt bauen zu dürfen. In **Fraserburghs Kinnaird Head** zeigt **Scotland's Lighthouse Museum** eine Sammlung über faszinierende Leuchtturmtechnik und deren Geschichte in einer speziell dafür angelegten Umgebung. Das Museum erinnert nicht nur an die Seefahrertraditionen dieser Gegend. Es liegt zu Füßen des aktiven Leuchtfeuers von **Kinnaird Head**, das

Robert Stevenson, der Großvater von Robert Louis Stevenson, 1820 auf einer Burg aus dem 15. Jahrhundert errichtete. Einer der wichtigsten Bestandteile der Ausstellung ist die dort erzählte Geschichte der Ingenieursfamilie Stevenson. Diese Familie, deren berühmtester Sohn allerdings etwas aus der Art schlug und Schriftsteller wurde, hat die Tradition des Leuchtturmbaus über mehrere Generationen mit vielen weltweit angewendeten Innovationen und Patenten fortgesetzt.

Landeinwärts liegt **Fyvie Castle**, nur eine von mehreren bedeutenden Burgen in dieser Region. Diese historische Festung mit ihren charakteristischen fünf Türmen, die 700 Jahre schottischer Geschichte dokumentiert, ist voll eingerichtet und enthält zahllose Kunstschätze. Die alte Burg wurde schon im 13. Jh. von Thomas the Rhymer verflucht, weil jemand aus der Familie Forbes-Leith ihm das Tor vor der Nase zugeschlagen hatte. In seinem Zorn darüber prophezeite er, dass, bis zu dem Tag, an dem drei weinende Steine gefunden würden, kein erstgeborener Sohn der Familie die Burg erben wird. Die Steine wurden nie gefunden und keiner der erstgeborenen Söhne der Forbes-Leiths hat jemals diese Burg geerbt.

So zahllos wie die Burgen und Schlösser dieser Gegend sind, so vielgestaltig sind sie. Zu den historisch interessantesten führt der ausgeschilderte Castle Trail.

Die hügelige Landschaft ist jedoch nicht nur für Burgen der mittelalterlichen Landesgeschichte bekannt. Viele Relikte aus prähistorischer Zeit zeugen überall von der reichen, vorchristlichen Kultur, über die Archäologen allerdings noch immer rätseln. Eines dieser Rätsel liegt in der Nähe von **Inverurie**. In dieser Landschaft errichteten die frühen Bewohner Steinkreise, wie z.B. **East Aquhorthies**, die zwar denen im benachbarten Moraydistrikt ähneln, allerdings z.T. aus liegenden, anstatt stehenden Steinen bestehen.

In dem kleinen Fischerhafen **Buckie** wird in einem Besucherzentrum (The Buckie Drifter) die Geschichte des örtlichen Heringsfanges erklärt. Die *Drifters* waren ein spezieller Typ Fischereiboote, die in dieser Region gebaut und eingesetzt wurden.

In **Banff,** weiter ostwärts, trägt Duff House zum Kulturangebot dieser Gegend bei. Das großartige Haus ist erst vor wenigen Jahren restauriert worden und zeigt als Außenstelle der Edinburgher National Gallery of Scotland wechselnde Ausstellungen bedeutender Kunstwerke aus dem 17. bis 19. Jahrhundert. Zwischen Banff und Fraserburgh sind einige winzige Ortschaften wie **Pennan** und **Crovie** auf einem extrem schmalen Stück Küste unter steilen Klippen zwischen Felsen und dem anbrandenden Meer eingezwängt. Das bisschen Land ist so schmal, dass die kleinen Häuschen mit dem Frontgiebel zum Meer und in den Wind gebaut sind und mit dem rückwärtigen Ende am Felsen kleben. Diese ehemaligen kleinen Fischerdörfer entstanden während der Clearances. Ihre Lage ist manchmal so pittoresk – z. B. in Pennan – dass sie schon Kulisse für Hollywoodfilme (*Local Hero* mit Burt Lancaster) waren. Besucher fragen sich heute, wie Menschen ihr Leben an solchen Orten fristen konnten. Nach dem schweren Sturm von 1953, nach welchem viele Bewohner die Dörfer verlassen hatten, sind die wenigen Häuser von neuen Besitzern zum Teil zu Urlaubsdomizilen restauriert worden. Steile und enge Straßen machen es unmöglich mit dem Bus dort hinunter zu gelangen.

Vor den Toren des Städtchens **Fochabers,** östlich von Elgin, produziert **Baxters** Marmeladen- und Konservenprodukte, die weltweit bekannt sind und zu den wohlschmeckensten zählen.

Elgin, der alte Bischofssitz, wurde einst wegen seiner aus dem frühen 13. Jahrhundert stammenden Kathedrale berühmt, die die prächtigste des gesamten Königreichs und der Stolz des Landes war. In einem Racheakt brannte allerdings Alexander Stewart, der **Wolf von Badenoch,** Sohn von **Robert** II., diese Kirche und die Stadt nieder. Das war 1390. Danach erreichte die Kathedrale, trotz ihres Wiederaufbaus, nie wieder ihre einstige Schönheit. Nach der Reformation wurde sie vom Bildersturm weiter zerstört und heute ist leider nur noch eine von Historic Scotland wohlgepflegte Ruine übrig. Deren wieder hergestelltes Domkapitel, das eine ganz hervorragende Akustik bietet, lässt etwas von dem einst großartigen Kirchenbau ahnen. Elgin ist die zweitgrößte

Stadt im Nordosten Schottlands. Weltberühmt und einer der wirtschaftlichen Schwergewichte dieser Stadt ist die Kaschmirspinnerei und -weberei Johnston. Sehr informativ wird im Elgin Museum die Stadthistorie dargestellt, deren Spuren vielerorts noch zu sehen sind.

In **Hopeman** am Moray Firth nördlich von Elgin wurden Spuren von Sauriern gefunden. Diese Funde zeugen davon, dass sich Schottland im Laufe der verschiedenen Erdzeitalter in den letzten 250 Millionen Jahren auch auf Höhe des Äquators befand und auch den Wüstengürtel durchquerte. Solche Saurierfossilien werden in vielen Gegenden Schottlands gefunden.

Forres, die Blumenstadt, 17 km östlich von Elgin, schmückt sich im Sommer in ihren Parks und Gärten mit einer ganzen Zahl lustiger, farbenprächtiger **Blumenskulpturen.** Gleich am Ortseingang der Stadt steht der wohl berühmteste und größte Stein der Pikten – der **Sueno's Stone.**

Kunstvoll sind aus diesem sechs Meter hohen Stein Figuren, Reiter, Fabelwesen und keltische Ornamentik herausgearbeitet. Offensichtlich erzählt er die Geschichte einer Schlacht, die möglicherweise in der Nähe stattfand. Deren Verlauf und Geschichte sowie die Details auf dem Stein sind bis heute immer noch nicht von den Wissenschaftlern entschlüsselt worden.

Shakespeare's Macbeth spielt in Forres. Banquo wurde hier ermordet und in der Nähe traf Macbeth auf die drei Hexen, die ihm sein Schicksal prophezeiten.

Der Palast von Forres ist allerdings längst verschwunden. Wahrscheinlich stand er auf dem Hügel, auf dem heute ein Kriegerdenkmal seinen Platz hat. 1962 wurde nicht weit von Forres an der Flussmündung des Findhorn in den Moray Firth die Findhorn Community gegründet, die inzwischen weltweit ihren Ruf für ihre erfolgreiche alternative Lebensweise etabliert hat.

16 km westlich davon liegt die Stadt **Nairn,** ebenfalls am **Moray Firth.** Sie erhielt 1190 ihr Stadtrecht von König William (The Lion). Die Region ist bekannt für ihr mildes Klima und die geringen Niederschläge. Grund dafür ist ein schwacher Ausläufer des Golfstroms, der an der Nordostküste

Findhorn Community

Eileen Caddy gründete mit ihrem Mann Peter und mit Dorothy MacLean die Findhorn Community. Sie haben sich, wie sie sagten, alle drei von einer inneren Stimme leiten lassen, die sie dorthin geführt hat. Der Garten ‚antwortete' den experimentierenden Laien in einer Art Telepathie, die als ‚Kommunikation mit den Geistern der Natur' in die Findhorn Annalen einging. In dem kargen Dünensand gediehen die Kohlköpfe und andere Pflanzen zu wahrhaft gigantischen Ausmaßen, die als die ‚Wunder von Findhorn' den Ruhm dieser Gruppe begründeten. Agrarexperten hatten keine wissenschaftliche Erklärung für diese strotzende Fülle, die dem kargen Boden bei diesem Klima abgerungen wurde. So z. B. ‚ließ' die Erbsenpflanze Dorothy präzise wissen, wie sie gesetzt (weiter auseinander), gegossen (weniger) und gedüngt (organisch) werden wollte. Genauso erging es den Kohlköpfen, die bis zu 20 kg schwer wurden. Heute ist das alles nicht mehr so, das Gemüse hat wieder Normalmaß angenommen. Findhorn ist heute mit seinen fast 350 ständigen Bewohnern eine spirituelle Gemeinschaft und ein Workshop über Erd- und Landschaftsheilung. Dazu kommen andere Experten wie Praktiker auf dem Gebiet der Architektur (zur nachhaltigen Entwicklung des Öko-Dorfs), Designer und Energiefachleute, Baubiologen etc.

entlang fließt und von der Küste des Moray Firth abgelenkt wird. Daher leben in dieser riesigen Bucht Delfine, die teilweise sogar vom Strand aus zu sehen sind oder zu deren Beobachtung Ausflüge ab Inverness ausfahren. In unmittelbarer Nähe Nairns liegen einige herrliche Strände und berühmte **Golfplätze.** Die einst berüchtigten Wanderdünen der **Culbin Sands,** östlich von Nairn, sind inzwischen glücklicherweise durch Aufforstung gezähmt. Sie bilden das größte Dünensystem in Großbritannien. Der Sand dieser bis zu 40 Meter hohen Dünen zerstörte in einer einzigen stürmischen Nacht 1694 das gesamte Landgut von Culbin.

Durch fortdauernde Anpflanzungen von Buschwerk und Kiefern während der letzten 80 Jahre konnte die Wanderung inzwischen aber aufgehalten werden. **Brodie Castle** in der Nähe ist in der Obhut des National Trust for Scotland. Die

Familie Brodie lebte seit 1160 bis ins späte 20. Jh. in der Burg. Im 17. Jh. größtenteils zerstört, wurde sie mit mehreren An- und Umbauten über die folgenden Jahrhunderte wieder für die Familie bewohnbar gemacht. Nicht weit von der Stadt Nairn produziert **Royal Brackla**, eine der beiden einzigen mit dem königlichen Prädikat ausgestatteten Destillerien Schottlands, einen ganz exzellenten Whisky.

Das von dort nur gerade einen Kilometer entfernt liegende romantische **Cawdor Castle** wurde 1454 größtenteils von William Calder gebaut. Doch als Sir John Campbell 1499 die letzte Erbin Muriel Calder entführte und später heiratete, kam die Burg in die Hände dieses heute größten Clans Schottlands. Sie ist noch immer bewohnt. Natürlich hat sie, wie viele andere schottische Burgen, neben einem Geist auch eine fantastische Entstehungsgeschichte. Im 15. Jahrhundert wollte der alte Calder eine Burg bauen, er wusste nur nicht wo. Da half ihm ein Traum. Der hieß ihn einen Esel mit seiner Schatzkiste voll Gold zu beladen und das Tier einen Tag lang frei umher ziehen zu lassen. Wo sich der Esel dann am Abend zur Ruhe lege, sollte er seine Burg bauen, damit sie bis in alle Ewigkeit Bestand habe. So geschah es, daß der erschöpfte Esel sich schließlich unter eine Stechpalme legte und die Burg um diese herumgebaut wurde. Längst abgestorben, steht der Baum heute aber noch immer im Keller.

Bei **Culloden**, nur wenige Kilometer weiter, wurde auf der Ebene von Drumossie Moor 1746 die letzte Schlacht auf dem Boden des britischen Festlands geschlagen. Knapp einen Kilometer südlich von diesem Schlachtfeld liegen im Schatten

Old Leanach Cottage, Culloden

eines grandiosen viktorianischen Viadukts, das die Eisenbahn auf 29 Bögen in einer eleganten Krümmung über das Tal des Nairn führt, eine Ansammlung von Steinkreisgräbern, die **Clava Cairns**. Sie stammen wahrscheinlich aus der Bronzezeit zwischen 2000 bis 1700 v. Chr. Die dahinterstehende Kultur von Begräbnisritualen, sowie die Bedeutung der Kreise, der Steinhügel aus losem Gestein und auch der sogenannten *Cupmarks* (kleine Vertiefungen, die in das oft harte Gestein gearbeitet wurden) sind allesamt bis heute ungeklärt. Was diese Steingräber aber einzigartig auf den britischen Inseln macht, ist der Kreis aus Monolithen um jeden dieser Hügel herum. Zwei der drei Gräber, von denen es einst acht im diesem Tal gab, haben, mit einem Gang versehen, begehbare Grabkammern. In ihnen wurden bei den ersten Ausgrabungen 1828 angebrannte Knochenreste von Menschen und Tieren gefunden. Das dritte Grab hat keine Passage und das deutet darauf hin, dass es im Gegensatz zu den anderen beiden nur einmal belegt wurde. Die Gänge in diesen beiden Gräbern weisen genau in die Richtung der untergehenden Sonne am Tag der Wintersonnenwende. Das lässt klar erkennen, dass diese frühen Bewohner gute astronomische Kenntnisse gehabt haben müssen.

Stein mit Cupmarks

Nur wenige Kilometer von hier liegt am Moray Firth das riesige von William Adam und seinem Sohn Robert gebaute **Fort George**. Der Bau der gewaltigen Anlage wurde 1748 im Nachgang der dramatischen Tage des letzten Jakobiten-aufstandes begonnen und 20 Jahre später fertiggestellt. Seither bewacht das Fort den Zugang zum Hochland. Obwohl sie immer noch als Kaserne eines schottischen Regiments genutzt wird kann die historische Anlage, und das ist vielleicht mit das Interessanteste, besichtigt werden.

Inverness

Am Ende des **Great Glen** und an der Mündung des Flusses Ness, von den Pikten strategisch richtig positioniert, wurde

dieser Ort schon in Schriften aus
dem sechsten Jahrhundert als
deren Königssitz erwähnt. Heute
ist sie mit rd. 60 000 Einwohnern
(2011) die regionale Hauptstadt
und auch das Verwaltungszentrum
der Highlands. Von seiner langen
Geschichte ist leider heute nicht
mehr viel zu sehen. Die Stadt ist
daher insgesamt für die Touristen
vielleicht etwas weniger attraktiv.
Moderne Bauten, die Industrie und
das Verkehrsgedränge machen sie
nicht unbedingt anziehender, doch

Flora MacDonald-Denkmal

die pulsierende Hauptstadt des Hochlands ist als logistische,
soziale und kulturelle Drehscheibe für die gesamte Region
von großer Bedeutung.

Inverness Castle ist der beste Ausgangspunkt für einen
Rundgang durch die Stadt. Die jetzige Burg wurde zwischen
1834 und 1846 nahe der Stelle erbaut, wo die Truppen von
Bonnie Prinz Charlie 1746 in ihrem Kampf um die Herrschaft
der Stewarts über Großbritannien die alte Festung zerstört
hatten. Heute ist die Burg das Gerichts- und
Verwaltungsgebäude. Bonnie Prince Charlie irrte nach der
Schlacht von Culloden während seiner fünfmonatigen Flucht
kreuz und quer durch das Hochland und über die Inseln und
konnte erst im September 1746 nach Frankreich entkommen.
Vor dem Castle erinnert das überlebensgroße Denkmal der
Flora MacDonald, die es ihm ermöglichte auf die Insel Skye
zu entkommen, an eine der Episoden dieser Flucht.

Im Gegensatz zur Burg ist das **Town House** (Rathaus) aus
dem 19. Jahrhundert mit seiner viktorianisch-gotischen
Prachtfassade aber für Besucher zugänglich. Die
Buntglasfenster und die beiden Wappentafeln aus dem 17.
Jahrhundert erinnern an seine Geschichte. Das Rathaus war
1921 Schauplatz der ersten Sitzung des britischen Kabinetts
außerhalb Londons. *Winston Churchill* stimmte damals als
Staatssekretär für die britischen Kolonien in der Irlandfrage.

In alter Zeit diente der **Clach-na Cuddain** auf dem Marktplatz den Waschfrauen als Rastplatz, um die schweren Wasserkübel abzustellen und ein Schwätzchen zu halten. Heute ist er vor dem Rathaus fest einzementiert. Der Legende nach basiert das Schicksal der Stadt auf dem Stein und daher darf er nicht mehr von dieser Stelle entfernt werden.

Das **Inverness Museum and Art Gallery** zeigt u.a. Gegenstände aus der Geschichte des Hochlands. Die Schwerpunkte dort liegen auf Archäologie, Geologie, Natur- und Sozialgeschichte.

Eines der Wahrzeichen der Region ist aber die moderne **Kessock Bridge,** die die Ufer des Inverness Firth miteinander verbindet. Sie wurde 1982 mit EWG-Unterstützung über das nordöstliche Ende des **Great Glens** gebaut, bei dessen Überquerung sich nach Osten der Blick in den Moray Firth öffnet.

Die **Black Isle,** auf der anderen Seite des Inverness Firth, ist in Wirklichkeit eine grüne, bewaldete Halbinsel. Das alte Gerichtsgebäude in der Regionalhauptstadt **Cromarty** erzählt die Geschichte dieser freien Stadt, die einst den Osten des Riesengebiets der **Mackenzies** markierte. 1802 wurde **Hugh Miller** in **Cromarty** geboren. Der spätere Steinmetz studierte als Autodidakt Geologie und Paläontologie und schrieb viele Bücher über dieses Sujet. Sein bescheidenes Haus ist heute eines der zahlreichen Kulturdenkmale, die vom National Trust for Scotland erhalten werden.

Weiter im Westen besitzt das hübsche Städtchen **Strathpeffer** mit seinen zahlreichen Häusern aus dem 19. Jahrhundert und den schmucken Vorgärten immer noch den Flair eines viktorianischen Kurorts. **Dingwall,** gleich nebenan, war der Geburtsort von Macbeth.

Die attraktive Kleinstadt **Tain,** etwas weiter die Küste hinauf, hat einen guten Teil der Geschichte von Robert the Bruce miterlebt. Tain war im Mittelalter ein berühmter Wallfahrtsort, zu dem z.B. James VI. mehrfach pilgerte. Die nähere Erkundung lohnt sich also, zumal gleich außerhalb des Städtchens ein weltbekannter, feiner und weicher Whisky in der Brennerei von **Glenmorangie** produziert wird.

Jenseits der modernen Brücke über den Dornoch Firth liegt **Dornoch**. Die seit dem Mittelalter freie Stadt ist bekannt für ihre historische **Kathedrale**. Der geschichtliche Hintergrund des Ortes stand im Mittelalter immer wieder mit den Herren dieser Region im Zusammenhang. So kämpften hier die Murrays, Sinclairs und MacKays um die Macht, wobei sowohl der Ort als auch die Kathedrale immer wieder in Mitleidenschaft gezogen wurden. Der Bischof **Gilbert de Moravia** begann den Bau der Kathedrale im Jahre 1224 an der Stelle, an der im sechsten Jahrhundert eine kleine Kapelle des Heiligen Barr stand. Moravias Kirche hat viel von der schottischen Geschichte miterlebt. 1570 wurde sie im Verlauf einer Clanfehde zu einem großen Teil zerstört aber im 17. und 18. Jh. restauriert. Das geschah mit der besonderen Unterstützung durch die Herzogin von Sutherland und dem amerikanischen Stahlmagnaten Andrew Carnegie. Er stiftete einige der bemerkenswerten Buntglasfenster. Sein Schloss Skibo Castle liegt ganz in der Nähe. Entlang der Straßen und um die Kathedrale herum sind besonders im Sommer die alten Steinhäuser mit ihren farbenprächtigen Vorgärten eine Augenweide. **Royal Dornoch**, der exzellente Golfplatz, für den diese Stadt in der Welt der Golfer bekannt ist, liegt unmittelbar am Meer. Das Prädikat ‚Royal' bekam der Platz, auf dem schon im frühen 17. Jahrhundert Golf gespielt wurde, durch König Edward VII.

Jenseits des Ortes führt die Straße über einen von Thomas Telford entworfenen Damm durch das interessante Watt- und Vogelschutzgebiet von **Loch Fleet**. Durch den Damm wurde 1816 neues Land gewonnen, denn es hält die Flut auf, die sich einst tief ins Inland ergoss. Telford entwickelte Tore, die dem Fluss die Mündung ins Meer, aber den Lachsen den Weg flussaufwärts erlauben.

Im nahen **Golspie** hatten die einst größten Landbesitzer Europas, die Herzöge von Sutherland, ihr Machtzentrum. Entsprechend errichteten sie in der Nähe des Ortes ihr Stammschloss **Dunrobin Castle** (Robin's Burg). Mit der im Kern noch erhaltenen mittelalterlichen Burg (1275 erbaut) schuf der Architekt Sir Charles Barry im 19. Jahrhundert mit den Umbauten ein Märchenschloss mit 189 Zimmern. Von den Gemächern aus kann der Besucher über die geometrisch angelegten Gärten einen Blick aufs Meer werfen. Dunrobin ist von Wald und Parks umgeben und in einem Museum ist heute alles ausgestellt, was von dieser Fürstenfamilie gejagt und gesammelt wurde. Unübersehbar beherrscht ein gewaltiges, sehr umstrittenes Denkmal des ersten Herzogs von Sutherland vom 394 m hohen **Beinn a'Bragaidh** aus die gesamte umliegende Region. Sutherlands Bevölkerung hat eine sehr gespaltene Meinung über dieses Denkmal, denn der extrem reiche, englische Marquis von Stafford ließ zu Beginn des 19. Jahrhunderts seine Verwalter die Vertreibung der Kleinbauern von seinen Ländereien mit oftmals brutalen Mitteln durchführen. Durch diese Vertreibung eines beträchtlichen Teils der seit dem 18. Jahrhundert ständig wachsenden Hochlandbevölkerung sorgte er andererseits aber auch für eine Überlebenschance der wenigen verbliebenen Landbewohner. Hier, wie anderswo, reichte das wenige, durch Erbschaften immer weiter aufgeteilte und verkleinerte Land zu diesem Zeitpunkt bei Weitem nicht mehr aus, um die darauf lebenden Menschen zu ernähren. Dieser Marquis von Stafford, George Granville Leveson-Gower, damals einer der reichsten Männer Europas, wurde durch seine Heirat mit Elizabeth Gräfin von Sutherland und wegen seiner Verdienste in der Reorganisation des Hochlands von William IV. zum späteren ersten Herzog von Sutherland erhoben.

Gerade einmal zwei Kilometer weiter nördlich und noch in Sichtweite von Dunrobin liegt eine Ruine aus der Frühgeschichte Schottlands. An dem Rest des *Brochs* von **Carn Liath**, einem Wehrturm, wird sehr gut sichtbar, wie die vorchristlichen Bewohner des heutigen Schottlands sich verteidigten. Zehn bis zwölf Meter hohe fensterlose Rundtürme mit Hohlwänden, die *Brochs,* sind für den Norden Schottlands und die Inseln ganz typische Verteidigungsanlagen. Ihre Entstehung wird in die späte Eisenzeit datiert. Leider gibt es nur noch rund fünfhundert wenig erhaltene Ruinen davon. Der Straße weiter folgend, liegen links und rechts davon, oft unter Farnen verborgen, die Überreste einiger weiterer Exemplare als Steinhaufen. Die Region ist voller prähistorischer Hinterlassenschaften, so finden sich etwas weiter und nördlich von Lybster hochinteressante Hügelgräber aus der Bronzezeit.

Brora ist ein Städtchen mit einem eindeutig nordischen Ursprungsnamen. Brora war einst ein Industriezentrum inmitten einer meist landwirtschaftlich genutzten Gegend, denn hier wurde schon seit dem 16. Jahrhundert Kohle abgebaut. Allerdings wurde die Mine in den 1970er Jahren stillgelegt. Kohle war die Basis für andere Industrien wie Ziegeleien und Salzgewinnung. Brora ist bekannt für seine Golfplätze, die Links, die in unmittelbarer Nähe des Meeres liegen. Die örtliche Clynelish Brennerei wurde 1819 vom Herzog von Sutherland gegründet. Sie stellen immer noch einen vollmundigen Whisky her, von dem allerdings viel in die Produktion von blended Whisky geht.

Der Norden – Caithness und Sutherland

Nördlich von Brora wird das Land langsam kahler und kurz hinter Helmsdale liegt die Grenze zur nördlichsten Grafschaft auf dem britischen Festland. Die meist flache aber sehr abwechslungsreiche Landschaft von **Caithness** ist allerdings mit nur knapp 30 000 Menschen, von denen wiederum 65% in den beiden größten Städten Wick und Thurso leben, sehr spärlich besiedelt. Geologisch ist vielleicht interessant, dass die horizontal gelagerten Schiefer- und roten Sandsteinschichten, die hier dominieren, von einem flachen prähistorischen Süßwassersee gebildet wurden. Es war ein fischreicher See, der sich von Inverness über die Orkney- und Shetlandinseln bis nach Norwegen streckte. Zeugnis dieses Fischreichtums sind die zahlreichen Funde von Ablagerungen in Caithness.

Helmsdale war einer der Schauplätze der berüchtigten Clearances. Vor etwas über 200 Jahren erkannten die Landbesitzer, wie einträglich Schafzucht war. Daher wurden die Kleinbauern aus den Tälern im Norden der Region vertrieben, um Weidefläche für die Schafe zu schaffen. Das Städtchen war im 19. Jahrhundert einer der

Hauptumschlaghäfen in der Zeit der Heringsfischerei. Im **Strath of Kildonan**, etwas nordwestlich von Helmsdale, wurde in dem Flüsschen Gold gefunden; Enthusiasten können dieses Edelmetall heute gegen ein geringes Entgelt ganz stilgerecht mit der Schürfpfanne aus dem Flussgrund herauswaschen.

Ord of Caithness

Einer der mächtigsten Fürsten des späten 15. und beginnenden 16. Jahrhunderts, William Sinclair, dritter Jarl (Prinz) von Orkney und Shetland, marschierte mit 300 Gefolgsmännern an einem Montag von seinem Castle Knockinnon über den Ord of Caithness in Richtung Süden. Er folgte dem Ruf seines Königs James IV. und fiel mit ihm und seinen Getreuen in der Schlacht von Flodden. Seither halten die Sinclairs die Tradition aufrecht, niemals an einem Montag den Ord zu überqueren.

Die A9 windet sich weiter in Richtung Norden am Rand der steilen Klippen entlang den ehemals berüchtigten *Ord* hinauf. Der Ord ist eine steile, unfallträchtige Stelle dieser Straße, die hier auf der einen Seite von Hügeln begrenzt ist und auf der anderen Seite steil zum Meer abfällt.

1793 vertrieb der Landbesitzer Sir John Sinclair 80 Menschen aus den Flecken Langwell, Ousdale und Berriedale, um Weideflächen für seine Schafe zu haben. Die Familien wurden an die Steilhänge von Badbea angesiedelt. Dort mussten die Menschen unter derart unsäglichen Bedingungen hausen, dass, so wird gesagt, die Kinder angeleint waren, um sie vor dem Absturz ins Meer zu bewahren.

Die meisten Bewohner emigrierten nach Amerika oder Neuseeland und 1911 wurde das Dorf endgültig aufgegeben. Wer nach Historischem sucht, findet in Richtung Meer unter Farn verborgen noch die Überreste des Ousdale Brochs. Kilphedir, eine andere Brochruine, ist im Strath Kildonan zu finden.

Dieses Gebiet ist das Land des Clan Gunn und der Geburtsort des Schriftstellers **Neil Gunn** (1891-1973). Bewegend beschreibt er in seinen Büchern, besonders in *The*

Silver Darlings (1941), wie und unter welch harten Bedingungen die Menschen entlang dieser Küste, hier in der Zeit der 1920er und 1930er Jahre, lebten. Im Heimatmuseum in **Dunbeath** so wie im **Laidhay Croft Museum** wird das Leben der Menschen in dieser Region in vergangenen Zeiten dargestellt. Das Hafenstädtchen hatte einst einen beträchtlichen Anteil am Heringsboom. Allein 76 Boote operierten von hier in den 1840er Jahren. Die Hauptstraße folgt der steilen und zerklüfteten Küste über Berg und Tal und ermöglicht viele herrliche Ausblicke auf das Meer. Dem Besucher bieten sich zahlreiche Gelegenheiten zur Erkundung des eindrucksvollen Küstenverlaufs. Besonders im Herbst verlockt die Farbenpracht der Birkenwäldchen zum Wandern und Erkunden der vielen Täler.

Zum Hafen in Latheronwheel führt ein kleiner Weg über eine der vielen und inzwischen schon historischen Brücken, die Telford in ganz Großbritannien gebaut hat. Der in den Schottischen Borders als Sohn eines Schäfers geborene **Thomas Telford** (1757-1834) wird zu den größten Ingenieuren aller Zeiten gezählt. Telford war verantwortlich für den Bau des Caledonian Canal, für über 1000 Meilen Straßen, 1200 Brücken, mehrere Häfen und Docks. Er ließ Gebiete in den englischen Fens trockenlegen und gewann mit seinem Einfluss vor allem im Hochland u.a. staatliche Unterstützung für die von ihm entworfenen einfachen Kirchengebäude.

Gleich nach **Lybster** geht es auf einer schmalen Straße nordwärts, der Beschilderung folgend, zu rätselhaften prähistorischen Stätten. Die geometrischen Formationen der Steinreihen auf dem **Hill of Many Stanes** und der Steinhügel des **Long Cairns of Camster** geben auch heute noch den Wissenschaftlern Rätsel auf.

Der Hafen von **Whalingoe** liegt in einer kleinen Bucht zu Füßen steiler Felsen. Mühsam mussten einst die Frauen von dort mehrfach täglich Körbe voller Heringe den Weg mit über 360 Stufen hinaufschleppen.

In fast jedem Ort hier erzählen Heimatmuseen von dieser Zeit der historischen Entwicklung und Ereignisse. Im

sehenswerten **Heritage Centre** im alten Heringshafen **Wick**
ist das nicht anders. Der Name der Stadt hat seinen Ursprung
schon in der Zeit der Wikinger. Die Blütezeit Wicks kam
aber mit dem Hafen, der, wie andere in der Region, ebenfalls
von Thomas Telford gebaut wurde. Mit dem hier
angelandeten Hering wurden im 19. Jh. Exportrekorde
erzielt. Der in Salz eingelegte Fisch wurde hauptsächlich nach
Europa verschifft. Allein 1817 waren es über 60 000 Fässer,
die von hier auf den Weg dorthin gebracht wurden. Von fast
jedem Ort entlang der schottischen Küste wurde Hering in
viele Teile der Welt, von Russland bis sogar in die Karibik,
exportiert. Dieser Boom hielt bis in die 1930er Jahre an.
Mit den schwindenden Fischschwärmen ging auch die
Betriebsamkeit in dieser Region zurück.

Gleich hinter Wick führt die Route nach **John o'Groats** am
Flughafen und an der bizarren und geschichtlich interessanten
Burgruine von **Castle Sinclair** vorbei. Dramatisch thront die
Ruine dieser Burg zusammen mit der Vorgängerin **Girnigoe
Castle** auf einer Landzunge über dem Meer. Girnigoe, der
ältere Teil, wurde im 15. Jahrhundert gebaut und Castle
Sinclair im 17. Jahrhundert als Flügel angefügt. Zwar sind
die Ruinen zu besichtigen, aber dazu ist äußerste Vorsicht
geboten, denn sie sind baufällig.

Die Sinclairs kamen im 12. Jahrhundert, wie viele andere
Ritterfamilien, aus der Normandie. Ursprünglich aus St. Clair,
nannten sie sich nach diesem Ort. 1162 wurden sie von
Malcolm IV. mit dem südlich von Edinburgh gelegenen Land
Rosslyn beschenkt. Durch Heirat gewannen sie auch Titel
und Land zunächst auf Orkney und später auch in Caithness
im Nordosten. Schon 1398 segelte Prinz Henry, wie er als
erster Jarl (Graf) bekannt wurde, mit einer eigenen Flotte von
12 Schiffen unter der Leitung des venezianischen Navigators
Zeno von Orkney nach Westen. Über Grönland erreichten
seine Expeditionen, fast einhundert Jahre vor Kolumbus, die
Küsten des heutigen Amerikas. Die Sinclairs waren große
Krieger und so gut wie an allen Schlachten des mittelalterlichen
Schottlands beteiligt. Die Grafen von Caithness gingen, wie
andere, oft äußerst grausam gegen ihre Gegner vor.

Beispielsweise hielt der vierte Graf im 16. Jahrhundert seinen eigenen Sohn, der eine Verschwörung gegen ihn geplant hatte, mehrere Jahre im Kerker von Girnigoe gefangen. Er ließ ihn dort verenden, indem er ihm schließlich gepökeltes Schweinefleisch zu essen gab – ohne ihm etwas zu trinken zu geben. Schließlich fochten die Sinclairs 1680 etwas westlich von dort aus mit den Campbells die letzte Clanschlacht.

Am langen Strand der Sinclair-Bucht erhebt sich der in Privatbesitz befindliche, schlanke **Ackergill Turm** aus dem 15. Jahrhundert. Er ist heute ein erstklassiges Hotel. Die jüngere der beiden anderen Sinclair-Burgen in **Keiss** stammt aus dem 18. Jahrhundert und ist privat bewohnt.

In **Auckengill** wurde das alte Northland Viking Center modernisiert und umgewandelt in das Caithness Broch Centre. Es demonstriert die außerordentlich reiche archäologische Landschaft von Caithness mit seinen zahlreichen Steingräbern, Brochs, Steinkreisen, prähistorischen Ansiedlungen und Burgen. In Caithness gibt es pro km² mehr von diesen über 2000 Jahre alten Brochs als irgendwo sonst.

Ausgrabungen bestätigten, dass sich in der Nähe des heutigen **Freswick** eine große Wikingersiedlung befand. Dort wurden die Überreste des einzigen Langhauses auf dem schottischen Festland entdeckt. Von der Ruine **Buchollie Castle** ist es nicht mehr weit bis zur nordöstlichsten Gemeinde des britischen Festlands – John o' Groats.

Der Holländer **Jan de Groot** bekam im 15. Jahrhundert unter James IV. die Lizenz zum Betrieb einer Fähre nach Orkney. Diese Verbindung zwischen **John o' Groats** und **South Ronaldsay** ist heute im Sommer immer noch in Betrieb. Nicht weit von dem Dörfchen John o' Groats entfernt liegen die bizarren Felsenklippen und -spitzen der **Bores of Duncansby** und von **Duncansby Head**. Sie bilden eine der atemberaubendsten und eindrucksvollsten Küstenlandschaften Schottlands. Die einzeln stehenden Felssäulen oder ‚Stacks' – *Muckle, Peedie* und *Tom Thumb* – wurden von der Wucht der Wellen über Tausende von Jahren aus dem Sandstein herausgewaschen. Der Weg dorthin ist etwas abenteuerlich und der Besucher sei vor den rutschig steilen Grasabstürzen an den Überhängen gewarnt. An den ins Meer abfallenden Felsen nisten viele Arten von Seevögeln in großen Kolonien. Die Gezeitenströmungen im **Pentland Firth** zwischen dem Festland und den Orkney-Inseln sind gewaltig und die häufigen Stürme gefürchtet. Viele Schiffe endeten früher auf den zahlreichen Klippen. Die Segler waren bei ungünstigem Wind tagelang den Gegenströmungen ausgeliefert. Das war einer der Gründe, die u.a. zu Beginn des 19. Jahrhunderts zum Bau des Caledonian Canal durch das Great Glen führten. An den Stränden findet der Interessierte oft Schalen von Tiefseemuscheln (*Cowries*), die von diesen Strömungen angespült wurden. Es fällt auf, dass in dieser Umgebung kaum Hecken wachsen. Das liegt an dem ständigen Wind und der salzigen Gischt. Dafür nutzten die Menschen die anderen Ressourcen des Landes. Sie brachen Steinplatten aus dem leicht zu spaltenden Sedimentgestein, bauten damit Zäune und Wälle, pflasterten sogar Straßen und Gehwege und deckten mit diesem Flagstone z.T. auch ihre Häuser.

Auf dem Weg nach Thurso wird das Kirchlein von **Canisbay** passiert. Von einer früheren Kirche aus dem 13. Jahrhundert, die an dieser Stelle stand, sind leider kaum noch Spuren vorhanden. In der neueren Kirche aus dem 15. Jahrhundert, in die auch die Königinmutter gern zur Andacht ging, befindet sich die Gruft der Familie de Groot.

Nicht weit von hier ist von Ferne **Castle Mey** am Meer zu sehen. Barrogill Castle, der ursprüngliche Name, wurde im 16. Jahrhundert gebaut und 1952 von der Königinmutter persönlich vor dem Abbruch gerettet. Sie kaufte es und machte es zu ihrem Privatbesitz. Prinz Charles erbte es und gab es in Treuhandverwaltung.

Die Landzunge von **Dunnet Head** führt zu dem nördlichsten Punkt des britischen Festlands. Zahllose Seevögel nisten in den von Höhlen durchlöcherten Felsen. Sagen und Legenden ranken sich um diese Gegend. So soll einst eine Meerjungfrau dort ihren menschlichen Geliebten festgehalten haben und auch der Teufel hinterließ angeblich auf einem der Felsen vor der Küste seine Spuren. 1832 wurde der über 120 m hohe Leuchtturm auf dem Kap errichtet. Die Bucht mit dem klaren, kalten Wasser und dem herrlichen, langen Strand ist oft Ziel von Surfern und wagemutigen Schwimmern.

In der Nachbarstadt **Castletown** blühte im 19. Jahrhundert eine Industrie, die die Sandsteinplatten dieser Landschaft von den kleinen Häfen Scarsmerry, Harrow und Ham in weite Teile der Welt exportierte. Heute ist davon nur noch sehr wenig übriggeblieben. Diese Zeit war für ganz Caithness eine Art Goldenes Zeitalter. Die Heringsfischerei und die Steinbrüche boten Arbeitsplätze für viele tausend Menschen. Nach dem Ersten Weltkrieg erschöpften sich aber die Heringsbestände und mit der Verbreitung von Beton wurden die Steinplatten unwirtschaftlich.

Kurz vor Thurso liegt unübersehbar auf einem kleinen Hügel der mit Zinnen bewehrte Harald's Tower. Es war einst die traditionelle Begräbnisstätte der Sinclairs. Jenseits des Turms liegt die Ruine des alten Castles. Dort wurde **John Sinclair** (siehe Kasten) geboren.

Thurso ist mit rd. 7900 Einwohnern (2011) die größte Stadt der Region und – über 1000 km von London entfernt – die nördlichste Stadt des britischen Festlands. Sie ist ein guter Ausgangspunkt für Ausflüge in die typisch ländlichen Gebiete von Caithness. Die Stadt enthält einige interessante Sehenswürdigkeiten, wie z.B. die Kirche von St. Peter, die schon 1220 gegründet und in ihrer langen Geschichte sehr unterschiedlich genutzt wurde: als Gefängnis oder u. a. auch als Gericht.

Das wichtigste Denkmal ist direkt im Stadtzentrum zu finden. Es wurde zu Ehren des Vaters dieser Stadt errichtet, **Baronet Sir John Sinclair**. Eine andere Persönlichkeit, die mit dieser Stadt verbunden ist, ist der Gründer der Boys Brigade **Sir William Smith**. Seine Geburtsstätte, die Pennyland Farm, liegt vor den Toren der Stadt.

Von **Scrabster**, etwas nördlich von Thurso, legt die große Fahrzeugfähre zu den Orkney- und im Sommer auch zu den Färöerinseln ab. Wenige Kilometer weiter liegt unübersehbar das Atomkraftwerk von **Dounreay** direkt am Meer. Diese immer wieder umstrittene Anlage verarbeitet auch altes Nuklearmaterial aus Deutschland. Sie ist der größte Arbeitgeber der Region.

Der Reisende findet in dieser einsamen Landschaft viele verborgene aber nichtsdestoweniger attraktive Sehenswürdigkeiten. Er sollte sich allerdings etwas mehr Zeit lassen. So geht hinter dem kleinen Ort **Melvich**, der an der Mündung des lachsreichen Halladale Flusses liegt, bei Strathy ein kleiner Weg zum **Strathy Point** ab. Vom dortigen Leuchtturm zum einige Kilometer weiter westlich liegenden **Kirtomy Point** geht der Blick auf die dramatischen Küstenlandschaften mit steil ins Meer abfallenden Klippen, auf Höhlen und eine Unzahl von Seevögeln und Seehunden.

Sir John Sinclair (1754–1835)

Dieser äußerst bemerkenswerte Mann wurde in Thurso geboren. Er lebte und wirkte während der schottischen Aufklärung und hat nicht nur sein eigenes Land mit neuen Methoden und Erkenntnissen bewirtschaftet, sondern auch viele Neuerungen in ganz Schottland eingeführt. Er studierte in Edinburgh, Glasgow und Oxford und war sowohl in Schottland als auch in England zugelassener Jurist. Sinclair war ein Schüler von Adam Smith und zu seinen Studienkollegen zählten Männer wie Lord Byron und Robert Peel. Mit seinem Organisationstalent, seinen Schriften und als Vorbild führte er Schottland in das Zeitalter der Verbesserungen (Age of Improvement). Er war Mitglied des Parlaments, schrieb 1784 die Geschichte der Steuer des Britischen Reichs und erstellte als erster eine Statistik von Schottland (First Statistical Account of Scotland). Von 1791-1799 erfasste er jede einzelne Gemeinde die Gemeinde mit Hilfe der dortigen Minister (Pfarrer) bis ins kleinste Detail. Mit seinen Erkenntnissen führte er u.a. die Dreifelderwirtschaft und die Feldeinfassungen des Gemeindelandes mit Hecken, Wäldern oder Steinwällen ein, ermutigte den Anbau von Steckrüben als Lebensmittel für den Winter und gründete die schottische Landwirtschaftskammer. Voll unstillbaren Wissensdurstes und unerschöpflicher Energie wurde er aber auch als dickköpfig, stur, skrupellos und gefühllos bezeichnet. Er war es auch, der als einer der Ersten die Kleinbauern von seinem Land in Caithness vertrieb und das Cheviot-Schaf einführte.

Für die Kleinbauern, die aus den Tälern von Caithness, Sutherland und anderen Teilen des Hochlands vertrieben wurden und sich an den Küsten oder auf anderen weniger fruchtbaren Böden ansiedeln mussten, wurde die Kartoffel das Hauptnahrungsmittel. Sie gedieh fast überall. Das bessere Ackerland wurde von Großgrundbesitzern allerdings zum Anbau von Korn genutzt.

1845 kam es in Irland zu einer Missernte durch die Kartoffelseuche, die sich 1846 auch im schottischen Hochland ausbreitete. Wie in Irland verhungerten die Menschen oder starben in großer Zahl durch Seuchen. Die Kornernte war zwar in diesem Jahr gut, doch die Großbauern dachten nicht daran, das Korn im Land zu verkaufen, sondern verschifften es nach England, um größere Gewinne zu erzielen. So kam es 1847 im Hafen von Thurso zu gewalttätigen Unruhen durch die hungernde Landbevölkerung, die nur unter Einsatz von Militär unterdrückt werden konnten.

Westlich hinter Melvich wechseln die Felder und Weiden der bisher verhältnismäßig fruchtbaren Landschaft plötzlich zu bräunlich steinigem Moor und Heide mit wenigem Grün. Der Grund dafür ist das darunter liegende Gestein, das von Sandsteinboden zu Schist wechselt. So sind es von hier aus zum Westen hin fast ausschließlich nur die Flusstäler, die für Feld- und Viehwirtschaft genutzt werden können. Die Landschaft wird einsamer und die Ortschaften seltener. Dies ist **Sutherland**, das Südland, wie die Wikinger es einst nannten. Es ist leeres Land – mit einer Landschaft, die von Bergen, Mooren, Seen, kleinen Teichen und Tümpeln, Bächen, Klippen, Stränden und dem Meer dominiert wird. Es ist ein altes Land, geschliffen von Gletschern, geformt von den Elementen und dem Meer. Bar des Charmes südlicher Länder kompensiert sie das aber mit ihren eigenen Attributen von herbem Reiz und besonderer Schönheit.

Torf

Torf bildet sich aus abgestorbenen aber nicht zersetzten Wasser- und Sumpfpflanzen. Bis vor wenigen Jahren noch als geringwertig betrachtet, ist Torf, nach wissenschaftlichen Feststellungen, ganz im Gegenteil von unschätzbarem Wert für unsere heutige Umwelt. Eine ein Meter dicke Torfschicht braucht zur Entstehung mehr als 1000 Jahre. Somit sind in diesem einen Meter die gesamten klimatischen und biologischen Veränderungen aus diesem Zeitraum in Pollenform oder Genen enthalten. Dazu kommt, dass die Wissenschaft erst vor wenigen Jahrzehnten erkannte, wie wichtig die Torfmoore sind und welchen ökologischen Wert sie haben: Pflanzen binden einen Großteil des Kohlenstoffs der Luft. Damit haben die Moore je nach ihrer Fläche einen entsprechenden Einfluss auf den bedrohlich ansteigenden Treibhauseffekt. Wenn Torf also verbrannt wird oder auch nur an der Luft trocknet und sich so zersetzen kann, gibt er den gebundenen Kohlenstoff wieder an die Luft ab.

Unter dem blauen, endlosen Himmel von Caithness und Sutherland und vor der grandiosen Bergkulisse von Ben Loyal und Ben Hope breitet sich eine eigentümlich monotone Moorlandschaft aus, genannt **The Flows**. Es ist keine zusammenhängende Landschaft. Von nur einigen wenigen fruchtbaren Zonen durchzogen, bildet dieses Flächenmoor (*blanket bog*) mit seinen zahllosen Seen und Tümpeln eine besondere und seltene Form von Moorlandschaft. Mit 13% der Moorfläche der Erde ist es eines der größten Torfmoore Europas. Das Moor der Flows ist z.T. über 8000 Jahre alt und an einigen Stellen über fünf Meter tief. Die Landschaft ist so einzigartig bedeutend, dass vor Kurzem der UNESCO vorgeschlagen wurde, sie als Weltkulturerbe zu schützen.

Letztendlich ist das Flow Country eine Region mit zahlreichen schutzbedürftigen Gebieten von besonderem wissenschaftlichem Interesse (Sites of Special Scientific Interest – SSSI). 2001 waren in den Flows 39 Flächen als sogenannte SSSIs gekennzeichnet. Schottland hat insgesamt 1448 dieser Schutzgebiete mit einer Gesamtfläche von fast 920 000 ha (11.7 % des schottischen Festlandes).

Sutherlands Nordküste hat ihre eigenen und besonderen Merkmale: Kühles, helles Licht, eine zerklüftete Küste mit Klippen und Landspitzen sowie herrliche, feinsandige Strände, auf denen die weiße Brandung der See aufläuft.

Die Farben und immer wieder diese Farben! Das Wasser der tief und weit ins Land schneidenden, fjordähnlichen Buchten wechselt von dunklem Blau zu leuchtendem Grün, gelber Ginster steht am Rand grüner Weiden und alles erscheint im ständigen Wechsel durch Licht und Schatten der majestätisch darüber ziehenden Wolkenberge.

Sutherland umfasst ein Gebiet von etwa 5000 km² und ist damit der größte Bezirk des Hochlands. Mit einer Bevölkerung von ca. 13 000 Menschen zählt es jedoch zu den am dünnsten besiedelten Gebieten Großbritanniens. Grundlegend unterscheidet sich der Nordosten vom Westen, da sich die Landschaft innerhalb weniger Kilometer vollkommen wandeln kann. Die Region profitiert ebenfalls vom Golfstrom, weshalb das Klima für diese Breiten überraschend mild ist. Frühling und Frühsommer sind die trockensten und sonnigsten Jahreszeiten. Die Niederschlagswerte im Flachland sind für den Breitengrad noch bemerkenswert gering. Im Durchschnitt fallen pro Jahr an der Nordwest- und Nordküste etwa 1250 mm Regen, im Osten nur etwa 750 mm. In den Bergen des Westens, die zu den ältesten der Welt zählen und einst höher als die Alpen waren, regnet es dafür um so mehr – zwischen 3000 und 3500 mm pro Jahr. Die gesamte Regenmenge eines Jahres in Schottland könnte nach wissenschaftlicher Aussage Loch Ness mehr als 15 mal füllen.

Die kahle Wildnis, die heute einen so großen Teil Sutherlands ausmacht, ist in weiten Teilen keine natürliche Landschaft. Sie ist das Resultat einer seit über 500 Jahren kontinuierlich durchgeführten Beseitigung des Baumbestandes durch die Bewohner. Die ständig wachsende Bevölkerung benötigte das Land für ihre Herden und den Ackerbau. Dazu kam, dass sich vom 14. Jahrhundert an das Klima verschlechterte. Später graste zunächst Vieh auf dem gerodeten Land, doch nach den Clearances verhinderte das alles fressende Schaf das Wachstum neuer Vegetationen. Der Baumbestand konnte sich nie regenerieren. Ein Großteil des dünnen Erdreichs versauerte, denn in das harte Gestein aus Quarzfeldspat und Schist kann das Regenwasser nicht eindringen und so entstand in diesem Gebiet eine Jahrtausende alte Heide- und Wildgraslandschaft.

Die heutige Bevölkerung von Sutherland ist eine Mischung aus Nachkommen der Pikten, der gälischsprechenden Scots und der Wikinger, die alle bereits im neunten Jahrhundert hier ansässig waren. Verschiedentlich weisen Ortsnamen, die mit Pit- oder Pet- beginnen, noch auf die damalige Präsenz der Pikten hin. Die Ortsnamen mit Endungen wie -dale (etwa Helmsdale, Hjalmunds Tal) haben ihren Ursprung in der Zeit der Wikinger. Der Name **Cape Wrath** stammt vom Altnordischen *hverfa* (drehen) ab. Die meisten Namen in Sutherland sind allerdings gälischen Ursprungs. Viele beginnen mit Bal- (z. B. Balnakeil) von gälisch *bail* (Dorf). Mit Ach-beginnende Namen, (z. B. Achinduich) stammen von *achadh* (Acker), ab, während Ortsnamen, die mit Kil beginnen, (z. B. Kildonan) sich von *cill* (Kirche) ableiten. Über tausend Jahre hinweg wurde Sutherland von der gälischen Kultur dominiert und erst im Verlauf der letzten 150 Jahre wurde dies durch die Ansiedlung von Schotten aus den Lowlands und Engländern abgeschwächt. Heute wird natürlich überall Englisch gesprochen, aber unter sich unterhält sich ein Großteil der Bevölkerung auf Gälisch. Derzeit vollzieht sich eine verstärkte Belebung der gälischen Sprache und der Kultur. In Glasgow wurde eine mit beträchtlichen staatlichen Mitteln geförderte Grundschule eröffnet, in der die Schulkinder von Anfang an und in allen Fächern in der gälischen Sprache unterrichtet werden.

Sutherland besitzt eine reiche und exotische Tier- und Pflanzenwelt. Aufmerksame Beobachter erspähen mit etwas Glück Rotwild, Füchse, Wildziegen, Wildkatzen, Otter, Wale und Delfine. Ornithologen zieht es wegen der vielen Vogelarten wie Steinadlern, Bussarden, Kornweihen, Wanderfalken, Fischadlern oder Moorhühnern in diese Landschaft. Die schmalen Küstenwiesen und die Strände sind das Reich von Brach- und Wattvögeln, während in den Klippen insbesondere in den Monaten Mai und Juni riesige Seevögelkolonien nisten. Speziell die Klippen von Handa Island, der Region um Durness und nördlich von Helmsdale, sind bekannt für die Kolonien von den für ihr putziges Aussehen und Verhalten beliebten Papageientauchern. Interessenten sollten sich jeweils über die Touristeninformation mit dem örtlichen Vogelschutz-Ranger (Royal Society for the Protection of Birds – RSPB) in Verbindung setzen, der ihnen die Örtlichkeiten erklären und sie u.U. sogar führen wird.

Exotische Pflanzen, viele davon aus arktischen Gebieten, sind oft zu finden und wie alle Pflanzen in Schottland natürlich geschützt. Dazu zählt auch die seltene Schottische Primel (*primula scotica*), die mit ihrer kleinen violetten Blüte nur an der Nordküste Schottlands in Caithness, Sutherland und auf den Orkney-Inseln zu finden ist.

Die Wirtschaft Sutherlands basiert traditionell auf Landwirtschaft und Viehzucht (vor allem Schafe und Rinder), Fischerei und Forstwirtschaft. In den letzten Jahren wurde die Fischindustrie mit Lachsen und Schalentieren immer weiter ausgebaut. Der Fischfang ist eine der ältesten Erwerbszweige Schottlands und war einst eine der wichtigsten Einkunftsquellen – allerdings hat sich das unter der Quotenregulierung der EU drastisch geändert. Im 19. Jahrhundert und bis zum Beginn des 20. Jahrhunderts erzielten schottische Fischer 75 % des gesamten Fangvolumens in Großbritannien.

Auf über 2000 Booten waren 8200 Menschen beschäftigt und viel mehr noch in der Verarbeitungsindustrie. Gefangen wurden Heringe, Schellfische, Kabeljau, Schollen, Makrelen, Lachs, Muscheln, Krabben und Hummer. In den 10 Jahren von 1991 bis 2001 stieg der Fangumsatz von £ 266,8 Mio. auf £ 340 Mio. Das war großenteils auf den drastisch gestiegenen Preis für Seelachs und Hering zurückzuführen. Gleichzeitig ging aber mit den Fangquotenregulierungen der EU auf Grund des schwindenden Fischbestandes die Anzahl der Arbeitsplätze in der Fischfangindustrie drastisch zurück. So war die Zahl von auf in Schottland registrierten Booten in 2007 mit rd. 5400 Arbeitskräften auf die Hälfte der Beschäftigten der 70er Jahre geschrumpft.

Nach dem zwangsläufigen Rückgang der Hochseefischerei wurde in den letzten Jahren die Fischzucht zunehmend wichtiger und weiter ausgebaut, und so entstanden mehr und mehr Fischfarmen im Westen, auf den Hebriden und im Norden Schottlands. Diese in den 1970er Jahren gegründete Industrie ist allein in der Lachsproduktion mit rd. 1000 Arbeitsplätzen (2012) ein bedeutsamer Arbeitgeber in Schottland. Im Rahmen der EU ist Schottland der größte und nach Norwegen und Chile der drittgrößte Lachsproduzent der Welt. 2012 wurden auf 100 Fischfarmen 162 000 t Lachs produziert. Dazu kamen 5670 t Regenbogenforellen.

Zunehmend werden jetzt auch Hummer, Muscheln und andere Schalen- und Krustentiere in Farmen gezüchtet. Allein im Jahr 2013 waren das rd. 6700 t Muscheln und 260 000 Austern.

Nach Whisky ist der Export allein von Zuchtlachs in über 60 Länder mit einem Handelswert von über £ 1 Mrd. einer der wichtigsten Bilanzfaktoren Schottlands.

So positiv das auch alles klingt, so hat diese Wirtschaft auch ihre sehr ernsthaften Probleme: Die natürlichen Feinde der Fische, Meeressäuger und Vögel, versuchen, die Fische zu fressen, Parasiten verseuchen den Zuchtfisch und die Fischzuchtanlagen und -farmen müssen Umweltschäden vermeiden.

Im Gegensatz zu der kargen und oft unfruchtbaren Heide- und Moorlandschaft Sutherlands gibt es in den Tälern der Flussniederungen fruchtbares Land, das bis in das späte 18. Jahrhundert dicht besiedelt war. **Strath Halladale** und Strath **Naver**, die fruchtbaren Täler Sutherlands, waren einst dicht besiedelt, aber es war hier, wo die Zwangsaussiedlungen während der **Clearances** konsequent durchgeführt und die Auswirkungen der Vertreibung am schmerzhaftesten verspürt wurden. Viele der von ihren Ländereien Vertriebenen wurden während der Clearances in kleine Dörfer an der Küste ausgesiedelt, andere wanderten nach Kanada, Australien oder Neuseeland aus. Bis 1841 wurden während der Clearances in Sutherland allein 24 782 Menschen und in Caithness 36 303 Menschen vertrieben. Das Feudalrecht, unter dem die *Clearances* stattfanden, war seit der Zeit Davids I. bis in das laufende Jahrhundert und damit seit über 900 Jahren in

Schottland, wenn auch stark verändert, gültig. Grundlegend geändert wurde dies erst im Jahr 2003 in einem Landreformgesetz des neuen Schottischen Parlaments.

Der kleine Küstenort **Bettyhill** wurde einst von an die Küste ausgesiedelten Kleinbauern gegründet. Schüler des Ortes haben in dem kleinen Heimatmuseum in der alten, ehemaligen Kirche eine Ausstellung erarbeitet, die sehr eindrucksvoll aber auch bedrückend das dunkelste Kapitel der schottischen Sozialgeschichte – die Clearances – erklärt. Der Besuch der jetzt permanenten Ausstellung ist sehr empfehlenswert.

Im alten Kirchhof steht der frühchristlich historische **Farr Stone**. Er datiert aus dem 8. Jh., ist verhältnismäßig gut erhalten und schon wegen seiner keltisch-piktischen Ornamentik bemerkenswert. Was heute als keltische Kunst bezeichnet wird, entwickelte sich in dieser regional frühchristlichen Zeit aus der Kunst der Völker der Pikten, der irischen und dalriatischen Skoten, der Waliser und Northumbrier. Die meisten piktischen Steine wurden im Osten Schottlands gefunden. Dagegen wird die Gruppe von Kreuzen auf Iona, Islay und den südlichen Hebriden der irischen Schule zugeordnet. Der Farr Stone ist ungewöhnlich insofern als er in dieser Abgelegenheit des Landes so wunderbar und gelungen beide Kunststile vereint. Seine Existenz zeugt aber davon, dass die fruchtbaren Täler und Küstenregionen früher schon besiedelt waren, die Menschen offenbar ernähren konnte und sie sogar eine Kultur und Kunst pflegen ließ, die heute noch bewundert und manchmal sogar nachgeahmt wird.

Die Region ist voller archäologischer Fundstätten aus den verschiedensten Zeitaltern. Südlich von Bettyhill sind bei **Skelpick** ein über 5000 Jahre alter *Cairn* mit drei Grabkammern und auch im Strath Naver noch Spuren neusteinzeitlicher Wohnstätten und Brochs aus der Zeit 100 v. Chr. zu sehen.

In **Bettyhill** muss sich der Reisende dann entscheiden, ob er auf der Küstenroute weiter in westliche Richtung oder die südliche Route durch das Strath Naver fährt. Diese Strecke führt über Lairg in Richtung Dornoch, Tain und schließlich nach Inverness.

Die Kelpindustrie

Eine andere sehr ergiebige Einnahmequelle war während der Clearances die Produktion von Seetangasche. Kelp, wie der Seetang in Schottland genannt wird, musste vom Strand in Körben an Land gebracht werden, wurde getrocknet und zu Asche verbrannt. Diese Asche enthielt reichlich Soda und Pottasche, Rohstoffe, die für die Glasherstellung und Seifenproduktion benötigt wurden. Der ursprüngliche Rohstoffimport aus Spanien wurde durch die Napoleonischen Kriege blockiert. Kelpasche war daher für die Landherren ein Gottesgeschenk. Kelp ist in seiner Bedeutung längst geschrumpft. Heute werden die Chemikalien anderweitig gewonnen, aber Kelp ist der Rohstofflieferant für andere gewinnbringende Produkte. Auf den westlichen Inseln wird er heute noch geerntet und von Firmen wie Alginate aufgekauft, getrocknet und verarbeitet. Alginate gewinnt daraus Gelatine und andere Zusatzstoffe für die Nahrungs- und Arzneimittelindustrie. Die neuesten Pläne sehen aber auch den Anbau und die Nutzung als Biobrennstoff.

Allerdings bietet das fruchtbare Tal entlang des Naver keine besonders dramatische Landschaftskulisse, dafür aber eine Fülle von historischen Monumenten wie Steingräber, Brochs und viele andere Hinweise auf ehemalige Besiedlungen.

An der Syre Lodge vorbei, dem einstigen Wohnsitz des berüchtigten Verwalters des Herzogs von Sutherland, Patrick Sellar, werden die wieder aufgefundenen Reste eines Dorfes erreicht. Die Ruinen der 1830 von Sellar vertriebenen Kleinbauern wurden vor wenigen Jahren erst von der Forstverwaltung wiederentdeckt. Heute erklärt ein Besucherzentrum sehr beeindruckend das Leben der Menschen des vergessenen Dorfs **Rossal** in der Zeit vor den Clearances.

In **Altnahara**, einem Ort am westlichen Ende des Loch Naver, vereinen sich dann die Straßen aus Bettyhill und Tongue. In kalten Wintern werden hier oft die tiefsten Temperaturen Schottlands gemessen – im Januar 2010 waren das −22°C.

Crofts

Crofting ist eine Form der Landnutzung, die auf sieben Regionen Schottlands – Shetland, Orkney, Caithness, Sutherland, Ross-shire, Inverness-shire inkl. der Westlichen Inseln und Argyll – beschränkt ist. Diese kleinbäuerliche Landwirtschaft wird heute noch von rund 14 000 Menschen ausgeübt. Traditionell ist ein Croft auch heute noch ein meistens gepachteter, kleiner Bauernhof, eine sogenannte Small Holding. Gewöhnlich pachten die meisten Crofter ihr Land, das ein Teil eines größeren Landguts ist, von einem Großgrundbesitzer. Diese Landbesitzer leben oft nicht einmal in Schottland, sondern in England oder in anderen Teilen der Welt. Die Crofting Bewegung begann mit den Landverbesserungen des 17. und frühen 18. Jahrhunderts. Die Rechte der Crofter sind aber erst seit 1886 gesetzlich festgeschrieben und seit 1976 können sie das von ihnen bewirtschaftete Land dem Grundbesitzer abkaufen. Im Rahmen des sogenannten ‚Rural Enterprise Programme' wird diesen Kleinbauern seit 1991 eine Unterstützung aus einem Sonderfond (Scottish Land Fund) angeboten, um bestimmte Regionen des Hochlands und der Inseln wieder zu beleben. 95 % der Crofter sind noch immer Pächter, obwohl in den letzten Jahren Crofter der Regionen von Assynt, Loch Alsh und Knoydart sowie der Inseln Eigg und Gigha ihr Land gekauft haben.

Die Crofts kosten im Jahr eine minimale Pacht von £100 oder sogar noch weniger und sind 5 bis 50 ha groß. Im Schnitt sind davon vier Hektar Acker- und Grasland und bis zu 30 ha allgemeines Weideland. 734 000 ha – 22 % der landwirtschaftlichen Nutzfläche des Hochlands und der Inseln – werden auf diese Weise genutzt. Üblicherweise hält ein Crofter Schafe, wenn möglich auch einzelne Rinder. Er versucht etwas Heu einzubringen oder, wenn Boden und Pachtfläche es zulassen, Kartoffeln und Getreide als Futtermittel anzupflanzen. Meist reichen die Crofts allein nicht zum Lebensunterhalt aus. Deshalb arbeiten viele dieser Kleinbauern nebenberuflich als Fischer, Postbote, Lehrer, Fahrer, Bauarbeiter o.Ä. Seit 2008 gibt es aber auch eine Berufsschulausbildung zum Crofter. Die erste Schule wurde zunächst auf den Westlichen Inseln eröffnet. Die Ehefrauen arbeiten auch auf dem Land mit und erzielen darüber hinaus Einkünfte, indem sie weben, stricken und Räume im Haus als Unterkunftsmöglichkeiten vermieten. Entsprechend sind die meisten neuen Häuser in diesem Landesbereich groß gebaut und komfortabel eingerichtet.

Lairg, weiter südlich, ist das eigentliche Zentrum dieser Region. Die Bedeutung des Ortes kommt während der Schafauktionen im August zum Ausdruck, wenn Tausende von Schafen hier versteigert werden. In Lairg kommen die Straßen aus allen Richtungen zusammen und deshalb ist der Ort auch eine ausgezeichnete Basis für Wanderer und Sportfischer. Springende Lachse versuchen im Frühjahr und Spätsommer etwas südlich des Ortes die **Falls of Shin** in einem faszinierenden Schauspiel zu überqueren. Das nicht sehr attraktive **Carbisdale Castle** taucht kurz danach am gegenüberliegenden Ufer des Flusses auf. Erst 1914 von den Sutherlands gebaut, wurde es aber aufgegeben und ist heute eine Jugendherberge. Bei **Carbisdale** wurde 1650 der Marquis von Montrose geschlagen. Zwar konnte er noch durch das Glen Oykel in die Nähe der Westküste nach **Ardvreck Castle** entfliehen, wurde aber verraten und später in Edinburgh hingerichtet. Die **Bonar Bridge** mit der dominierenden Stahlkonstruktion einer Bogenbrücke hat dem kleinen Ort seinen Namen gegeben. Die alte Telford Brücke wurde in einer großen Flut weggerissen und ein Nachfolgebauwerk hielt ebenfalls nicht sehr lange; aus diesem Grund wurde die jetzige Brücke so hoch und stabil gebaut. Entlang der sich allmählich erweiternden Bucht des Dornoch Firth liegen weitere historische Stätten. Einst überblickte von einem Hügel aus das **Dun Creich** den Firth. Diese oft riesigen Verteidigungsanlagen wurden während der Eisenzeit auf den Kuppen von Hügeln und Bergen errichtet und werden heute als ‚Dun' bezeichnet. Spuren dieser Anlagen weisen darauf hin, dass die Berghänge oft noch durch Gräben, Wälle und Palisaden verstärkt waren. Dun Creich war eineinhalb Morgen groß und die nördlichste Anlage dieser Art in Schottland. Nicht weit davon entfernt liegt das Örtchen **Spinningdale,** das ebenfalls im Zusammenhang mit der allerdings jüngeren Landesgeschichte steht. Der Ortsname weist auf die ehemalige Baumwollweberei hin, die heute auch nur noch eine Ruine ist. Sie wurde 1790 von **David Dale,** dem Schwiegervater von **Robert Owen,** gegründet. Beide Männer waren maßgeblich an der frühen Industrialisierung des Landes beteiligt. Besonders

Robert Owen konnte mit seinen für die damalige Zeit revolutionären sozialen Ansichten und Einrichtungen in New Lanark am Clyde durchschlagende Erfolge verzeichnen. Spinningdale war jedoch zu abgelegen und es fehlte die notwendige Infrastruktur, um von dort aus zu den Handelszentren zu gelangen. Dale hatte als Partner in der Weberei den Landbesitzer **George Dempster**. Dempster war ebenfalls ein bemerkenswerter Mann – er war z.B. völlig anderer Ansicht als seine mächtigen Nachbarn. Dieser weitsichtige Landverbesserer vertrieb seine Pachtbauern nicht für den kurzzeitigen Gewinn, den das Schaf einbrachte. Weil er sich um sie kümmerte, das Land entwässern ließ und auch die Fischindustrie mit dem Bau von Häfen und Anlegern förderte, wurde er von den Menschen auf seinem Land verehrt und geachtet. Er kaufte das alte **Skibo Castle**, von dem heute nicht mehr viel zu sehen ist, weil es von späteren Besitzern und besonders **Andrew Carnegie** durch Umbauten verändert wurde.

Carnegie hielt buchstäblich Hof auf diesem mit viel Pomp erweiterten und ausgestatteten Schloss. Er empfing dort u. a. König Edward VII. und viel Adel sowie namhafte Persönlichkeiten aus Gesellschaft, Politik und Wirtschaft der damaligen Zeit. Skibo wurde schließlich von Peter de Savery gekauft und zu einem der exklusivsten privaten Klubhotels umgebaut. Heute genießt es Weltruf, nicht zuletzt, weil dort **Madonna** während ihrer Hochzeit wohnte. Mit Hilfe der Medien wurde die Kathedrale im nahen **Dornoch** ebenfalls in das Bewusstsein der Welt gerückt, weil Madonna und Guy Ritchie hier in zweiter Ehe heirateten und ihr Sohn dort getauft wurde. In Dornoch schließt sich dann auch der Kreis dieser Rundreise durch Caithness und einen Teil Sutherlands.

Zurück zur Nordwestküste, wo sich dem Reisenden, der sich in Bettyhill für die Fahrt in Richtung Durness entscheidet, die ganze Größe und Schönheit der grandiosen Landschaft des nordwestlichen Schottlands offenbart.

Zunächst allerdings ist das noch nicht ganz so offensichtlich. Jenseits kahler Moorflächen zeichnet sich im Süden die Silhouette des 714 m hohen **Ben Loyal** ab, bevor die Straße ins Tal der Bucht von Tongue hinunterführt. Dies ist das Land des **Clans Mackay,** und das Dörfchen **Tongue** mit seinen hübschen Gärten und Bäumen war der Sitz der *Lords of Reay.* Der Ahnherr Lord Donald Mackay of Farr, so will es die Sage, genoss Anfang des 17. Jahrhunderts einen gewissen Ruf als Zauberer. Ähnlich wie Adalbert von Chamissos *Peter Schlemihl* hatte er während seiner Studienzeit in Padua eine Beziehung zum Teufel aufgebaut, der ihn befähigte, als Gegenleistung für seinen Schatten Feen und Geister zu befehligen. Von Tongue führt die Straße über einen Damm, der die sandige Bucht gleichen Namens durchquert, hinauf in die Hügel und Moore. Entlang dieser Straße sind nicht ohne Grund Parkplätze angelegt worden, von denen aus sich oft spektakuläre Aussichten eröffnen. Das gilt besonders an Stellen wie an der nördlichen Spitze von Loch Hope, an dessen südlichen Ende **Ben Hope,** der höchste Berg dieser Region, oft seinen Gipfel in Wolken hüllt. Er ist mit 927 m (3042 Fuß) der nördlichste Munro. Bedrückend ödes Sumpfland öffnet sich dann plötzlich mit einer Aussicht auf grünes Weideland im Tal des **Loch Eriboll.** Loch Eriboll ist eine dieser tief und weit ins Land schneidenden Buchten, in denen die Farben des Wassers bei schönem Wetter einfach unvergesslich sind. Der Sage nach segelte im März 1746 eine französische Fregatte, die Bonnie Prince Charlie helfen sollte, in diese Bucht. Sie wurde von zwei britischen Kriegsschiffen verfolgt und bei Tongue unter Beschuss genommen. Sie strandete schließlich. Neben Nachschub und Mannschaften bestand ihre Ladung auch aus Goldmünzen im Wert von 17 000 Pfund. Das Rätsel, was mit allem geschah, ist bis heute nicht geklärt. Weder die übriggebliebenen Mannschaften noch das Gold erreichten ihr Ziel.

Im Laufe der Erdgeschichte entstand hier ein verhältnismäßig schmaler Bereich aus Kalkgestein, der sich von der Küste aus ins Land erstreckt. Dieses weiche Gestein wurde von Flüssen und der Wucht der ständigen Brandung an zahlreichen Stellen tief ausgehöhlt. So entstanden in der Nähe von **Durness** die gewaltigen Grotten von **Smoo Cave,** das Ziel zahlreicher Besucher. Diese in drei Abschnitte unterteilte

Höhle wurde schon von Ureinwohnern und auch von den Wikingern genutzt. Um Smoo Cave ranken sich viele fantastische Geschichten, in denen von Zauberern, Feen und Schätzen zwar die Rede – aber nichts mehr zu sehen ist.

Durness, das kleine verschlafen wirkende Dorf, ist der nordwestlichste Ort auf dem britischen Festland. Die umliegende, geologisch besonders interessante Landschaft wird durch eine Anzahl von Felsblöcken vor der Touristeninformation eindeutig und gut erklärt. In **Balnakeil**, in unmittelbarer Nachbarschaft von Durness, wurden die unattraktiven Hütten einer ehemaligen Militäranlage in ein Dorf für Kunsthandwerker verwandelt. Der piktische Ursprung des Namens bedeutet ‚Ort der Kirche' und diese Kirche wurde vom Heiligen Mael Rhubha schon im 8. Jahrhundert gegründet. Die Ruinen der Dorfkirche stammen allerdings aus dem 16. Jahrhundert. Der Friedhof ist allein schon wegen seiner Lage unmittelbar am Meer und dem herrlich weißen Sandstrand der Bucht von Balnakeil einen Besuch wert.

Bevor nun die Straße in Durness scharf nach Südwesten abbiegt und das grüne, fruchtbare Land verlässt, geht der Blick über die sandige Bucht des Kyle of Durness nach Westen. Am Ende einer wilden, einsamen Landschaft liegt dort das **Cape Wrath**. Mit dem eigenen PKW ist es nicht erreichbar. Es ist eine kleine Abenteuerreise, die mit einer winzigen Fähre über den Fluss und im Minibus nach einer aufregenden Fahrt durch eine so gut wie menschenleere Moorlandschaft zum Kap mit seinem einsamen Leuchtturm führt. Hier endet das britische Festland dann auch abrupt an den Klippen, die zu den höchsten des Landes zählen. Der Name des Kaps (Wende) – ist klar skandinavischen Ursprungs, denn an dieser Nordwestspitze Schottlands schlugen die Schiffe der Wikinger ihren neuen Kurs Richtung Süden oder nach Osten ein. Von hier aus bis zum Nordpol gibt es nichts als offenes Meer und Eis.

Die Westküste

Die Nordwestküste ist in vielen Teilen so urwüchsig und einsam, wie kaum eine andere Region Schottlands. Zunächst wirkt das Tal um die Bucht des Kyle of Durness wie eine grüne Oase inmitten einer graubraunen Fels- und Heidelandschaft. Fruchtbares Grasland deutet auf die geologische Besonderheit des Bodens hin. Diese schmale Zunge von Durness Kalkstein wird von Gneis und uraltem Sandstein eingefasst. Die stetig ansteigende Straße führt dann auch bald durch ein enges, morastiges Tal nach **Rhiconich**. Dort zweigt die schmale B801 zum für diese Region wichtigen Fischereihafen von **Kinlochbervie** ab.

An zahlreichen Lochs entlang führt die einsame A838 nach Südosten und über Lairg nach Dornoch oder Inverness, während die A894 bei Laxford Bridge zunächst nach Südwesten abbiegt und sich danach südlich durch eine dramatische Berg- und Küstenlandschaft nach Ullapool windet. Von Tarbet, einem Kleinbauern- und Fischerdorf am westlichen Ende einer schmalen Straße, werden Bootsausflüge zu den spektakulären Vogelklippen von **Handa Island** angeboten. Diese Inselgruppe liegt nicht weit von der Küste im **Minch**, der gefürchteten Meeresstraße zwischen Festland und Äußeren Hebriden. Bis zur Mitte des 19. Jahrhunderts lebte auf dieser Felseninsel mit ihren über 130 m hohen und steil aus dem Meer aufragenden Klippen eine kleine Gemeinde, die sich sogar eine ‚Königin' und ein eigenes Parlament leistete. Heute lebt auf Handa eine der größten Seevogelkolonien Europas. Gelegentlich bietet die Küste kleine und größere Sandstrände in oftmals malerischen Buchten mit herrlichen Aussichten auf die vielen Inseln.

Scourie ist ein guter Ausgangspunkt für Wanderer und Naturfreunde. Von dort führt die A894 entlang der **Eddrachillis Bay** durch Moor- und Berglandschaft. Knapp hinter **Unapool** zweigt eine schmale, einspurige Straße ab und windet sich durch eine urwüchsige, karge Landschaft nach Westen hinunter zum Meer nach **Drumbeg** und schließlich **Lochinver**.

Südöstlich von **Kylesku** wird am Ende von Loch Glencoul der mit über 200 m höchste Wasserfall Großbritanniens – **Eas Coul Aulin** – nur nach einer längeren Wanderung erreicht. Die gut ausgebaute Hauptroute stößt bald auf Loch Assynt, und kurz nach der Straßengabelung geht der Blick auf die karge Ruine von **Ardvreck Castle**. Diese 1591 erbaute Burg spielte 1650 durch ihren habgierigen Burgherrn Neil McLeod eine sehr unrühmliche Rolle in der schottischen Geschichte. MacLeod verriet den hoch angesehenen **Marquis von Montrose**, der auf seiner Flucht in der Burg Schutz suchte, an die Regierungssoldaten. Im Rahmen der bürgerkriegsähnlichen Glaubensunruhen in Schottland und später auch in England hatte dieser brillante Anführer 1644–45 gegen Archibald Campbell, den Grafen von Argyll, gekämpft. In sechs Schlachten war er dabei erfolgreich gewesen, musste letztlich aber nach seiner Niederlage bei Philiphaugh, in den Borders, nach Skandinavien ins Exil flüchten. Von dort kehrte er 1650 zurück, im Versuch den zukünftigen König Charles II. zu unterstützen. Das misslang, er verlor die Schlacht bei Carbisdale und der Rest ist grausame Geschichte.

Westlich von Ardvreck Castle führt die Straße nach **Lochinver** und abzweigend von dort führen schmaler werdende Wege auf die Halbinsel von **Stoer** zu einer Küstenlandschaft von wilder Schönheit. Diese ganze Region von Assynt war früher berüchtigt für ihre vielen Clankämpfe; schließlich war sie dann vor wenigen Jahren erster Großgrundbesitz, der von Crofters gekauft wurde. Im nördlichen Teil dieses Gebiets liegt der Reay Forest, ein Gebiet, das von Lord Reay an den Marquis von Stafford verkauft wurde. Dieser Fürst, George Granville Leveson-Gower, vertrieb dann über 15 000 Kleinbauern von dem Land. Für seine Verdienste um das Land wurde er mit dem Titel des Herzogs von Sutherland geadelt. 1872 besaß der dritte Herzog von Sutherland praktisch das ganze Land zwischen Cape Wrath und Dornoch, ein Gebiet von über 5000 km² (520 000 Hektar). Damit war er damals der größte Grundeigentümer in Westeuropa. Inzwischen sind die

Sutherland Ländereien allerdings auf weniger als 500 km²
geschrumpft. Viel Land wurde verkauft und das Herzogtum
ging an den Besitzer von Mertoun über, einem entfernten
Verwandten, dessen Anwesen in der Region der Borders liegt.

Eines der buchstäblich herausragendsten Merkmale der
Landschaft von **Assynt** sind die hohen, teilweise einzeln
stehenden und durch die Erosion der vergangenen Zeitalter
geformten Inselberge. **Suilven, Canisp, Cul Mor, Stac Polaidh**
und **Ben More Coigach** (alle ca. 600-850 m) fallen durch ihre
merkwürdigen und teilweise nur als bizarr zu bezeichnenden
Formen auf und sind für Geologen besonders attraktiv. **Ben
More Assynt** ist mit 1000 m der höchste und östlichste Berg
dieser Gruppe. Sie alle wirken zu jeder Jahreszeit wie
Magneten auf Bergwanderer und Bergsteiger. Fast alle haben
sie eines gemeinsam: Deren Basisgestein, außer beim Canisp,
ist *Lewisian Gneiss*. Darüber liegt der durch Erosion und
Gletscher geformte weltälteste Sandstein (*Torridonian* oder
Old Red Sandstone). Um ihre Basis herum schliff das Eis eine
atemberaubende Landschaft voller Lochs heraus.

Diese dramatische Berglandschaft gehört zum
Naturschutzgebiet des **Inverpolly National Nature Reserve,**
einem ca. 120 km² großen Reservat, das für Geologen
hochinteressante Gesteinsformationen, wie z.B. die Klippen des
Knockan Cliffs birgt. An dem steil aufragenden Fels sind auch
für ungeübte Augen sehr verschiedene Gesteinsschichtungen
erkennbar. Ungewöhnlich an diesen Felsenklippen ist, dass
im Gegensatz zu jeglichen Naturgesetzen die älteste
Gesteinsschicht nicht in der Basis zu finden ist, sondern als
oberste Schicht auf dem Plateau. Die gewaltigen Drücke
während der sogenannten *skandinavischen Faltungsära*
schoben diese viel ältere Schicht (ca. 800 Mio. Jahre) über
die jüngeren Ablagerungsgesteine und schufen diesen
einzigartigen Überwurf, den sogenannten **Moine Thrust.**
Jüngere Gletschermassen entblößten das Gestein und ließ die
Felsen des Knockan Cliffs zu einem offenliegenden und sehr
guten Anschauungsbeispiel für die Entstehungsgeschichte
Schottlands werden. Sie wird dem Interessierten sehr
anschaulich in einem Besucherzentrum erklärt.

Die der Küste vorgelagerten **Summer Isles** sind die Brutstätten von Tausenden von Seevögeln und Seehunden und das verständliche Ziel vieler Naturliebhaber.

Ullapool (1500 Einwohner, 2011), am Ufer von **Loch Broom**, ist ein im 18. Jh. geplantes Städtchen mit einem akkurat angelegten Fischereihafen aus der Zeit des boomenden Heringsfangs. Ullapool ist nicht gerade eine der attraktivsten Städte des Landes und hat auch keinen einladenden Sandstrand. Der Fischereihafen hat trotz des ständigen Rückgangs dieser Industrie immer noch eine Bedeutung für diese Region. Er ist darüber hinaus der wichtigste Fährhafen für die Äußeren Hebriden. Dazwischen liegt die Meerenge des Minch, über den die große Autofähre Passagiere und Güter in schnellen zweieinhalb Stunden nach **Stornoway** auf Lewis bringt. Wie ein spitzer Pfeil ragt das schmale Becken des Loch Broom ins bergige Landesinnere und bietet damit idealen Schutz für den Hafen von Ullapool. Am Ostufer des Lochs ist der **Leal Forest Garden** ein überraschend dichter Wald, mit z.T. Ehrfurcht einflößenden Mammutbäumen und über 150 Baumarten und Büschen aus der ganzen Welt.

Weiter in Richtung Süden führt die A835 nahe an der **Corrieshalloch Gorge** vorbei, einer steilen, bewaldeten Schlucht. Spektakulär schäumend stürzt sich hier der River Droma unter einer leicht schwingenden Hängebrücke in den Falls of Measach 60 m in die Tiefe bevor er danach zum River Broom wird. Südwestlich davon führt die A832 in ein enges Tal und dann in eine Mondlandschaft mit Bergen und steilen Klippen.

Flechten an den Ästen der Bäume im **Dundonnell Forest** zeugen von klarer und gesunder Luft. Zusammen mit dem schäumenden Fluss im Wald ist das hier ein wildromantischer Abschnitt dieser einsamen Hochlandstraße. Der Ort **Dundonnell** erweist sich nur als eine Handvoll Häuser mit einem direkt an der Straße gelegenen Spitzenhotel. Gleich dahinter liegt ein Munro. Der 1062 m hohe **An Teallach** ist praktisch der Hausberg des Hotels. Vor dem Hotel windet sich der **Dundonnell River** durch Salzwiesen zur Meeresbucht des **Little Loch Broom** und mündet dort in den Atlantik. Der

Ort ist auch ein idealer Ausgangspunkt für Wanderungen nach Ullapool (7 km) und in die Umgebung. Zwischen Little Loch Broom und Loch Broom und jenseits von Dundonnell, breitet sich auf einer 15 km langen Landzunge eine fast menschenleere Wildnis aus.

Der Straße von Mungasdale nach Laide folgend, öffnet sich der Ausblick auf die weite **Gruinard Bay**. Darin liegt, wie eine Postkartenidylle, **Gruinard Island**. Die flache Insel hat eine gefährliche Geschichte: Nach dem Ersten Weltkrieg wurde auf der Insel mit Milzbrand (*Anthrax*) experimentiert.

Längst wäre das am südlichen Ende von **Loch Ewe** so malerisch gelegene Dörfchen **Poolewe** in einen Dornröschenschlaf gefallen, würde es nicht jedes Jahr in der Hochsaison von Touristen, die an dieser Stelle auf dem Weg nach Ullapool eine Pause einlegen, wachgeküsst werden. Mit gutem Grund, denn die Landschaft und der Ort sind einen ausgiebigen Besuch wert. Bis ins 19. Jahrhundert war Poolewe ein Ausgangshafen für Reisen zu den Hebriden. Da die Schiffe aber nicht anlegen konnten, wurden die Passagiere mit Ruderbooten abgeholt. Das von den Inseln kommende Vieh musste das letzte Stück zum Ufer schwimmen. In einer langen Kette – der Schwanz mit dem Kopf des nächsten Tieres über ein Seil verbunden – wurden die Tiere einfach ins Wasser getrieben.

Der Boden der umgebenden Landschaft ist karges, dünnes Erdreich mit darunterliegendem harten Gneiss oder Old Red Sandstone. Diese Steine sind rund 2,8 Mrd. bzw. 380 Mio. Jahre alt und stammen beide aus der Frühzeit der Erdgeschichte. Weil sie so hart sind, verwitterten sie kaum, und auf Grund der fehlenden Mineralien ergeben sie keinen fruchtbaren Boden.

In seiner Leidenschaft für dieses Objekt hat der seinerzeitige Landbesitzer **Osgood Mackenzie** in den Jahren nach 1862 eine Garten- und Parkanlage geschaffen, die von Fachleuten und Laien auch heute immer noch bestaunt wird. Mackenzie hatte die Idee, den überschüssigen Ballast, meist Mutterboden, der kleinen Boote, die hier Ladung aufnahmen, als fruchtbare Basis zu verwenden. So wurde jeder Krümel dieses Bodens per Handkarren hierher gebracht. Danach pflanzte Mackenzie einen Wald zum Schutz der Pflanzen vor den oft sehr rauen Winden an dieser Küste. Trotz des Breitengrades auf dem dieser Garten liegt – fast 58° nördlicher Breite und damit auf der Höhe der kanadischen Hudson Bay – lässt der warme Golfstrom, der das Land berührt, im Frühjahr unzählige Rhododendren in einer überwältigenden Farbenpracht erblühen. Durch das milde Klima gedeihen hier fast das ganze Jahr über eine große Zahl Pflanzen und Gewächse aus vielen Teilen der Welt. Mackenzies Tochter erbte den Garten und übergab ihn dem National Trust for Scotland, der die Anlage heute im Sinne der Mackenzies weiterpflegt.

Gairloch, der nächste Ort auf der Weiterfahrt, war einst ein geschäftiger Fischerhafen. Gerade wegen seiner herrlichen Sandstrände, einem schön gelegenen Golfplatz mit Blick aufs Meer und dem großartigen Küstenpanorama ist er heute ein beliebter Urlaubsort. Am Horizont jenseits der Bucht zeichnet sich die Silhouette der Insel Skye und der noch weiter entfernt liegenden Insel Lewis und Harris ab. Landeinwärts gibt es von der spärlich bewaldeten Bucht aus gute Wandermöglichkeiten in das karge Bergland.

Eingebettet in eine dramatische Berglandschaft liegt **Loch Maree**. Mit seinen zahlreichen Inseln und diesem Umland wird er mit einigem Recht als schönster See Schottlands gepriesen. Entlang der Ufer dieses Sees sind noch Reste der knorrigen Kiefern (*Scots pines*) zu sehen, die als Wälder einst Schottlands Hochland bedeckten. **Beinn Eighe National Nature Reserve** am Südostende des Sees wurde 1951 zur Erhaltung dieser heute seltenen Bäume und der ursprünglichen Fauna als erstes nationales Naturreservat in Schottland geschaffen. Da das Jagen hier verboten ist, werden Wanderer in diesem Reservat heute mit großer Wahrscheinlichkeit geschützten Tierarten begegnen. Außer Greifvögeln wie Weihen und Steinadlern sind Wildkatzen und Marder wieder angesiedelt und heimisch geworden. Von den Felsen ausgebrochene graubraune Steinblöcke des rund 300 Mio. Jahre alten Torridonischen Gesteins liegen überall wild verstreut auf den sonst nackten Hängen. In Großbritannien gibt es keine grandiosere Region als diese Bergwelt von **Torridon,** deren atemberaubende Landschaft auch schon von Königin Victoria bewundert wurde. Sie wohnte seinerzeit im Loch Maree Hotel, das noch heute stolz auf dieses Ereignis hinweist. Dem Hotel gegenüberliegend, dominiert der 981 m hohe Berg **Slioch** den See.

Bei **Kinlochewe,** am Ende des Sees, gilt es wieder zwischen zwei Routen zu entscheiden, denn von hier führen beide durch großartige Landschaften. Zunächst wird die Route, die von Kinlochewe über **Upper Loch Torridon** und **Shieldaig** zum **Loch Carron** führt, von **Liathach** und **Beinn Eighe** und anderen baumlosen, hohen Bergen dominiert. Sie alle sind, wie vorgeschichtliche Monstren, durch Erosion und Eis geformt worden, um 1000 m hoch und natürlich das Ziel vieler Wanderer. Doch die seien gewarnt, denn gerade Liathach ist wegen seines brüchigen Gesteins gefürchtet. Ihre eigentliche Schönheit zeigen diese Berge aber erst auf der abgewandten Seite der Straße. Besonders entlang der Nordseite des Sees und abzweigend vom Weg nach **Lower Dibaig** gibt es eine genügend große Zahl herrlicher Wanderwege und Ansichten, die keine Bergbesteigung erfordern.

Entlang des Upper Loch Torridon steht dieses Land zu einem großen Teil unter dem Schutz des National Trust for Scotland, der sich ebenfalls um die weiter südlich gelegene Landschaft Kintail kümmert. Ursprünglich *Sildvik* (Heringsbucht) genannt, führt das ehemalige Fischerdörfchen Shieldaig seinen Ursprung auf die Zeit der Wikinger zurück. Jede Wegbiegung eröffnet ein anderes, beeindruckendes Panorama. Das kann leicht vom meist schmalen, steil und kurvenreichen Weg ablenken. Zuweilen können diese engen Bergstraßen über 20% Steigung haben. Eine solche Straße windet sich mit vielen engen Kurven über den Pass **Bealach na Bo** (sprich Bilachna Bo – Pass der Viehtreiber). Dieser Pass steigt bis auf weit über 600 m über den Meeresspiegel an. Der Pass war berüchtigt und ist es auch heute noch, besonders wenn der Nebel die einspurige Straße an tiefen Abgründen entlang unübersichtlich macht. Allein wegen seiner einzigartigen Aussichten kurz vor dem windigen Scheitelpunkt sollte dieser Abstecher aber keinesfalls versäumt werden. Es ist diese schmale Straße, die einzig und allein zu dem einsamen Dörfchen **Applecross** an der Westküste führt. Das Dorf war bis in das 20. Jh. nur mit dem Boot erreichbar, aber der Name selbst ist irreführend. Obwohl es einst so fruchtbar war, dass Rinderzucht in großem Stil betrieben werden konnte, wachsen auf dem heute meist kargen Boden der riesigen und äußerst dünn bevölkerten Halbinsel kaum Apfelbäume. Vermutlich ist der Name gälischen Ursprungs und wurde später anglisiert.

Auf der rd. 280 km² großen Halbinsel war im siebten Jahrhundert der heilige Mael Rhubha (oder Maol Rhubha), ein Zeitgenosse des Heiligen Columba, tätig. Um 671 n. Chr. errichtete er in dieser einsamen Landschaft eine erste kirchliche Zelle und missionierte von dort aus große Teile des heidnischen Nordens. Er starb 722 in der Nähe von Inverness und soll in Applecross begraben sein.

Vor den kahlen Bergen von Applecross liegt in einem fruchtbaren grünen Tal an der gleichnamigen Bucht das hübsche Dörfchen **Kishorn**. In den 70er Jahren arbeiteten hier über 3 000 Menschen an der Konstruktion der mit über 600 000 Tonnen bis heute größten Nordsee Bohrinsel.

Zurück in Kinlochewe: die Entscheidung weiter auf der A832 nach Osten zu fahren führt durch das ansteigende Glen Docherty mit seinen herrlichen Aussichten hinunter zum Loch Maree und über **Achnasheen** zurück nach **Inverness**. Achnasheen ist ein Flecken bestehend aus einigen wenigen Häuschen, die sich um eine Bahnstation der Inverness – Kyle of Lochalsh Linie scharen. Das Ganze liegt inmitten einer grandios einsamen Landschaft zu Füßen der Berge des Hochlands. Hier zweigt die A890 ab. Die verläuft durch das landschaftlich schöne Glen Carron, bevor sie am Ende an die Meeresbucht des **Loch Carron** stößt und sich wieder mit der A896 trifft. Zwischen dem See und den steil aufragenden Felswänden – Vorsicht Steinschlag! – zwängen sich auf einem schmalen Streifen flachen Ufers Bahnlinie und Straße. Danach windet sich die A890 in einer atemberaubenden Berg- und Talfahrt zu herrlichen Aussichten hinauf, um talwärts schließlich auf den Loch Alsh zu stoßen.

Am Loch Alsh trifft die Straße dann auf die A87, die nach Westen auf die Insel Skye führt und sich im Osten schließlich wieder mit dem Great Glen vereint. In dieser Richtung liegt nur wenige Kilometer weiter die meistfotografierte Burg Schottlands – **Eilean Donan Castle.**

Ende des 13. Jahrhunderts wurde diese beeindruckende Burg von Kenneth Mackenzie an dem strategischen Punkt, dem Zusammenfluss von Loch Duich, Loch Long und Loch Alsh erbaut. Benannt ist sie nach dem Einsiedler Donan aus dem 7. Jahrhundert. Wahrscheinlich wurde der Bau schon im 12. Jahrhundert begonnen, es ist aber nicht zu erkennen, dass das heutige Castle, beeindruckend wie es ist, nicht aus dieser Zeit stammt. Im Jahr 1719 wurde es durch das Bombardement der britischen Flotte und die anschließende Sprengung zerstört.

Die MacRaes waren die traditionellen Statthalter des großen Clans der Seaforth MacKenzies. Jahrhundertelang bewohnten und verteidigten sie das Castle. Lt. Col. John MacRae-Gilstrap, der Nachfahre dieses stolzen Clans, baute nach einer Vision die Ruine zwischen 1912 und 1932 wieder auf, verwendete die Originalsteine und versetzte sie in den ursprünglichen Zustand zurück. So ist es kein Wunder, dass dieses trutzige Castle, dessen dunkle Geschichte sehr unterhaltsam in dem dort erhältlichen Führer erzählt wird, großen Filmen wie z.B. *Highlander* und *The World is Not Enough* (James Bond) schon mehrfach die ideale Kulisse bot.

Am östlichen Ende des Loch Duich beginnt das beeindruckende **Glen Shiel**, ein Tal, das eingefasst wird von einer Kette knapp 1000 m hoher Berge, den **Five Sisters**. Wanderer sollten es nicht versäumen, bei Morvich kurz vor Shiel Bridge links ab auf den Parkplatz des National Trust for Scotland (NTS) zu fahren. Von dort führen mehrere Wege durch eine großartige Wildnis zu den Wasserfällen von **Glomach**, die zu den höchsten in Großbritannien zählen. Die so gut wie menschenleere und fast 52 km² umfassende Landschaft wird vom NTS verwaltet. Wer aber etwas mehr Zeit hat, der sollte am Ende von **Loch Duich** bei Shiel Bridge westwärts über den steilen Pass von **Mam Ratagan** nach

Glenelg fahren. Kurz vor dem Pass bietet sich der unvergleichliche und beste Blick über Loch Duich und die Five Sisters. Das fruchtbare Land jenseits des Passes wurde offensichtlich schon in prähistorischer Zeit bewohnt und genutzt. Etwas südlich von dem malerischen Örtchen Glenelg bekunden das zwei für ihr Alter von fast 2000 Jahren sehr gut erhaltene Brochruinen.

Der Clan Mackenzie

Er zählte einst zu den Größten und Mächtigsten im gesamten Hochland. Schon im 12. Jahrhundert bekamen die Mackenzies durch den damaligen König Alexander II. viel Land in Kintail. Seither, und besonders nach ihrer Erhebung in den Adelsstand 1623, waren die Mackenzies, Grafen von Seaforth, königstreue Stewart-Anhänger. Sie wurden jedoch nicht recht glücklich damit, denn schon der zweite Graf wurde im Nachgang der Covenanter Kriege exkommuniziert und starb im Exil in Holland. Der dritte kämpfte bei Worcester an der Seite von Charles II. und wurde dort gefangen genommen, der vierte ging mit James VII./II. ins Exil nach Frankreich. Der fünfte Graf unterstützte den ‚Old Pretender' in den Jakobitenaufständen 1715 und 1719. Nach dem 1715er Aufstand floh er nach Spanien ins Exil. Obwohl er danach seine Ländereien, die sich über den gesamten Bereich des heutigen Ross-shire – von der Nordsee bis nach Kintail am Atlantik – erstreckten, an die Krone verloren hatte, wurden in diesen Jahren weiterhin die Pachten von seinem treuen Verwalter Donald Murchison eingetrieben. Trotz Unionsregierung unterstreicht das die jahrhundertealte Schwäche des Gesetzes im bis dahin immer noch weglosen Hochland. Murchison unternahm mehrere gefahrvolle Reisen auf den Kontinent, um seinem Herrn das Geld zu bringen. Nach dem Wiedererhalt seiner Ländereien zeigte sich der fünfte Graf allerdings nicht sehr großzügig gegenüber seinem treuen Verwalter, denn er gab ihm nur einen winzigen Bauernhof. Das Ende der männlichen Linie der Clanchiefs kam 1815 mit dem Tod von Francis Mackenzie – wie es der Brahan Seer vorhergesagt hatte. Dieser Wahrsager, Kenneth Mackenzie oder Coinneach Odhar (1610–1670), machte der Überlieferung nach diese und eine große Zahl anderer Vorhersagen, die erstaunlich oft und z.T. erst mehrere Jahrhunderte später aufs Wort genau eintrafen – und viele davon sind bis heute noch nicht erfüllt!

Völlig abgeschirmt durch die umliegenden hohen Berge ist das grüne Land heute nur noch sehr dünn besiedelt, doch das war nicht immer so. Ähnlich wie andere Teile des Hochlands und der Inseln hat das Land eine sehr wechselhafte Geschichte erlebt. Die Wikinger eroberten, plünderten und besiedelten es und in den folgenden Jahrhunderten hat es einen Großteil der Clankämpfe des Hochlands gesehen. Während der Jakobitenaufstände wurden Kasernen für die Regierungstruppen bei Bernera gebaut. Nicht weit von Glenelg geht im Sommer von Kylerhea eine Personen- und Autofähre über die sehr strömungsreiche Enge des **Kyle Rhea** zwischen dem Festland und der Insel Skye. Bis ins 18. Jahrhundert waren die Inseln und viele Täler des Hochlands so fruchtbar, dass dort in großer Zahl Rinder gezüchtet werden konnten. Monatelang und unter schwierigsten Bedingungen wurden diese Herden von den Viehtreibern (*drovers*) durch das weglose Land, über Flüsse und Meerengen, wie bei Kylerhea, in die Lowlands getrieben und dort verkauft. Glenelg ist übrigens ein Palindrom, denn der Name lässt sich von vorwärts und rückwärts lesen.

Schottlands Inselreichtum
Westliche Inseln

Nach einer keltischen Legende öffnete Gott am sechsten Tag, als er die Welt schuf, sein Schatzkästchen. Dem entnahm er herrliche Landschaften mit Seen, schneegepuderten Bergspitzen und schäumenden Wasserfällen, und die Inseln entlang Schottlands Westküste schmückte er dazu noch mit blendend weißen, feinsandigen Stränden an smaragdgrünen Meeresbuchten. Über 700 Inseln liegen insgesamt vor Schottlands Küsten, aber nur wenige davon sind bewohnt, mit einer Gesamtbevölkerung von etwas über 100 000. Die Inselketten der Äußeren und Inneren Hebriden erstrecken sich wie ein natürlicher, doppelter Schutzwall gegen den anstürmenden Atlantik vom Nordosten über weite Teile der Westküste bis hinunter nach Südwesten. Geologisch gesehen bestehen die Inneren Hebriden aus Granit und Gabbro. Dazu kommt noch Basalt, der aus Vulkanergüssen des Tertiärs stammt und durch tektonische Bewegungen, Erosion und Eigengewicht in einzelne teilweise bizarre Blöcke zerbrochen ist. Während der Eiszeit wurden die Berge der Inseln durch die Gletscherbewegungen auf ihre geringe Höhe reduziert. Das Eis schliff eine Vielzahl ausgeprägter Konturen heraus, teilweise mit scharfen Graten wie z.B. die **Cuillin Hills** auf Skye mit ihren über 900 m hohen und spitzen Bergen.

Ganz anders wirken die aus Graniten und Gneisen aufgebauten Äußeren Hebriden. Rund 27 000 Menschen leben auf den westlichen Inseln. Sie sind niedriger als die Inneren Hebriden und zeigen durch Gletscher abgeflachte Hügel. Obwohl die Inseln meistens im Osten durch zahllose Klippen begrenzt werden, locken vor allem auf Harris' Westküste feine weiße Muschelsandstrände mit ihrer smaragdgrünen Brandung. Die größte der Inseln, Lewis, ist weitgehend aus einem der Urgesteine, dem *Lewisian Gneiss*, geformt, einer Gesteinsart, die nach dieser Insel benannt wurde. Der Boden auf diesen Inseln ist deshalb meistens karg – Schafe und Fisch waren und sind immer noch die traditionelle Basis der lokalen Wirtschaft.

Die bizarre Inselgruppe von **St. Kilda** ist 70 km weiter westlich im Atlantik den Äußeren Hebriden vorgelagert. Diese heute so gut wie unbewohnten Felseninseln sind die Überreste eines längst erloschenen Riesenvulkans. Er ist größtenteils versunken und von seinen Resten sind nur steil aus dem Wasser emporrangende Felskegel zurückgeblieben. Jahrhundertelang lebten Menschen auf diesen Inseln unter unvorstellbaren Bedingungen. So ließen sie u.a. ihre Kinder barfuß und nur durch dünne Seile gesichert die steilen Felsen zu den Nestern der Seevögel hinunter, um an die Eier und Jungvögel zu gelangen. Diese Klippen, die teilweise bis zu 430 m steil ins fischreiche Meer abfallen, sind die höchsten in Großbritannien. An diesen Felsen nistet die weltgrößte Kolonie von Tölpeln und eine Vielzahl anderer Seevögel. Es war nicht das harte Leben, sondern die Umstände, die die Menschen zur endgültigen Aufgabe zwangen und zur Bitte um Evakuierung führten: In der Abgeschiedenheit der fernen Inseln hatte sich über viele Generationen das Immunsystem der Menschen verändert. Viele starben deshalb sehr bald an ihnen bis dahin unbekannten Krankheiten, als es zu Berührungen mit der Außenwelt kam. 1930 wurden die Menschen evakuiert und größtenteils bei **Larachbeg** in Morvern auf dem Festland angesiedelt. Die Inseln von St. Kilda sind bislang Schottlands einzige als Weltkulturerbe eingestufte Landschaft. Sie stehen unter dem Schutz und der Verwaltung des NTS, der auch die Erlaubnis erteilt, sie zu besuchen. Es gibt Chartertouren dorthin von verschiedenen Häfen entlang der Westküste und von Lewis.

Das sind aber nicht die westlichsten schottischen Inseln: Die noch über 480 km weiter westlich im Atlantik liegende und vom Seewetterbericht bekannte Felseninsel **Rockall** gehört ebenfalls noch zu Schottland.

West Highland Route und Innere Hebriden

Die 73 km lange *Road to the Isles* (A830) zählt zu einer der landschaftlich schönsten Strecken Schottlands. Sie verbindet **Fort William** mit dem Hafenort **Mallaig,** von wo die Fähre nach Skye ablegt. Heute führt eine schnelle und bequemere Straße dorthin. Die alte Straße, die sich einst eng und kurvenreich durch dichte Wälder, herrliche Gebirgslandschaften und vorbei an den traumhaft weißen Sandstränden der Atlantikküste wand, ist aber in Teilen noch erhalten. Der Zug von Fort William nach Mallaig durchfährt die gleiche Landschaft. Während der Sommermonate werden zusätzliche Nostalgiefahrten mit Dampflokomotiven angeboten.

Auf dem Weg nach Mallaig liegt am Ufer des **Loch Shiel** in einem Kessel zwischen wuchtigen Gebirgskegeln, die bis zu 900 Metern hoch sind, der kleine Ort **Glenfinnan.** Unübersehbar erinnert das Glenfinnan Monument an dieser Stelle an das waghalsige Unternehmen des Bonnie Prince Charlie.

Glenfinnan-Monument

An dieser Stelle im unzugänglichen Hochland versammelte er am 19. August 1745 die Jakobiten und rief damit für die Stewarts die letzte Rebellion aus. Das Abenteuer endete knapp acht Monate später in einem grausamen Desaster. Für Schottland war das zwar einer der Wendepunkte in seiner Geschichte und Entwicklung, aber das Ganze begann hier in Glenfinnan. Die mittelalterliche Hochlandkultur und das Clanwesen wurden in der Folge des hier begonnen Aufstands zerstört, das Land wurde zu einem großen Teil neu verteilt und geordnet, Menschen wurden in großer Zahl vertrieben und die neue Ordnung der zentralen Regierung dauerhaft auch im Hochland etabliert. Das Denkmal wurde von MacDonald of Glenaladale in Erinnerung an seinen Großvater errichtet. Die Figur auf der Spitze stellt also nicht Bonnie Prince Charlie dar, wie allgemein angenommen wird. Bei Glenfinnan spannt sich auch das fotogene Eisenbahnviadukt in einem weiten Bogen quer über das gesamte hufeisenförmige Tal. Vor dem Hintergrund der Berge taucht dieses Bild immer wieder in Hochglanzbroschüren über Schottland und auch in einigen der Harry Potter Filme auf. Gleich hinter dem Besucherzentrum des National Trust führt der Pfad zu dem kleinen Aussichtshügel hinauf. Dort öffnet sich ein Traumblick über das von hohen Bergen eingerahmte Loch Shiel.

Es gibt nur wenige kleine Orte auf dieser Strecke nach Westen. Von den einstigen Ansiedlungen der Crofter gibt es nur noch wenige Spuren, die in den Wäldern nur schwer zu finden sind. Am Ufer des **Loch nan Uamh** deutet das Hinweiszeichen auf den Princes Cairn. Das ist die Stelle, an der Bonnie Prince Charlie seine Flucht beendete und von der er am 19. September 1746 an Bord eines französischen Schiffs fortsegelte, um nie wieder Schottlands Boden zu betreten. Die Traumstrecke bietet besonders hinter Arisaig einen herrlichen Panoramablick auf die kleineren Inseln im Atlantik, die Small Isles: Rum, Eigg, Muck und Canna. **Muck** ist die kleinste Insel dieser Gruppe – auf ihr leben nicht mehr als 30 Menschen. **Rum** ist mit mehreren hohen Bergen, von denen **Askival** mit 810 m der höchste ist, ein kleines Spiegelbild des dramatischen Profils von Skye. Der englische Mühlenbesitzer Bullough kaufte Ende des 19. Jh. diese spektakulärste der kleinen Inseln und machte sie zu einem *Sporting Estate*. Sein Sohn George baute sich dort einen fantastischen Palast. Er verarmte allerdings nach dem Ersten Weltkrieg und so wurde das Haus 1957 an die Organisation Scottish Natural Heritage verkauft. Seither droht es zu verfallen, soll aber irgendwann in Zukunft vielleicht zu einem Hotel ausgebaut werden. Rum gehört als nationales Schutzgebiet zu den ökologisch und geologisch interessantesten Gegenden Schottlands. Die Insel ist besonders bekannt für ihre große Rotwildherde. Auf Rum lebten schon vor 9000 Jahren Menschen, denn dort wurden die Spuren der wohl frühesten Siedler Schottlands gefunden.

Compass Hill, der höchste Berg der Insel **Canna** narrte bis vor Kurzem die Seefahrer mit seinem stark eisenhaltigen Gesteinsvorkommen. Es ließ die Magnetnadeln der Kompasse tanzen und verwirrte sie. Wer diese Gefahr gemeistert hatte, fand und findet auch heute noch einen Naturhafen vor, der gegen den anstürmenden Atlantik von der vorgelagerten Insel **Sanday** geschützt wird. Relikte aus der Vergangenheit zeigen, dass die Insel schon lange vor unserer Zeit bewohnt war. Auf der Insel ist auch ein Bestattungsschiff der Wikingerepoche aus dem achten oder neunten Jahrhundert gefunden worden. Außerdem sind die Reste einer Kirche aus dem siebten Jahrhundert und ein Gefängnisturm aus dem Mittelalter zu sehen. Canna steht seit 1981 unter Naturschutz und wird vom National Trust for Scotland verwaltet.

Eigg unterscheidet sich durch die markante Bergsilhouette von **An Sgurr** deutlich von seinen Nachbarinseln. Mit viel privater und öffentlicher Unterstützung kauften vor einigen Jahren die hiesigen Kleinbauern die Insel nach einem langjährigen Streit mit den Vorbesitzern. Eigg ist eine der Hauptkolonien der scheuen Sturmtaucher (*Manx Shearwater*), die in Erdhöhlen nisten. Einst jagten ihre Vogellaute den Wikingern Angst und Schrecken ein, wenn sie die klagenden Rufe der ‚Trolle aus der Erde' hörten. Fährverbindungen zu diesen grünen Inseln gibt es von Mallaig oder im Sommer auch von Arisaig aus.

Wer von schneeweißem Muschelsand und blauem Meer träumt, kann das entlang der buchtenreichen Küste erleben und passionierte Golfer finden dort direkt am Meer einen herrlich gelegenen Kurs. Zwischen Arisaig und Mallaig sollte unbedingt noch ein kleiner Abstecher an den Loch Morar gemacht werden. Mit über 300 m ist der 20 Meilen lange See der tiefste in Großbritannien und der Legende nach haust in ihm auch ein Ungeheuer – **Mhorag**. Mhorag, mehrfach gesichtet, bringt, so wird gesagt, bei seinem Erscheinen Unglück über eine hiesige Familie. Die umliegende Landschaft ist nach dem See benannt. Sie ist nur äußerst spärlich besiedelt, genauso, wie die angrenzenden Wanderparadiese Knoydart im Norden und Moidart, Sunart und Ardnamurchan im Süden.

Das betriebsame Städtchen **Mallaig** am westlichen Ende der Road to the Isles ist mit seinem Fischereihafen Europas größter Umschlagplatz für Garnelen und Hummer. Von Mallaig aus gehen die Kisten mit diesem köstlichen Inhalt in Kühltransportern in alle Welt. Mallaig selbst ist betriebsam, aber nicht unbedingt schön. Erst die Eisenbahn, die 1901 hier ankam, brachte Leben in diese entlegene Ecke Schottlands. Schließlich bringt die große Autofähre die Reisenden in knapp 30 Minuten hinüber nach **Armadale** auf der Insel Skye.

Skye

Die ‚Insel des Nebels' (*Eilean a'Cheo*), wie Skye wegen seines Wetters auch genannt wird, hat in allen drei Dimensionen die wohl dramatischsten Landschaftskonturen Großbritanniens. Bei richtiger Betrachtung der Inselumrisse wird dann auch der zweite gälische Name, die geflügelte Insel (*An t-Eilean Sgitheanach*) vielleicht besser verständlich. Skye ist für Touristen aus aller Welt eines der Hauptziele in Schottland. Diese größte Insel der Inneren Hebriden ist zwischen 11 und 48 km breit und rund 80 km lang mit einer Fläche von 1385 km². Sie hat entlang der Küste so viele Buchten, dass die Küstenlinie fast 600 km lang ist. Die ganze Insel besteht an der Oberfläche größtenteils aus Vulkangestein, das vor rund 53 Millionen Jahren aus dem Erdinneren quoll. Das war die Zeit, in der viele andere schottische Inseln wie Mull, Rum, St. Kilda, Ailsa Craig, aber auch Irlands Antrim und Grönland geformt wurden.

Nach der Farbe ihres Gesteins benannt sind die Berge mit ihrer außergewöhnlich prägnanten Silhouette unterteilt in die **Black** und **Red Cuillin Hills**. Sie dominieren den Südwesten der Insel. Das schwarze, Gabbro genannte Vulkangestein der Black Cuillin ist härter als der rosafarbene Granit der Red Cuillin. Trotz der jahrtausendelangen Gletscherwanderungen während der Eiszeiten widerstanden und blieben die schwarzen Berge scharfkantig, während die gleichen Kräfte die konischen Formen der Berge der Red Cuillins schufen. Gerade wegen ihrer steilen und oft schroffen Wände ziehen diese Berge Kletterfreunde und Wanderer aus aller Welt magisch an.

Die Cuillins sind aber nicht die einzigen interessanten Berge auf Skye. Die geologische Zusammensetzung der Felsen, ihre teilweise vulkanische Entstehung und die Erosion durch Gletscher und Wetter, schufen die im Landesinneren wie auf den umliegenden Inseln auffallend abgeschliffenen Gebirgsplatten, Tafelberge und bizarre Abbruchkanten der Küstenfelsen.

Eine Kette von kleineren und größeren Inseln, **Scalpay**, **Raasay** und **Rona**, deren Namen an die Zeit der Wikinger erinnern, trennt die Insel vom östlichen, fast menschenleeren, Festland. Raasay mit ihrem markanten Tafelberg ist die größte dieser Inseln. Heute ist die Insel mit ihren 180 Einwohnern eine Bastion der Free Church of Scotland. Weil diese strikt protestantische Kirche den Sonntag würdigt und arbeitsfrei hält, gibt es neben vielen Einschränkungen an diesem Tag auch keine Fähren dorthin.

Jenseits von **Portree**, der mit 2400 Einwohnern (2011) größten Stadt Skyes, führt die Nordroute durch die Halbinsel **Trotternish**. Bestimmt wird hier die Landschaft durch bizarre Bergformationen. Der **Old Man of Storr** ist Teil einer harten und extrem schweren Basaltschicht, die große Teile der Insel bedeckt. Der weichere Basisfels aus Sandstein gibt langsam nach und so bröckelt der Basalt in Scheibchenform über Jahrhunderte langsam ab. In einem spektakulären Wasserfall stürzt sich nicht weit davon bei **Staffin** ein kleiner Fluss von hohen, sturmumtosten Felsenklippen direkt ins Meer. Zeugnis der Wanderungen dieses Landes über die 80 Breitengrade und durch die verschiedenen Klimazonen finden sich hier besonders eindrucksvoll in den Spuren und Resten im Sand und Gestein. Danach zu urteilen, stampften vor vielen Millionen Jahren Dinosaurier durch den Sand der hiesigen Strände. Hinweise auf diese Lebewesen werden hier immer wieder gefunden. Das kleine Heimatmuseum zeigt einige der Fossilien.

Nach Norden führt die teilweise einspurige Straße dann um die vulkanischen Überreste des **Quiraing** herum. Diese außergewöhnliche Ansammlung von Gipfeln und Felstürmen war einst ein ideales Versteck für gestohlenes Vieh.

Heute ist **Castle Duntulm**, die einstige Festung der MacDonalds, eine verfallene Ruine. Während seiner Kampagne gegen die Clans auf den Inseln im Westen besuchte James V. die Burg. Von den Resten der einst stolzen Mauern geht der Blick über die Meerenge des Minchs nach **Lewis** und **Harris**. Andere Ruinen, wie die meisterhaften Bauwerke der frühen Eisenzeit, die Brochs von **Dun Ardtreck**, in der Nähe von **Carbost** und **Dun Beag** bei **Bracadale** an der Nord- und Westseite der Insel, sind Zeugen aus der rauen Vergangenheit dieser Insel. Skye war in ihrer oft recht düsteren und bewegten Geschichte der Schauplatz vieler Auseinandersetzungen zwischen den Ureinwohnern und Invasoren, z.B. den Wikingern. Später stritten sich hier die Clans. Die MacDonalds,

MacLeods und Mackinnons bekämpften sich auf der Insel jahrhundertelang. Ältere Einwohner können noch immer Geschichten darüber erzählen, die einst beim abendlichen Feuer oder beim *cèilidh* (heute ein schottischer Tanzabend) mündlich überliefert wurden.

Eine andere Burg mit geschichtlicher Vergangenheit ist **Dunvegan Castle,** heute noch immer das Heim des Chiefs MacLeod of MacLeod. Es beherrscht seit über 800 Jahren, umgeben von Parks und Gärten, die Westküste der Insel. Voll mit Erinnerungen an unzählige oft wilde und auch historische Ereignisse, hängen dort auch noch immer die Überreste der geheimnisvollen Feenflagge. Um sie ranken sich viele Geschichten, angefangen von der Liebe eines jungen McLeods zur Feenkönigin bis zu wunderbaren Rettungen und Hilfen durch das zerschlissene Tuch.

Die romantischste Geschichte der Insel wurde nach der Schlacht von Culloden geschrieben. Auf seiner Flucht nach der Niederlage bei Culloden kam **Bonnie Prince Charlie** nach **South Uist.** Von **Benbecula,** der Nachbarinsel, brachte **Flora MacDonald** den hübschen Prinzen, verkleidet als ihre irische Bedienstete **Betty Burke,** in der winzigen Nussschale eines Ruderboots an den sie verfolgenden Regierungssoldaten vorbei und über die See nach Skye. Mit dieser Fahrt, die mit ihrem gleichfalls abenteuerlichen Marsch von Uig nach Portree im Nachhinein sehr romantisiert wurde, hat sich die Legende über die Abenteuer Floras und Charles Edward Stewarts tief in die Folklore der Hebrideninseln eingegraben. Ein noch heute sehr populäres Lied – der *Skyeboat Song* – erinnert daran:

> Speed, bonnie boat
> Like a bird on the wing
> Onward, the sailors cry
> Carry the lad that's born to be King
> Over the sea to Skye.

Floras Leben war abenteuerlich und ereignisreich. Für ihren dreitägigen Einsatz bei der Flucht von Bonnie Prinz Charlie wurde die tapfere Frau eingekerkert und sollte hingerichtet werden. Nach einem Jahr im Tower von London wurde sie

jedoch begnadigt. Später kehrte sie zurück, reich belohnt von der Londoner Gesellschaft, die nicht genug von ihrem Abenteuer hören konnte. Sie heiratete, wanderte nach Amerika aus, verlor aber in den Wirren der Freiheitskriege einen Teil ihrer Familie und ihres Besitzes. 1779 kehrte sie zurück und lebte mit ihrem Mann auf Uist und auf Skye. Als sie 1790 dort starb begleitete sie auf ihrem letzten Weg die größte Trauerprozession, die das schottische Hochland je gesehen hat. Bei **Kilmuir** im Nordosten der Insel ist über ihrem Grab ein großes und weithin sichtbares Denkmal errichtet worden.

Die **Clearances** haben auf der Insel tiefe Spuren hinterlassen. Im 18. Jahrhundert lebten auf Skye noch fast 40 000 Menschen, 1841 gab es nur noch 23 000 Einwohner und bis 1900 sank die Zahl auf 13 800. Heute leben gerade einmal etwas über 10 000 Menschen auf der Insel. Über 20 000 Menschen wurden systematisch von dieser Insel vertrieben. Sie hatten keine große Wahl zwischen dem Hungertod und der Auswanderung. Viele der jungen Männer traten in die britische Armee ein, dort gab es wenigstens etwas zu essen – aber auch nur eine geringe Chance, die Heimat wiederzusehen. Das **Skye Museum of Island Life** und das **Skye Heritage Centre** in Portree lassen die Geschichte dieser einfachen Pächter und Bauern vergangener Tage lebendig werden und erklären das Leben auf dieser Insel ab dem Jahr 1700.

Tourismus, Crofting und Fischfarmen bilden auf Skye die Haupteinnahmequellen. Dazu gehören auch die Muschelfarmen, denn die See um Skye herum zählt zu den klarsten Gewässern Großbritanniens. Skyes Lachsfarmen sind in der jüngeren Vergangenheit zu einem wichtigen Industriezweig geworden. *Crofting*, die Kleinbauernwirtschaft und einst der Hauptwirtschaftszweig Skyes, ist längst in seiner Bedeutung zurückgegangen. 1995 gab es noch 1894 *Crofts* auf der Insel. Davon sind heute nur rund hundert groß genug, um den Bauern ohne Nebenerwerb zu ernähren. Trotzdem ist die Nachfrage nach Crofts erstaunlich hoch, wobei die Chancen zur Pacht eines Croft mit einem Verhältnis von drei Interessenten zu einem freien Anwesen nicht sehr groß sind. Dem Bauern bleibt nur, auf dem meistens sehr

dürftigen Boden Schafe zu halten, von denen es auf der Insel schätzungsweise rund 170 000 gibt. Eines der wohl bekanntesten Produkte dieser Insel ist der Whisky aus der hiesigen Brennerei Talisker.

Wenn auch nicht direkt ein Exportartikel, so hat aber die gälische Folk- und Rockgruppe **Runrig** den Namen Skyes inzwischen auch auf dem Kontinent bekannt gemacht und in die Welt getragen.

Das Städtchen **Kyle of Lochalsh** liegt auf dem Festland. Es war mit seiner Fähre einst die Verbindung zur Insel. Bis 1995 fuhren die Fähren von hier nach Kyleakin aber seither führt die elegante und längste Einzelspannbrücke der Welt über die Meerenge. Somit ist die Insel richtig betrachtet keine mehr. Die beiden einzigen Fährverbindungen dorthin gehen von Mallaig und im Sommer von Kylerhea aus. 1263, kurz vor der endgültigen Niederlage in Largs, ankerte der norwegische König Haakon in dieser Meerenge. Von einem kahlen Felsen auf der Inselseite wacht darüber seit dem 14. Jahrhundert die Ruine von **Castle Maol**. Der Sage nach soll eine Wikingerprinzessin einmal sehr unternehmerisch gewesen sein und die ganze Enge mit einer Kette abgesperrt haben, um von den Schiffen eine Gebühr verlangen zu können.

Mit etwas Glück kann in Nähe des Ufers der ein oder andere scheue Otter in freier Wildbahn gesichtet werden. Der Otterbestand hat sich in den letzten Jahren glücklicherweise wieder erholt.

Südwestlich von Kyleakin führt die A851 zum größten Teil gut ausgebaut und zweispurig zunächst durch eine Moorlandschaft. Die triste Landschaft ändert sich bei dem kleinen Ort **Duisdale**. Vor dem idyllisch gelegenen Landhotel **Eilean Iarmain** bewacht ein kleiner, blendend weißer Leuchtturm, der von Robert Louis Stevensons Vater gebaut wurde, die Einfahrt zu dem kleinen Hafen.

Getrennt durch den **Sound of Sleat** liegt auf dem gegenüberliegenden Festland die Landschaft von **Knoydart**. Die ca. 170 km² große Halbinsel ist die letzte Wildnis Großbritanniens und zählt zu den einsamsten und urwüchsigsten Landschaften in Europa. Nach Knoydart

führt noch keine Straße. Der Autotourist lässt von der Landseite her den Wagen entweder stehen und wandert zwei Tage oder nimmt das Boot von Mallaig, um dorthin zu gelangen. Es gibt dort auch keine Stromversorgung. Die wenigen Menschen beziehen ihre eigene Elektrizität aus Wasserkraft. Einst wesentlich dichter bevölkert war Knoydart Teil des Machtbereichs der Lords of the Isles. Die MacDonalds vertrieben die Menschen und verkauften das gute Land an einen Schaffarmer. Nach mehreren Besitzwechseln konnte schließlich aber 1999 die Vereinigung der wenigen Crofter dort mit Unterstützung von Regierungsdarlehen das Land kaufen.

Sleat, die südliche Inselzunge der Insel Skye, wird oft auch als Garten von Skye bezeichnet. Es ist die einzige üppig grüne Landschaft der Insel. In Sleat blühen Rhododendron, Glockenblumen und ein Meer von Wildblumen. Sir Ian Noble, der heute zweitgrößte Landbesitzer auf der Insel nach MacLeod of Dunvegan, hat große Teile des Lands der MacDonalds gekauft und unterstützte mit Wort und Tat die Wiederbelebung und Verbreitung der gälischen Sprache. Sir Ian war auch die treibende Kraft zur Schaffung der einzigartigen gälischen Hochschule Sabhal Mor Ostaig, die u.a. gälische Fernsehprogramme ausstrahlt. Das College ist heute Teil der Highland and Island Universität.

Im Gegensatz zu den teilweise prähistorischen Bauten im Norden Skyes stammen die Überreste im Südwesten der Insel von Castle Armadale erst aus der Zeit des späteren Mittelalters. Nur 600 m vom Fährhafen entfernt liegt die Ruine des einstigen Schlosses der Lords of the Isles. Heute ist es mit seinem Museum Teil des Clan Donald Visitor Center. Der mächtige Clan Donald, dessen Chief einst den Titel ‚Lord of the Isles' trug, beherrschte bis ins 16. Jahrhundert die westlichen Inseln und große Teile des westlichen Festlands. Armadale war der Stammsitz des Clanchiefs. Vom einstigen Riesenreich der MacDonalds ist nicht mehr viel erhalten. Der größte Teil des Landbesitzes musste verkauft werden. Heute betreibt der Clanchief Lord MacDonald of

MacDonald mit Lady MacDonald lediglich noch das schöngelegene, exklusive Landhotel Kinloch Lodge.

Von Armadale geht die Autofähre nach Mallaig auf das Festland und von dort führt die ‚Road to the Isles' zurück nach Fort William. Doch wer eine alternative Route auf die Insel Mull sucht, verlässt die A830 bei **Lochailort** und erreicht über die A861 und A884 ab Strontian schließlich die Fähre in **Lochaline** über den Sound of Mull. Diese landschaftlich schöne Route führt durch die Regionen Moidart, Sunart, Ardnamurchan und Morvern, einem riesigen Gebiet, in dem es kaum Straßen und nur sehr wenige Ortschaften und Ansiedlungen gibt. Trotzdem wurde sie von Menschenhand verändert. Nach Loch Moidart kommt bald hinter Kinlochmoidart rechts eine Reihe von Buchen in Sicht, die als die ‚sieben Männer von Moidart' bekannt ist. Es

sollen sieben Männer aus diesem Land gewesen sein, die Bonnie Prince Charlie zur Seite gestanden haben und denen mit dieser

Moidart

Buchenreihe gedacht wird. Eine Tafel am Rand der von hier an ausgebauten Straßen erzählt die Geschichte. Hinter **Acharacle** (sprich: A-har ackel) sollte keinesfalls der Abzweig zur malerisch gelegenen Ruine des **Castle Tioram** versäumt werden. 1715 ließ der Clanchief, als er sich dem Jakobitenaufstand anschloss, diese aus dem 14. Jahrhundert stammende Hochburg der Macdonalds in Brand setzen. Dadurch wollte er vermeiden, dass die Burg das gleiche Schicksal durch die Hände der Regierungstruppen erlitt. Die Burgruine ist seit über 250 Jahren unbewohnt und einsturzgefährdet. Im 18. Jahrhundert wurde bei **Strontian** Blei aus den umliegenden Bergen gewonnen. Dabei wurde 1787 das Mineral entdeckt, dessen Isotop mit dem Atomgewicht 90 eine giftige Rolle im atomaren Fallout spielt und nach dem

Dorf benannt wurde – *Strontium 90*. Heute ist der Ort ein idealer Ausgangspunkt zur Erkundung der Landschaft in alle Himmelsrichtungen. Eingebettet in eine unbeschreibliche Szenerie von hohen Bergen und besonders im Herbst farbenfreudigster Wälder liegt der riesige **Loch Sunart**.

Die westliche Route von Strontian zweigt als einspurige Straße von Salen ab und führt zum westlichsten Punkt auf dem britischen Festland nach **Ardnamurchan**. Eng und einspurig windet sie sich in zahllosen Kurven zunächst am Ufer des Loch Sunart entlang. Fast jede dieser Kurven eröffnet grandiose und sich ständig ändernde Aussichten. Wenn dann noch in einem magischen Moment eines Spätherbstmorgens die Sonne die ganze Farbpalette der Bäume leuchten lässt und der kühle Hauch des Frühnebels über dem See und zwischen den engen Bergen schwebt, bleibt diese Szenerie mit Sicherheit in dauerhafter Erinnerung. Diese Route ist touristisch nicht überlaufen und fast ein kleiner Geheimtip. Im Lauf seiner Geschichte hat das Land oft seine Besitzer gewechselt. Ursprünglich war es das Land der Pikten, und nach den Wikingern bekamen im 14. Jahrhundert die MacIans als frühe Landeigentümer die Landrechte von David II. zugesprochen. Ihr **Castle Mingary**, das heute allerdings, ähnlich wie **Tioram**, nur eine Ruine ist, wurde von den Macdonalds erobert. Später eroberten die Campbells die Halbinsel und verkauften sie. Das Gleiche wiederholte sich noch einige Male. All diese mehr oder weniger historischen Landbesitzer hinterließen ihre Spuren in den unterschiedlichsten Formen. So findet der interessierte Reisende hier sowohl Steine voller teils frühzeitlicher Symbole als auch Ruinenreste ärmlicher Hütten der vertriebenen Kleinbauern und dazu auch ehemalige Schlösser der reichen Landbesitzer des viktorianischen Jahrhunderts. Schließlich wird die lange Fahrt belohnt, die dann endet am alten, fast 40 m hohen Leuchtturm des **Ardnamurchan Point**, dem westlichsten Punkt des britischen Festlands. Von hier aus bietet sich ein grandioser Blick auf die zum Greifen nah erscheinenden Inseln der Inneren Hebriden – Mull, Coll, Muck, Eigg, Rum und Skye.

Die Landschaft von Morvern war einst dicht bewaldet und Reste dieser Wälder sind noch überall zu sehen. Die herrlichen Laubwälder wurden zu Holzkohle verarbeitet zur Befeuerung der Schmelzöfen der frühen Eisenindustrie. Heute wächst auf dem jetzt größtenteils kargen Boden nur an wenigen Stellen genügend Gras, um Rindern und Schafen als Nahrung zu dienen. Die Industrie in dieser Landschaft nutzt den feinen Sand, der in der Nähe von Loch Aline abgebaut wird. Der Sand wird zur Herstellung optischer Gläser verarbeitet. Auch Morvern hat die Schrecken der Clearances erleben müssen. Hier hat der berüchtigte *Patrick Sellar* seinen eigenen 130 km² umfassenden Besitz gehabt. Als Verwalter des Herzogs von Sutherland vertrieb er die Menschen aus den fruchtbaren Tälern wie Strathnaver, und hier wiederholte er das Gleiche.

Argyll und südliche Innere Hebriden

Von Glasgow aus führt der Weg am Ufer des Loch Lomond und der langen Meeresbucht Loch Fyne entlang durch eine einsame Berg- und Seenlandschaft nach **Inveraray**. Inveraray selbst (sprich: Inverah) ist ein hübsches, nach Plan angelegtes Städtchen. Das Schloss ist der Sitz des Oberhauptes des berühmten und mächtigen Clans Campbell, der Herzöge von Argyll. Im Ort ist u. a. auch das gruselige **Inveraray Jail** zu sehen, das heute zum Glück nur noch ein Museum ist.

Von Inveraray aus gibt es zwei Möglichkeiten nach Oban zu gelangen: Auf der Nordroute führt die A819 an der sehr fotogenen Burgruine von **Kilchurn Castle** vorbei. 1440 von Colin Campbell von Glenorchy ursprünglich auf einer Insel im **Loch Awe** gebaut, sind die Überreste der Burg heute, nachdem einst der Wasserspiegel abgesenkt wurde, auch zu Fuß erreichbar. Mit über 40 km Länge ist Loch Awe der längste See in Schottland und bekannt als ein Anglerparadies für seine zahllosen großen Forellen (Rekord: über 14 kg) und Lachse. Kilchurn Castle, an seinem nördlichen Ende, wurde 1879 schwer zerstört. Damals riss der gleiche Hurrikan, der auch die Tay Brücke bei Dundee zum Einsturz brachte, das

Dach des Castles ab. Überragt werden Burg und See von dem gewaltigen Massiv des Ben Cruachan. In seinem Berginneren verbirgt sich ein riesiges Wasserkraftwerk, das auch besichtigt werden kann.

Alternativ dazu führt der südliche Weg über Lochgilphead und Kilmartin ebenfalls nach Oban. Dieser Landesteil **Lorn** profitiert, wie das gesamte Küstengebiet im Westen, sichtlich vom warmen Wasser des nahen Golfstroms, der zwar viel Regen schafft, aber auch für ein mildes, fast subtropisches Klima sorgt. Kein Wunder, dass in Argyll mehr Palmen wachsen als in irgendeiner anderen Region Großbritanniens.

Von Oban legen dann auch die Fähren zu den Inseln Coll, Tiree, Mull, Iona, Staffa und South Uist ab. Südlich von Oban lohnen sich in jedem Fall Besuche in dem für seine Rhododendronpracht im Mai bekannten **Arduaine Garden** (National Trust for Scotland). **Carnassarie Castle** wurde gegen 1570 von John Carswell, dem ersten protestantischen Bischof der Inseln, gebaut. Er übersetzte hier den ersten Katechismus (*The Book of Common Order*) der von John Knox neu reformierten Kirche Schottlands in die gälische Sprache. Mitten in einer einzigartigen Ansammlung prähistorischer Stätten liegt wenige Kilometer weiter der kleine Ort **Kilmartin** mit einem hochinteressanten und sehr sehenswerten Museum. Die braunen Hinweisschilder von Historic Scotland entlang der Straße weisen auf die zahlreichen Hügelgräber und Steinkreise in dieser Umgebung hin. Doch diese prähistorischen Stätten sind nicht die einzigen Verbindungen zur Vergangenheit Schottlands. Dies ist die Landschaft in der die ersten Schotten lebten – das alte **Dalriada** oder **Dal Riata** des siebten Jahrhunderts n. Chr. Aus der Ebene ragt ein einzelner, runder Hügel wie ein Fremdkörper heraus, auf dessen Kuppe einst die ‚Hauptstadt' **Dunnad** lag. Einer der Felsen dort gibt Kunde von dieser Zeit in der Form eines Fußabdrucks, der heute noch zu sehen ist. Es heißt, dass die frühen Könige mit einem ‚königlichen Fußabdruck' die neue Macht übernahmen und diesem Land ihren persönlichen Stempel aufdrückten, in dem sie ihren Fuß in diese Form stellten.

Von Dunnad aus kreuzt der Weg nach Lochgilphead den **Crinan Canal.** Der Kanal durchschneidet die riesige Landzunge von Kintyre. Er wurde für die Fischer und die Versorgerschiffe, die tuckernden Clyde Puffer, gebaut, aber lange davor nutzten die Wikinger schon die Route, indem sie ihre Boote über die Landenge schoben. Das malerische Fischerstädtchen Tarbet in der reizvollen Landschaft von **Knapdale** ist das Tor auf die lange Halbinsel von **Kintyre.** Von der westlichen Küstenroute geht der Blick auf die den Horizont füllenden Inseln Jura, Islay und Gigha. Attraktiver ist jedoch die wesentlich kurvenreichere Ostroute mit Blick auf die Insel Arran.

Nur drei Meilen entfernt von der westlichen Seite der Halbinsel Kintyre liegt die winzige Insel **Gigha** im Atlantik. Die Fähre dorthin geht von Tayinloan ab. Gigha hat nur 110 Einwohner und die haben erst vor wenigen Jahren mit großer Mehrheit dafür gestimmt, sich ihre Insel für 4 Mio. £ mit Hilfe öffentlicher Anleihen und mit Unterstützung des **Scottish Land Fund** zu kaufen. Die Insel gehörte davor der Familie Horlick, die auch die herrlichen Azaleen- und Rhododendron-Gärten um ihr Herrenhaus **Achamore House** angelegt hat.

Islay und **Jura** sind zwei sehr gegensätzliche Inseln, Islay (sprich Eila) ist mit etwas über 3000 Bewohnern und rund 630 km² eine der größeren Hebrideninseln. Neben den Fähren von Oban und Kennacraig besteht von einem kleinem Flugplatz aus die Verbindung zum Festland und nach Glasgow. Die interessante Geologie mit dem südlichsten Vorkommen von *Lewisian Gneiss* schafft die Voraussetzungen für die Moore und deren Torf. Der wiederum verleiht mit seinem Rauch das würzige Aroma, für das der wichtigste Exportartikel dieser Insel berühmt ist – der Islay-Whisky. Die einzigartige Verbindung von Torfrauch und würziger Seeluft bringt das markant- kräftige Aroma und den Geschmack während der Reifezeit hervor. Den Kennern und Liebhabern sind die Namen und Produkte der neun Brennereien Manna für Ohr und Gaumen: Laphroaig, Bunnahabhain, Bruichladdich, Lagavulin, Ardbeg, Kilchoman, Bowmore, Port Charlotte und Caol Ila. Krustentiere, vor Ort gefangen, sind eine weitere sehr begehrte und ebenfalls exportierte Spezialität. Ein großer Teil davon geht z. T. mit Lkw bis nach Frankreich und Spanien. Von Somerled, dem Urvater der ‚Lords of the Isles' war Islay bis zum Niedergang der Lordschaft im späten 15. Jahrhundert der Stammsitz. Die historische Vergangenheit der Insel kommt in dem berühmten und gut erhaltenen Kildalton Cross zum Ausdruck. Dieses 2,65 Meter hohe Kreuz ist aus einem einzigen Block lokalen Steins geschlagen. Das hohe Kreuz aus der zweiten Hälfte des 8. Jahrhunderts ist mit seinen figürlichen Darstellungen biblischer Szenen und der reichen Ornamentik ein Zeugnis der Handwerkskunst und des Glaubens der frühchristlichen Bewohner der Insel. Es zählt zu einer der besten keltischen Arbeiten außerhalb Ionas.

Generell ist die Westküste durch ihr klares Wasser und ihren Fischreichtum ein Paradies für Taucher. Sie finden in **Port Ellen** eine Tauchschule.

Auf Jura wird ebenfalls Whisky gebrannt. Doch die 43 km lange Insel mit seiner Bevölkerung von gerade einmal 188 Menschen hat viel mehr zu bieten: Unter den weithin sichtbaren **Paps of Jura** breitet sich eine riesige, fast menschenleere Landschaft aus mit einer beeindruckenden Vogelwelt und mit einsamen, verlassenen Stränden, auf denen sich Robben sonnen. Die Paps sind drei von den Eiszeiten geformte Quarzspitzen, die eine einsame Moorlandschaft dominieren. Jura ist bekannt für seinen großen Wildbestand, der auf über 5000 Stück Rotwild geschätzt wird. Archäologen fanden auf Jura Besiedlungsspuren aus der mittleren Steinzeit (7000 v. Chr.). In einem abgelegenen Haus im Norden der Insel schrieb der Schriftsteller **George Orwell** (1903-1950) während eines Aufenthaltes seine bekannte Antiutopie *1984*. Von Islays Port Askaig aus ist Jura in nur wenigen Minuten per Fähre nach Feolin zu erreichen. Die einzige schmale Straße führt zum Hauptort Craighouse. Dahinter gestaltet sich die Weiterfahrt nach Norden zunehmend schwieriger, bis die Straße schließlich in Killchianaig endet. Nur eine lange Wanderung führt zur Nordspitze der Insel. Der Sund, der diese von der unbewohnten Nachbarinsel Scarba trennt ist bekannt für seine wilde Meereslandschaft, in der wiederum der berüchtigte Strudel Corryvreckan für spektakuläre Schauspiele sorgt.

Am südlichen Ende der endlos lang erscheinenden Landspitze von **Kintyre** liegt die Distrikthauptstadt **Campbeltown**. Zwischen ihr und der nächstgrößeren Stadt Glasgow liegen mehr als vier Stunden Autofahrt. So bar jeglicher Hektik vermittelt dieses Fischerstädtchen dem Besucher den Eindruck, es träume in einem Dornröschenschlaf vor sich hin. Paul McCartney hat den **Mull of Kintyre**, die Spitze dieser Halbinsel, durch seinen gleichnamigen Song berühmt gemacht. Die Sonnenuntergänge dort sind unvergesslich. Von hier sind es über die See nur 18 km nach Irland.

Östlich von Kintyre liegt die Halbinsel **Cowal** mit ihren großen, dichten Wäldern. Zu Füßen der Berge schneiden zwei Buchten – die **Kyles of Bute** – tief in die Landschaft. Sie umfassen die große Insel Bute. Hier im Oberteil der riesigen Clydemündung bieten die zahlreichen Buchten ein wahres Seglerparadies. Die umgebende Landschaft ist fast gänzlich unberührt vom Massentourismus.

Die gerade einmal 12 km lange Hebrideninsel **Colonsay** ist bekannt für die meisten Sonnenstunden in Schottland. Damit, wie auch mit ihrer abgeschiedenen Lage, der Ruhe, der unberührten Küstenlandschaft, dem geschützt liegenden, farbenprächtigen **Kiloran Garden**, ist es die eigentlich sprichwörtliche Idee eines himmlischen Urlaubs.

Mull, die zweitgrößte Insel der Inneren Hebriden, kann über die Hauptverbindung per Fähre von **Oban** oder über die Strecke durch das wilde, einsame Morvern und die Fähre von **Lochaline** erreicht werden. Die Bewohner Mulls werden *Mullachs* genannt mit der Betonung auf dem ‚u'. An der Einfahrt in die Bucht von Craignure begrüßt, von einer Landzunge herab, **Duart Castle** die Besucher. Diese Burg aus dem 12. Jahrhundert war mehrere Hundert Jahre lang verfallen,

Duart Castle

wurde aber Anfang des letzten Jahrhunderts vom 26.
Clanchief **Sir Fitzroy MacLean** restauriert. Seitdem ist sie
wieder das Stammschloss des Clan MacLean.

Nicht weit vom Fähranleger liegt das wesentlich jüngere
Torosay Castle der **James-Familie**. Beide Häuser können
besichtigt werden. Wenige Minuten nach Ankunft der Fähre
fährt in den Sommermonaten auch eine ganz zauberhafte
Schmalspurbahn von Craignure nach Torosay.

Mull ist mit knapp 3000 Bewohnern in wenigen, weit
verstreuten Ortschaften heute nur noch dünn besiedelt. Einst
war die Insel wesentlich dichter bewaldet. Die heutigen
Wirtschaftswälder vermitteln nicht diesen Eindruck, aber
obwohl das Landschaftsbild durch Kahlschlag und
Wiederaufforstung verändert wurde, ist sie für Wanderer
und allgemein für Naturliebhaber ideal. Die wiederum
kommen bei dem zahlreichen Wildlife auf dieser Insel voll
auf ihre Kosten. So sind in der See um Mull herum Delfine
und Wale und an den Stränden und Felsen Seehunde und
Otter zu entdecken. Neben anderen wieder heimisch
gewordenen Greifvögeln werden wieder Steinadler und auch
eine langsam steigende Zahl von Seeadlern gesichtet. So ist es
kein Wunder, dass der grüne Tourismus mit rund 30 000
Besuchern pro Jahr eine steigende Tendenz zeigt.

Mulls spezifisches Kennzeichen sind eine ganze Reihe
hoher Berge, eine interessante geologische Struktur, eine
zerklüftete Küste mit Aussicht auf die vorgelagerten Inseln,
nacktes, karges Sumpfland, spärliches Ackerland, viel
aufgeforsteter Wald, ein großer Wildbestand, romantische
Burgen und viel Regen. Im Jahresmittel fallen bis zu 3500
mm und auf dem höchsten Berg der Insel, dem **Ben Mor** (ein
Munro), werden an manchen Tagen bis zu 127 mm gemessen.
Böse Zungen behaupten daher, wenn der Berg zu sehen ist,
gibt es bald Regen, und wenn er nicht zu sehen ist, dann
regnet es schon. Trotz des Regens gibt es jeden Sommer eine
Reihe von herrlichen Sonnentagen. Wer das Glück hat, an
solch einem Tag auf der Insel zu sein, kann besonders an der
Westküste ein Naturschauspiel von ganz besonderer Art
genießen. Die Farben des tiefblauen Meeres, das Grün der

Weiden und der rosafarbene Granit der Küstenfelsen leuchten in der klaren und reinen Luft.

Die Insel **Iona** vermittelt eine eigene, besondere Atmosphäre. Sie liegt mit der Fähre nur zehn Minuten vom

Iona Abbey

westlichen Ende Mulls entfernt. Iona wurde zur Heiligen Insel Schottlands durch den irischen Mönch Columba, der 563 n. Chr. hierher kam. Columba wurde der herausragende Missionar des frühen Landes und ging als solcher in die Kirchengeschichte Schottlands ein. Als einer der größten, bekanntesten und einflussreichsten Missionare der damaligen Zeit wurde seine Arbeit auch ein maßgeblicher Bestandteil der Kirchengeschichte Europas. Durch St. Columba wurde Iona zur Wiege des Christentums in der keltischen Zeit dieser Region. Die Insel wurde für die Gläubigen des zu Ende gehenden ersten und des beginnenden zweiten Jahrtausends so bedeutsam, dass im Schatten dieses Klosters viele frühe Könige Schottlands, Irlands und Norwegens begraben wurden. Von ihr gingen die frühen Klostergründungen im heutigen Großbritannien und später z.T. in Mitteleuropa aus. So beeinflusste Iona auch den Mönch und Missionar Bonifazius, der 672 zwar in Wessex, im heutigen England, geboren, aber mit seiner Arbeit später für Deutschland bedeutsam wurde.

Von Mull und Iona fahren Boote zur Nachbarinsel **Staffa**. Die feurige Entstehungsgeschichte der Insel hinterließ sehr eigentümliche Felsformationen aus sechseckigen Basaltsäulen. Dahinein frästen die Meeresgewalten die berühmte Höhle **Fingal's Cave**, die von vielen Dichtern und Künstlern besucht und durch sie bekannt gemacht wurde. Felix Mendelsohn Bartholdy ließ sich von der Inselwelt und dieser Höhle zu seiner *Hebriden Ouvertüre* inspirieren.

Coll und **Tiree**, nordwestlich von **Mull**, sind gleichermaßen beliebt. Vielleicht ist es für Vogelfreunde interessant, dass diese zauberhaften kleinen Inseln seit einigen Jahren zur Heimat einer ständig wachsenden Familie von Schneegänsen geworden ist. Tiree ist für seine hohe Zahl von Sonnentagen und auch für seine guten Surfmöglichkeiten bekannt.

Äußere Hebriden – Inseln im Atlantik

Im windigen Atlantik liegt, westlich vom schottischen Festland, die Inselkette der Western Isles. Auf einer Länge von über 130 Meilen erstrecken sich diese Inseln in einer langen Kette von der wilden Küstenlandschaft des **Butt of Lewis** im Norden bis in den Südwesten nach **Barra** und **Mingulay** und darüber hinaus. Die Wikinger benannten diese Insel *Havbredey* (Inseln am Rand der Welt) – der altnordische Name der Hebriden. Fähren zu den Äußeren Hebriden legen von Oban, Uig auf Skye und Ullapool ab und verbinden auch die einzelnen Inseln untereinander.

Eine wenig bekannte Landschaft, die nur auf den Hebriden zu finden ist, sind die **Machairs.** Diese sanddurchzogenen Küstenwiesen liegen in einem oft nur 50 m schmalen Streifen zwischen den meist blendend weißen Muschelständen und dem Moorboden, der große Teile der Inseln bedeckt. Der Wind weht den weißen Muschelsand über den sauren Moorboden und dieses Gemisch ist die fruchtbare und ideale Basis für ein Grasland voller rosa blühendem Strandbeifuß, kleinen Orchideen sowie Dotter- und anderen Blumen. Es ist ideales Weideland. Es ist auch der Lebensraum der äußerst selten gewordenen **Wiesenralle** oder **Wachtelkönig** (*Corncrake*).

Wie auf Orkney und Shetland waren auch die Hebriden bereits vor unserer Zeitrechnung besiedelt. Zahlreiche prähistorische Kultstätten mit Steinkreisen, Monolithen, Steinhügeln und Begräbnisanlagen sind Ehrfurcht gebietende Beweise dieser frühen Besiedlung. Diese Zivilisation lässt mit ihren Bauten und Anlagen auf eine hochstehende Kultur schließen, deren Geheimnisse bis heute noch nicht vollständig enträtselt sind. Eines davon sind die stehenden Steine von **Callanish** auf Lewis, eine Anlage, die, neben Stonehenge in

England, zu den berühmtesten und größten ihrer Art in der Welt zählt. Offensichtlich war die umgebende Moorlandschaft in dieser frühen Kulturepoche für diese Menschen eine heilige Landschaft, denn Archäologen und andere Wissenschaftler entdeckten um Callanish herum noch mehrere große und kleine Kultstätten. In der Callanish Anlage liegt der eigentliche Ring im Zentrum von Steinreihen, die exakt auf die Himmelsrichtungen ausgerichtet aus Süden, Westen und Osten dort zusammentreffen. Zusätzlich führt aus nördlicher Richtung eine doppelte Steinreihe wie ein Prozessionsweg zum inneren Ring.

Zusammen bilden **Lewis** und **Harris** eine etwas über 2100 km² große Insel. Sie ist mit rd. 20 000 Einwohnern die größte der Äußeren Hebriden und auch die größte Insel Großbritanniens. Lewis ist verhältnismäßig flach und von zahllosen Seen und Moorlandschaften bedeckt. Harris im Südwesten ist dagegen gebirgig mit einer spektakulären Landschaft, die sich von West nach Ost völlig unterschiedlich aufbaut. Lange, weiße Muschelsandstrände am smaragdgrünen Meer machen die Westküste von Harris unvergesslich. Verglichen damit wirken der Osten und Norden mit seinen zahllosen, felsigen Buchten rau und zerklüftet. Bedingt durch die dünne Bodendecke und seine Beschaffenheit gibt es auf Harris keine Wälder und nur wenige Bäume.

Blackhouses

Die Menschen, die in der rauen Natur dieser Region seit Jahrhunderten leben, indem sie dem kargen Land und dem Meer ihren Unterhalt abtrotzen, sind ihren Traditionen treu geblieben. So wird auf den Western Isles, wie an der ganzen Westküste des Festlands, heute immer noch die gälische Sprache gesprochen. Ein Beispiel für die eigene Geschichte und Kultur dieser Menschen sind die Blackhouses bei Arnol an der Westküste der Insel Lewis, die z. T. bis in die 1960er Jahre noch bewohnt wurden. In diesen schwarzen Häusern lebten die Menschen einst überall im Hochland. Sie hatten keinen Schornstein, deshalb suchte sich der Rauch des stets im Lehmboden in der Mitte des Raums glimmenden Torffeuers selbst seinen Weg durch das Heidestroh des Daches. Das verlieh dem Gebäude sein charakteristisches, vom Rauch geschwärztes Aussehen und seinen Namen.

Das international bekannteste Produkt dieser Inseln ist der Harris Tweed, der, handgesponnen und handgefärbt, nur hier in Heimarbeit gewebt wird. **North** und **South Uist** und das dazwischen liegende **Benbecula** sind typische Hebrideninseln mit Muschelsand, kleinen Seen, der tosenden Brandung des Atlantiks und einer felsigen, wilden und bedrohlichen Ostküste. Auch auf diesen Inseln ist eine reiche Fauna aber vor allem Flora zu finden, die im Frühling und Frühsommer (Mai und Juni) am farbenprächtigsten erscheint.

Barra liegt fast schon am südwestlichen Zipfel dieser Inselkette. Es ist die Insel der MacNeils, einem der Urclans Schottlands. Ihr romantisches **Kisimul Castle** liegt inmitten der Bucht von Castlebay. Der Strand auf Barra ist so groß und fest, dass er bei Ebbe die Piste für Linienflugzeuge bildet, die darauf starten und landen.

Viele der etwas über 27 000 Einwohner (2011) der Äußeren Hebriden sind Mitglieder der Free Church of Scotland. Diese Kirche hält sich streng an die Gebote der Heiligen Schrift und beeinflusst damit auch heute noch das Leben in der dortigen Gemeinschaft. Das hatte seine Auswirkungen auch auf den Tourismus, denn dort ruht sonntags fast immer noch so gut wie alles, was irgendwie mit Arbeit zusammenhängt. Mit Blick auf die sich verändernden Lebens- und Wirtschaftsbedingungen werden inzwischen einige Lockerungen dieser alten Ordnung angestrebt.

Nördliche Inseln

Vom nahen schottischen Festland unterscheiden sich die Orkney- und Shetlandinseln nicht nur geologisch, sondern auch in kultureller und wirtschaftlicher Hinsicht und so hegen die Menschen z. B. immer noch eine historisch begründete enge Beziehung zu Skandinavien, obwohl diese Inseln seit fünf Jahrhunderten zu Schottland gehören. Auf diesen Inseln wird auch kein Gälisch gesprochen.

Während die geologische Basis der Äußeren Hebriden fast ausschließlich aus Gneis besteht, dominiert auf Orkney devonischer Sandstein und auf den Shetlandinseln eine reiche

Mischung aus Gneis, Schist, Sandstein und metamorphischen Gesteinen.

Die Inseln sind überwiegend flach, haben aber bis zu 475 m hohe Hügel. Die Küsten sind reich an Buchten mit herrlich weißem Sand und malerischen Klippen. Diese steilen Felswände sind ideal für Vogelkolonien und die fischreichen Gewässer um die Inseln herum die Existenzgrundlage für hunderttausende von Seevögeln, die jährlich als Zugvögel einfallen oder auch ständig auf diesen Inseln leben.

Landbesitz und das Feudalsystem spielte auf dem Festland und den westlichen Inseln jahrhundertelang eine sehr große Rolle. Auf den Orkney- und Shetlandinseln war das anders. Landbesitz beeinflusst in weit geringerem Maße die kulturelle und wirtschaftliche Entwicklung. Es wurden auch keine Vertreibungen durchgeführt und das Land war zu gut, um für die Jagd genutzt zu werden.

Orkney

Orkney ist keine einzelne Insel, sondern eine Gruppe von Inseln, die, wie die Shetland Inseln, zusammengefasst werden unter diesem Namen. Zu den Orkneys oder den landschaftlich reizvollen Shetlands führen verschiedene Möglichkeiten. Neben den Flugverbindungen nach Kirkwall auf den Orkneys oder Lerwick auf den Shetlandinseln sind die Fähren von **Scrabster** oder **Aberdeen** die wichtigsten Nabelschnüre zwischen dem Festland und den Inseln. Der Reisende kann den Pentland Firth in den Sommermonaten aber auch von **John o' Groats** nach **South Ronaldsay** auf Orkney überqueren. Allerdings ist das keine Autofähre.

In der Mehrzahl flach und grün, sind die rund 70 Orkney-Inseln so gut wie baumlos mit fruchtbaren Hügeln und Tälern und zahllosen fischreichen Süß- und Meerwasserseen. Von den Inseln sind nur 21 bewohnt. Sie erstrecken sich vom Festland in Richtung Norden über 85 km und bedecken rund 970 km². Die gefährlichen Klippen und bei Gezeitenwechseln gewaltigen Strömungen des Pentland Firth zwischen den Orkneys und dem Festland sind auch heute noch gefürchtet und wurden zu allen Zeiten schon vielen Schiffen zum Verhängnis.

Von den heute rund 21 000 Orkeydians (2013) leben die meisten auf der Insel Mainland mit der Hauptstadt Kirkwall (7000 in 2011) und Stromness (rd. 1700). Auf Grund der guten Bodenbeschaffenheit ist auf fast allen Inseln die Land- und Viehwirtschaft verbreitet, aber auch die Fischereiindustrie ist stark entwickelt. In jüngeren Jahren nimmt der Tourismus vor allem der Kreuzfahrttouristik ständig an Bedeutung zu. Die Gründe dafür sind mannigfaltig. Die Inseln bieten neben vielfältigen Naturschönheiten, von seltenen Pflanzen bis hin zu Robben- und Vogelkolonien einen fast schon unglaublich zu nennenden Reichtum an Geschichte. In ihrer Spanne von über 5000 Jahre umfasst diese einen Raum, der in der prähistorischen Zeit beginnt, die früh- und mittelalterlichen Jahrhunderte umfasst und sich bis in die jüngste Zeit erstreckt.

Schon viele Jahrhunderte vor dem Eintreffen der Wikinger errichteten die ersten Siedler von Orkney **Steinhügel, Grabmäler** und **Kultkreise** aus stehenden Steinen und Monolithen. Damit bergen diese Inseln die größte Konzentration dieser alten Kulturstätten in Großbritannien. **Maeshowe**, der **Ring von Brodgar** und das **Broch of Gurness** sind nur einige Beispiele.

Ungefähr 3000 Jahre vor unserer Zeitrechnung und lange vor dem Bau der Pyramiden in Ägypten haben Menschen als Jäger und Sammler hier schon relativ komfortable Steinhäuser gebaut. **Skara Brae**, einer der berühmtesten archäologischen Funde in Europa, wurde im 19. Jahrhundert auf Orkney entdeckt und freigelegt. Die prähistorische Ansiedlung vermittelt ein sehr gutes Bild vom Leben in der Jungsteinzeit. Skara Brae besteht aus richtigen Wohnhäusern, die aus Steinplatten gebaut wurden und wie Kleeblätter angeordnet dicht nebeneinander liegen. So spendeten sie schon vor 5000 Jahren Schutz und Wärme. Selbst Mobiliar wie Schränke oder Betten, sehr solide aus Sandsteinplatten gebaut, gab es offensichtlich schon, und auch an ein Kanalisationssystem wurde möglicherweise schon gedacht. Die Dächer der Behausungen bestanden aus Walknochen oder groben Hölzern und in der Mitte des Hauses flackerte ein wärmendes Feuer. Die Fugen zwischen den Steinen wurden gegen den ständigen Wind mit den Abfällen der Mahlzeiten abgedichtet. Diese Zeit und die Geschichte des Dorfs werden dem Besucher im ursprünglichen Dorf und in einer modernen, sehr lehrreichen Ausstellung nahegebracht.

Vom achten Jahrhundert n. Chr. an zählten die Wikinger die Inseln zu ihrem Machtbereich. Deren dänische Nachfolger gaben sie – als Teil der königlichen Mitgift – im 15. Jahrhundert an Schottland zurück.

Hoy bildet eine Ausnahme unter den Inseln. Auf ihr erhebt sich mit rund 475 m der Ward Hill als höchster Berg der Orkneys und an der Südwestküste der Insel stürzen die steilsten Klippen Großbritanniens ins Meer. Auf der Fährfahrt nach und von **Stromness** passiert das Schiff recht nah die senkrechten roten Sandsteinklippen. In Hunderten von Jahren hat die wuchtige Brandung daraus den bekannten 137 m hohen **Old Man of Hoy** zu einem einzelnstehenden Felsen herausgewaschen, der so gewiss irgendwann in der Zukunft ins Meer stürzen wird. 1967 wurde er durch den bekannten Bergsteiger **Chris Bonington** mit seinem Team berühmt gemacht, als er den Felsen erstmals bestieg. Das Ereignis – es war eines der ersten seiner Art – wurde in jeder einzelnen Phase live von der BBC übertragen.

George Mackay Brown

Die Orkney-Inseln mit ihrer faszinierenden, eigenartigen und baumlos kahlen Landschaft grüner Hügel und Ebenen, in der eine Vielzahl historischer Monumente verstreut liegen, dem Licht und der klaren Luft lassen in dem Besucher leicht ein sonderbares Gefühl der Einsamkeit und des Alleinseins aufkommen. Genau das beschreibt einer der großen zeitgenössischen Erzähler und Schriftsteller, der in Stromness geborene George Mackay Brown (1921–96). In kraftvoller Weise drückt er seine Liebe zu diesem Land aus und erzählt in berührend treffenden Worten von diesen Inseln, dem Leben auf ihnen und den Menschen, die von ihnen geformt werden.

Neben den prähistorischen Sehenswürdigkeiten sind die gewaltigen **Churchill Barriers**, die die Bucht von Scapa Flow schützen, die **Italian Chapel**, das **Tankerness House Museum**, der **Earls Palace**, der **Bischofspalast** und in jedem Fall die gewaltige **St. Magnus-Kathedrale** in Orkneys Hauptstadt nur einige der sehenswerten Stätten.

Scapa Flow ist der größte natürliche Hafen der Welt. Die Bucht war in beiden Weltkriegen der Ankerplatz der Royal Navy. Nach dem Ende des Ersten Weltkriegs wurden in Scapa Flow die Reste der kaiserlichen Flotte interniert. In einer höchst spektakulären Aktion unter Admiral Reuter versenkten sich die deutschen Schiffe am 21. Juni 1919 selbst. In der Nacht vom 13. auf den 14. Oktober 1939 gleich zu Beginn des Zweiten Weltkriegs schlich sich Günther Prien mit seinem U 47 in die Bucht und versenkte an gleicher Stelle die *Royal Oak* mit über achthundert Mann an Bord. Scapa, wie die Bucht kurz genannt wird, war noch bis in jüngste Zeit ein aktiver Flottenstützpunkt. In **Lyness** auf Hoy gibt es über diese ganzen Geschehnisse ein Informationszentrum.

Taucher aus aller Welt besuchen heute mit Ausnahme der als Gedenkstätte geschützten Royal Oak, fast das ganze Jahr über einige der übriggebliebenen Wracks. In dem eiskalten und verhältnismäßig klaren Wasser dieser Bucht sind die Schiffe z.T. noch gut erhalten. Diese Taucher bilden neben zahlreichen Kreuzfahrtschiffen einen bedeutenden Teil des Touristenkontingents. Der wiederum ist, abgesehen von der Landwirtschaft, einer der wichtigsten Wirtschaftsfaktoren Orkneys.

Ein anderer bedeutender Wirtschaftsfaktor ist das Öl. **Flotta**, die riesige Ölraffinerie auf einer kleinen Insel in Scapa Flow, schafft Arbeitsplätze und sorgt für ein hohes Steuereinkommen. Traditionell sind aber neben Öl und Tourismus immer noch die Landwirtschaft und die Fischerei die wichtigsten Einkommensfaktoren dieser Inseln.

Zu den kulinarischen Höhepunkten auf Orkney zählen frische Meeresfrüchte, der heimische Käse und feinster Whisky aus zwei Brennereien. Der kulturelle Höhepunkt ist das **St.**

Magnus Festival, ein Musikfest, das Künstler von internationalem Rang anzieht.

Shetland

185 Meilen von Aberdeen entfernt und nordöstlich von den Orkney Inseln liegt die Gruppe der Shetland Inseln. Die über hundert Inseln, von denen nur 15 bewohnt sind, erstrecken sich als eine 110 km lange Kette zwischen **Sumburgh Head** im Süden und **Muckle Flugga** im Norden. Von Lerwick, der Hauptstadt, ist es zum Polarkreis und nach Skandinavien näher als nach London. 23 167 Menschen (2011) leben auf diesen Inseln, die zu einem großen Teil aus Felsen, Mooren und kargem Weideland bestehen.

So weit im Norden gelegen, scheint die Sonne auf diesen Inseln im Jahresmittel nur ca. zweieinhalb Stunden pro Tag. Verteilt über das Jahr, so sagt die Statistik aus, herrscht auch neun Monate mehr oder weniger schlechtes Wetter und an 47 Tagen toben Stürme. Doch wenn in drei Monaten das Wetter erträglich ist, dann sind die regnerischen Tage schnell vergessen. Die Inseln werden durch extrem strömungsreiche Meeresarme getrennt.

Die Leuchttürme von Sumburgh als südlicher und Muckle Flugga als nördlicher Endpunkt des Archipels wurden, wie fast alle Leuchttürme dieser Inseln, von Mitgliedern der Ingenieursfamilie Stevenson gebaut. Heute sind alle Seefahrtszeichen dieser Art an den britischen Küsten computerisiert und werden in Schottland, wo 1997 der letzte Leuchtturm automatisiert wurde, von Edinburgh aus kontrolliert.

Das Meer, die jahrhundertelange Besetzung durch die Wikinger und die Nähe zu Skandinavien haben die gesamte Inseltradition und -kultur beeinflusst. So wird in den kalten, dunklen Winternächten am letzten Dienstag im Januar eines jeden Jahres das große Feuerfestival Up-Helly-Aa in Lerwick abgehalten. Dabei folgen rund 900 farbenfroh gekleidete ‚Wikinger' ihrem Langschiff mit einem Fackelzug zum Hafen. Das wird schließlich dann durch die Fackeln in Brand gesetzt und die lodernden Flammen sind das Startzeichen für ein lautes, fröhliches Fest.

Die größte Stadt ist die Hauptstadt Shetlands – **Lerwick**. Im dortigen **Shetland Croft Museum** wird das ländlich-bäuerliche Leben der Pächter auf Shetland lebendig. Dazu passt auch die in **Quendale** stehende, schön restaurierte Wassermühle aus dem 19. Jahrhundert. Es heißt, dass es auf den Inseln fünfzehnmal so viele Schafe wie Bewohner gibt. Das kleine Shetland-Schaf ist eine spezielle Züchtung. Es liefert die hervorragende Shetlandwolle, aus der die bekannten, farbenfrohen Strickwaren hergestellt werden.

Auf Shetland sind einige wenige Ruinen von Brochs, z. B. **Clickimin Broch** gleich außerhalb von Lerwick und auf **Mousa**, erhalten. Die Wissenschaft bezeichnet die schottischen Brochs als North Atlantic Roundtowers. Sicherlich noch interessanter für Historiker und Besucher ist der berühmte **Jarlshof**, nicht weit von Sumburgh. Da dieser Ort immer wieder aufs Neue besiedelt wurde, bietet der Jarlshof einen faszinierenden Einblick in mehrere historische Perioden. Dort sind sowohl die Konturen der Grundmauern der Wohnbauten von prähistorischen Erdhäusern als auch solche aus der Zeit der Wikinger sowie letztendlich die des Herrenhauses eines schottischen Gutsherren (*Laird*) aus dem 17. Jahrhundert klar zu erkennen. Die nördliche Position der Inseln, ihre Geografie und der Fischreichtum machen sie zu einem begehrten Nistplatz für Seevögel. Entlang der klippenreichen Inselküsten gibt es so eine Vielzahl von **Seevögelkolonien**. Eine Reihe der Spektakulärsten davon sind auf der kleinen Insel **Noss**, nahe Lerwick, und bei **Hermaness** auf der Insel Unst zu finden. Dort nisten in den Mooren und an den Felsenklippen alle erdenklichen Arten. Besonders sind das die eleganten Flieger mit dem unpassenden deutschen Namen Tölpel. Im Mai und Juni kommen die putzigen Papageientaucher zum Brüten hierher, die aggressiven, räuberischen Skuas dagegen sind erst in den letzten Jahrzehnten hier heimisch geworden. Diese Artenvielfalt macht Shetland zum Paradies für Naturliebhaber und besonders Vogelfreunde.

TEIL 4:

Anhang
Die schottische Geschichte auf einen Blick

	ca. 6000 v. Chr	Menschen leben seit dem Ende der letzten Eiszeit in Schottland.	
	ca. 5000 – 3000 v. Chr	**Mesolithikum** (mittlere Steinzeit) – erste Siedlungen entstehen.	
	ca. 2300 – 1600 v. Chr	**Spätes Neolithikum** (frühe Bronzezeit) – die Steinkreise mit umlaufenden Gräben datieren aus dieser Zeit ebenso, wie die ‚Beaker People' (Becher-Völker), so genannt nach ihren verzierten Tonwaren.	
	ca. 1600 – 1000 v. Chr	**Mittlere Bronzezeit** – aus dieser Zeit sind Metallarbeiten und Bronzewaffen erhalten.	
	ca.1000 – 400 v.Chr	**Späte Bronzezeit, frühe Eisenzeit** – Funde von Eisenarbeiten und Reste von Bergforts, (Traprain Law), Cairns, Maeshowe, (Clava Cairns) datieren daraus.	
	ca. 400 v. Chr. – 200 n. Chr.	**Späte Eisenzeit** – Ankunft der Kelten im Südosten. Bau von Erdhöhlen und Felsenburgen (*Duns*) im Norden und auf den Inseln. Bau von für diese Region typischen Brochs etc.	
	55 v. Chr	**Julius Cäsar** dringt in Südbritannien ein; der römische Machtbereich erstreckt sich in der Folgezeit bis zur Mündung des Forth.	
83 – 211 n. Chr.	123	Eroberung Caledonias durch die Römer – Kaiser **Hadrian** lässt Hadrian's Wall bauen.	

	138	**Antoninus Pius** baut den **Antonine Wall** vom Forth zum Clyde.
	ca. 180	Der Antonine Wall wird mit dem Rückzug hinter Hadrian's Wall aufgegeben.
	208-211	Kaiser **Septimus** Severus kommt mit seinen beiden Söhnen und Truppenverstärkung nach Britannien. Severus' Kampagne in Caledonia endet mit seinem Tod.
	ca. 200-500	Von County Antrim (Irland) kommend, siedeln sich Skoten im heutigen Argyll an. **Fergus McErc**, König von Dalriada in Antrim, benennt dieses Reich danach Dalriada, dessen Zentralort später Dunadd genannt wird.
	ca. 297	Die **Pikten** werden erstmals von den Römern erwähnt. Der piktische König **Brude** hat ein Fort und sein Machtzentrum in der Nähe von Inverness. Die Pikten sind das einzige Volk in Europa, das die Nachfolge durch die mütterliche Linie regelt.
	ca. 367	Die Römer sind geschwächt – Pikten und Scoti stoßen über den Wall nach Süden vor.
	ca. 383	Erste Verfallserscheinungen der römischen Provinz Britannia.
	410	Die Römer verlassen Britannien endgültig.
	563	Die Ankunft des Mönchs **Calumcille (St. Columba)** auf der Insel Iona gibt den Skoten moralische, religiöse und

		politische Unterstützung und Aufschwung. Mit seiner Klostergründung stärkt St. Columba das christliche Dalriada.
	790	Die ersten **Nordmänner** besetzen die Hebriden, Orkney und Shetland. Auch **Britannier** sind Teil der keltischen Welt.
		Die **Angeln** haben schon zwei Königreiche, die sie Deira und Bernicia nennen, im heutigen Northumbria und Yorkshire/England gegründet.
ca. 800 – ca. 900		Die **Wikinger** erobern weite Teile des Königreichs Alba besonders im Norden.
Kenneth MacAlpin 843-858	843	Der skotische König **Kenneth Mac Alpin** übernimmt auch den piktischen Thron. Er hat die Pikten und Scoti erstmalig geeint. Er nennt dieses neue Reich Alba und wird in Scone auf dem Schicksalsstein (Stone of Destiny), den er mitgebracht hat, gekrönt.
Constantine II. 900-943		Als einer der herausragendsten Könige dieser Zeit gilt **Constantine II**. Er wird in einer Schlacht gegen die Angeln bei Brunaburgh (Northumbria) geschlagen.
Malcolm I. 943-954		**Malcolm** schlägt Athelstane von Wessex.
	Ab 1000	wird Alba langsam als Scotia bekannt.
Malcolm II. 1005-1034	1018	**Malcolm II**. besiegt mit Hilfe des letzten Königs von Strathclyde

		(Owen) die Angeln in der Schlacht von Carham. Diese Niederlage der northumbrischen Armee bringt die Grenze Scotias an den River Tweed.
Duncan I. 1034-1040	1034	Strathclyde und Scotia werden vereint, als **Duncan I.**, der Herrscher von Strathclyde, auch den Thron von Scotia besteigt.
	1040	**Macbeth**, Duncans Cousin, beansprucht den Thron. Als **Duncan** nach Norden marschiert, um Macbeths Revolte zu beenden, wird er in der **Schlacht von Cawdor** besiegt und getötet.
Macbeth 1040-1057		Macbeth wird König und regiert insgesamt 17 Jahre. Er wird 1057 im Kampf gegen Duncans Sohn **Malcolm Canmore** bei Lumphanan getötet.
Lulach 1057-1058		Sein Nachfolger wird sein Stiefsohn, **Lulach**. 1058 – Malcolm tötet Lulach und besteigt den Thron als **Malcolm III.**
Malcolm III. 1058-1093	1068	**Malcolm III.** heiratet in zweiter Ehe die sächsische Prinzessin **Margaret**. Sie fördert die Einführung der englischen Sprache und Neuerungen in der keltischen Kirche nach angelsächsischem Vorbild.
	1093	Der König wird während seiner fünften Invasion von England bei Alnwick getötet.
	1093	Malcolms Witwe Margaret stirbt drei Tage nach dem König auf Edinburgh Castle. Sie wird später

		heilig gesprochen. Nach Malcolms Tod folgt eine äußerst konfuse Zeit mit rascher Thronfolge.
Donald III. Ban 1093-1094		Malcolm's Bruder Donald III. Ban (der Weiße) reißt die Macht in einem von vielen Adligen unterstützten Aufstand an sich.
Duncan II. 1094	1094	Duncan, der älteste Sohn Malcolms III., setzt Donald Ban ab. Er bedient sich dazu der Armee des englischen Königs William II. Rufus. Duncan wird bald darauf von rebellierenden Schotten geschlagen. Dieser Aufstand wird von Donald Ban und Edmund, dem dritten Sohn von Malcolm und Margaret, angeführt.
Donald III. & Edmund 1094-1097		**Donald Ban** teilt den Thron mit seinem Neffen Edmund bis er vom vierten Sohn Margarets – Edgar – vertrieben wird.
Edgar 1097-1107	1107	**Edgar** ‚Der Friedfertige' stirbt unverheiratet in Edinburgh Castle, aber benennt vorher noch seine Brüder als gemeinsame Erben.
Alexander 1107-1124		**Alexander**, fünfter Sohn von Malcolm Canmore und Margaret, regiert danach über den Norden des Landes. **David**, sein jüngster Bruder, regiert den Süden Schottlands und das heutige Cumbria.
David I. 1124-1153		Nach dem Tod Alexanders regiert David über das ganze Reich. In dieser Zeit wird das normannische **Feudalsystem** und

		das Prägen eigener **schottischer Münzen** eingeführt.
Malcolm IV. 1153-1165	1153	**Malcolm IV.** ,der Jungfräuliche' (gemäß seinem Keuschheitsschwur) folgt seinem Großvater im Alter von zwölf Jahren auf den Thron.
	1157	muss er Northumbria dem englischen König Henry II. überlassen (**Vertrag von Falaise**).
William I 1165-1214		Sein Bruder **William**, ,Der Löwe' regiert danach fast 50 Jahre lang.
Alexander II. 1214-1249		**Alexander II.** ist erst 16 Jahre alt, als er die Nachfolge Williams antritt.
	1215	Die von Alexander II. unterstützten englischen Barone zwingen den englischen König John, die **Magna Carta** zu unterschreiben.
	1249	Während der Kampagne gegen die Wikinger stirbt der schottische König auf der Insel Kerrera vor Oban.
Alexander III. 1249-1286		**Alexander III.** ist erst acht Jahre alt, als er die Nachfolge antritt. Mit zehn Jahren wird er mit Margaret, der Tochter des engl. Königs Henry III., verheiratet.
	1263	In der Schlacht von Largs werden die Wikinger endgültig geschlagen.
	1266	Magnus IV. von Norwegen erkennt die westlichen Inseln Schottland zu (**Abkommen von Perth**). Das Land erfreut sich einer Periode von Stabilität und wirtschaftlicher Blüte.
	1285	Alexander heiratet in zweiter Ehe Yolande de Dreux.

	1286	Auf dem Wege zu ihr stürzt er mit seinem Pferd über die Klippen bei Kinghorn. Das ist das Ende der Canmore Dynastie und der Beginn der Grenzkriege. Gleichzeitig beginnt sich französischer Einfluss in Schottland weiter auszubreiten und den englischen Einfluss zu ersetzen.
Margaret 1286-1290		Alexanders einzige Erbin, seine Enkelin, ist noch ein knapp sieben Jahre altes Kind – The Maid of Norway. Alexanders Schwager Edward I. wird um Rat gebeten.
	1290	Im daraus resultierenden **Abkommen von Birmingham** wird vereinbart, dass Margaret nach Schottland kommen und Edwards Sohn heiraten soll. Auf der Überfahrt wird sie aber so fürchterlich seekrank, dass das Kind in St. Margaret's Hope, Orkney, stirbt. Es gibt zu dem Zeitpunkt mehrere Anwärter auf den Thron.
Erstes Interregnum 1290-1292		Edward I. marschiert in Schottland ein und erklärt sich zum Herrscher über das Land.
	1291	Er entscheidet sich für John Balliol als schottischen König.
John Balliol 1292-1296	1292	**Balliol**, der Großneffe von William I., wird auf den Thron gesetzt, nachdem er Edward I. als Lord Superior anerkannt hat. Robert Bruce, Großvater des zukünftigen Königs, verliert seinen Thronanspruch. Balliol

		wird am St. Andrew's Day in Scone gekrönt. Ein Konzil von Fürsten und Bischöfen beschließt, eine Allianz mit Frankreich in gegenseitiger Hilfe gegen den gemeinsamen Feind (England) einzugehen.
	1296	Edward marschiert erneut ein und erobert Berwick. Er raubt u. A. den Stone of Destiny.
Zweites Interregnum 1296-1306		Edward I. setzt Balliol nach einem hitzigen Disput ab. Dies ist der Beginn der schottischen **Unabhängigkeitskriege.**
		William Wallace taucht als Partisanenanführer auf. Ihm schließt sich **Andrew de Moray** an.
	1297	Schlacht bei **Stirling Bridge:** Edward I. schickt Hugh Cressingham und den Grafen von Surrey nach Schottland, um dem Aufstand ein Ende zu bereiten. Aber Wallace und de Moray besiegen die doppelte Übermacht der Engländer. Wallace wird zum ˌGuardian of Scotland' ernannt. Edward marschiert darauf selbst nach Schottland.
	1298	Wallaces Armee wird bei **Falkirk** vernichtend geschlagen. Edward wird zum ˌHammer der Schotten'. Wallace kann flüchten, wird sieben Jahre später verraten, gefangen genommen und zu einem grausamen Tod verurteilt.
	1305	wird William Wallace hingerichtet.
Robert I. 1306-1329	1306	**Robert Bruce** ersticht John ˌRed' Comyn in Dumfries vor dem Altar der Greyfriar's Kirk. Er lässt sich in

		Scone von Isabella, Countess of Buchan, zum König krönen.
	1306	In seiner ersten Schlacht wird er in **Methven Park** bei Perth geschlagen. Er flüchtet ins Hochland und später auf eine der Inseln vor der Westküste.
	1307	Robert the Bruce kehrt zurück und im April schlägt er erstmals die Engländer. Drei Monate später stirbt Edward I. auf seinem Marsch gegen Bruce.
	1314	Die Schotten unter Robert the Bruce und die Engländer unter Edward II. stehen sich in der **Schlacht am Bannock Burn** gegenüber. Die Engländer sind zwar in der dreifachen Übermacht, werden aber dennoch geschlagen. Edward II. lehnt es immer noch ab, Schottland als unabhängiges und freies Land anzuerkennen. Der Papst verhängt wegen der vielen Kriegsjahre das Interdikt über die Schotten.
	1320	Die Fürsten und Großen Schottlands setzen eine Willenskundgebung eines freien Volkes – die **Deklaration von Arbroath** – auf und senden sie nach Rom.
	1323	Robert the Bruce wird vom Papst als König anerkannt, aber erst 1328 wird ihm volle Absolution erteilt.
	1328	In Holyrood Abbey wird am 13. März das **Abkommen von**

		Edinburgh unterzeichnet. Edward III. erklärt Schottland für frei und unabhängig.
	1329	Am 7. Juni stirb Robert I. the Bruce. Wunschgemäß wird sein Herz auf einem Kreuzzug nach Jerusalem mitgenommen. Das endet vorzeitig in Spanien. Sein Herz wird zurückgebracht und im Kloster Melrose beigesetzt.
David II. 1329-1371		**David II.**, noch nicht einmal fünf Jahre alt, folgt seinem Vater auf den Thron.
	1333	In Schottland bricht wieder Krieg aus. Edward Balliol, Sohn von John, wird von missgünstigen Adeligen, die Robert benachteiligt hatte, zum Gegenkönig erhoben. Der junge Thronfolger wird nach Frankreich in Sicherheit geschickt.
	1341	Er kehrt zurück.
	1346	David II. dringt im Einvernehmen mit Frankreich nach England ein. Er wird vom **Erzbischof von York** bei **Neville's Cross** geschlagen. David II. wird für die nächsten 11 Jahre gefangen gehalten.
	1357	wird der König gegen das Versprechen der Zahlung einer Lösegeldsumme von 100 000 Merks freigelassen.
	1371	David II. stirbt ohne Nachkommen. Die Nachfolge tritt sein Neffe Robert an.
Robert II. 1371-1390		**Robert II.** kommt im Alter von 55 Jahren auf den Thron. Der Sohn von Walter, dem sechsten High

		Stewart of Scotland, und Enkel von Robert the Bruce, war schon während der Gefangenschaft seines Onkels Guardian of Scotland. Er übernimmt den Titel seines Vaters und wird damit zum ersten Stewart Monarchen. Sein Gesundheitszustand zwingt ihn, die Macht an seinen ältesten Sohn John, Graf Carrick, weiterzuge- ben. Vier Jahre später wird John aber schwer verletzt. Deshalb reicht Robert die Macht an seinen zweiten Sohn und jüngeren Bruder Johns – Robert (später Herzog von Albany) weiter.
Robert III. 1390-1406	1390	Robert II. stirbt. Ihm folgt sein ältester Sohn John auf den Thron, der den Namen als **Robert III.** annimmt. Aufgrund eines Unfalls, der ihn lähmt, muss Robert die Regierung seinem Bruder überlassen.
	1406	Robert III. schickt seinen verbleibenden Sohn **James** nach Frankreich. Das Schiff wird auf der Reise von Piraten gekapert. James wird gefangen genom- men und an den englischen Hof gebracht. Robert III. stirbt kurz nach Erhalt der Nachricht.
James I. 1406-1437	1406-1424	**James I.** wird unter Henry IV. 18 Jahre in England gefangen gehalten.
	1414	In St. Andrews wird die erste Universität Schottlands gegründet.
	1423	Das **Abkommen von London** sorgt gegen ein Lösegeld von

		40 000 Pfund für James' Freilassung. Der König kann nach Schottland zurückkehren.
	1437	Der König wird durch eine Gruppe Adliger im Kloster der Blackfriars in Perth brutal ermordet.
James II. 1437-1460		James II. ‚mit dem feurigen Gesicht' ist erst sechs Jahre alt, als er seinem Vater auf den Thron folgt.
	1440	In Anwesenheit des jungen Königs werden auf Edinburgh Castle der junge sechste Graf Douglas und sein Bruder während des Black Dinner ermordet.
	1449	James heiratet Mary of Gueldres. Er bekommt als Hochzeitsgeschenk von seinem Schwager die Belagerungskanone **Mons Meg**.
	1451	Die zweite Universität Schottlands wird in Glasgow gegründet.
	1460	Bei der Belagerung von Roxburgh Castle explodiert eine Kanone und der König verliert dabei ein Bein. Er stirbt an den Folgen der Verletzung.
James III. 1460-1488		James III. tritt im Alter von nur acht Jahren die Nachfolge seines Vaters an.
	1469	James III. heiratet Margaret von Dänemark. Da sein Schwiegervater die Mitgift nicht aufbringen kann und die Nordinseln als Sicherheit dazu eingesetzt hat, führt das zur endgültigen Gesamtkontrolle über Shetland und Orkney.
	1488	**Schlacht bei Sauchieburn** in der Nähe von Stirling. James wird geschlagen, fällt nach der Schlacht

		vom Pferd und schleppt sich schwer verletzt zu einem Haus. Ein falscher Priester nimmt ihm die letzte Beichte ab und erdolcht den unbeliebten König.
James IV. 1488-1513		Sein Sohn kommt als **James IV.** im Alter von knapp 16 Jahren auf den Thron.
	1513	Trotz des Friedensabkommens mit England dringt der König in Erfüllung des Bündnisses mit Frankreich (**Auld Alliance**) in England ein. Dabei fällt er in der Schalcht bei Flodden.
James V. 1513-1542		Sein Sohn kommt als **James V.** im Alter von 17 Monaten auf den Thron.
	1532	Er ruft mit finanzieller Konzession des Papstes das **College of Justiciary** in Edinburgh ins Leben.
	1542	Schlacht auf Solway Moor gegen Henry VIII. Knapp drei Wochen später am 14. Dezember stirbt James V. in seinem Jagdschloss Falkland Palace – vielleicht aus Gram über die Nachricht, dass Mary de Guise statt des erhofften männlichen Thronerben eine Tochter – Mary – geboren hat.
Mary, Queen of Scots 1542-1567		Mary wird, noch nicht einmal eine Woche alt, die Thronfolgerin.
	1544-1545	Henry VIII. startet die berüchtigte **Rauhe Werbung** um die Hand von Mary und marschiert in Schottland ein.

	1547	Die Schotten werden in der **Schlacht von Pinkie** vernichtend geschlagen.
	1548	Mary wird nach Frankreich geschickt.
	1558	Sie heiratet vereinbarungsgemäß den Thronerben François, ab 1559 König François II., von Frankreich. Dieser stirbt allerdings schon 1560.
	1559/60	Beginn der **Reformation** in Schottland unter **John Knox**.
	1561	Mary Queen of Scots kehrt nach Schottland zurück.
	1565	Sie heiratet ihren Cousin **Henry, Lord Darnley**, Vater des späteren James VI./I.
	1566	Ihr Sekretär **David Riccio** wird ermordet.
	1567	Im Februar wird Darnley in seinem Haus in Kirk o' Field ermordet. Kurze Zeit später heiratet Mary den mutmaßlichen Mörder, James Hepburn, **Graf Bothwell**. Das Resultat ist Bürgerkrieg in Schottland.
	1567	Schlacht bei **Carberry**: Mary ergibt sich den protestantischen Lords, wird auf Loch Leven Castle gefangengesetzt und dort am 24. Juli zur Abdankung gezwungen.
	1568	Ihr gelingt die Flucht. Kurz darauf findet die **Schlacht bei Langside** statt, die die Königin verliert. Sie flieht daraufhin nach England und

		sucht dort Zuflucht und Hilfe, wird aber von 1568-1587 von ihrer Cousine *Elisabeth Tudor* gefangen gehalten.
	1587	Mary Queen of Scots wird am 8. Februar hingerichtet.
James VI./I. 1567-1625	1586	Mit dem **Vertrag von Berwick** stimmt James VI. einem Bündnis mit England gegen Frankreich zu und löst damit effektiv die Auld Alliance auf. Er regiert sein Reich wahrscheinlich effizienter als je ein schottischer Monarch zuvor.
	1603	Nach dem Tod von Elisabeth I. wird er als James I. auch König von England.
	1617	James kehrt das erste und letzte Mal für einen kurzen Staatsbesuch nach Schottland zurück.
Charles I. 1625-1649		Da sein älterer Bruder Prinz Henry schon 1612 stirbt, folgt der zweite Sohn als **Charles I.** seinem Vater auf den Thron.
	1629	Auflösung des Englischen Parlaments durch den König.
	1633	Charles wird in der Kirche von St. Giles, Edinburgh gekrönt. Sein Versuch die anglikanische Liturgie in die presbyterianische Kirche Schottlands einzuführen, führt zu Unruhen.
	1638	In Schottland wird das National Covenant unterzeichnet.
	1640	Charles ruft das englische Parlament zur Finanzierung der sogenannten Bischofskriege (Unterdrückung religiöser Unruhen in Schottland) zusammen.

	1642-49	Im Verlauf des **Englischen Bürgerkriegs** kämpfen Royalisten (Cavaliers) gegen Anhänger des puritanistisch dominierten Parlaments (Roundheads).
	1644	Der König wird in **Marston Moor** geschlagen. Trotz der Hilfe Montrose' in Schottland werden die Royalisten im Juni 1645 auch bei **Naseby** (England) vernichtend geschlagen. Die Truppen **Oliver Cromwells** drängen die Royalisten langsam in die Niederlage.
	1646	Charles ergibt sich den Schotten, die ihn ausliefern. Von den Anhängern Cromwells wird der König des Hochverrats angeklagt und am 30. Januar 1649 vor Whitehall enthauptet.
Oliver Cromwell 1649-1658	1649	Mit der Nachricht der Hinrichtung wird sein Sohn von den Schotten am 5. Februar in Edinburgh als **Charles** II. zum König ausgerufen. Cromwells Antwort auf die Königsproklamation ist der Einmarsch in Schottland.
	1650	Charles II. kommt nach Schottland, um sein Königreich zu übernehmen. Am 3. September schlägt Cromwell bei **Dunbar** das schottische Heer vernichtend.
	1651	Krönung von **Charles** II. durch den Herzog von Argyll. Im gleichen Jahr findet die **Schlacht bei Inverkeithing** statt: General **Monk** überschreitet den Firth of Forth und dringt nach Perth vor.

		Die Schotten marschieren in England ein, werden aber bei **Worcester** vernichtend geschlagen. Charles schafft es, sich nach Frankreich durchzuschlagen. Er bleibt bis zum Tod Cromwells im Exil.
	1653	Schottland wird unter das **Protektorat Cromwells** gestellt und erhält eine Militärregierung.
	1658	Cromwell stirbt. Sein Sohn wird sein Nachfolger, wird aber mit Hilfe General Monks abgesetzt und Charles unterzeichnet die **Deklaration von Breda**, in der er schwierige Staatsangelegenheiten (wie die Regelung der Religionsfrage und die Bestrafung der Königsmörder) einem Konventionsparlament überlässt.
	1660	Der König wird vom Englischen Parlament eingeladen, den Thron zu besteigen (**Restauration**).
Charles II. 1660-1685	1662	Charles II. widerruft das Covenant und setzt das **Episkopat** wieder ein. **1666** – Schlacht von Rullion Green während des **Pentland-Aufstands**. Darauf folgen Jahre einer scharfen Verfolgung der Covenanters.
	1679	**James Sharp**, Erzbischof von St. Andrews, wird von Anhängern des Covenants ermordet. Weitere Aufstände der Covenanters werden unterdrückt. Am 22. Juni 1679 werden sie vom Herzog von Monmouth bei **Bothwell Bridge** vernichtend geschlagen.

	1685	Charles II. stirbt ohne legitime Nachkommen.
James VII./II. 1685-1688		Im Alter von 52 Jahren folgt **James VII./II.** seinem Bruder Charles auf den Thron. **1688** – Der König muss ins Exil flüchten, nachdem der holländische Prinz **Wilhelm von Oranien** in England gelandet ist (**Glorious Revolution**). Dies etabliert endgültig die Seite der protestantischen Erbfolge im Königreich. Von nun an kämpfen die Jakobiten für die Sache des katholischen Stewarts.
William III. & Mary II. 1689-1702	1689	**John Graham of Claverhouse** (genannt **Bonnie Dundee**) führt den ersten Aufstand der Jakobiten bei **Killiecrankie** an.
	1690	Schlacht an der Boyne (Irland), William schlägt James VII./II. Der Ausgang dieser Schlacht wird noch heute jedes Jahr von Protestanten in Nordirland in den berüchtigten Umzügen gefeiert, die immer wieder zu Ausschreitungen führen.
	1692	**Massaker von Glencoe.**
	1695-1699	Der Erwerb von Kolonien in Panama treibt Schottland an den Rand des Ruins.
	1701	Das englische Parlament beschließt aus Angst vor einem erneuten Thronanspruch der katholischen Stewarts nach dem Tod der kinderlosen Anne den **Act of Settlement**.

Anne 1702-1714		Nach dem Tod von William kommt seine Schwägerin **Anne** auf den Thron.
	1707	Mit dem **Act of Union** zwischen den beiden Ländern erkennt Schottland diese Thronfolge an und das schottische Parlament löst sich auf. Schottland behält ein eigenes Rechts- und Schulsystem sowie Religionsfreiheit und eine eigene Währung.
	1714	Queen Anne stirbt am 12. August. Wie im Act of Settlement bestimmt, sollte aus der Nebenlinie der Stewarts eigentlich die protestantische Enkelin von James VI./I., die Kurfürstin von Hannover, auf den britischen Thron folgen. Sie stirbt aber wenige Wochen vorher. Deshalb kommt ihr Sohn Georg Ludwig auf den britischen Thron.
George I. 1714-1727	1708, 1715 und 1719	führt der **Old Pretender**, James Francis Edward Stewart, Sohn von James VII./II. drei erfolglose Jakobitenrebellionen an.
George II. 1727-1760	1745/46	Charles Edward Stewart, der **Young Pretender**, Sohn von James Francis Edward Stewart, leitet den letzten Jakobitenaufstand. Am 16. April 1746 wird Bonnie Prince Charlie bei Culloden vernichtend geschlagen. Danach wird die Hochlandkultur massiv unterdrückt.
George III. 1760-1820	1782	Das Gesetz gegen das Tragen von Hochlandkleidung wird aufgehoben.

		Ab **1807**: Clearances im Hochland.
George IV. 1820-1830	1822	Erstmals nach fast 200 Jahren kommt wieder ein britischer König nach Schottland. Sir Walter Scott organisiert diesen Staatsbesuch, zu dem George als Versöhnungsgeste im Kilt erscheint. Nach den napoleonischen Kriegen setzt in Schottland verstärkt die Industrialisierung ein.
William IV. 1830-1837	1832	Der erste **Reform Act** gesteht Schottland mehr Repräsentanten im Unterhaus zu.
Victoria 1837-1901		Da beide Töchter Williams sterben, kommt seine Nichte **Victoria** nach dessen Tod auf den Thron.
	1843	Abspaltung der Free Church von der Church of Scotland in der sogenannten **Disruption**. In Schottland entsteht ein unüberschaubares Gewirr aus Glaubensrichtungen. In Victorias Regierungszeit fallen teilweise auch die berüchtigten Clearances, die systematischen Vertreibungen der Hochlandbevölkerung durch Großgrundbesitzer.
	1885	Ein **Secretary of State for Scotland** wird benannt und ins Kabinett berufen.
	1886	**Crofter Holding Act**: Die Kleinbauern erhalten u. a. das Recht, die Pacht zu vererben.
Edward VII. 1901-1910		Der älteste Sohn Victorias kommt 59-jährig nach dem Tod seiner Mutter auf den Thron.

George V. 1910-1936	1914-1918	**Erster Weltkrieg**
	1927	Gründung der Scottish National Party (SNP).
Edward VIII.	1936	Der König dankt ab, um die geschiedene Amerikanerin Wallis Simpson heiraten zu können.
George VI. 1936-1952	1939-1945	**Zweiter Weltkrieg**
	1950	Der **Stone of Scone** wird von schottischen Studenten entführt und taucht erst 1951 wieder in der Abtei von Arbroath auf.
Elizabeth I./II. 1952-		Erstes Referendum. Es findet sich keine Mehrheit für die Loslösung Schottlands von der Zentralregierung.
	1996	700 Jahre nach dem Raub des Stone of Destiny durch Edward I. gibt Elizabeth diesen an Schottland zurück.
	1997	Regierungswechsel und zweites Referendum nach der Wahl von Tony Blair als neuem, links liberalem Premier. Über 80% der Schotten stimmen für die Schaffung eines neuen schottischen Parlamentes.
	1999	Nach fast 300 Jahren tritt am 1. Juli wieder ein schottisches Parlament zusammen.
	2004	Eröffnung des Gebäudes des neuen **schottischen Parlamentsgebäudes** gegenüber dem Palast von Holyrood House.

	2014	In einem Referendum am 18. September entscheidet sich Schottland mit rd. 55% zu 45% gegen eine endgültige Loslösung aus der Union.

Literaturhinweise für Lesehungrige

Büsing, Sabine — *Leuchtturm im Dschungel*, Roman über das Leben des Schriftstellers Robert Louis Stevenson, Frieling Verlag, 1998.

Boswell, James — *Dr. Samuel Johnson: Leben und Meinungen, mit dem Tagebuch einer Reise nach den Hebriden.* Hrsg. und aus dem Englischen übersetzt von Fritz Güttinger, Diogenes Verlag, 1981.

Fontane, Theodor — *Jenseits des Tweed*, Bilder und Briefe aus Schottland mit zahlreichen Abbildungen und einem Nachwort von Otto Drude, Insel Verlag, 1989.

Hume, David — *Vom schwachen Trost der Philosophie*, Nachwort, Auswahl und Übersetzung von Jens Kuhlenkampff, Steidle, 1997.

MacLean, Fitzroy — *Kleine Geschichte Schottlands.* Aus dem Englischen üs. von Angela Uthe-Spencker, Busse Seewald, 1986.

Ohff, Heinz — *Gebrauchsanweisung für Schottland*, Piper Verlag, 1999.

Rosendorfer, Heinz — *Die junge Maria Stuart. Erzählungen.* Mit einem Nachwort von Eckhard Henscheid, Philip Reclam Jun., 1998.

Schiller, Friedrich — *Maria Stuart*, Hrsg. von Josepf Kiermeier-Debre, dtv, 1997.

Scott, Sir Walter — *Ivanhoe*, Nachwort von Paul von Ernst, aus dem Englischen von L. Tafel, Insel Verlag, 1984.

Smith, Adam — *Der Wohlstand der Nationen: Eine Untersuchung seiner Natur und seiner Ursachen.* Hrsg. und aus dem Englischen übersetzt von Horst Claus Recktenwald, mit einer umfassenden Würdigung des Gesamtwerkes, dtv, 1999.

Spark, Muriel	*Die Blütezeit der Miss Jean Brodie.* Aus dem Englischen von Peter Naujack, Diogenes Verlag, 1996.
Stevenson, Robert Louis	*Erzählungen.* Aus dem Englischen übersetzt und mit einem Nachwort und bibliografischer Erläuterung von Richard Mummendey, Wissenschaftliche Buchgesellschaft, 1960.
	Der seltsame Fall des Dr. Jekyll und Mr. Hyde. Aus dem Englischen von Angelika Eisold-Viebig, Gerstenberg, 1998.
Stremminger, Gerd	*David Hume*, Rowohlt, 1986. *Adam Smith*, Rowohlt, 1989.
Welsh, Irvine	*Trainspotting.* Aus dem Englischen von Peter Torberg, Goldmann Taschenbuch Verlag, 1999.
Winter, Helen & Rommel, Thomas	*Adam Smith für Anfänger.* *Der Wohlstand der Nationen, Eine Einführung*, dtv, 1999.
Zweig, Stefan	*Maria Stuart.* Biografie einer Königin. Fischer Verlag, 1997.

Schottland von A – Z

(Adressen, Telefonnumern, Email Adressen und Websites
sind ohne Gewähr aufgeführt)

Antiquitäten

Antiquitätengeschäfte gibt es in fast jedem größeren Ort. In Glasgow können Interessenten vor allem aber in der Regent Street und in der Bath Street herumstöbern.

In Edinburgh sind dagegen die Antiquitätenläden über die gesamte Alt- und Neustadt verteilt, so sind hier in der Folge nur einige Straßen mit entsprechenden Geschäften genannt: Victoria Street, High Street, Thistle Street, St. Stephen Street, Howe Street, Dundas Street, George Street u.v.a.

Apotheken

Rezeptpflichtige Arzneimittel sind beim Apotheker und in manchen *Pharmacies* (z. B. Boots) erhältlich. Daneben führen die meisten dieser Geschäfte ein umfangreiches Sortiment an Drogerieartikeln und rezeptfreien Medikamenten.

Es sollte aber beachtet werden, dass die in der Heimat verschriebenen Medikamente meistens anders bezeichnet sind. Oft sind sie in Großbritannien überhaupt nicht erhältlich und u.U. nur in anderen Zusammensetzungen zu finden. In jedem Fall ist es dringend ratsam, sich die notwendigen Medikamente von Zuhause mitzubringen.

Die Apotheken sind von 9–18 Uhr und in einigen Städten bis 20 Uhr geöffnet. Die Adressen von Bereitschaftsapotheken können der Tagespresse entnommen werden.

Ärzte und Behandlungen

Urlauber aus EU-Mitgliedsländern haben Anspruch auf kostenlose Behandlung durch Ärzte oder Ambulanzabteilungen der Krankenhäuser, die dem britischen Gesundheitsdienst National Health Service (NHS) angegliedert sind. Private Ärzte und Kliniken stellen die Behandlung in Rechnung! Die Notbehandlung beim Zahnarzt ist oft kostenlos. Weitere Behandlungen werden allerdings dagegen nur gegen Berechnung durchgeführt.

Baden

An der Westküste sowie auf den Inseln gibt es Traumstrände. Manche davon sind aus feinstem Sand und sind in der Karibik nicht schöner. Bei warmem bis heißem (!) Wetter locken das herrlich grünblaue Meer oder auch einer der unzähligen Lochs zum Baden. Doch Vorsicht! Das Wasser ist meistens sehr kalt. Besonders in entlegenen Regionen sollten unbedingt Ortskundige gefragt werden, ob das Baden gefährlich ist. Grund dafür ist die sehr oft starke Gezeitenströmung, die immer wieder auch geübte Schwimmer auf das offene Meer hinauszieht.

Vorsicht ist auch bei Landverbindungen zu Inseln angebracht, die bei Ebbe entstehen und bei eintretender Flut oft schnell überspült werden. Die Verbindung zur heiligen Insel Lindisfarne, in Northumberland, ist ein sehr gutes Beispiel dafür. Information unbedingt vorab erfragen: Durham TIC 03000 262 626.
Website:
http://www.northumberlandlife.org/holy-island/Page3.asp

Banken

Trotz der einstigen Unruhen auf dem Bankensektor ist Edinburgh immer noch das zweitwichtigste Bankenzentrum im Vereinigten Königreich (UK) und einer der führenden Finanzstandorte in Europa. In Schottland gibt es neben den Filialen der meisten englischen Banken drei große schottische Banken: Bank of Scotland, The Royal Bank of Scotland und die Clydesdale Bank. Diese drei Banken haben trotz der Union von 1707 immer noch das Recht, ihr eigenes Geld zu drucken.

Fast überall finden sich heute Geldautomaten für Euro- und Kreditkarten. Im abgelegenen Hochland und an der Küste kann u. U. im Post Office, Reisebüro, oder bei der Touristeninformation (TIC) Geld gewechselt werden. Darüber hinaus lösen die Banken American Express oder Marks & Spencer auch Traveller-Cheques ein. Leider aber tauschen immer weniger Banken für Nicht Kunden – in £ um, weil sie nicht als Wechselstuben fungieren und dies dem Bureau de Change, dem Post Office o.Ä. überlassen wollen.

In der Regel haben die Banken montags bis freitags von 9.00 Uhr bis 17:00 Uhr geöffnet. Einige haben donnerstags längere Schalterstunden oder sind, wie z. B. einige Filialen der Bank of Scotland, auch samstags oder gar sonntags zwischen 10–13 Uhr geöffnet. In ländlichen Regionen und im äußersten Nordwesten können oft nur an bestimmten Wochentagen im Bankmobil Devisen getauscht werden. Kreditkarten u.Ä. sind in B&B Unterkünften, Pubs oder Cafés eher unüblich. In ländlichen Regionen im Norden gibt es zudem kaum Geldautomaten.

Behinderte

Für alle Belange in dieser Hinsicht lassen sich Informationen und Publikationen auf folgender Internetseite finden:

www.update.org.uk

Botschaften/Konsulate

(alle Adressenangaben sind unverbindlich)

Generalkonsulat der Bundesrepublik Deutschland
16 Eglington Crescent, Edinburgh EH12 5DG
Tel. 0131 337 23 23 german.consulate@btconnect.com
http://www.edinburgh.diplo.de

Österreichisches Konsulat
9 Howard Place, Edinburgh EH3 5JZ
Tel. 0131 558 19 55
austrianconsulate@focusscotland.co.uk

Schweizer Generalkonsulat
58/2 Manor Place, Edinburgh EH3 7EH
Tel. +44 131 225 93 13
edinburgh@honrep.ch

Fähren

Von den über 700 schottischen Inseln sind etwa 95 bewohnt; Besucher sind auf Fähren angewiesen. Vorausbuchungen, besonders für Fahrzeuge, sollten für die meisten Strecken besonders während der Hauptreisezeit im Sommer vorgenommen werden. Ebenso ist es ratsam, vorher genau zu kalkulieren, ob sich die Überfahrt zu den Inseln mit dem eigenen Fahrzeug lohnt bzw. im Verhältnis zum Fahrpreis steht. Auf den großen Hebrideninseln, Orkney und Shetland bieten Linienbusse und einige Ausflugsunternehmen gute Transportmöglichkeiten an.

Die meisten Fähren an der Westküste werden vom halbstaatlichen Unternehmen Caledonian MacBrayne (kurz CalMac) betrieben. Alle Fahrpläne sind in Broschüren erhältlich, die in allen Fährbüros ausliegen und von dort angefordert werden können. In den Fährbüros gibt es ebenfalls Unterkunftsangebote.

Caledonian MacBrayne
Tel. 01475 650 100
Reservierungen: 0800 066 5000
http://www.calmac.co.uk

John o'Groats – Orkney
Tel. 01955 611 353
(ohne Wagen und nur Sommer)
http://www.jogferry.co.uk

Orkney mit Wagen
Northlink (Scrabster – Orkney; Aberdeen – Shetland)
Tel. 0845 600 0449
http://www.northlinkferries.co.uk

P&O: Cairnryan – Larne (Nordirland)
Tel. 08716 64 64 64
http://poirishsea.com

STENA: Stranraer nach Irland
Tel. 0990 70 70 70
http://www.stenaline.co.uk

Feiertage

Die Feiertage, die sogenannten *Bank Holidays*, sind arbeitsfreie Tage, die in Schottland für Banken und einige andere Institutionen gelten. Einige Firmen nutzen die Möglichkeit und schließen an den Tagen ebenfalls. Neujahr und der 2. Januar waren bisher im ganzen Land Feiertage, ebenso der 6. Januar, Karfreitag und Ostermontag, der 1. Mai und der Erste Weihnachtstag. Zukünftig werden in Edinburgh und u.U. anderswo am 1. Januar einige Geschäfte geöffnet sein.

Darüber hinaus gibt es in schottischen Städten und Gemeinden verschiedene regionale Feiertage unterschiedlichen Ursprungs.

Festivals

Über das Jahr verteilt gibt es überall auf dem schottischen Festland und auf den Inseln zahllose Veranstaltungen. Ceilidhs, die Tanz- und Musikfeste, sind sehr beliebt. Ob in der Turnhalle oder im Gemeindehaus, es wird keine Gelegenheit ausgelassen, um zu schottischer Musik und Gesang zu tanzen und dann, wie es heißt, geht die Post ab. Ceilidhs finden in kleinem und größerem Rahmen bei jeder sich bietenden Gelegenheit statt. Traditionell waren sie früher ein Beisammensein von Freunden und Nachbarn, dann wurden Geschichten erzählt, gesungen und die Geige gespielt. Heute jedoch sind Ceilidhs eher organisierte Festlichkeiten mit Musikkapellen und Künstlern.

Kulturelle Höhepunkte sind unbestritten die Veranstaltungen in Edinburgh sowie zunehmend auch in Glasgow. Die Edinburgher Internationalen Festspiele (http://www.eif.co.uk) sind, 1947 erstmals initiiert, die ältesten und bedeutendsten ihrer Art in der Welt. Parallel zu diesem Festival der klassischen Künste wie Oper, Konzert, Ballett und Theater laufen fast zeitgleich in den Sommermonaten noch die folgenden Festivals und Messen in der Stadt: das gleichalte und inzwischen über das Kulturfestival hinausgewachsene Fringe Festival, das Filmfestival, das Internationale Kunstfestival, die Jazz Tage und das Buchfestival. Dazu mischen sich in Edinburgh die Besucher der verschiedensten Nationalitäten.

Eine Veranstaltung, die inzwischen ebenfalls auf der ganzen Welt bekannt und nicht nur für Freunde schottischer Militärmusik gedacht ist, fällt bei der obigen Aufzählung allerdings aus dem Rahmen. Das Military Tattoo (http://www.edintattoo. co.uk) wird eine Woche nach Eröffnung des Sommerfestivals jeden Abend auf der Esplanade vor der grandiosen Kulisse der Burg veranstaltet. Zum Abschluss findet jedes Jahr ein spektakuläres Feuerwerk mit Musik statt, das von überall in der Stadt über der Burg zu sehen ist. Das begleitende Konzert wird live im Radio übertragen. Doch auch dazu gibt es noch eine Steigerung, denn die z. Zt. wohl größte Feier ihrer Art in Europa ist die fünftägige Silvester- Veranstaltung (Hogmanay) jeweils vom 29. Dezember bis zum 2. Januar.

Das St. Magnus Festival in Kirkwall und Stromness (Juni), das Robert Burns Festival in der Region um Ayr (Juni) oder die Festival Theatre Season in Pitlochry (von Mai bis Oktober) stehen zwar etwas im Schatten dieser Großveranstaltungen, sind aber wie viele andere oft nicht weniger interessant. Mehr und ausführlichere Informationen darüber sind bei den lokalen Tourist Informations oder natürlich übers Internet erhältlich.

Führungen

Über die Scottish Tourist Guides Association können gut informierte und geschulte Reiseleiter für Touren durch die größeren Städte und den Rest des Landes gebucht werden. Diese Führungen werden in vielen verschiedenen Sprachen und für diverse Spezialkategorien durchgeführt. Die gründliche Ausbildung der Reiseleiter erfolgt in enger Zusammenarbeit mit der Universität Edinburgh und dauert jetzt rund zwei Jahre. Nähere Information sind erhältlich unter:

Tel/Fax 01786 45 19 53 oder 01786 44 77 84
E-mail: info@stga.co.uk
Website: http://www.stga.co.uk

Geschäftszeiten

Geschäfte haben allgemein von 9.00–17.30 Uhr geöffnet und samstags schließen sie erst gegen 18 Uhr. Seit einiger Zeit haben verschiedene Geschäfte, vor allem aber Einzelhändler und große Einkaufszentren, auch sonntags geöffnet.

Getränke

Schottland war bisher nicht unbedingt für eine Kaffeekultur bekannt. Immer mehr (gute) Coffee-Shops sprießen in den letzten Jahren aus dem schottischen Boden. Tee ist die Alternative und davon wird überall reichlich Gebrauch gemacht. Allerdings ist die lange Zeremonie des Aufbrühens etwas verkürzt, denn in Großbritannien werden meistens Teebeutel verwendet. Diese finden sich auch bei fast allen Unterkünften im Zimmer, zusammen mit einem Teekessel, etwas Milch, Geschirr etc. Es soll schon vorgekommen sein, dass die exportierte Gewohnheit des *Early Morning Tea* sogar zu Hause zu einer genussvollen Angewohnheit geworden ist.

Das bekannteste Getränk in Schottland ist natürlich der Whisky – das Wasser des Lebens oder gälisch *uisge-beatha*. Eine der größten Sünden ist es, den mit Soda, Cola oder gar Eiswürfeln zu versetzen. Der Schotte trinkt den Malt entweder pur oder gibt allenfalls einige wenige Tropfen reinen Wassers hinzu (meistens im Krug auf der Theke). Damit streckt er das hochprozentige Getränk nicht nur etwas, sondern verhilft dem Aroma auch zur Entfaltung. Die Preise für guten Whisky sind sowohl in den Destillerien als auch in den Geschäften in Großbritannien meistens höher als daheim. Für Informationen über einige wenige Destillen s. Exkurs *Dem Whisky auf der Spur*. Für alle Whiskykenner und -liebhaber empfiehlt sich folgender Kontakt:

The Scotch Whisky Association
20 Atholl Crescent
Edinburgh EH3 8HF
Tel. 0131 222 92 00

Interessantes und alle erdenklichen Informationen über Whisky sind natürlich auch übers Internet erhältlich: http://www.scotchwhisky.com

Das gängigste Getränk in den Pubs ist freilich das Bier. Bestellt wird ein *half Pint* oder ein *Pint* (0,57 l). Wer keine Experimente eingehen will, hält sich dabei an das *Lager*, das dem deutschen Hellen geschmacklich am nächsten kommt, aber bestimmt nicht dessen Pilscharakter und die gewohnte Schaumkrone hat. Früher wurde nur mit Luft gezapft, die mit einem langen Hebel ins Fass gepumpt wurde. Zunehmend werden jetzt zwar auch Kohlensäure und Stickstoff eingesetzt, doch wie früher werden die Gläser randvoll eingeschenkt. In Schottland wird – neben dem *Lager* – heute meistens das sogenannte 70 Shilling oder 80 Shilling getrunken, ein kräftiges, kohlensäurearmes, leicht bräunliches Bier, in England auch *Bitter* oder *Ale* genannt. Das gibt es in vielen Variationen von lokalen oder englischen Brauereien. Darüber hinaus wird auch gern das schwarz-braune, meist irische *Stout* wie z. B. Guinness, Murphy's o.Ä. getrunken.

Einige Biersorten:

Heavy Draught (80 oder 70 Shillings)	dunkles Fassbier mit leicht bitterem Geschmack
Lager	helles Bier
Stout	Starkbier
brown Ale	dunkles Bier (süßlich)
light Ale	helles Bier (schäumend)

Außer Bier und Whisky gibt es noch den englischen Cider, eine Art Apfelwein, der von süß bis trocken variiert. Traditionell und seit Jahrhunderten ist Wein ein beliebtes Getränk. Spirituosen, andere Alkoholika und Bier gibt es allerdings lediglich in sogenannten *licensed* (konzessionierten) Geschäften wie Morrison's, Sainsbury's, Tesco etc. zu kaufen. Neben den international bekannten Arten von alkoholfreien Softdrinks darf in dieser Aufführung aber keinesfalls der nationale Softdrink Schottlands, das sehr süße und knallorangefarbene *Irn Bru* fehlen.

In fast allen Pubs und Bars gilt aber einheitlich (mit ganz wenigen Ausnahmen): Die Getränke werden an der Theke bestellt, dort gleich bezahlt und selbst mit an den Tisch genommen. Es ist auch durchaus üblich, sich vor dem Essen in der Hotelbar zu einem Drink zu treffen und diesen mit in das Restaurant zu nehmen.

Nach der Aufhebung der beschränkten Öffnungszeiten steht es jetzt den Betreibern von Bars und Kneipen frei, ihre Öffnungszeiten selber zu bestimmen. Ab 26. März 2006 ist das Rauchen in Schottland in allen öffentlichen Gebäuden inkl. Pubs, Bars und Restaurants nicht länger erlaubt und sowohl der Gastwirt als auch der Raucher werden beim Verstoß mit Geldstrafen belegt.

Neue Lizenzgesetze verbieten u.a. den Verkauf von Alkohol vor 10 Uhr morgens – sonntags 12 Uhr – und an Jugendliche unter dem Alter von 18 Jahren.

Highland Games

Die Highland Games werden manchmal etwas herablassend als ‚Haferflocken-Olympiade' bezeichnet. Sie sind inzwischen aber so beliebt, dass sie auch in Edinburgh ein Bestandteil des Sommerprogramms sind und in vielen Teilen der Englisch sprechenden Welt zu sehen sind.

Schon vor über eintausend Jahren gab es mit den Vergleichskämpfen der Könige oder Clanchiefs die ersten Vorläufer dieser Wettbewerbe. Die Sieger hatten das Privileg, dann als Kurierläufer oder Bodyguards der Clanchiefs eingestellt zu werden.

Heute gehören zu den Games verschiedene Leichtathletikdisziplinen, Geschicklichkeitsprüfungen und Kraftproben, Hochlandtänze und Dudelsackspieler.

Das ganze Spektakel findet auf einem großen Festplatz statt. Die vom Fernsehen und aus der Presse her bekanntesten und farbenprächtigsten Spiele finden jedes Jahr am ersten Sonnabend im September in Braemar statt. Es ist Tradition, dass die Königin mit Familienmitgliedern, die zu dem Zeitpunkt mit ihr auf dem naheliegenden Familienschloss

Balmoral Castle ihren Jahresurlaub verbringen, am Nachmittag für einige Stunden die Highland Games von Braemar besucht.

Kleidung und Ausrüstung

Die Garderobe für die meisten Restaurants und Pubs ist im allgemeinen leger. Einige Spitzenhotels, Landhäuser und Restaurants bestehen jedoch zumindest beim abendlichen Dinner auf Jackett und Krawatte (Jacket and tie) bei den Herren und entsprechendes bei den Damen. Steht dann allerdings ‚formal', ‚Black Tie', o.Ä. auf der Einladung, dann sind das lange Abendkleid und bei den Herren das Dinnerjacket und Kilt oder Abendgarderobe gefordert.

In Schottland ist das Wetter nie schlecht, bekanntlich ist die Kleidung höchstens nicht passend. Wegen der sich manchmal schnell ändernden Wetterverhältnisse ist aber eine regendichte Jacke oder ein Anorak angebracht und ein Pullover kann auch nicht schaden.

Wer Berge besteigen möchte, muss zudem auf drastische Temperaturwechsel vorbereitet sein. Wind- und regenfeste, warme Kleidung und Ausrüstung gehören genauso wie gute Wanderschuhe und mindestens ein Stock ins Gepäck. Obwohl die Berge Schottlands im Vergleich zu anderen Bergen Europas nicht hoch sind, dürfen Bergwanderungen oder -besteigungen keinesfalls unterschätzt werden. Plötzliche Wetterumschwünge sind jederzeit möglich und eine Orientierung im Nebel und Schnee sehr schwierig. Ein Muss sind deshalb eine gute Karte der Region (sehr zu empfehlen sind die *Ordnance Survey* und *Pathfinder*-Karten, die die von Touristen gern besuchten Gegenden gut abdecken und viele Zusatzinformationen bieten), Kompass und Wärmefolie, Notration, Signalausrüstung und ein Mobiltelefon. Ebenso wichtig ist die Vorabinformation über die Region und das Ziel bei der örtlichen Touristeninformation oder der Bergwacht. Angaben über die Route mit Abmarschzeit und geschätzter Rückkehr sollten schriftlich im Wagen oder Hotel hinterlassen werden, damit die Bergrettung notfalls Informationen hat.

Maße und Gewichte

Auch wenn sich mittlerweile das metrische System auf der Insel offiziell durchgesetzt hat, sind traditionell in einigen Bereichen noch immer britische Maß- und Gewichtseinheiten üblich.

So sind z. Zt. noch die Meilenangaben auf den Straßenschildern und Straßenkarten und das Pint von EU-Regulierungen verschont.

1 Inch (in)		2,54 cm
1 Foot (ft)	12 Inches	30,48 cm
1 Yard	3 ft	0,914 m
1 Mile or 8 Furlongs	1760 Yrds	1,61 km
1 naut. Mile		1,83 km
1 Ounze (oz)		28,35 g
1 Pound (1b)		0,454 kg
1 Stone		6,35 kg
1 Ton UK		1,016 t
1 Pint		0,568 l
1 Gallon		4,546 l

Mücken

Die winzigen Midges (*Culicoides Impunctatu*) sind eigentlich Fliegen. Sie kommen im Hochland und auf den Inseln vor, sind aber kaum zu sehen und im Sommer können sie zur Qual werden.

Schutz dagegen gibt es nur, wenn Arme, Beine und vor allem der Hals gut abdeckt werden. Midges mögen weder Wind noch trockene Höhenlagen. Ein brauchbares Insektenschutzmittel ist Autan oder Avon's ‚Skin-So-Soft'.

Natur- und Denkmalschutz

Zahlreiche Organisationen kümmern sich in Schottland um Natur- und Landschaftsschutz. Dies sind vor allem:

John Muir Trust
41 Commercial Street
Edinburgh EH6 6JD
Tel 0131 554 01 14
http://www.jmt.org

Royal Society for the Protection of Birds
2 Lochside View, Edinburgh Park
Edinburgh EH12 9DH
Tel 0131 317 41 00
http://www.rspb.org.uk

Scottish Natural Heritage
Leachkin Road
Inverness IV3 8NW
Tel 01463 725000
www.snh.org.uk

Scottish Wildlife Trust
Harbourside House, 110 Commercial Street
Edinburgh EH6 6NF
Tel. 0131 312 77 65
http://www.scottishwildlifetrust.org.uk

Die folgenden Verbände kümmern sich um den Schutz und
die Bewirtschaftung des Waldes:

Forestry Commission
231 Corstorphine Road
Edinburgh EH12 7AT
Tel. 0300 067 5000
http://www.forestry.gov.uk

Reforesting Scotland
The Stables, Falkland Estate
Falkland KY15 7AF
Tel. 01337 857488
http://www.reforestingscotland.org

Für Denkmalpflege und -erhaltung sowie Öffentlichkeitsarbeit zu historischen Bauten sind besonders die Organisationen **Historic Scotland** und **National Trust for Scotland** zuständig. Sie besitzen bzw. verwalten nicht nur unzählige Gebäude und beträchtliche Ländereien, sondern kümmern sich auch um touristische Belange.

Historic Scotland
Longmore House, Salisbury Place
Edinburgh EH9 1SH
Tel. 0131 668 86 00
http://www.historic-scotland.gov.uk

National Trust for Scotland
Hermiston Quay, 5 Cultins Road
Edinburgh EH11 4DF
Tel. 0131 458 02 00
http://www.nts.org.uk

Teilweise überschneiden sich die Kompetenzbereiche der Organisationen. Daneben gibt es zahlreiche Interessenverbände auf lokaler und nationaler Ebene. Stellvertretend sei **Friends of the Earth** angeführt, die auf ihrer Website eine sehr nützliche Liste anbieten, in der auf andere, ähnliche Gruppen verwiesen wird.

Friends of the Earth Scotland
Thorn House, 5 Rose Street
Edinburgh EH2 2PR
Tel. 0131 243 27 00
http://www.foe-scotland.org.uk

Notfälle

Polizei, Feuerwehr und Notarzt sowie die See- und Luftrettung (auch in England): Tel. 999. Bevor der Notarzt vielleicht kommen muss, wird empfohlen zunächst die fernmündliche Diagnose einer Fachkraft des NHS 24 unter 111 einzuholen.

Edinburgh
Krankenhaus (Royal Infirmary)
51 Little France Crescent
Old Dalkeith Road
Edinburgh EH16 4SA
Tel. 0131 536 1000

Glasgow
Krankenhaus (Royal Infirmary; 24–Std. Service)
84 Castle Street
Tel. 0141 211 4000

Inverness
Raigmore Krankenhaus
Old Perth Road
Tel. 01463 704 000

Öffentliche Verkehrsmittel

In Großbritannien ist das Bussystem zu Reisezwecken über Land sehr gut ausgebaut. Busfahren ist auch meistens günstiger als das Reisen mit der Bahn.

Busse:

Glasgow
Buchanan Bus Station
Tel. 0141 333 37 08

Edinburgh
St. Andrews Street Bus Station
0131 555 63 63 oder +44 (131) 225 38 58
http://www.edinburgh.gov.uk/info/20088/public_transport/
879/edinburgh_bus_station

Die beiden wichtigsten Busgesellschaften sind:
City Link: 08705 50 50 50
National Express: 08717 818181
Die **Zentrale Zugauskunft** www.nationalrail.co.uk
ist rund um die Uhr besetzt: Tel. 08457 48 49 50

Post

Briefkästen sind meistens rote, einzelnstehende Säulen oder in Mauern eingelassene feuerrote Kästen. Manche Postämter im Hochland und auf den Inseln erinnern an Tante-Emma-Läden. Zwischen Kartoffelchips, Zeitungen und Kolonialwaren werden Briefe abgefertigt, Briefmarken verkauft und Renten ausgezahlt. Das hat seinen sozialpolitischen Hintergrund, denn oft bekommen Ortsunkundige in diesen Postämtern Informationen wie z. B. Busfahrpläne, Übernachtungen oder Angellizenzen, falls es keine Touristeninformation im Ort gibt. Auch ein Schwätzchen zwischen Nachbarn hat hier seinen Platz. Wer in abgelegenen Regionen auf Transport zwischen einzelnen Ortschaften oder einsamen *Crofts* angewiesen ist, dem hilft die Post gern aus. Die roten Landrover mit der goldenen Aufschrift ‚Royal Mail' bringen dort auch Passagiere an ihr Ziel, es dauert nur etwas länger. Gelegentlich erledigt der freundliche Posty, wie der Postbote hier liebevoll genannt wird, für die verstreut liegenden Gehöfte sogar kleine Besorgungen.

Presse

Neben den bekannten Londoner Zeitungen wie der *Times* (http://www.timesonline.co.uk) und dem *Guardian* (http://www.guardian.co.uk) sind die beiden großen überregionalen Tageszeitungen für Schottland *The Scotsman* (http://www.scotsman.com) und *The Herald* (http://www.theherald.co.uk). Wer seine deutschsprachige Zeitung nicht missen möchte, findet die gängigsten Blätter in den Zeitschriftenläden oder Buchhandlungen in den Zentren von Glasgow und Edinburgh.

Sehenswürdigkeiten

Adressen, Telefonnummern, Lage und Öffnungszeiten von Museen, historischen Gebäuden, Veranstaltungszentren und Galerien sind in den Broschüren zu finden, die in Cafés und Restaurants, den Tourismusinformationen und bei allen Veranstaltungsorten ausliegen.

Bei VisitScotland, beim National Trust for Scotland – NTS – oder in den Tourist Information Centres – TIC – erhalten z.B. Gartenliebhaber einen Überblick über die schönsten Gärten in einer ganzen Anzahl von Verzeichnissen oder in der NTS Broschüre. Weitere Spezialbroschüren für Wassersportler, Angler, Wanderer etc. sind in allen größeren Tourismusinformationen erhältlich oder können bei VisitScotland angefordert werden. Eintritt zu allen öffentlichen und privaten Sehenswürdigkeiten kann individuell bezahlt werden. Ratsam ist es, bei Historic Scotland Gruppen- oder Sammelkarten zu kaufen. Es gibt sie z.T. auch bei den großen Sehenswürdigkeiten in Schottland.

Schottische Küche

Die schottische Küche ist ganz bestimmt besser als ihr Ruf. Die vormals in Großbritannien vorherrschende kulinarische Einöde hat sich zum Glück in ein fast schon als Paradies für Liebhaber guten Essens zu bezeichnende Landschaft verwandelt. So gibt es mittlerweile auch in Schottland eine Anzahl sehr guter Köche, die es sich zur Aufgabe gemacht haben, landes- und international bekannte Kostbarkeiten mit entsprechendem Können zu ehren. Der Engländer Dr. Johnsons, der Mitte des 18. Jh. das Land bereiste und das erste englische Wörterbuch verfasste, bemerkte sehr bissig und böse: ‚In Schottland werden die Menschen mit dem gefüttert, was anderenorts die Pferde zu fressen bekommen, nämlich Hafer'. Das hat heutzutage noch Bestand, wenn auch etwas eingeschränkt. Heute werden immer noch Haferprodukte wie *Porridge* und *Oatcakes* (ursprünglich ungesüßte Haferkekse) zubereitet bzw. hergestellt und gern gegessen. Gerade diese Haferkekse sind ein traditionelles schottisches Gebäck und schmecken besonders gut zu den vielen schottischen Käsespezialitäten.

Vorbei sind die Zeiten, als *Fisch und Chips*, die an der Straßenecke aus der zusammengerollten Zeitung verzehrt wurden, als Delikatesse galten. Wenn der Schellfisch (*Haddock*) frisch ist, ist er auch heute noch eine Delikatesse.

Etwas Besonderes ist die schottische Zeremonie des *High Tea*, deren Bezeichnung etwas irreführend ist. Es handelt sich hierbei nicht um ein gemütliches Beisammensein bei Tee und Knabbereien, sondern um ein ausgiebiges Mahl, das Fleisch oder Fisch, Eierspeisen, kleine Pfannkuchen und verschiedene Sorten Gebäck einschließt.

Eines der allerdings berühmtesten Gerichte verdient in keiner Weise den Ruf, der ihm vorauseilt. Gemeint ist der *Haggis*, der eine lange Tradition hat. Er wird vor allem im Zusammenhang mit dem schottischen Nationaldichter Robert Burns genannt. Burns schrieb eine Spottode über diese Speise. An seinem Geburtstag am 25. Januar wird in der englisch sprechenden Welt in einer *Burns Night* bei einem *Burns Supper* dieses Gedicht in der Sprache, in der sie geschrieben wurde – in *Scots* – rezitiert und dabei darf der Whisky nicht vergessen werden. Die Skepsis und oft vorgefertigte Meinung der Touristen in Bezug auf den Haggis wird meistens durch Schauergeschichten vollkommen ahnungsloser Schreiberlinge hervorgerufen. Das ändert sich bei den meisten Besuchern oft nach der ersten vorsichtigen Kostprobe. *Haggis* ist so wohlschmeckend, dass sehr viele ‚Konvertierte' ihn sogar mit nach Hause nehmen. Einige lassen ihn sich sogar für teures Geld in andere Teile der Welt nachschicken. Das Wort *Haggis* hat seinen Ursprung in dem französischen Wort *hachis* bzw. *hachée*, Gehacktes. Das weist auf die alte Verbindung zwischen Schottland und Frankreich aus dem 13. Jahrhundert hin. Nach einem uralten Rezept werden Innereien vom Schaf gekocht, gehackt und mit Hafermehl, Zwiebeln und verschiedenen Gewürzen vermischt und nach Originalrezept in einen gereinigten Schafsmagen gefüllt. In Deutschland gibt es verschiedene nicht unähnliche Regionalgerichte. Im Übrigen gibt es inzwischen auch eine sehr schmackhafte vegetarische Variante des Haggis.

Aberlour am Spey ist die Heimat des *Shortbread*, einer anderen typisch schottischen Köstlichkeit. Dieses Mürbteiggebäck wird zu den verschiedensten Gelegenheiten genossen und besonders gern als Souvenir mitgenommen. Die Familienbäckerei verkauft ihre Brötchen in dem Städtchen immer noch, längst ist Walkers heute aber ein Großbetrieb am dortigen Stadtrand. Nicht weit davon in Ballindalloch grast ein Teil einer Herde Angusrinder, deren Stammbaum bis zu ihrem Ursprung in den 1870er Jahren zurückverfolgt werden kann. Nicht zu verwechseln mit dem zotteligen Hochlandrind, ist dieses Rind schwarz, kostbar und weltweit bekannt in der Rangfolge nach dem japanischen Koberind für sein zartes Fleisch.

Das allgegenwärtige Schaf auf den Weiden Schottlands, dass das zarte *Scotch Lamb* und das wohlschmeckende *Mutton* liefert, braucht nicht nochmals vorgestellt zu werden. Bekannt sind aber auch Rotwildspezialitäten, das Moorhuhn (*Grouse*) und die Fasane.

Rund um die Küsten und in Schottlands Lochs werden Meeresfrüchte als eine der größten Köstlichkeiten dieses Landes eingebracht. Es wird fast alles gefangen, was das Meer und die Seen in der nördlichen Hemisphäre an Essbarem zu bieten haben. In den in allen Landesteilen mittlerweile zu findenden guten Restaurants und Hotels stehen auf den Speisekarten Fischgerichte aller Art: Lachs und Forellen sowie Muscheln, Krabben, Hummer usw. So gibt es in Schottland inzwischen 15 Restaurants mit einem Michelin-Stern. Einzig das Restaurant *Andrew Fairlie* unter seinem gleichnamigen Chef im Gleneagles Hotel ist mit sogar zwei Sternen ausgezeichnet.

Eines der führenden Obstanbaugebiete Europas ist in der Umgebung von Dundee und nördlich davon in dem Gebiet um Blairgowrie zu finden. In den Sommermonaten werden auf großen Plantagen alle Sorten von steinlosem Obst, wie Himbeeren, Erdbeeren usw. geerntet. Viel davon wird im naheliegenden Dundee zu Konfitüren verarbeitet. Bekannt ist die Stadt für die Orangenmarmelade, die von der Familie Keiller hier kreiert wurde.

Aus Himbeeren, fetter, schottischer Sahne, Hafermehl, und dem vielseitig einsetzbaren Whisky wird eine andere Landesspezialität – *Cranachan* oder *Cream Crowdie*, ein luftig-fruchtiges schottisches Dessert, zubereitet.

Sollte der deutschsprachige Tourist aber trotz allem sein

tägliches Sauerteigbrot o.Ä. vermissen, findet er das und andere kontinentale Konditoreigenüsse bei *Falko* in Edinburghs Bruntsfield und in Gullane, East Lothian.

Souvenirs/Shopping

Neben dem schon erwähnten *Shortbread* sind Strickwaren aus Schurwolle oder Kaschmir weitere schottische Souvenirs. Typisch sind auch andere Textilmitbringsel wie Harris Tweed oder Tartanstoffe. Die Ausverkäufe (*Sales*) in Fachgeschäften und häufig auch bei den Herstellern z. B. bei Woolen Mills und direkt Kunstgewerbeläden bieten oft gute Qualität und verhältnismäßig günstige Preise.

Die üblichen Souvenirs sind überall zu finden, doch wenig bekannt ist vielleicht, dass Schmuck und Dekore auch aus Heide gefertigt werden können. Die kunstvoll verarbeiteten Wurzeln ergeben einen farbenprächtigen, meist in Silber gefassten Schmuck.

Ein richtiger Malt ist natürlich als Mitbringsel oder Andenken kaum zu übertreffen. Aber auch Lederwaren, Süßigkeiten, Holzschnitzereien, Kerzen etc. stehen hoch in Kurs. Für die Dia- oder Videovertonung zu Hause gibt es in vielen Geschäften und im Fachhandel wie z.B. CODA in Edinburgh Musik.

Strom

Neben der zweipoligen Steckdose (nur für Rasierapparate in den Badezimmern!) gibt es in Großbritannien die bekannten Dreipolstecker. Die Stromspannung beträgt 220–240 Volt bei Wechselstrom.

Adapter für die dreipoligen Steckdosen sind in Fachgeschäften und Touristikläden erhältlich. Es empfiehlt sich aber, diese schon vor dem Urlaub in Elektrofachgeschäften im Heimatland zu kaufen.

Telefonieren

Für Gespräche **nach** Großbritannien gilt die internationale Vorwahl 0044 vor der Ortsvorwahl (ohne die erste Null).

Für Gespräche von Großbritannien nach Deutschland gelten die 0049, nach Österreich die 0043 und in die Schweiz die 0041. Danach folgt die jeweilige Ortskennzahl ebenfalls ohne die erste Null, dann die Teilnehmerrufnummer.

Touristeninformation

In allen größeren und oft auch kleineren Ortschaften gibt es sogenannte Tourist Information Centres (TIC), in denen alle wichtigen Informationen über die Gegend erhältlich sind. Alle Sehenswürdigkeiten sind dort in zahlreichen Faltblättern und Broschüren aufgelistet und beschrieben. Oft werden dort auch Bücher und Postkarten sowie Landkarten und Souvenirs verkauft. Außerdem vermitteln die Mitarbeiter Unterkünfte.

VisitScotland (STB)
Ocean Point One
94 Ocean Drive
Edinburgh EH6 6JH
Tel. 0845 859 1006
http://www.visitscotland.com
Das Tourist Information Centre in Edinburgh liegt sehr zentral direkt über dem Bahnhof Waverley Station und ist erreichbar unter
Tel. 0845 22 55 121 oder info@visitscotland.com
Website: http://www.edinburgh.org

Trinkgeld

Ein ‚Tip' wie Trinkgeld in der Englisch sprechenden Welt kurz genannt wird, ist überall üblich. Allerdings gibt es dafür keine festen Regeln außer einer: Vorsicht – Trinkgeld kann unbeabsichtigt auch beleidigen. Das vor allem, wenn Kleingeld als großmütiges Zeichen der Dankbarkeit entsorgt wird. Der wirklich dankbare Gast oder Reisende kann sich an den internationalen Richtlinien orientieren. So erhalten Portiers in Großbritannien pro Gepäckstück/Weg mindestens 1£.

In Restaurants ist ein Trinkgeld von 10 % des Rechnungsbetrags üblich, wenn dieser nicht sowieso eine

Bedienungspauschale enthält. Wer mehrere Tage im Hotel verbracht hat, ist gut beraten, für das Zimmermädchen pro Zimmer ca. 5£ die Woche zu kalkulieren. Bei Taxifahrten und beim Friseur sollte der Betrag üblicherweise auf 50p, bis 1£ aufgerundet werden. Für die Fahrer des Reisebusses wie auch den Führer gilt die mittlerweile internationale Regelung, pro Teilnehmer und Tag jeweils 1£ hinzuzurechnen.

Unterkunft

In Schottland hat der Besucher die Wahl von Luxushotels im Schloss oder Landhaus über Guest Houses bis hin zum luxuriösen oder ganz einfachen Bed & Breakfast. Über Preise informieren die Broschüren von VisitScotland. Die in der Broschüre aufgeführten Übernachtungsvorschläge stellen eine (getestete) Auswahl dar.

Manchmal allerdings lohnt sich auch das Risiko, wenn irgendwo am Wegrand ein einfaches B&B Schild entdeckt wird, das nicht das Tourismuslogo enthält. Mit großer Wahrscheinlichkeit ist diese Unterkunft gut, vielleicht sogar auch günstiger und die Wirtsleute sicherlich genauso warmherzig und gastfreundlich.

Allgemein ist das Abendessen im Hotel und im B&B nur gegen Aufpreis erhältlich. Die Wirtsleute geben gern Informationen über die besseren und ortsspezifischen Restaurants und Pubs.

Ein typisch schottisches Frühstück (*Cooked Breakfast*) setzt sich zusammen aus mindestens: Fruchtsaft, Cornflakes, Porridge o.Ä., Spiegelei(ern) und Speck (*Ham and Eggs*) oder einer anderen Eierspeise, Toast, Butter, Orangenmarmelade und/oder Konfitüre (*Jam*) und Tee, Kaffee oder Kakao, während das sogenannte *Continental Breakfast* oft nur aus Toast und Marmelade besteht.

Einige gute Häuser bieten teilweise überquellende Buffets mit traditionellen Kartoffelgerichten, warmen Speisen wie *Black Pudding*, *Haggis* oder gar *Kippers* (gebratene Bücklinge), gebackenen Bohnen und Würstchen an.

Jugendherbergen und Hostels gibt es in den interessantesten und schönsten Gegenden fast überall. Ausführliche Angebote

mit Lageplänen sind in jeder Touristinformationsstelle
erhältlich oder bei der:
Scottish Youth Hostel Association (SYHA)
7 Glebe Crescent
Stirling FK8 2JA.
Tel. 01786 891400
Reservations
Tel: 0845 293 7373
Online Reservierungen können vorgenommen werden unter
http://www.syha.org.uk. Die Seite wird auch auf Deutsch
angeboten.

Unterhaltung

Die traditionellen Hochlandspiele, *Ceilidhs* und schottischen
Abende sind nicht die einzige Form der Unterhaltung. Schottland
hat sein eigenes Ballett, seine eigene Oper und sein Royal
Scottish National Orchestra, das schon von vielen bekannten
Dirigenten geleitet worden ist.

Informationen zu Veranstaltungen erteilen das
Scottish Tourist Board und die regionalen und örtlichen
Touristinformationen.

Dringend zu empfehlen ist es, Eintrittskarten für das Tattoo
und auch für die verschiedenen Veranstaltungen des Edinburgh
International Festivals so früh wie möglich zu bestellen. Dazu
sind das Festival Office und das Tattoo Office schon ab Januar
geöffnet. Vorausbestellungen sind nur mit Kreditkarte möglich
(s. Festivals). Vierzehntägig erscheint der Veranstaltungsführer
für Edinburgh und Glasgow unter dem Titel *The List* und ist
an jedem Zeitungskiosk erhältlich.

Verkehr

In ganz Großbritannien wird links gefahren. Der Verkehr
kommt von rechts – für Autofahrer gilt das besonders im
Kreisverkehr – der Verkehr von rechts hat Vorfahrt! Darauf
sollten besonders die Fußgänger achten. Ein gutes
Verhaltensbeispiel für den Kreisverkehr in UK gibt es unter:
www.2pass.co.uk/roundabout.htm.

Auf Autobahnen (*Motorways*, mit blauer Beschilderung) ist die maximale Geschwindigkeit für Pkws 70 mph (112 km/h). Das gilt auch für die Schnellstraßen (*Dual Carriageways*, mit grüner Beschilderung). Auf zweispurigen Straßen sind max. 60 mph (96 km/h) erlaubt und geschlossene Ortschaften dürfen nur mit max. 30 mph (48 km/h) durchfahren werden, sofern nicht anders angegeben.

Geschwindigkeits-angaben in Meilen p/h	Wohnorte*	Land-straßen	Schnell-straßen	Auto-bahnen
Pkws und Motorräder	30	60	70	70
Pkws mit Anhänger inkl. Wohnwagen o.Ä.	30	50	60	60
Busse und Reisebusse unter 12 m	30	50	60	70
Transporter unter 7.5 t Gesamtgewicht	30	50	60	70**
Transporter über 7.5 t Gesamtgewicht	30	40	50	60

* Die 30 mph Geschwindigkeitsbegrenzung gilt allgemein für alle Straßen mit Straßenbeleuchtung falls keine andere Beschilderung vorhanden.

** 60 mph (96 km/h)

Parken auf doppelten gelben Linien ist verboten! Auf einfachen gelben Linien darf nur zum Be- und Entladen gehalten aber außerhalb der angegebenen Zeiten geparkt werden. Einfahrt in Kreuzungsbereiche mit Rautenmustern ist auch bei grünem Licht, wenn der vorausfahrende Verkehr stockt, nicht gestattet.

Im Norden und Westen des Landes gibt es noch zahlreiche einspurige Straßen, die eine besonders vorsichtige Fahrweise erfordern. Ausweichbuchten müssen von dem Fahrzeug angefahren werden, das bei entgegenkommendem Verkehr einer dieser Buchten am nächsten ist. Gleiches gilt, wenn hinter einem langsameren Fahrzeug andere Verkehrsteilnehmer am Überholen gehindert werden. Die Ausweichbuchten dürfen in keinem Fall als Parkplätze oder Haltebuchten benutzt werden, auch wenn das Fotomotiv noch so verlockend ist.

Eine vorsichtige Fahrweise ist überall geboten, denn Schafe liegen oft dicht am Straßenrand oder sogar mitten auf der Straße. Schafe und Rinder haben Vorfahrt!

Währung

Großbritannien ist eines der wenigen Länder in der EU, das den Euro noch nicht eingeführt hat. Die britische Währungseinheit ist heute immer noch das Pfund (£) mit 100 Pence (p).

Die Bezeichnung Pfund (Pound Sterling) hat einen historischen Hintergrund. Einst wurde der bekannte Penny aus Sterlingsilber geprägt. Sterling (Altenglisch: steorra = Stern, normannische Münzprägemarke) ist eine Legierung aus 92.5% Silber und 7.5% Kupfer. Die Stückelung war bis in die frühen 1970er Jahre: Ein Pfund (Pound) = 20 Shillings (s) = 240 Pence (d). Ursprünglich waren also 240 Pence gleich schwer und so viel wert wie ein Pfund Sterlingsilber. 1526 führte Henry VIII. dann das sogenannte Troy Pound ein. Das alte System wurde 1971 aufgehoben. Im Umlauf sind jetzt Banknoten im Wert von 1£ (auslaufend und nur in Schottland) 5£, 10£, 20£, 50£ und 100£ sowie Münzen zu 1p, 2p, 5p, 10p, 50p und 1£ und 2£.

Die drei großen schottischen Banken erhielten mit dem Unionsvertrag das Recht, eigene Banknoten zu drucken. Sie üben es heute noch aus. Die Bestrebungen verschiedener politischer Parteien im neuen teilunabhängigen Schottland zielen allerdings darauf ab, dieses Recht nach Einführung des Euro auch auf den schottischen Euronoten ausüben zu dürfen.

Websites – Internetseiten

Das Internet als Informationsmedium vor und auch nach dem Urlaub bietet sich an für alle, die sich ein Bild von Schottland machen möchten. Nachfolgend ist eine kleine Auswahl an kommentierten Adressen zusammengestellt, die als Ausgangspunkt zum Surfen dienen können. Leider sind die meisten von ihnen nur in englischer Sprache verfügbar.

http://www.scotland.org – zu Schottland allgemein.

http://www.edinburghguide.com – speziell für Edinburgh.

http://www.rampantscotland.com – umfangreich und auf Kultur spezialisiert.

Seiten zu Spezialthemen:

http://www.visitscotland.com – Seite von VisitScotland, die mit ihrer Linksammlung nützliche Hinweise auf andere interessante Seiten bietet.

http://www.scotland.gov.uk – aktuelle Informationen der schottischen Regierung zu relevanten tagespolitischen Themen.

http://www.nms.ac.uk – die schottischen Nationalmuseen mit vielen Informationen über Zweigstellen, wechselnde Sonderausstellungen und vielen Bildern der Exponate.

Der folgende Link ist das Richtige für Ornithologen:

http://onthewing.libsyn.com/

http://www.geo.ed.ac.uk/home/Scotland/scotland.html – in Zusammenarbeit mit dem Institut für Geografie an der Universität Edinburgh – in mehreren Sprachen abfragbar, bietet viele Karten, statistische Informationen, Landeskunde.

http://www.rbge.org.uk – Seite des Botanischen Gartens in Edinburgh.

http://www.schottland.co.uk – die Seite des Autors mit relevanten Links.

Weitere Informationen in Form von Podcasts sind zu finden unter: http://www.ipodobserver.com/story/24295

Wetter

Es ist das Gesprächsthema Nr. Eins und ganze Unterhaltungen können darüber geführt werden. So wird gesagt, andere Länder in der Welt hätten vielleicht ihr Klima, aber Schottland hat das Wetter. Es wechselt oft, manchmal sehr schnell und das ganz besonders in höher liegenden Gebieten. So ist es kein Wunder, wenn Einheimische behaupten, dass in Schottland alle vier Jahreszeiten manches Mal an einem Tag zu erleben sind. Sprichwörter wie: "Sun before seven brings rain before eleven" oder "Red sky in the morning is a shepherd's warning" haben nicht ohne Grund ihre Richtigkeit.

Durch Schottlands Lage im Norden und durch die Meeresnähe ist das Wetter oft unberechenbar. Doch haben einige Orte an der Ostküste (z. B. Edinburgh) mit rund 680 mm sogar eine ähnlich niedrige Niederschlagsmenge wie viele Regionen in Deutschland. Laut Statistik sind die Monate Mai und Juni in der Regel trockener als der Juli und der August. Das Klima an der Ostküste ist eher kühl und trocken, während das an der Westküste durch den Golfstrom dagegen tendenziell mild und feucht ist.

Weltweit wird das schottische Wetter, vor allem aber die Wolkenbildung über Land und See bewundert. Die passende Website dazu ist zu finden unter
http://cloudappreciation society.org.

Im Sommer wird Schottland an der Ostküste gelegentlich von Seenebel (*haar*) überrascht. Dieser Nebel tritt meist nur in den Vormittagsstunden des Tages auf und ist ein recht sicheres Zeichen für hohe Temperaturen und strahlenden Sonnenschein im Landesinneren.

Es empfiehlt sich unbedingt, jederzeit für einen Wetterumschwung gewappnet zu sein (siehe Kleidung und Ausrüstung).

Wolle

Eines der feinsten Materialien ist Kaschmir. Ein Großteil des gezupften Rohmaterials wird von den Webereien Todd und Duncan in Kinross und Johnston, in Elgin gesponnen und verarbeitet. Lieferant dieser federleichten Wolle ist die Kaschmirziege, die allerdings nur in ganz geringem Umfang in Schottland gezüchtet wird. Noch immer wird der größte Teil des herrlichen Materials aus den Ländern des Himalajas und angrenzenden Gebieten importiert, weil es dort kälter ist und die Wollfaser dadurch eine andere Struktur hat. Umgekehrt ist die Wolle der hiesigen Schafe für die Verarbeitung zu Strickwaren größtenteils zu rau. Strickwolle kommt heute aus anderen Teilen der Welt, z. B. aus Australien, denn durch das wärmere Klima dort ist die Wolle viel feiner.

Obwohl heute natürlich auch in der Wollindustrie moderne Hochgeschwindigkeitsverfahren angewandt werden, hat sich in der Wollverarbeitung seit den Tagen der Industriellen Revolution wenig verändert. Die Wolle wird gewaschen, entfettet und getrocknet. Dieser Prozess wird mehrmals wiederholt. Nach der ersten Wäsche wird die Wolle gekämmt und geglättet. Dann wird die Wollfaser mit scharfen Bürsten geöffnet.

Die Wollfäden werden gestreckt, um gesponnen werden zu können. Wolle zum Weben muss strapazierfähiger sein als Strickwolle. Wolle kann im Faserzustand, nach dem Spinnen oder nach dem Webprozess eingefärbt werden. Sie wird dazu in ein Farbbad getaucht und anschließend gewaschen, um überschüssige Farbe zu entfernen. Danach werden die verschiedenen Garnsorten unterschiedlich behandelt. Dem Strickgarn haftet nach dem Spinnvorgang und Färben immer noch das natürliche Wollfett an. Nach dem Weben wird der Stoff geprüft und eventuelle Fehler ausgebessert, ehe er gewalkt wird. Dieser Ausdruck stammt vom englischen ‚walk' (gehen) und hat seinen Ursprung in der Tätigkeit der Verarbeitung. Früher wurde der nasse Stoff getreten und verfilzt. Längst ist dieser Prozess mechanisiert. In einer der letzten Stufen des Fertigungsvorgangs wird der Stoff gekämmt. Dabei wird bei Stoffen wie Kaschmir der Flor mechanisch gebürstet oder bei Mohair der Faden aufgerissen.

Zeit

Die Mitteleuropäische Zeit (MEZ) in Deutschland, Österreich, der Schweiz etc. liegt eine Stunde vor der Greenwich Mean Time (GMT), d.h. in ganz Großbritannien muss die Uhr um eine Stunde zurückgestellt werden. In Großbritannien gilt wie in Mitteleuropa die Sommerzeit, d. h. auch dann wird die Uhr um eine Stunde verstellt.

Register

A

Abbot House, Dunfermline, 169
Abbotsford, 120
Aberdeen, 91, 179, 185, 187, 189, 278
Aberdon, 184, 191
Aberfeldy, 168, 178
Aberlour, 200, 321
Achaius, King, 204
Achamore House, 266
Achnasheen, 247
Ackergill Turm, 223
Act of Settlement, 94, 298, 299
Adam, James, 22
Adam, Robert, 22, 100, 101, 118, 121, 146, 214
Adam, William, 22, 138, 214
Agricola, 44
Ailsa Craig, 116, 256
Alba, 283
Albany, Herzog von, 61, 291
Alberoni, Kardinal, 96
Ale, 312
Alexander II., 55, 286
Alexander III., 55, 122
Alginate, 234
Aliens Act, 94
Alloway, 117
Altnahara, 234
American Whiskey, 198
An Sgurr, 255
An Teallach, 243
Angeln, 46, 48, 50, 51, 113, 182, 190, 283, 284
Angels Share, 197
anglikanische Kirche, 74, 193
Angus, 168
Angus Og, 85
Anne, Prinzessin, 193
Anne, Queen, 78, 79, 299

Anstruther, 171
Antonine Wall, 44, 127, 282
Aonach Mor, 204
Appin, 181, 205
Applecross, 247
Apprentice Pillar, 128
Äquator, 10
Arbeitsplätze, 190, 203, 225, 231, 232
Arbroath, Deklaration von, 91, 289
Architektur, 22, 100, 139, 140, 146, 159, 162, 166, 167, 169, 171
Ardchattan Priory, 205
Ardnamurchan, 84, 205, 255, 263
Arduaine Garden, 265
Ardvreck Castle, 236, 241
Argyll, 83, 84, 85, 86, 282
Argyll, Herzog von, 94
Armadale, 255, 262
Armadillo, 159
Armstrong, Neil, 119
Arnol, 272
Arran, 110, 116, 266
Arthur, König, 46
Arthur's Seat, 131, 149
Askival, 254
Assynt, 241, 242
Auckengill, 223
Auerhahn, 15
Aufklärung, die schottische, 99, 101
Augustinerkloster, 121
Auld Alliance, 60, 62, 64, 293
Auld Reekie, 130
Autobahnen, 327
Aviemore, 180
Ayr, 113, 117, 118

B

B&B, 325
Babington Komplott, 72
Badbea, 220
Baden, 12, 306
Balliol, Edward, 290
Balliol, John, 56, 60
Balmoral Castle, 37, 191, 314
Balnakeil, 230, 239
Balvenie, 195
Banchory, 190
Banff, 195, 210
Bank of Scotland, 306
Banken, 306, 307, 309, 328
Banks, Ian, 24
Bannockburn, 59, 60, 80, 85, 154, 289
Baptisten, 33
Barra, 271, 273
Barrie, Cashmere, 124
Barrie, James, 24
Barry, Sir Charles, 217
Basalt, 112, 154, 270
Baskin Shark, 17
Bass Rock, 127, 128
Basstölpel, 15
Baumann, Ludwig, 166
Baxters, 210
Bay City Rollers, 25
Beaker People, 281
Bealach na Bo, 246
Bede, 50
Beinn Eighe, 245, 246
Bellany, John, 23
Bell's, 178
Ben A'an, 154
Ben Hope, 26
Ben More, 182, 207
Ben More Coigach, 242
Ben Nevis, 111, 180, 204
Ben Venue, 154
Benbecula, 258, 273
Benedetti, Nicola, 25

Bernicia, 46
Berriedale, 220
Berwick upon Tweed, 56, 127
Berwick, Vertrag von, 73
Betty Burke, 98, 258
Bettyhill, 233
Bevölkerung, 33, 81, 82, 95, 133, 229
Bier, 312
Birmingham, Abkommen von, 287
Black House, 272
Black Isle, 216
Black Watch, 89, 175
Blackface, 13, 123
Blackhouse, 201
Blackie, William, 167
Blair Atholl, 178
Blairgowrie, 194, 322
Blanket Bogs, 21
Blended Whisky, 196, 198
Boat of Garten, 16, 200
Bon Accord, 184
Bonar Bridge, 236
Bonawe, 205
Bonifazius, 47, 270
Bonington, Chris, 276
Bonnet, 38
Bonnie Dundee, 298
Bonnie Prince Charlie, 90, 96, 98, 99, 127, 134, 175, 204, 215, 252, 254, 258, 299
Book of Kells, 47
Border Collie, 123, 124
Borders, 11, 79, 112, 118, 119, 120, 123, 221
Bores of Duncansby, 223
Borstengras, 20
Boswell, James, 23, 154, 303
Bothwell Bridge, Schlacht bei, 297
Bothwell, Earl of, 70, 122
Böttcherei, 195
Bourbon, 198

Bowmore, 266
Boyne, Schlacht an der, 298
Brachvögel, 230
Bracken, 20
Braemar, 95, 190, 193, 313
Brahan Seer, 249
Branklyn Garden, 175
Braveheart, 25, 205
Breadalbane, 87, 157
Breda, Deklaration von, 76, 297
Breidfjord, Leifur, 140
Brig o' Turk, 155
Britannia, 44, 45, 150, 282
Britonen, 50
Broch of Gurness, 275
Brochs, 43, 219, 220, 223, 233,
    234, 257, 275, 279
Brodick Castle, 116
Brora, 219
Brown, Dan, 128
Brown, John, 192
Bruce, Robert the, 57, 58, 80, 85,
    92, 134, 136, 154, 169, 190,
    194, 288
Bruce, Sir William, 22, 145
Brude, 282
Bryce, David, 22
Buachaille Etive Mor, 207
Buchanan, George, 138
Buchollie Castle, 223
Buckelwale, 16
Buckie, 209
Bullough, 254
Bundeskanzler, 135
Burns' Cottage, 117
Burns, Robert, 23, 27, 101, 113,
    117, 137, 140, 178, 310, 321
Burrell Collection, 164
Burrell, Sir William, 164
Bute, 84, 110, 116
Butt of Lewis, 271

C
Cadell, F.C.B., 23
Caerlaverock Castle, 114
Cairn, 233, 254
Cairngorms, 22, 179, 180, 191,
    199, 200
Caithness, 179, 182, 219, 225
Caledonia, 44, 181, 224, 281
Caledonian Canal, 203
Caledonian Forest, 18
Callanish, 42, 271, 281
Calton Hill, 149, 150
Cameron of Lochiel, 90
Camerons, 83
Campbell, 79, 80, 81, 83, 85, 86,
    87, 88, 156, 206, 223, 263, 264
Campbell von Glenloyn, 88
Canisbay, 224
Canisp, 242
Canna, 254
Canongate, 132, 143
Canova, 148
Cape Wrath, 230, 239, 241
Capercaillie, 15, 25
Carberry, Schlacht bei, 294
Carbisdale Castle, 236
Carlisle, 71, 72
Carlyle, Thomas, 119
Carn Liath, 218
Carnassery Castle, 265
Carnegie, Andrew, 169, 217, 237
Carrbridge, 200
Carswell, John, 265
Cäsar, Julius, 43
Castle Armadale, 261
Castle Dunnottar, 183, 190
Castle Duntulm, 257
Castle Kennedy, 115
Castle Maol, 260
Castle Mey, 224
Castle Sinclair, 222
Castle Stalker, 205
Castle Tioram, 262

Castle Trail, 209
Castletown, 225
Caterans, 155
Cawdor Castle, 81, 213
Ceilidhs, 258, 309, 326
Celtic, 159
Celtic Connection, 160
Central Belt, 11
Chambers, 131
Chanel, 124
Chanter, 34
Charles Edward Stewart, 299
Charles I., 73, 92, 138, 140, 295
Charles II., 75, 76, 77, 145, 249, 296
Charlotte Square, 100, 146
Charltons, Bobby & Jack, 119
Cheviot, 13, 123
Cheviot Hills, 19, 113
Church of Scotland, 32, 140, 162
Churchill Barriers, 277
City Link, 318
Clach-na Cuddain, 216
Clan Chattan, 79
Clan Donald, 85
Clans, 34, 79, 80, 81, 83, 84, 85, 87, 88, 89, 91
Claret, 151, 152
Clava Cairns, 42, 214, 281
Clearances, 219, 233
Clearances, Highland, 81, 83, 99, 102, 210, 232, 259, 300
Clickimin Broch, 279
Clyde, 83, 103, 105, 109, 110, 113, 116, 126, 156, 158, 159, 164
Clyde Inseln, 115
Clydesdale Bank, 306
Coll, 83, 264, 265, 270
Colonsay, 268
Colquhouns, 86
Common Law, 29
Common Riding, 120

Compass Hill, 254
Comyn, 57, 184
Conan Doyle, Arthur, Sir, 24, 101
Concorde, 128
Connel, 205
Connery, Sir Sean, 26
Constantine II., 283
Cope, John, General, 90
Corgarff Castle, 194
Corrieshalloch Gorge, 243
Countess of Buchan, Isabella, 289
Court of Session, 29
Covenanters, 74, 137, 138, 183
Cowal, 164, 181, 268
Cowries, 224
Craig and Tail, 131
Craig, James, 146, 150
Craignure, 269
Crail, 170
Cranachan, 322
Crathes Castle, 189
Crathie Church, 193
Cream Crowdie, 322
Crest, 38
Crianlarich, 207
Crichton Castle, 128
Crinan Canal, 266
Croft, 235, 259, 319
Crofter, 83, 235
Crofter Holding Act, 300
Cromarty, 216
Cromwell, Oliver, 75, 144, 183
Cuillin, 179
Cuillin Hills, 251
Cul Mor, 242
Culdees, 52
Culloden, 42, 80, 86, 90, 98, 181, 201, 206, 213, 215, 258, 299, 356
Culross, 169
Culzean Castle, 118
Cumberland, 98
Curling, 116

D

Da Vinci Code, The, 128
Dachse, 14
Dale, David, 236
Dalriada, 49, 50, 265, 282
Dalrymple, 87
Dampfmaschine, 104
Dark Ages, 45
Darnley, Henry, Lord, 69, 70
Darnley, Henry, Lord, 294
David I., 53, 144
David II., 60, 263, 290
Deacon Brodie, 147
Dean Castle, 117
Dee, 180, 189, 191
Defoe, Daniel, 142
Deira, 46
Delfine, 16, 230
Derby, 97
Deutschland, 109, 307, 321
Dewar, Donald, 107
Dingwall, 216
Dirleton Castle, 128
Disruption, 300
Distel, 135, 177
Dochfour House, 203
Dolly, 10
Don, 191
Don Carlos, 69
Donald III., 285
Donegan, Lonnie, 25
Doric, 27, 189
Dornoch, 217, 237
Douglas, 62, 128, 136
Douglas, Archibald, 65
Douglas, David, 176
Douglasie, 176
Dounreay, 225
Drovers, 250
Drum Castle, 189
Drumbeg, 240
Drumlanrig Castle, 115
Drummond Castle, 176
Drummond, George, 100, 146

Dryburgh Abbey, 120
Dual Carriageways, 327
Duart Castle, 87, 268
Duart, MacLean of, 86
Dudelsack, 9, 34, 99, 313
Duff House, 210
Dufftown, 195
Duisdale, 260
Dumfries, 112
Dumfries and Galloway, 76, 79,
    113, 124
Dun Creich, 236
Dunbar, 70, 127
Dunbar, Bischof, 186
Dunbar, Schlacht bei, 75, 296
Dunbeath, 221
Duncan I., 52, 284
Duncansby Head, 183, 223
Dundee, 172, 322
Dundonnell, 243
Dunfermline, 168, 169
Dunkeld, 16, 48, 168, 177
Dunnad, 265
Dunnet Head, 183, 224
Dunnottar Castle, 183
Dunrobin Castle, 217
Dunstaffnage, 205
Dunvegan Castle, 258
Durness, 230, 237, 239, 240
Duthie Park, 186

E

Eas Coul Aulin, 111, 241
East Anglia, 46
East India Company, 93
East Lothian, 127
East Neuk, 168, 170
Eddrachillis Bay, 240
Edgar, 53, 285
Edinburgh, 35, 37, 46, 51, 73, 75,
    87, 105, 125, 129, 132, 135,
    140, 144, 194, 307, 311, 318,
    319, 324

Edinburgh Castle, 62, 70, 129, 134, 174

Edinburgh, Abkommen von, 290

Edmund, 53

Edward I., 55, 57, 58, 174, 287

Edward II., 59

Edward III., 60, 290

Eigg, 254, 255, 264

Eildon Hills, 121

Eilean Donan Castle, 96, 248, 357

Eilean Iarmain, 260

Eilean Munde, 207

Eisenhower, Dwight D., 118

Eisstockschießen, 116

Eissturmvögel, 15

Electric Brae, 118

Elektronikindustrie, 126, 169

Elgin, 210

Eliot, T.S., 119

Elisabeth von Böhmen, 94

Elizabeth, Queen, 193

Ellen's Island, 155

Ellisland Farm, 113

Elphinstone, Bischof, 184, 186, 187

Enlightenment, 100, 101, 141

Enzyme, 196

Episkopat, 76, 297

Erika Heide, 21

Eriskay, 90

Essex, 46

F

Fähren, 308

Fair Maid's House, 175

Falaise, Vertrag von, 286

Falkirk, 57, 127

Falkland, 67

Falls of Lora, 205

Falls of Shinn, 236

Farr Stone, 233

Feileadh Mór, 38, 39

Felsformationen, 183

Fergus McErc, 282

Ferguson. J.D., 23

Fergusson, Adam, 101

Festival, 132, 160, 278, 309, 310, 326

Fettes College, 30

Feudalrecht, 80, 85, 232

Feudalsystem, 285

Fife, 109, 125, 168, 170, 172

Findhorn Community, 212

Fingal's Cave, 270

First Minister, 106

Firth of Clyde, 110, 125

Firth of Forth, 16, 50, 109, 110, 125, 126, 127, 132, 152, 153, 168, 170, 171, 185

Fisch, 208, 251, 320, 321

Fischadler, 14, 16, 200, 230

Fischereiwesen, 231

Fischfarmen, 232, 259

Fishers Close, 137

Fitti, 187

Flagstone, 224

Flashes, 38

Fleming, Sir Alexander, 101

Flodden Wall, 132

Flodden, Schlacht bei, 64, 222

Floors, 121

Flotta, 185, 277

Flows, 179, 228

Fontane, Theodor, 120, 172, 303

Forestry Commission, 18, 316

Forres, 211

Forstverwaltung, 18

Fort Augustus, 203

Fort George, 99, 214

Fort William, 88, 204, 205, 206, 207, 252

Forth Bridges, 110

Forth Railway Bridge, 110

Forth Road Bridge, 110

Fotheringhay Castle, 72

François II., 68
Franz Ferdinand., 25
Fraserburgh, 208
Free Church of Scotland, 33, 257, 273
Freswick, 223
Füchse, 14
Fyvie Castle, 209

G
Gabbro, 251
Gairloch, 245
Galbraith, 79
Gälisch, 26, 97, 230
Galloway Forest Park, 19, 114, 115
Galloways, 13
Gardens, 152, 265
Gardy Loo, 133
Gärten, 114, 175, 243, 244, 266, 320
Garter, 38
Gärung, 197
Geddes, Jenny, 140
Geologie, 24, 216, 266
George I., 79
George II., 97, 299
George III., 161
George IV., 37
George Square, 160, 161
Georgian House, 146
Georgianisch, 129, 146
Gerry Rafferty, 25
Gerste, 196
Geschäftszeiten, 311
Gestein, 11, 214
Getty, Paul, 148
Gibbon, Lewis Grassic, 24
Gibbson, Mel, 183
Gigha, 79, 266
Gin, 151
Gingerwine, 151
Ginster, 20, 36

Gladstone's Land, 136
Glamis Castle, 173
Glasgow, 33, 35, 50, 51, 63, 103, 105, 112, 125, 155, 158, 159, 168, 230, 264, 266, 318
Glasgow Boys, 23
Glasgow Four, 166
Glasgow School of Art, The, 165
Glasgow University, 165
Glasgow, Kathedrale, 161
Glen Coe, 78, 207
Glen Docherty, 247
Glen Nevis, 204
Glen Oykel, 236
Glen Shiel, 96, 248
Glen Urquhart, 181
Glencoe, Massaker von, 298
Gleneagles Hotel, 177
Glenelg, 249
Glenfinnan, 90, 97, 252, 253
Glennie, Evelyne, 25
Glenshee, 194
Glenturret, 176
Gletscher, 11
Glomach, Wasserfälle von, 248
Glover, Thomas Blake, 185
GMT, 332
Gneis, 21, 240, 273
Gold, 220
Golf, 117
Golfer, 171, 217, 255
Golfplätze, 171, 172, 208, 212, 217, 219
Golfstrom, 12, 330
Golspie, 217
Gordon, 79
Gow, Neil, 25
Graham, John of Claverhouse, 92, 298
Graham, Kenneth, 24
Grain Whisky, 196, 198
Grampian, 185, 194

Grampians (Berge), 19, 20, 180, 183, 194
Grangemouth, 127, 185
Granit, 116, 186, 251, 256, 270
Grantown on Spey, 200
Grantsystem, 31
Grassmarket, 137
Gray Cairns of Camster, 42
Great Glen, 181, 202, 203, 204, 214
Gretna Green, 115
Greyfriars Bobby, 138
Greyfriars Kirk, 138
Grist, 197
Grouse, 15, 322
Gueldres, Mary of, 292
Guest Houses, 325
Guise, Mary de, 66, 67, 68, 152, 293
Gunn Clan, 79
Gunn, Neil, 24, 220
Guthrie, James, 23

H
Haakon, König, 260
Hadrian, Kaiser, 281
Hadrian's Wall, 44, 45, 281
Haggis, 321, 325
Hamilton, Gavin, 23
Hand Ba', 122
Handa, 230, 240
Hannover, Haus, 94
Harris, 110, 245, 272, 323
Harris Tweed, 323
Harry Potter, 25, 253
Haus eines Kunstfreundes, 167
Hawick, 119, 124
Hebriden, 16, 22, 50, 90, 109, 110, 182, 244, 250, 251, 256, 258, 266, 271, 273, 308
Hebriden Ouvertüre, 270
Heide, 12, 14, 20, 207, 230, 232, 323

Helensburgh, 11, 167
Helmsdale, 219, 230
Henry VII., 64, 68, 69, 73
Henry VIII., 65, 121, 293
Hepburn, James, 70, 122, 294
Hermaness, 279
Hermitage Castle, 114, 122
Herzog von Atholl, 18
Herzöge von Argyll, 81
Hexen, 130, 136, 211
High Court of Judiciary, 29
Highland Cattle, 13
Highland Games, 194, 313
Highlands, 11, 26, 50, 51, 52, 81, 111, 114, 315, 319
Hill of Many Stanes, 222
Hillforts, 43
Hindus, 33
Historic Scotland, 265, 317, 320
Hochland, 11, 78, 80, 83, 85, 89, 97, 98, 103, 109, 179, 306
Hochlandbruchlinie, 11
Hogg, James, 120
Hogmanay, 310
Holl, Steven, 166
Holyroodhouse, Palace of, 22, 68, 70, 131, 149
Holywood, 128
Hopetoun House, 22
Hoses, 38
Hoy, 276, 277
Hume, David, 101, 149, 304
Hunter, Leslie, 23
Hunterian Museum, 165
Huntingtower Castle, 176
Hutton, James, 131

I
Ienos, 127
Industrielle Revolution, 102, 126, 331
Innere Hebriden, 110, 265
Inseln, 11, 12, 26, 79, 83, 84, 86,

109, 183, 214, 254, 274, 279, 308, 315
Interregnum, 55
Inveraray, 264
Inverkeithing, Schlacht bei, 296
Inverleith House, 153
Inverlochy, 204
Inverness, 98, 99, 180, 201, 202, 203, 212, 214, 215, 216, 219, 234, 235, 240, 247, 282, 318
Inverpolly, 242
Inverurie, 209
Iona, 47, 265, 270
Irischer Whiskey, 198
Irvine, 117
Islay, 83, 84, 110, 266
Italian Center, 161

J
Jakobiten, 37, 77, 97, 100, 201, 253
James I., 61, 62, 73, 86, 144, 175, 291
James I. von England, 295
James II., 62, 135, 136
James III., 292
James III., 63
James IV., 64, 132, 135, 136, 152, 187, 222
James V., 64, 257
James VI., 27, 73, 86, 94, 134, 136, 144, 216
James VII./II., 77, 78, 92, 178, 249, 298
Jedburgh, 122, 123
Jedburgh Abbey, 121
Jekyll & Hyde, 131, 147, 304
John Muir Trust, 316
John o' Groats, 109, 223, 274, 308
John o'Groats, 222
Johnson, Dr., 154, 303, 320
Johnston, 124, 211, 330

Jones, John Paul, 152
Juden, 33
Jugendherbergen, 208, 325
Jura, 266, 267
Jüten, 46

K
Kalkstein, 238
Kaninchen, 14
Kaschmir, 330, 331
Keiss, 223
Keith, George, 188
Kelp, 234, 235
Kelpies, 127, 155, 359
Kelten, 47
Kelvin, Lord, 159
Kelvingrove Art Gallery, 165
Kelvingrove Halle, 165
Kemp, George Meikle, 148
Kennedy, 79
Kent, 46
Kentigern, 161
Kerrera, 55
Kilchoman,, 266
Kildalton, 267, 358
Kildalton Cross, 267
Kildonan, 230
Kildrummy Castle, 190
Killiecrankie, 92, 178, 298
Killing Times, 77
Kilmartin, 265
Kilmuir, 259
Kilt, 9, 35, 36, 37, 38, 39, 89, 300, 314
Kings College, 187
Kingussie, 201
Kinlochbervie, 240
Kinlochewe, 246
Kinnaird Head, 208
Kinross House, 22
Kintail, 246, 249
Kintyre, 266, 268
Kipper, 325

Kirche, 32, 33, 48, 52, 53, 57, 65, 74, 75, 76, 92, 93, 113, 114, 115, 138, 139, 140, 142, 143, 162, 175, 184, 187, 210, 230, 254
Kirche, episkopale, 33
Kirchensteuer, 33
Kirk o' Field, 70, 294
Kirkcudbright, 114
Kirkwall, 310
Kishorn, 247
Kisimul Castle, 273
Klima, 12, 109
Klimt, Gustav, 166
Knapdale, 181, 266
Knockan Cliff, 242
Knockinnon Castle, 221
Knox, Bischof, 87
Knox, John, 30, 32, 68, 140, 142, 143, 175
Knoydart, 260
Koch, Alexander, 167
Kongregationalisten, 33
Königsinsignien, 183
Konsulate, 307
Kornweihen, 230
Krickenten, 15
Kronjuwelen, 136, 174
Küfern, 195, 197
Kultur, 22, 34, 41, 45, 91, 158, 159, 162, 214, 230
Küste, 110
Küstenschwalben, 15
Kyle of Bute, 268
Kyle of Lochalsh, 182
Kylerhea, 250

L
Lachs, 178, 190, 199, 231, 232, 322
Lady of the Lake, 154
Lady Stair's House, 137
Laidhay Croft Museum, 221

Lairg, 234
Lallans, 26
Lament, 34
Lammermuir Hills, 113
Land's End, 109
Landbesitzer, 18, 53, 54, 114, 235
lands, 133
Langside, 71
Larachbeg, 252
Largo, 170
Largs, 55, 117, 260
Lauderdale, Herzog von, 76
Laxford Bridge, 240
Leighton, Bischof, 186
Leiper, William, 163
Leith, 149, 150, 151
Lennox, Annie, 25
Lerwick, 278, 279
Lewis, 110, 243, 245, 251, 271, 272
Lewisian gneiss, 11, 242, 244
Liathach, 246
Light Ale, 312
Lindisfarne, 47
Lindisfarne Gospel, 47
Linklater, Eric, 24
Linlithgow, 67, 70, 127, 133
Lismore, 205
Lister, Joseph, 101
Little Loch Broom, 244
Livingstone, David, 101
Loch Aline, 264
Loch Awe, 111, 264
Loch Broom, 243
Loch Carron, 246
Loch Dochfour, 202, 203
Loch Duich, 248
Loch Eriboll, 238
Loch Etive, 205
Loch Fleet, 217
Loch Katrine, 155
Loch Laggan, 202

Loch Leven, 71, 207
Loch Leven Castle, 71
Loch Linnhe, 27, 181, 204, 205, 206
Loch Lochy, 181
Loch Lomond, 86, 111, 153, 156, 208, 264
Loch Maree, 245
Loch Moidart, 262
Loch Morar, 111
Loch Muick, 192
Loch nan Uamh, 254
Loch Ness, 181, 203
Loch Oich, 181, 202
Loch Shiel, 252, 253
Loch Sunart, 263
Loch Torridon, 246
Lochaber, 83, 204
Lochailort, 262
Lochaline, 262, 268
Lochgilphead, 265, 266
Lochiel, 90
Lochinver, 240
Logie Baird, John, 101
Lokomotiven, 158
Long Cairn of Camster, 221
Lord High Commissioner, 33
Lord High Stewart of Scotland, 60
Lord Lyon, King of Arms, 39
Lords of the Isles, 62, 64, 85, 261, 267
Lorimer, Robert, 22
Lorn, 84, 181, 265
Lothian, 50, 109, 127
Louis XIV., 95, 96
Low Wines, 197
Lower Dibaig, 246
Luchs, 14
Lulach, 284
Lummen, 15
Lybster, 221

M
MacAlpin, Kenneth, 50, 174, 283
Macbeth, 52, 173, 211, 216, 284
MacCaig's Folly, 206
MacCartney, Paul, 268
MacCrimmon, 25
MacDiarmid, Hugh, 24
Macdonald, 202, 263
MacDonald, 262
MacDonald, 78, 79, 83, 84, 85, 88, 257, 261
MacDonald of Glencoe, 87, 88
MacDonald of Sleat, 90
MacDonald, Flora, 98, 258
Macdonald, Margaret, 166
MacDougall, 205
MacGregor, 156
Machairs, 271
MacIans, 263
Mackay, 83
Mackay Brown, George, 24, 276
Mackenzie, Osgood, 244
Mackenzies, 79, 246, 249
Mackinnon, 83, 258
Mackintosh, Charles Rennie, 22, 103, 165, 166
Maclean, 79, 83
MacLean, Sir Fitzroy, 269
MacLeod, 79, 258
MacNair, Herbert, 166
MacNeils, 273
Macpherson, 23, 79
Macpherson, James, 23
MacRaes, 248
Madonna, 237
Maeshowe, 42, 275
Magna Carta, 286
Maid of Norway, 55
Maiden, The, 137
Malcolm II., 51, 52, 283
Malcolm III. Canmore, 52, 134, 194, 284, 285
Malcolm IV., 54, 84, 286

Mallaig, 182, 252, 255
Malt, 197, 198, 311, 323
Malt Whisky, 196
Mam Ratagan, Pass von, 248
Man, Insel, 84
Manderston, 121
Mar, Graf von, 95, 96
Marder, 14
Margaret, 52
Margaret von Dänemark, 63
Maria Stuart, 303, 304
Marishal College, 187
Marston Moor, 296
Mary Erskine School, 30
Mary Queen of Scots, 61, 66, 71, 121, 122, 127, 128, 134, 143, 144, 163
Massaker von Glencoe, 93
Maße, 315
Maxwell, 164
Maxwell, James Clerk, 101
Maxwell, Sir Stirling, 22
McCall-Smith, Alexander (Sandy), 24
McGibbon, William, 25
McGregor, Ewan, 26
McTaggart, William, 23
Medici, Katharina de, 67
Mellerstain, 121
Melrose, 121
Mendelsohn Bartholdy, 270
Merchant City, 160
Mercia, 46
Merrick, 115
Merrick Hills, 113
Mesolithikum, 281
Methodisten, 33
Methven Park, 289
MEZ, 332
Mhorag, 255
Middle Cut, 197
Midges, 315
Milane, 15
Miller, Hugh, 24, 216

Mill's Mount, 134
Minch, 240, 243, 257
Minderheiten, 33
Mineralvorkommen, 126
Mingary Castle, 263
Mingulay, 271
Miralles, Enric, 132, 145
Mod, 25
Moidart, 98, 205, 255, 262
Moine Thrust, 242
Monadhliath Mountains, 199, 202, 204
Monk, General, 76, 152, 183, 204, 296
Mons Graupius, 44
Mons Meg, 135, 292
Montrose, Marquis von, 141, 236, 241
Moorfoot Hills, 113
Moravia, Bischof Gilbert de, 217
Moray Firth, 199, 211
Morayshire, 179
Morvern, 252, 262, 264, 268
Motorways, 327
Mount Stuart, 116
Mousa, 43
Muck, 264
Muckle Flugga, 278
Muir, Edwin, 24
Mull, 79, 83, 87, 110, 206, 256, 262, 264, 265, 268, 269, 270
München, 142
Munro, Sir Hugh, 111
Murchison, Donald, 249, 250
Museen, 49, 117, 137, 139, 142, 143, 162, 165, 171, 175, 186, 201, 204, 211, 216, 259, 265, 279
Museum of Childhood, 142
Museum of Religious Life and Art, 162
Museum of Transport, 165
Muslime, 33

N
Nairn, 211, 213
Nasmyth, Alexander, 23
National Express, 318
National Gallery of Modern Art, 148
National Gallery of Scotland, 147, 210
National Library of Scotland, 139
National Nature Reserve, 242
National Trust for Scotland, 136, 175, 178, 254, 317, 320
Nationalflagge, 170
Nekropolis, 162
neoklassisch, 130
Neolithikum, 281
Nessie, 9, 181, 362
Netherbow Gate, 132, 133, 143
Neville's Cross, 290
Nevis Range, 204
New Lanark, 237
New Town, 100, 129, 133, 146
Newcomen, Thomas, 104
Newtonmore, 201
Nith, 113
Noble, Sir Ian, 261
Nor Loch, 130, 133
Normannen, 51
North Berwick, 127, 128
Northumbria, 46, 51, 53
NTS, 248, 252, 320

O
Oban, 55, 182, 205, 265, 266, 268, 271
Ochiltree, Lord, 87
Öl (Erdöl), 127
Old Aberdeen, 184
Old Man of Storr, 257
Old Pretender, 95, 96, 299
Old Red Sandstone, 242
Old Town, 131, 142

Oranien, Wilhelm von, 77
Ord of Caithness, 220
Orkney, 38, 41, 42, 51, 63, 84, 109, 110, 183, 225, 274, 275, 277, 292, 308
Orwell, George, 267
Osprey, 16
Österreich, 109, 200
Otter, 17, 230, 260
Ousdale, 220
Owen, Robert, 236

P
P&O, 308
Palindrom, 250
Palmen, 12
Panama, 93
Paolozzi, Eduardo, 148
Papageientaucher, 15, 16, 279
Parlament, 26, 31, 67, 74, 75, 77, 78, 79, 91, 93, 94, 95, 104, 106, 131, 141, 145, 149, 233
Paterson, William, 93
Pennan, 210, 364
Pentland Firth, 181, 224
Pentland-Aufstand, 297
People's Palace, 163
Peploe. S.J., 23
Perth, 62, 168, 174, 175
Peter Pan, 24
Peterhead, 95
Pflanzen, 17, 20, 21, 36
Pibroch, 34
Pikten, 44, 48, 49, 50, 174, 204, 214, 230, 282, 283
Pilkington, F.T., 22
Piraten, 152
Pitlochry, 168, 310
Pittenweem, 170
Playfair, William, 147
Polarkreis, 278
Polizei, Feuerwehr und Notarzt, 317

Pollok House, 164
Poolewe, 244
Porteous, John, 137
Portree, 257, 259
Pot Stills, 197
Pottwale, 16
Prestonfield House, 22
Prestonpans, 97
Prestwick, 117
Prien, Günter, 277
Primula Scotica, 231
Princes Street, 129, 130, 150
Pringle, 124
Prinz Albert, 37, 155, 161, 191, 192
Provant Lordship's House, 163
Provost Skene's House, 188
Pubs, 129, 172, 307, 312, 313, 314, 325
Puccini, Giacomo, 185
Puffins, 16

Q
Queen Elizabeth Forest, 19
Queensferry Crossing, 110
Quendale, 279
Quiraing, 257

R
Raasay, 256
Raeburn, Sir Henry, 22, 101, 147
Ramsay, Allan, 22
Ramsay, Allan, jr., 101
Rangers, 159, 163
Rankin, Ian, 24
Rankins, 79
Rannoch Moor, 179
Raubmöwen, 15
Raubvögel, 15
Reay Forest, 241
Red Cuillin, 256
Reels, 34
Referendum, 6, 106, 107, 302

Referendum, erstes, 301
Referendum, zweites, 301
Reformakte, erste, 300
Regen, 229
Regenten, 62, 67, 136, 145
Reginald, 84
Reiseleiter, 3, 310
Reisezeit, 12
Reivers, 119
Religion, 73
Rentier, 14
Restauration, 76, 297
Rhododendron, 12, 19, 20, 261
Riccio, David, 69, 144, 294
Riesenhaie, 17
Ring of Brodgar, 42
Rob Roy, 154, 156, 205
Robert I., 57, 60
Robert II., 60, 61, 210, 290
Robert III., 291
Robert the Bruce, 57, 59, 216, 250
Robinson Crusoe, 171
Rockall, 252
Römer, 43, 45, 46, 48, 49, 121, 154, 174, 282
römisches Recht, 29
Rona, 256
Rossal, 234
Rosslyn Chapel, 128
Rothiemurchus, 200
Rothsay Castle, 116
Rotwild, 14, 15, 18, 194, 230, 267
Rowling, Joanne K., 25, 139
Roxburgh, 63
Royal Bank of Scotland, 306
Royal Botanic Garden, 152
Royal Brackla, 213
Royal Dornoch, 217
Royal Lochnagar, 190
Royal Mile, 131, 139, 146
Royal Museum of Scotland, 139
Royal Oak, 277
Royal Society for the Protection of Birds, 316

RSPB, 16, 231
Rum, 254, 264
Runciman, Alexander, 23
Runrig, 25, 260
Rural Enterprise Programme, 235
Ruthven Barracks, 201

S
Sachsen, 46, 51, 191
Sanday, 254
Sandstrände, 12, 208
Sauchieburn, Schlacht bei, 292
Savery, Peter de, 237
Scalpay, 256
Scapa Flow, 277
Schafe, 13, 82, 103, 279, 328
Schiehallion, 48
Schist, 18, 229, 274
Schneegänse, 271
Schottenklöster, 48
Schweiz, 109
Schwerindustrie, 104, 105
Scone, 58
Scone, Palace of, 176
Scotland Street School, 167
Scots, 26, 27, 230
Scots Pine, 18
Scott Monument., 148
Scott, Robert Falcon, 172
Scott, Sir George Gilbert, 159
Scott, Sir Walter, 23, 37, 101,
    104, 112, 119, 120, 137, 154,
    155, 156, 161, 174, 175, 300
Scott.Tourist Guides Assoc., 310
Scottisch Council on Disability,
    307
Scottish Colourists, 23
Scottish Exhibition & Conference
    Centre – SECC, 159
Scottish National Party, 6, 106,
    301
Scottish Natural Heritage, 254,
    316

Scottish Trading Company, 93
Scottish War Memorial, 135
Scottish Wildlife Trust, 316
Scottish Youth Hostel
    Association, 326
Scrabster, 225, 274
Seaforth, Graf von, 96, 248
Secretary of State for Scotland,
    106
Seeadler, 16
Seevögel, 15, 183, 279
Selkirk, 120
Selkirk, Alexander, 171
Sellar, Patrick, 234
Semester, 32
Seona Reid Building, 166
Septimus Severus, 282
Severus, Septimus, 45, 282
Sgean Dubh, 38
Shabhal Mor Ostaig, 261
Sharp, James Bischof, 297
Sheriffmuir, 95, 96
Shetland, 43, 51, 63, 84, 109,
    110, 185, 187, 271, 273, 274,
    278, 279, 292, 308
Shieldaig, 246
Shortbread, 200, 321, 323
Sikhs, 33
Simpson, Sir James, 101
Sinclair, 217, 222, 223
Sinclair, Sir John, 36, 220, 225,
    226
Sinclair, William, 220
Site of Special Sientific Interest,
    228
Skara Brae, 41, 275
Skibo Castle, 217, 237
Skigebiete, 200
Skipisten, 200
Skoten, 45, 50
Skye, 83, 98, 179, 182, 215, 252,
    255, 256, 258, 271
Sleat, 86, 261

Slioch, 246
Small Holding, 235
Smith, Adam, 101, 143, 304
Smith, Sir William, 225
Smollett, Tobias, 99
Smoo Cave, 239
SNP, 301
Solway, 44, 55, 114
Solway Moor, 293
Somerled, 84
Sophia von Hannover, 94
South Ronaldsay, 223, 274
Southern Upland Way, 115
Spark, Muriel, 24, 133, 304
Spey, 180, 190, 199, 201, 321
Speyside Cooperage, 195
Spinningdale, 236
Spirit Still, 197
Sporran, 38
Sprache, 27, 48, 79, 91, 99, 189, 230, 272
SSSI, 228
St. Aidan, 47
St. Andrews, 61, 170, 171
St. Andrew's House, 106
St. Andrews Sea Life Center, 172
St. Columba, 47, 52, 186, 247, 270, 282
St. Giles', 74, 133, 138, 139, 140, 141
St. Kilda, 16, 110, 251
St. Machar, 186
St. Mael Rhubha, 239, 247
St. Magnus Festival, 278, 310
St. Margaret, 53
St. Margaret's Chapel, 134
St. Mungo, 161
St. Ninian, 47, 114
Stac Polaidh, 242
Staffa, 265, 270
Staffin, 257
Stafford, George Granville Leveson-Gower, Marquis of, 218, 241

Standing Stones of Stenness, 42
Steell, Sir John, 148
Steinadler, 14
Stena, 308
Sterling, 328
Stevenson, 260
Stevenson, Robert, 209
Stevenson, Robert Louis, 101, 105, 131, 137, 147, 193, 304
Stevenson, Robert Louis, 23
Stewart, Henry, Lord Darnley, 69
Stewart, James, 206
Stewart, James Francis, 299
Stewart-Dynastie, 3, 85, 87, 134
Stirling, 57, 67, 95, 154, 292, 326
Stirling Castle, 154
Stobinian, 207
Stone of Destiny, 106, 136
Stone of Scone, 301
Stonehaven, 11, 183
Stornoway, 243
Strath Halladale, 232
Strathclyde, 50, 51, 283
Strathmore, 173
Strathpeffer, 216
Strathspey Steam Railway, 200
Strontian, 263
Strontium 90, 263
Stuart, 61, 89, 90
Stuart Dynastie, 78, 85
Studenten, 31
Sturmtaucher, 15
Sueno Stone, 359
Sueno's Stone, 211
Suilven, 242
Sullom Voe, 185
Sumburgh, 278, 279
Sumburgh Head, 278
Sunart, 205, 255
Sutherland, 96, 182, 217, 218, 229, 230, 231, 232
Sutherland, Graf von, 96
Sutherland, Herzog von, 241
SYHA, 326

T
T in the Park, 160
Tabakbarone, 160
Tain, 216
Tankerness House, 277
Tantallon Castle, 128
Tartan, 35, 36, 37, 39
Tattoo, 34, 136, 194, 310, 326
Tay, 111, 172, 174, 190
Tayinloan, 266
Tayside, 109
Tee, 185, 311, 325
Telford, Thomas, 181, 202, 217,
    221, 222, 236
Templeton's Teppichfabrik, 163
Test Act, 76
Texas, 25
The Da Vinci Code, 128
Thermopylae, 184, 185
Thirlestane Castle, 121
Thistle Kapelle, 140
Thomas the Rhymer, 209
Thomson, Alexander, 22, 103
Thomson, William, 165
Threave Castle, 114
Threave Gardens, 114
Thurso, 182, 225
TIC, 231, 314, 320
Tip, 324
Tiree, 83, 265, 270, 271
Tollwut, 14
Tölpel, 251, 279
Tomintoul, 194
Tongue, 238
Torf, 21
Torosay Castle, 269
Torridon, 179, 245, 246
Touristen, 320, 321
Trainspotting, 25, 304
Travis, 25
Trinkgeld, 324
Tron Church, 142
Troon, 117

Trossachs, 126, 154, 156
Trotternish, 257
Tudor, Elisabeth, 295
Tudor, Margaret, 135
Tweed, 51, 55, 113, 119, 120,
    123, 323
Tweedsmuir Hills, 118
Tyne, 44, 113

U
U-Bahn, 159
Uisge beatha, 157
Uist, 16, 206, 258, 259, 265, 273
Ullapool, 240, 244, 271
Unabhängigkeitskriege, 80, 92
Unapool, 240
Union, 27, 29, 78, 93, 94, 95,
    187, 306
Union of the Crowns, 73
Universität, Glasgow, 159
Universitäten, 28, 31, 32, 61,
    147, 159, 164, 165, 171, 184,
    187
Unst, 279
Up-Helly-Aa, 278
Urlar, 35

V
Victoria Street, 137
Victoria, Queen, 37, 105, 155,
    161, 189, 191, 192, 246, 300
Vogelkolonien, 16, 274
Vogelschutzgebiete, 16
Vulkane, 11

W
Wade, General, 89, 156, 175,
    207
Wagner, Otto, 166
Wald, 17, 18, 19, 20, 27, 144,
    154, 218, 243, 245, 269
Wale, 16
Walkerburn, 37

Wallace, Sir William, 56, 57, 134, 183, 288
Walton, E.A., 23
Wanderwege, 207
Wanlockhead, 111
Wappen, 38, 39, 135, 177, 187
Wash, 197
Watt, James, 101, 104, 202, 217
Waverley, 164
Waverley Novellen, 154
Welsh, Irvine, 24, 304
Weltkulturerbe, 110, 134
West Highland Way, 207
Western Isles, 272, 273
Westküste, 12, 258, 272, 330
West-Lothian, 127
Westminster, 104
Westminster Abbey, 73, 106
Wetter, 314, 330
Whalingoe, 221
Whiskey, 198
Whisky, 9, 157, 174, 195, 197, 198, 266, 277, 311, 312, 321, 322
Whisky Trail, 194
Whistler, James A. MacNeill, 165
Whithorn, 114
Wick, 222

Wikinger, 51, 52, 117, 225, 230, 239, 246, 250, 276, 278, 279
Wildgänse, 15
Wildkatzen, 14, 230, 245
Wildschwein, 14
Wilhelm von Oranien, 298
Wilhelm, Herzog von Cumberland, 98
Wilkie, Sir David, 23
William der Löwe, 211, 286
William III./II., 87, 204
Willow Tea Room, The, 167
Wirtschaft, 6, 10, 231
Wolf, 14
Wolf of Badenoch, 177, 210
Wolle, 36, 123, 124, 125, 185, 331
Worcester, Schlacht bei, 75, 297

Y
Yarrow, 113
Yolande, Königin, 122
York, 46, 50, 54, 62
Young Pretender, 299

Z
Zeit, 332
Zweig, Stefan, 304

Das Schottland-Magazin -
Die Zeitschrift für Schottlandfans
„Die Highlands warten schon auf Dich"

Verkaufspreis: 5 Euro
In Deutschland, Österreich und der
Schweiz am Kiosk.
Oder bei www.schottland.co.

Mit Reportagen und Interviews, Insidertipps und aufwändigen Fotostrecken bringen wir Schottland zu Ihnen nach Hause.

Mit uns lernen Sie die schottische Hauptstadt Edinburgh kennen, sowie die großen Städte Glasgow, St. Andrews und Dundee. Wir führen Sie zu den Whiskydestillerien der Speyside und an die schottische Westküste und zeigen Ihnen, wo das Wandern in den Highlands besonders schön ist. Wenn Sie mit dem Auto oder Motorrad anreisen, finden Sie bei uns Anregungen für schöne Rundreisen durch Schottland. Das "Schottland"-Magazin stellt auch regelmäßig ungewöhnliche Übernachtungsmöglichkeiten, Pubs und B&Bs sowie Restaurants vor.

Unsere Redaktion befindet sich in Edinburgh. Das bedeutet, dass wir unsere Informationen aus erster Hand vor Ort erhalten und direkt an unsere Leser weitergeben können.

Auch aktuelle Themen aus Wirtschaft und Gesellschaft gehören zu unserem Informationsangebot.

„Schottland" ist derzeit das einzige deutschsprachige Magazin, das in Großbritannien produziert wird und ist damit ein authentischer Begleiter für alle diejenigen, die angelsächsischen Lifestyle lieben.

Das „Schottland"-Magazin erscheint zwei Mal im Jahr und ist im Zeitschriftenhandel an Bahnhöfen und Flughäfen in Deutschland, Österreich und der Schweiz sowie online erhältlich.

DIE HERAUSGEBERIN

Nicola de Paoli arbeitet seit 2006 als freie Korrespondentin in Edinburgh. Davor war sie Wirtschaftsredakteurin bei der Financial Times Deutschland. „Wir haben uns bewusst für eine hochwertige Aufmachung des Magazins entschieden. Auf diese Weise können

wir Schottland in seiner ganzen Schönheit zeigen", sagt sie.

Some other books published by **LUATH** PRESS

This is Scotland: A Country in Words and Pictures

Daniel Gray and Alan McCredie
ISBN: 978-1-910021-59-0 PBK £9.99

A Scotsman and an Englishman, a camera and a notebook. McCredie's lens and Gray's words search out everyday Scotland – a Scotland of flaking pub signs and sneaky fags outside the bingo, Italian cafés and proper fitba grounds. A nation of beautiful, haggard normality. *This is Scotland* is a beautiful, full-colour photographic introduction to the fascinating areas of Scotland often left out of guidebooks, including Leith, Grangemouth, Dundee, Pitlochry, Caithness, Govan and the Borders.

100 Weeks of Scotland: A Portrait of a Nation on the Verge

Alan McCredie
ISBN: 978-1-910021-60-6 PBK £9.99

100 Weeks of Scotland is a revealing photographic journey into the heart and soul of Scotland in the 100 weeks that led up to the independence referendum in September 2014. From the signing of the Edinburgh Agreement through to the referendum and its immediate aftermath, this book charts a country in the grip of political debate. *100 Weeks of Scotland* brings together stunning photography and stimulating commentary to capture a country in transition. It examines Scotland in all its forms from its stunning landscapes and urban sprawl to, most notably of all, its people as they live their lives in the run up to the most significant democratic event in their country's history. It is a portrait of a nation on the verge of the unknown.

Scotland: A Graphic History

Jeff Fallow

ISBN: 978-1-908373-12-0 PBK £9.99

How did Scotland get to be what it is today? A land of kilts, coos and whisky. A picturesque country of jagged peaks, mysterious glens and bottomless lochs. There is much more to Scotland than the tartan-wrapped clichés which blur its proud and turbulent history. Jeff Fallow begins with Scotland's prehistoric origins south of the equator and covers everything from dinosaurs to David Cameron in this persuasive presentation of Scotland's rich culture and history. This book dispels outworn romantic myths and takes you on a striking visual journey through Scotland's history.

Scotland's Islands: A Special Kind of Freedom

Richard Clubley

ISBN: 978-1-910021-07-1 PBK £9.99

Richard Clubley shares the sense of freedom he finds in the Scottish islands as he discovers their individual character, beauty and diversity. He meets locals and learns a few realities of island life. He almost perished on Ailsa Craig, before finding fresh water dripping from the roof of a cave, but spends two idyllic nights alone on Mingulay, with a fabulous coal fire in a bothy. His passion for Scottish islands shines through every chapter. Curl up by the fire, pull the blanket close and sip on your dram. You're about to escape to the islands. Prepare for addiction.

Luath Guides: The Northern Highlands – The Empty Lands

Tom Atkinson

ISBN: 978-1-842820-87-2 PBK £6.99

The Empty Lands are that great area of northern Scotland between Ullapool and Cape Wrath, and between Bonar Bridge and John O'Groats. It is truly the Land of the Mountain and the Flood, where land and sea mingle in unsurpassed glory. From the pier-head at Ullapool to the Smoo Caves at Durness, and from Dornoch Cathedral to Dounreay Nuclear Establishment, Tom Atkinson describes it all, with his usual deep love for the land and its people. Myths and legends, history, poetry, and a keen eye for the landscape and all its creatures make this book an essential companion for all who travel to that magnificent part of Scotland.

Luath Guides: The North West Highlands – Roads to the Isles

Tom Atkinson

ISBN: 978-1-842820-86-5 PBK £6.99

The obvious beauty and hidden delights of the mountainous lands from Fort William to Ullapool. This book deals with the vast and lovely area lying to the north and west of Fort William, and going up through the Highlands as far as Ullapool. It is a land of still unspoiled loveliness, of mountain, loch and silver sand. It is a quiet land of peace and grandeur. Atkinson will take you along General Wade's military roads, incorporating the splendour of Eilean Donan Castle, Ardnamurchan Point and the delightful fishing port of Mallaig. Legend, history and vivid description are combined to make this book essential to all who visit this Highland wonderland.

Luath Guides: The West Highlands – The Lonely Lands

Tom Atkinson

ISBN: 978-1-842820-88-9 PBK £6.99

Inveraray, Oban, Glencoe, Loch Awe, Loch Lomond, Cowal, the Kyles of Bute – all the glories of Argyll are described in this book. From Dumbarton to Cambeltown and north to Loch Etive there is a great wealth of beauty unmatched in Scotland. It is a quiet and lonely land, a land still unspoiled, a land of history and legend, a land of unsurpassed glory. Once Atkinson has taken you there, these lands can never feel lonely again.

Luath Guides: Mull & Iona – Highways and Byways

Peter McNab

ISBN: 978-1-842820-89-6 PBK £5.99

Peter MacNab takes the visitor on a tour of these two accessible islands of the Inner Hebrides, considered to be the centre of Celtic Christianity. Born and brought up in Mull, the author has an unparalleled knowledge of the island and throughout this book he shows the reader the true Mull and Iona.

Both Mull and Iona are now easily accessible even for day visitors from the mainland, and no parts of Scotland will give more joy to the traveller. Iona, made famous by Columba, founder of Celtic Christianity, represents a spiritual experience rare enough in the world today. The colourful front of Tobermory will welcome you to Mull, an island with fascinating geology to discover amongst the beautiful surroundings of Ben More and Fingal's Cave.

Details of these and other books published by Luath Press can be found at: **www.luath.co.uk**

Luath Press Limited

committed to publishing well written books worth reading

LUATH PRESS takes its name from Robert Burns, whose little collie Luath (*Gael.,* swift or nimble) tripped up Jean Armour at a wedding and gave him the chance to speak to the woman who was to be his wife and the abiding love of his life. Burns called one of 'The Twa Dogs' Luath after Cuchullin's hunting dog in Ossian's *Fingal*. Luath Press was established in 1981 in the heart of Burns country, and now resides a few steps up the road from Burns' first lodgings on Edinburgh's Royal Mile.

Luath offers you distinctive writing with a hint of unexpected pleasures.

Most bookshops in the UK, the US, Canada, Australia, New Zealand and parts of Europe either carry our books in stock or can order them for you. To order direct from us, please send a £sterling cheque, postal order, international money order or your credit card details (number, address of cardholder and expiry date) to us at the address below. Please add post and packing as follows: UK – £1.00 per delivery address; overseas surface mail – £2.50 per delivery address; overseas airmail – £3.50 for the first book to each delivery address, plus £1.00 for each additional book by airmail to the same address. If your order is a gift, we will happily enclose your card or message at no extra charge.

Luath Press Limited

543/2 Castlehill
The Royal Mile
Edinburgh EH1 2ND
Scotland

Telephone: 0131 225 4326 (24 hours)
email: sales@luath.co.uk
Website: www.luath.co.uk